汉译世界学术名著丛书

国民经济学讲义

上 卷

一般原理

〔瑞典〕克努特·维克塞尔 著

解革 刘海琳 译

Knut Wicksell
LECTURES ON POLITICAL ECONOMY
本书根据 AUGUSTUS M. KELLEY 1977 年版译出

汉译世界学术名著丛书
出 版 说 明

我馆历来重视移译世界各国学术名著。从20世纪50年代起，更致力于翻译出版马克思主义诞生以前的古典学术著作，同时适当介绍当代具有定评的各派代表作品。我们确信只有用人类创造的全部知识财富来丰富自己的头脑，才能够建成现代化的社会主义社会。这些书籍所蕴藏的思想财富和学术价值，为学人所熟悉，毋需赘述。这些译本过去以单行本印行，难见系统，汇编为丛书，才能相得益彰，蔚为大观，既便于研读查考，又利于文化积累。为此，我们从1981年着手分辑刊行，至2020年已先后分十八辑印行名著800种。现继续编印第十九辑，到2021年出版至850种。今后在积累单本著作的基础上仍将陆续以名著版印行。希望海内外读书界、著译界给我们批评、建议，帮助我们把这套丛书出得更好。

商务印书馆编辑部
2020年7月

目　　录

序　言 ……………………………………………………… 1
作者为第二版写的前言 …………………………………… 15
前　言 ……………………………………………………… 18
第一部分　价值理论 ……………………………………… 29
　1. 交换价值及其起因：早期解释 ……………………… 31
　2. 边际效用概念 ………………………………………… 46
　3. 自由交换和市场价值 ………………………………… 53
　4. 对边际效用理论的反对意见：该理论的例外情况 … 89
　5. 自由交换的益处 ……………………………………… 93
　6. 不完全竞争下的定价 ………………………………… 106
　7. 在生产影响之下的定价 ……………………………… 122
第二部分　生产和分配理论 ……………………………… 127
　1. 无资本生产 …………………………………………… 134
　2. 资本化生产 …………………………………………… 172
　3. 生产和交换的相互依存：价值交换理论的最终形式 … 226
第三部分　资本的积累 …………………………………… 238
附　录 ……………………………………………………… 251

1. 卡塞尔教授的经济学理论体系 ………………………… 251
2. 实际资本和利息 ………………………………………… 292

序　言[①]

约翰·古斯塔夫·克努特·维克塞尔(Johan Gustaf Knut Wicksell)是这些讲义的作者,他是一位取得了杰出成就的经济学家,他的作品在英语国家还没有得到应有的重视。在他曾执教的斯堪的纳维亚地区,以及很早就有他的读者的中欧和意大利,他的影响是广泛而重要的。但在其他地区,即使在他去世时(1926年),他的知名度可能也还不如和他相同等级的其他经济学家。然而,近年来,由于受哈耶克(Hayek)教授和约翰·梅纳德·凯恩斯(J. M. Keynes)先生著作的影响,他关于利率和价格水平的理论开始变得广为人知,他的声望也在增加。可以肯定地说,随着他的主要作品越来越多地出版,这一趋势很可能会持续下去。

维克塞尔出生于1851年。他比马歇尔年轻九岁,比帕累托(Pareto)年轻三岁,恰与庞巴维克(Böhm-Bawerk)、维塞尔(Wieser)同龄。他对经济学的兴趣产生得比较晚:他的第一部重

[①] 在为本序言做准备时,我曾极大地受益于俄林(Ohlin)和 Somarin 教授关于维克塞尔及其著作的文章,分别发表于 *Economic Journal* 和 *Zeitschrift für Nationalökonomie*。所罗门·阿德勒先生 1932 年在申请伦敦大学硕士学位(经济)时提交的、至今尚未公开发表的论文,简明扼要而又证据充分地说明了维克塞尔的著作对货币和资本理论及其对某些当代作者的影响,对部分理论的有益探讨详见基尔希曼的 *Studien zur Grenzproduk-tivitätstheorie des kapitalzinses*。

要作品《价值、资本和地租》(Über Wert, Kapital und Rente),直到1893年才发表。他获得了哲学和数学学位,但直到1885年得到第二学位后,他才将注意力正式转到其毕生钻研的课题上来。在法国、德国、奥地利和英国进行了十多年的深造后,他获得了经济学博士学位。1900年他被聘为隆德大学国民经济学助理教授。从1904年至1916年,他在该校担任首席教授。他于1926年去世。

维克塞尔对理论经济学的核心贡献,如果说不止详尽阐述的话,都概述于这三本书中,它们都是德语著作,并且都是他在19世纪90年代开始职业生涯后在较短的时间内连续发表的。《价值、资本和地租》(Über Wert, Kapital und Rente)问世于1893年[①];《财政理论研究》(Finanztheoretische Untersuchungen)发表于1896年;《利息与价格》(Geldzins und Güterpreise)出版于1898年。在第一本书中,他简要阐释了关于价值与分配纯粹理论方面主要问题的解决方案。在第二本书中,他将解决方案中的一些方法应用于处理公共财政与税负归宿理论的特殊问题上。在第三本书中,他提出了当时著名的关于货币利率和物价总水平之间关系的理论。他的《国民经济学讲义》(Vorlesungen über Nationalökonomie),在瑞典首次发行时分为《一般理论》(General Theory)和《货币》(Money)两部分,分别发表于1901年和1906年,本书是其翻译版,(《国民经济学讲义》)增加了许多新素材,并

---

① 这本书中一些内容,先前已发表在《康拉德年鉴》(Conrad's Jahrbücher)中。

系统地重新表述了第一本书和第三本书这些早期著作中的精髓内容。

但是,如果认为维克塞尔作为一个经济学家的著作仅限于这四个主要出版物,那将是一个极大的错误。他发表了许多关于人口问题的文章,在瑞典公共事务讨论中发挥了积极作用。终其一生,他经常为瑞典以及其他国家的科学杂志撰稿。*Ekonomisk Tidskrift* 上有很多维克塞尔洋洋洒洒的文章,我们这些不能有幸娴熟地使用瑞典语的人只能望洋兴叹[①]。德国期刊有许多稿件,*Economic Journal* 和 *Quarterly Journal of Economics* 曾经每期都有他一篇重要文章[②]。如果以这些文章有一种或几种译本为标准的话,与他同时代的经济学家很少有人比他更高产,或者能一贯保持这么高标准的。

仅用一段文字就公正地评价维克塞尔的主要成就在现代经济学理论中的历史地位是很困难的。正如我们已经看到的那样,他和庞巴维克、帕累托同处一个时代,而将这些人的著作归于所谓的学派之下是很自然的事情:维也纳学派,洛桑学派,马歇尔学派。但是维克塞尔不适合这样的归类。没有类似级别的经济学家更乐于接受外界的影响。而且这些影响并非来自于同一个地区。从

---

① 其中的一些文章,现在已被翻译成一种或几种其他语言。关于鲍利教授数理经济学的文章(主要讨论双边垄断理论),发表于 *Archivfür Sozialwissenschaft* 252-281。哈耶克教授在他的《货币理论文集》(*Beiträge zur Geldtheorie*)中收录了一篇关于价格和交换的著名文章,另外关于古斯塔夫·阿克曼《实际资本和货币利息》(*Realkapital und Kapitalzins*)和卡塞尔《社会经济学理论》(*Theory of Social Economy*)的两篇英文文章作为本书附录。但是,系统地将这些文章翻译成英文仍是人们热切盼望之事。

② 俄林教授列出了维克塞尔为外文期刊撰写的主要文章清单。

90年代开始工作之初,他就置身于学派的纷争之外,公平地从各处汲取有益的部分,他作为时代的先锋,站在超越这些早期派别的高度,洞察到它们各自系统中的共性和独特贡献。没有其他经济学家的工作更强烈地体现了对理论经济学核心传统的继承和发展。很少有人比他更好地掌握了英国古典经济学著作并为己所用。对于那些在后古典李嘉图批判主义的英国传统影响下长大的人而言,他对这些学说清晰的重新阐述一定深有启发。但是他受后期学派的影响,也不是不明显。在他的价值理论框架中,奥地利学派的影响是强烈的;而在他的资本理论中庞巴维克的影响是显而易见的。但整体框架基本来源于瓦尔拉斯,而细节方面很多来源于威克斯蒂德和埃奇沃思(Edgeworth)。简而言之,尽管维克塞尔处于那个时代,他却属于当代人。

当然,在这些方面,他与埃奇沃思(我们伟大的均衡主义者)非常相像。他们的工作的确有很多共同之处。很多引起他们兴趣的问题(分配、公共财政、垄断理论)都是一致的,他们都提出了自己的解决方案,这些方案以自觉地应用已有的科学技术手段为显著特点。但是他们有重大区别。埃奇沃思的均衡主义主要体现在对具体问题的分析,维克塞尔则体现为强烈的整合倾向。他个人的研究非常重要。但更重要的是他对一般原理的重新阐述。他拥有对广泛影响的感知力,以及成为伟大理论体系创造者所需要的抽象思维能力。作为一个科学家,而不只是一个单纯的理论体系创造者,他所构建的体系没有局限于自己的理论,而是集成了过去一百年间经济理论的最佳著作。

也许在这方面,更应该将他与马歇尔(Marshall)相提并论,而且不止一个评论家曾经作过这样的比较①。但是，他们之间仍然有一些显著的差别。毫无疑问，在现代世界经济关系细节的通用知识方面，马歇尔远远超过维克塞尔，事实上马歇尔超越了他这一代绝大多数人。但是作为一个纯理论的系统整合者，他有性格方面的缺陷。现实知识和理论洞察力的绝妙融合使他能够独创性地描绘出所见的世界，但这并不一定带来对抽象理论问题的清晰阐述。他是如此急于解释他所知道的现实，使他的理论看上去有道理，以至于他没有耐心注重对内容的提炼，尽管这于他的目标无益，却可能在其他方面有价值。此外，正如凯恩斯先生所指出的，他对顺序和比例的论述缺乏美感，这种能力对全面的理论综述是至关重要的。恰恰在这方面维克塞尔是超群的。在整个现代经济学文献范围内，仍没有哪一份著作比本讲义更清楚地呈现出经济分析的主要意义和核心议题之间相互关系的概貌。这样的布局堪称典范。先后顺序的安排，强调了主题之间的联系，以及（同样重要的）它们之间的制约；而且全书的布局方式，使得每一延续问题的讨论始终聚焦于该问题新的组成部分，其余部分已令人满意地在之前的阶段解决。毫无疑问，维克塞尔在这方面从瓦尔拉斯那里学到了很多东西。但没有人会说《纯粹政治经济学要义》(*Éléments d'Économie Politique Pure*)的阐述是说理清晰的模范，因为其中充斥着过多的、粗糙的数学运算。

在某些方面，与他最相近的是威克斯蒂德。威克斯蒂德有构

---

① 见 Schumpeter，"Knut Wicksell"，"Archiv für Sozialwissenschaft"，238-257。

建知识体系的天分,而且他也源于洛桑学派和维也纳学派。然而,他不具备维克塞尔对英国古典经济学的领悟力,他的思考方法不同。深受帕累托对效用理论修正的影响,他晚年越来越热衷于一般价值理论的哲学影响和方法论影响。而维克塞尔则对纯效用理论有点保守,把注意力越来越多地投入到杰文斯—庞巴维克理论对资本的详尽阐述上,因为威克斯蒂德对古典经济学家拒绝得如此彻底,在某些方面他难以理解(这些)①;随着时间的推移,他越来越关注技术性和实用性。但是,这两个人以绝妙的方式相互补充。在现代理论主观方面做到最好的是威克斯蒂德,客观方面则是维克塞尔;他们综合起来几乎包括了所有重要的方面②。我不清楚威克斯蒂德是否与维克塞尔熟识③。但有足够证据表明,早在威克斯蒂德在英国获得声誉之前,维克塞尔就知道他的工作并且很欣赏他。

任何涉及维克塞尔对经济科学方面突出贡献的总结,如果正确地遵从他自己的意愿,都要从他人口理论的贡献开始。正是由于他对自己在人口问题上的经济学知识不足所感到的这种耻辱,

---

① 在这一方面上,威克斯蒂德(Wicksteed)关于杰文斯(Jevons)《政治经济学理论》(Theory of Political Economy)的文章和《价值、资本和租金》中资金理论的对比非常有启发性。

② 但不是全部。如果人们认为我赞同此观点,我将感到遗憾。这种观点目前在一些意想不到的地方盛行,在本科教学或进修研究时,我们还没有纳入马歇尔对一般原理最彻底的研究。如果不加鉴别地接受这个伟大的著作(它长期以来抑制了其他思想在这个国家的发展)将是一件悲哀的事情,同样不加批判的排斥其富有智慧和开创性的内容也是令人悲哀的。

③ 他一定已经知道《价值、资本和租金》,因为《经济日报》(Economic Journal)1894 年 6 月将该文和他的《收入分配的协调》一起作了述评。

把他的注意力引向科学经济学;终其一生,人口问题的各个方面持续、有力地激发着他的兴趣和感情,以至于在1909年,他因某些非经济方面的亵渎行为,被处以短期监禁。在此期间,他致力于写作一本关于此课题的书,并挑衅地以"斯塔德监狱"为题目。在统计领域,他在人口增长的机制方面做了许多重要工作;而在经济理论领域,他是首批系统地提出适度人口概念的学者之一。无论是否如维克塞尔本人所设想的那样很容易确定这个难以捉摸的概念的重要性;或者我们确实还没有掌握足够的知识从理论上令人满意地描述收益原理在这方面的应用,这些都是在通情达理的人之间也可能合乎逻辑地产生意见分歧的问题。但是,在本讲义的前言中强调人口理论在经济问题系统阐述中所处的位置,是为了体现维克塞尔本人对这方面的重视程度。

关于价值理论的框架,维克塞尔几乎没有补充什么独到见解。但他发挥巨大的创造力和解释能力,将瓦尔拉斯和早期奥地利学派的主要学说融合在了一起,既有门格尔及其追随者们的哲学洞察力和深刻含义,也有精确和简洁的数学公式。很少有人能将纯粹效用理论向交换和价格理论演变涉及的复杂问题,如此清晰和精确地表述。对于价值理论的最新进展,他不是很赞同,或许是因为他对这一课题强烈的功利主义偏见。公共财政理论的学者,不应错过他关于税收公正原则的讨论[1]。

---

[1] *Finanztheoretische Untersuchungen*, p. 176 seq. 维克塞尔在这方面的观点已由他的学生 E. 林达尔教授在 *Die Gerechtigkeit der Besteuerung* 中以极大的创造性发扬光大。

在生产理论方面维克塞尔表现出更大的独创性。他的边际生产理论陈述是目前为止最令人满意的。正如希克斯博士所言①，讲义阐述的前提是：所研究的不同企业必须处于某一个阶段，此时不存在更进一步的大规模生产，不受帕累托、埃奇沃思和其他理论（见威克斯蒂德《统筹分配的规律》）的束缚。在这个方面，他可能是受惠于瓦尔拉斯。但根据他在《利息、资本和租金》一书中对分配理论的讨论，维克塞尔本人也应被视为边际生产理论的奠基人之一。

然而在生产理论领域，维克塞尔最显著的贡献是关于资本和利息问题。在这方面，他的均衡主义上升到纯粹天才的高度。通过从早期理论的最佳部分中进行遴选，他实现了对这部分生产理论的重新塑造，毫不夸张地说，这一领域需要严肃对待的所有未来研究工作必须启动。非常有必要详细地研究这一成就的本质。

实质上正确的资本和利息理论在古典体系中发挥的作用，绝对不是像后古典批评主义者认为的那样可以忽略不计。一方面是关于工资基金理论，另一方面是关于李嘉图对劳动价值论的修正，特别是在与麦卡洛克（McCulloch）的通信中，一种在许多重要方面都不同于杰文斯、庞巴维克或维克塞尔观点的理论已初现雏形。通过在 Finanztheoretische Untersuchungen 和其他文章中提出的一系列才华横溢的重新构建，维克塞尔表明了古典理论某些内容在这些领域的重要性。最近艾得堡（Edelberg）先生证明了②如

---

① Theory of Wages, p. 233.

② "The Ricardian Theory of Profits", *Economica*, February, 1933, pp. 51 – 74.

何依据李嘉图的资料再现维克塞尔的完整资本和利息理论(如果人们愿意对李嘉图观点的一个或两个方面存疑)。无论如何也不能说,资本和利息的重要理论在古典理论体系中的作用是微不足道的。事实上,如果不得不在古典理论和忽略杰文斯—庞巴维克重构并拒绝古典元素的现代理论之间进行选择,至少可以说古典理论更不容易产生误导。

但古典理论体系作为一个整体是非常脆弱的。它的价值理论极易受到攻击。它在表述方式方面有很多不足。资本和利息这些特定的理论易受攻击,不仅是因为它们在这些方面的明显不足,同时也是出于政治原因。随着时间的推移,特别是工资基金理论,不是在那些有缺陷的细微之处被重新论述,而是持续不断地成为恶意批评的靶子,尽管这些批评在一些细节上是合理的,但大部分分析错误、完全不切正题。例如 Walker 和 J. B. Clark 对工资不从资本中支付这一无可争议命题的批评,没有比这更肤浅的批评了。由于政治原因,资本的古典理论不得人心,人们一有机会就跳出来排斥它们。结果,1870 年之后的 50 多年来很多经济学家(特别是在英语圈子里)是被维克塞尔称为 Kapitallose Wirtschaftstheorie (一种反资本主义经济生产理论)的人。正确地考虑资本理论,或多或少地简化技术用语,这些都消失了。Taussig 教授的《工资和资本》(*Wage and Capital*)是阻止这一潮流的勇敢尝试,为使古典理论从逻辑上可以被接受,他进行了很多必要的修订,并完全抛弃了那些源于自私和保守的荒谬神话。但这是徒劳的。战争结束后,当丹尼斯·罗伯逊(Dennis Robertson)先生和凯恩斯先生将注意力转向波动问题时,涉及了类似的事项,然而资本理论的传统思想已在英国的国民经济学中如此彻底地消失了，以至于他们不得不完全从头开始。在欧洲大陆的一些圈子里，情况也没好到哪里去。尽管帕累托的工作在其他方面有价值，在这一方面却没增加什么知识。如果说在他的经济平衡等式中没有包括资本，也许太牵强。但说其中没有考虑时间因素肯定是正确的。而时间是资本理论的精髓。

然而还有另外一种思潮，在这里古典经济学家的理论并没有被完全放弃。虽然杰文斯厌恶穆勒，并公开指责他的"关于资本的四个基本命题"（他认为"全都错了"），但是杰文斯仍沿用了其资本理论中重要的古典元素。而在庞巴维克的《资本实证论》中，有些内容与古典工资基金理论很相似，发表时去掉了明显有问题的阐述。但杰文斯关于资本的那一章节只是简述；而由于种种原因，庞巴维克的作品没有交好运。在他的评论中，他无疑对许多前辈的评价不公正。这一点虽然没有引有反感，却造成了一个比实际情况更坏的缺乏连贯性的印象。而在他正面阐述的解决方案中，尽管一些最重要的方面是正确的，但是文章对重点的强调和布局安排没有达到应有的合理程度，从而使理解其主要内容很困难。对贴现部分的阐述非常清楚，因而在关于这一问题的讨论上留下了不朽的一笔。但是关于利息存在的"第三个原因"（现有产品的技术优越性）很容易招致批评。正如维克塞尔所指出的那样，作为庞巴维克理论无可争议的核心内容，不同生产期的生产能力对价格影响的讨论、生存资金的使用以及利率的形成，却只是以这些争议较多问题的一种实际应用在书的结尾处才提及。很显然，许多庞巴维克的读者从未读到最后那部分。于是，在那些庞巴维克研讨内容口头流传不是很广泛的地方,人们认为时间折现与利息关系的理论是庞巴维克的主要贡献。关于"第三个原因"的阐述由于受到费特教授和费雪教授的批评而遭到遗弃;因此最有价值的那部分,既考虑了时间因素又得到恰当阐述的真正边际生产价值理论,似乎被人们忽视了。

但维克塞尔没有忽视。对于维克塞尔而言,该问题的生产率方面显然立刻就成为比较重要而且值得进一步阐述的问题。由于他精通古典经济学体系,他没费什么力气就察觉到庞巴维克生存资金与古典工资基金理论之间的内在联系。由于他非凡的数学洞察力,尽管庞巴维克否认,他仍然意识到一般边际生产分析和不同投资期不同生产力观点之间实质上的一致性。因此,他能够提出一种资本主义生产平衡理论,它综合了所有这些看上去分散的理论的最佳部分,通过借用瓦尔拉斯的分析方法,他用一种比杰文斯和庞巴维克更清晰的方式将其呈现出来。的确,这个理论还不完整。在本书中讨论它是因为流动资金的缘故。尽管后来维克塞尔在评述阿克曼博士的书时(作为本书附录2),他提出了资本投资期不同时的解决方案,很明显这只是纯理论分析的内容之一,其余部分仍有待去完成。但是其理论基础:各变量的不同生产率在投资期内的位置,利息是直接和间接使用生产要素时边际生产率之差,这些概念是不太可能被取代的,而且作为未来工作的基础非常重要。

我终于可以介绍维克塞尔几乎最知名的贡献了,他关于货币和自然利率之间的关系及其在一般价格水平下变化的著名理论。这可能是维克塞尔最原创的贡献。当然主题并不是新的。正如哈耶克教授所说①，在古典经济学文献中，有很多关于这个主题的内容，以一种或另一种形式发表过。但是，只有李嘉图的文章中有独立的一段，对此维克塞尔明确地说他是在自己的理论发表之后才注意到这个，这些内容不是出现在引人注目或易于得到的作品中，因此看上去没有什么理由去置疑他的主要观点是原创的，到目前为止经济学基本概念中任何不明确的观点都作此处理。

它的影响非常深远。很明显在维克塞尔自己的论述中有些方面（考虑到实际应用并非不重要）不正确。可以证明保持价格稳定的货币利率同时也是清除市场中自行积累起来的资本的利率这一命题，当资本供给为逐渐增多或逐渐减少时都不成立②。很显然，在运用它来解释实际情况前，仍需很多改进，指导实践之前更是这样。单一利率的观念，无论是自然利率还是货币利率，需要用利率结构取代；而这些利率之间的相互关系，它们之间的联系，不只是与储蓄的关系也包括与风险因素的关系，需要做更多的研究。但是当以一定限定条件来阐述这一切时，我们仍然可以说，对这些关系的发现（或者说重新发现）仍是自从货币数量学说正确阐述以来在货币经济学中向前迈进的最伟大的一步。它不仅是比较复杂的货币价值波动问题的关键，也是资本理论的一般理论和商业周期理论的核心。当货币理论局限于简单的数量学说、资本理论脱离

---

① *Prices and Production*, chapter I, passim. "A Note on the Development of the Doctrine of 'Forced Saving,'" *Quarterly Journal of Economics*, vol. XVII, pp. 123–133.

② 参见哈耶克 *Monetary Theory and the Trade Cycle*, chapter V, 和 *Prices and Production*, chapter i; 以及 G. 缪达尔, *Der Gleichgewichtsbegriff als Instrument der Geldtheoretischen Analyse*, in Beiträge zur Geldtheorie, ed. Hayek.

货币市场时,货币理论和资本理论都会陷入僵局。他说货币的价值取决于货币数量、流通速度、延长投资期的边际生产率利率和折现率。资本供给和货币供给之间的关系,货币利率以及实际积累和投资利率、投资率之间的关系,更不要说生产的不同阶段的相对价格和企业家的借款利率之间的关系,所有这些问题的解答对于任何综合的经济变革理论都是至关重要的,但是在建立这种基本的联系前一直没有得到解释。毫无疑问在这一领域,需要后人来扩展维克塞尔所建立的大原则的含义,即使现在仍有许多工作有待完成。但是重新发现这些原则并把他们再次带入讨论中心的荣誉必须归功于这些讲义的作者。

* * * * *

本译本是第三版的翻译版,在作者去世后由 Somarin 教授编辑并在瑞典出版。它分为两卷,分别介绍一般理论以及货币,将相继出版、单独销售。上卷中以附录的形式添加了两篇维克塞尔比较长的文章,其中之一作为第二册资本理论的补充,进一步阐明了文章中没提及的耐用资本问题,而另外一个,以述评卡塞尔教授《社会经济学理论》的形式,突出了维克塞尔总体思想的各种细节。增加后者不应被理解为暗示编者认同其中所包含的各种批评。确实,有一些非同小可的方面,特别是那些关于效用可测性的部分,卡塞尔教授和我还将做进一步讨论。但是,确切地知道权威专家的观点有哪些不一致总是一件好事,而且人们认为任何能够说明我们这个时代最著名的两位斯堪的纳维亚经济学家的理论体系之间关系的阐述都将是有益的。

维克塞尔在准备本书时的目标是提供一部作品,它不仅可以启迪专业经济学家,也能够作为学生的教科书。目前的版本也是以此为目标编写的。它可能不适合给那些不了解经济学或任何自然科学的年轻学生作导论。对于他们来说,威克斯蒂德《政治经济学常识》第一卷等著作是首选。但是对于更高年级的学生(即准备第一年期末考试的学生以及中等学校中的出类拔萃者)和成年读者,这本书非常适合作为一般的教科书。我认为没有其他单独的著作更适合那些自然科学家,如果他们不仅希望了解理论经济学的全貌,而且也希望了解其各方面的进展。部分说明是数学方面的。但在这里,正如原著中那样,复杂的部分和涉微积分的部分被印成较小的字号,首次阅读时可以省略。贯穿本书的主要论点对于那些没有数学特长的人也是可以理解的。

编辑此类技术著作的翻译稿一直是一项艰巨的任务,我要感谢许多提供了帮助的伦敦政治经济学院的朋友们。本书的最终版本在很大程度上要归功于 J.R.希克斯博士,他慷慨地投入了很多时间审阅和修改稿件。除了提供附录的翻译,所罗门·阿德勒先生在涉及技术细节方面的翻译上给予了很宝贵的帮助和建议,E.S.塔克先生承担了将本书付印的艰苦任务。

莱昂内尔·罗宾斯(LIONEL ROBBINS)

伦敦政治经济学院
1934 年 4 月

作者为第二版写的前言

这本书的第一版水平有限,因为我不想失去发布一个新版本并利用其经验和专家的批评提高自己的机会。不幸的是,我只收到了微乎其微的批评,无论是公开的或私下的;但是在十多年的教学中,我自然而然地发现了各种缺陷,这些缺陷我已经在这个版本中尽力纠正了。通过省略关于人口理论的章节(几年前发表在改版的"Verdandi"出版物上),有可能在不增加本书篇幅的情况下,为一些新增加的内容腾出一些空间,我希望新增的这部分可以提高本书的价值和实用性。因此地租理论和非资本主义经济分配问题的论述得到了扩展,在利息理论方面,用了一些篇幅去介绍庞巴维克理论的概要和评价(按照它本来的形式)。我提出了一份详细的关于利息起源的替代方案①和资本主义生产情况下分配问题的解决方案,我假设全部劳动力和土地供给或者是立刻、一次性地投入生产,或者在不同的时间段投入生产;此后该产品在免费的、大自然力的作用下自发地成熟,例如葡萄酒窖藏起来静待消费。利

---

① 这种表达方式也许不完全合适,因为,可以很容易地看到,在两种情况下,讨论的本质是一致的。因此也许我应该将第Ⅱ部分,2,C和D合并为一个简单统一的叙述。然而,我发现自己由于种种原因,无法做到这一点。按目前的情况,这两部分并行的论证可以互相支持和解释。

息能够以"等待（或时间）的边际产量"这种最纯粹的形式出现,而这个问题,在其各个阶段,可以用精确的数学形式处理,而不必求助于所谓的单利,如庞巴维克的著名论述所言。

最后,原本简短的资本积累现象的讨论也得到了扩展,卡塞尔教授一份有趣的文献增加到了至今关于这一主题仍然非常少的文献清单中。

正如已经提到的那样,目前的版本比前一版有更多的"数学"特色。然而,在任何情况下,在进行数学分析之前,都有明确的定义,虽然通常比较主观。在大多数情况下,那些字体较小的段落是没有特殊数学才能的人能够理解的,而对于其余的,正如我在文中已经说过,中学以上的水平就可以理解了。

关于这种方法的价值可能会有不同的意见。就我个人而言,我确信,从简单的假设开始的连贯的逻辑论证所得到的真知比杂乱而肤浅地议论世事——民族性格,种族差异,权力意志,阶级的利益等等,所得更多。另一方面,那些有关经济学所谓的历史学派和理论学派的争论（其中后者一定或多或少与数学相关）,在我看来这一个问题只能通过劳动分工来解决争议。我们要深深地感谢那些历史学家,他们通过发现和研究与经济史（早期的历史学家对待这些资料就像继母对孩子一样）相关的文件,已经成功地用过去的经验启发现在的论述,而且展示给我们一个发展链,我们自己和我们的环境构成了其中的一些环节。但是,另一方面,如果经济学有朝一日能成为一门真正的科学,并指导实际业务,它也必然要提出一些积极成果和普遍应用的原则。它在处理涉及有关经济政策、贸易和工业问题,特别是人口等问题的关系时,不会像在形而上学的讨论中，每个人都可以采用最适合他的性格，或许更经常的是符合其私人利益的观点。在这里，我们关注的是实体的量、可测量的程度、a 和 b、加号和减号。确保对它们之间关系的解释，可以被每一个有思想、无偏见的人所信服，不能说是超出经济研究的范围之外，正相反，这必须是其最终目标。

当然，我远未认为以下的讨论（其中大部分是假设）足以成为实际处理经济问题的基础，但我毫不怀疑它们构成了必要的开端，同时也为那些类似这样的问题提供了一个有用的尝试。在不止一种情况下，直接将我们的原理应用于实际的国民经济问题可能看上去是很自然的事情。在这种情况下我们一定要对急于把从抽象演绎取得的成果普遍化保持警惕；而且，不幸的是，数学方法不能保证不会产生错误的演绎。但是在任何情况下，这种方法都比仅仅是描述性的方法有很大的优势，因为错误不可能长期被隐瞒，错误的观点也无法在被证明是错误的以后被长期坚守。

克努特·维克塞尔于隆德（瑞典）

1911 年 3 月

前　　言

经济学的本质:学科划分

给"国民经济学"下一个令人满意的定义非常不容易①。事实上这个概念本身有些模糊——这是一门学科形成初期常有的事。从字面上看,这个名称表示的是国家的"家务"或国家"家务"理论。然而,至少在目前一个国家无论如何也没有共同的"家务",而是每个人料理自己的"家务"。国家本身就形成了对一些公共事务的管理,地方管理机构也是这样;这些机构的"家务"是用公共财政的科学来管理的,尽管它被认为是国民经济学的一部分(一个重要组成部分),却绝不是国民经济学的全部。而且,到了近代,把公共财政作为一门单独的学科已经成为习惯。

国民经济学这个词出现于所谓的"重商主义"时代,当时认为国家的职责之一就是对个人事务施加多方面的影响,而后者只能在国家的指导和控制下享受非常有限的自由。因此,在那个时候说国民经济学充分地代表了构成这个词的概念是适当的。它的适

---

① 瑞典语 Nationalekonomi,德语 Nationalökonomie。

宜性随着重农思想、不受限制的自由观念的取胜以及自由贸易的出现而减弱了，特别是后者的观点是国家应尽可能少地干涉经济事务，除了某些明确界定的情况外，应听任个人自由地照管自己的事务。因此，根据这种观点，国民经济学的基本原理，即它的主题国家"家务"，根本不存在。

在我们这个时代，确实有对这种极端自由主义原则的反对，但尽管如此，现实中仍是以个体所有制（完全私有）占主导地位。由于这个原因，许多现代学者都希望舍弃用于修饰的形容词"国民的"或者"国家的"，而只说经济学，或者发明了全新的名称，理论经济学（plutology）或交易经济学（catallactics）。但是在更好的名字出现之前，我们仍可以保留旧的名字[1]，只要我们小心不要在经济领域引入国家个体这个现实中不存在的概念。按照现代的观点，国民经济学的主题正在越来越成为这样的理论：从总体来看，经济现象以及它们之间相互关系的学说；也就是说，它们均匀地影响整个社会阶级、全国人民，或者是全体人民（德国人所说的 Weltwirtschaft）。经济现象或活动指的是为满足物质需求所做的每一次系统的努力，或者更精确地说，是利用现有的条件实现最大可能的成果，或者实现某个确定的结果用尽可能少的财产。（常见的说法，"用尽可能少的财富，获得尽可能大的结果，"是不合逻辑的，因此应该避免）。

在许多情况下这样的活动对个人有利，同时增进或至少不会不利于大众的利益。只为自己的利益而进行的工作和生产，通过交换也间接地使他人受益；这一代可能只是为了自己的利益实施

---

[1] 例如，Nationalekonomi（瑞典语），Nationalökonomie（德语）。

的土壤改良和科技种植，却会使下一代受益。在这种情况下，个人和国家的经济利益相符。但同样常见甚至更常见的是一方的经济利益与另一方冲突；对一个工业部门、一个社会阶层或一代人有利的情况或活动，往往或多或少地伤害到另一个。这样的例子每一个人都熟悉，最重要的肯定是财产分配，对土地的拥有或对任何事物的独占必然将其他人从这块土地或事物上排除。于是私人利益和国民的经济利益不再一致，于是问题随之产生；换句话说，两个冲突的利益中哪一个对大众的利益贡献更大。回答这个问题是国民经济学的现实和社会的责任，可以说，作为一门实用科学，国民经济学的定义是最大限度地满足人类社会整体需求方法的理论[1]，既考虑当代，也考虑子孙后代。社会现有的个体组织，只要它是社会承认的，必须被视为实现这一目标的方式。

解决这个问题常常很困难，其结果当然不仅取决于技术经济上的考虑，而且还与我们的同情心有关；换句话说就是我们对他人利益和需求的理解。当我们说一种情况从国民经济学的角度看是有益或有害时，是基于道德或哲学的基本条件；也就是说，基于人们生活和享受美好事物的自然权利的某些观念。我们既认为所有人具有相同的权利、把社会的每个成员作为一个整体等待，也出于某种原因承认它们之间的区别，尽管在那种情况下，如果我们认为我们的观点是科学地建立的，必须清楚地说明原因。

众所周知，对这个问题的认识已经随着时间的推移发生了很大的变化。在早些时候，只有自由民、后来只是有产阶级被视为真

---

[1] 这里也要避免非常普遍，却基本毫无意义的表达：最大数量的最大幸福。

正意义上的社会成员;奴隶和那些无产者的状况和现在家畜的情况大致相同——仅仅作为一种工具,而不是目的。亚里士多德著名的言论:想要奴隶制度停止,梭子需要会自己飞动,弦拨要能自己拨动琴弦,就是这一观点的证据,但是我们不必回到那时,就可以遇见类似的观点。18世纪的瑞典经济学家安伯格在他的 *Frihetstidens politiska ekonomi*("自由时代的政治经济学"[①])中提到:我们不断发现一些言辞,它们表明,尽管我们深恶痛绝,但直到两个世纪以前,将工人视为牲口的想法仍然很普遍而且根深蒂固。事实上,在一定程度上可以认为这是经济学的一个功绩,因为它在这方面已经带来公众舆论的重大改变。一旦我们开始严肃地将经济现象作为一个整体来看,寻求全体的福利状况,必然会考虑最下层阶级的利益,从这里到人人享有平等权利的宣言只是一小步。

国民经济学的概念本身,或者有着这样一个名字的一门科学,严格来说意味着一场彻底的革命。这个概念是模糊的,这一点不足为奇,革命性的计划常常是这样。事实上,在经济和社会发展的目标被清楚地理解之前,许多实践的和理论的问题有待解决。有些事情仍然可以从有利于旧式观点的角度来说,但是在任何情况下,都应该直截了当,不推诿搪塞地来说。例如,如果我们把工人阶级视为一个较低等级,或者没有走得那么远,我们认为他们还不能分享社会产品的全部份额,那么我们就会清晰地说出来,并以此观点为基础进一步论证。只有一件事是科学的,不值得去做

---

① 参见 G. Schauman, *Studier I frihetstidens nationalekonomiska litteratur*, Helsingfors,1910。

的——隐瞒或歪曲事实真相;也就是说,在这种情况下声称这些阶层已经获得所有他们合理希望或期待得到的,或者毫无根据地、乐观地相信经济发展本身可以最大可能的满足所有人。后者的错误,主要是19世纪中期所谓的"和谐"经济学家造成的,即美国的凯里和本可以令人钦佩的法国人巴斯夏,他们两人在自己的国家和我们这里都曾经有过,而且目前仍有很多信徒。

这门课程首先分为"理论"和"实践"国民经济学——狭义经济学和国家经济政策学。由于是否假设私有财产和目前情形的契约自由存在,在我们处理经济问题时的方式存在重大差异,将实践部分细分为两部分可能更恰当:一个是建立在现有条件上的理论应用,另外一个是审慎地研究基础本身。

同时,两者中的前者是后者与理论部分的纽带。一方面,它通过仔细考虑现实扩展理论上的抽象概念,而另一方面,对我们涉及现实时出现的实际问题,只有在对整个社会的经济生活的基础审定之后,才能找到最终的解决方案。

因此,我们对我们的课程形成划分如下:

(1)理论部分(纯理论,一般原理,或理论经济学),包括经济规律或经济现象之间联系的描述,为了发现或证明这些规律,我们必须作出某些简化的假设。

(2)实践部分(应用经济学,商品消费、分配和生产的具体问题),包括这些规律在实际现实社会经济生活不同领域中的应用。

(3)社会部分(社会经济学或经济政策),包括研究如何应用这些经济规律和实际规范,以获得尽可能大的社会收益,以及为实现目标,必须对现有的经济和社会法律架构作哪些改变。

这些主要部分的第一部分有一些细分。首先是人类需求理论,定量的和定性的,即一般消费理论,因为它是所有经济活动的目的,理应放在首要位置,即使在实际生活中就时间而言它最后发生。对于这样的需求或消费,首先呈现的是定量观点,在这方面消费者的数量非常重要。因此,在上卷中,我们顺理成章地探讨人口理论、它的组成和变化。事实上,人不仅是消费者也是生产者。然而,他在成为一个生产者之前很长时间就已经是一个消费者,无论是系统发育还是个体发育,无论是种族发展还是个体发展。而且,在生产理论中人只是生产要素之一;在消费理论中,他和他的目的构成全部。一般来说,即使是撇开上面的学科划分,也会发现永远不会从国民经济学的完整论述中省略的人口理论,无法在体系中找到合适的位置,除非将它作为整体的前言。事实上,除非我们时时考虑人口及其变化,否则对经济问题的考虑不会有用,无论是实践方面还是理论方面。另一方面,一些人口问题如此复杂,以至于在尚未对经济结构理论的每一部分透彻认识之前无法解决。因此,我们几乎在深入研究每一个经济问题时又回到这些地方,并且它们的解决方法可被视为其主要结果。

我们接下来转到人类需求的定性方面:程度和强度、相对重要性等,而且我们依据相对重要性确定满足这些需求的手段。这些研究的进展将把我们引向价值理论和相关的一般交换理论。另一方面,随着现代社会而出现的交换,以及被认为是令人向往的社会调节交换,分别属于我们课程的第二和第三个主要部分。

接下来是生产的一般理论和生产要素:土地(或自然力)、劳动和资本,它们在生产中的角色、在产品分配中的相对份额——租金、工资、利息,所有这些都是在一些简化假设下进行研究,如完全的自由竞争或限制在一定条件下的竞争。很显然生产理论不能与分配理论截然分开,但应注意的是,这仅适用于实际发生在私有化经济体系下的分配,或者更确切地说,发生在我们简化的假设环境中。另一方面,属于第三部分的分配的社会问题,与此完全不同;除其他事项外,它还包含这个阶段尚未提出的问题,即各种生产要素的财产权。

在这两部分,我们将主要从静态的角度进行研究,也就是我们假定,社会一年一年基本保持不变,每年同样的人口,同样的领土面积,同样的资本金额,技术水平也基本相同。为了向比较动态的角度过渡,这必须结合我们课程的实际部分才能成功地实现,我们将简化处理储蓄或资本积累(即等于产量,没有相应的消耗)以及它的对应方——资本消耗。

最后,我们在一般原理或理论部分包括了交换媒介——货币以及有组织的信贷,它们密切相关而且部分重合。事实上很多货币问题,在专篇或应用部分中恰当的地方都进行了描述,但为了避免不必要的篇幅,更因为相比于生产或贸易技术的细节,实际货币技术与纯经济理论更为相关,所以我们将对其中大部分进行集中讨论。

因此,我们作品的上卷有五个小节:

(一)人口理论[①]。

[①] 由于笔者在前言中提及的原因,这一部分在第二版瑞典语版中省略了,也未包括在本译本中。

(二)价值和交换理论。

(三)生产和分配理论。

(四)资本理论,所有的内容都在上卷讨论。

(五)货币和信贷理论,这是第二卷理论部分的主题。

因为我可能不会发布其他两个主要部分,因此没有必要讲述我是如何构思内容或如何在讲义中处理它们的。

我需要补充的只是,第三个主要分支(或社会经济学)将包括公共财政并将此作为其最后一个部分,时下通常将其作为一个独立的学科,研究特殊的金融立法,尽管其在本质上无疑是国民经济学的一部分,且每天都在其中变得更重要和更广泛。

这种课题划分基本与瓦尔拉斯在他的 *Éléments d'économie politique pure* 中所使用的一致,虽然它并非都是基于同样的原因。以前遵循 J.B.萨伊和 J.S.穆勒的典范,通常将经济学按时间顺序划分为生产、分配、交换和消费理论,因为人们认为商品必须首先被生产出来,然后在参与生产的人之间进行分配(工人、地主、资本家等),然后再交换,在此之前他们无法享用实物形式的份额,最后是被消耗。但是这种对课题的简单划分太没有逻辑性。因为我们已经指出除非将生产和分配综合考虑,否则无法理解,而价值和交换都强调的事实,以说明的角度来看,将令人遗憾地带来持续不断的预测和迂回累赘的陈述。而且,当所有其他问题已经阐述后,关于消费已没有太多可言;因此整个这部分被穆勒全部忽略了。然而,如果允许这样的事情发生,人们将忽视这样一个事实,即引导,或者更准确地说,应该引导所有经济活动的都是人类的需求。因此,需求或价值的理论无疑应放在首位;今天人们常常是这么做的,甚至包括教科书的作者们,如 C. Gide 教授,否则他们应该保留旧的主题结构。另一方面,很难说像菲利波维奇(Philippovich)那样推迟对价值的讨论或者仅在商业实践的理论相关联时才进行阐述是正确的。我们将看到,现代形式的价值理论或多或少地对国民经济的各个分支的转化有影响,应与人口理论一起构成整个大厦的基础。

这种对学科传统划分的另一个结果是在各个主要章节,理论、实践以及社会问题被一起论述。在学科发展的早期阶段,这可能还站得住脚,而且毫无疑问,它有助于让穆勒的作品以及前面提到的亚当·斯密(其对学科的划分有所不同)的作品具有高度的文学魅力。但是,随着科学的发展和专业化,不同的方式逐渐变得必要,而且采用它更容易避免批评,老一代经济学家常常受到很多合理的质疑,因为他们结论的有效范围并非总是明确界定的。

传统学科划分的一个更显著的缺点是,货币理论只是被作为交换理论的一个部分进行讨论,而没有考虑其在经济学各个分支中重要的理论和现实意义。这可能是尽管在关于货币和信贷技术方面有大量著作却仍没有提出货币及其作用的完整理论、它仍是国民经济理论中探索最少的领域之一的真正原因。

不考虑纯理论或理论经济学(仅就本卷所涉及的内容),我们应该指出整个这部分的论述一定是抽象的和概述的;结果和假设是对应的,也就是说,它们只是在我们简化的假设下有效。它们是否以及在何种程度上与现实相符显然取决于两种情况:首先,我们的假设本身是否以现实为基础,即至少包含一些现实的元素——这是我们必须一直要求的,否则所有关于它们的分析将是无意义的。例如,我们可以大胆地假设人是受自私的动机驱动的,因为这常常是真相,至少是在相当大的程度上是这样。但我们不可以进一步假设他们伤害他人的愿望比纯粹利他的愿望强烈。此外,我们摒弃的情况必须是相对不重要的,至少对所讨论的问题是这样的:当我们考虑某些经济问题时,例如价格形成,我们可能会忽略人们不是完全个人主义的,而是也受社会的影响。但是,我们在其他问题上绝不能这样做,例如在政治—社会领域或在公共财政的学科方面。通过这种方式,我们得到一个最初的近似情况,然后有可能通过连续逼近(即通过逐步考虑最初省略的情况)越来越近地接近实际,这与天文学家为发现行星系统的真实运动规律而做的事情相类似。

但是,不是总能够预先确定进行的摒弃重要与否。甚至有可能发生的是我们必须故意忽略最重要的条件,因为所讨论的问题的性质是如此复杂,除此无法合理地论述。因此在价值理论,我们将暂且忽略货币的功能——实际上这是重要而不是次要的功能。此外,我们会经常将一个人的经济活动视为孤立的,而在吸引我们的人群中这种隔离不常存在甚至是根本不存在,因此只有当我们将世界的经济活动作为一个整体考虑时,我们的假设与现实对应。同样,在一开始我们把交换与生产视为独立于对方而存在的,事实上几乎不存在这样的情况;并且在生产理论中,我们首先关注非资本化生产,虽然这与现实的生产全无相似之处,而且严格来说,事实上根本不存在。在所有这些情况下,结果自然不会是近似正确的,而是理论推测;但是探索并不因为这个缘故而没有价值。即使在目前情况下,它有时被证明在包括迄今省略的因素后,无法完成推导①,但它们构成了所讨论问题的完整的、正确的解决方案所必需的基础,因此被视为是有用的工作。

所谓的国民经济学历史学派已经习惯于将科学中的所有抽象推理贬低为毫无用处。然而,这种观点明显地无视所有人类思想(任何形式的)必然是提炼过的这一事实,看起来将会逐渐消亡。历史研究本身首先从浩如烟海的资料中放弃那些现有历史文献中未提及的有争议的问题开始,当把通过历史方法得到的结论应用于现代或用当代思想检验它们时——正如它必须经常做的那样——它也是从其所处时间内的所有物质和精神变化中所提炼出来的,这一过程可能是允许的,但却可能导致严重错误。如果这个学派是前后一致的,他们应该去避免超出了纯粹的机械式记录以外的所有结论和所有思想。幸运的是,它没有将其论点继续推延至逻辑结论,相反通过很多非常有价值的研究丰富了国民经济学,这将使其跻身于科学的瑰宝,虽然它没有也不可能构成其全部;虽然如同理论研究一样,它也无法宣称达到了近似有效以上的程度。

---

① 在严谨的自然科学中,还有许多类似的情况。通过格林的分析,使流体力学最出色的发现之一——确定液体的固态化运动成为可能。(to determine exactly the movement of a solid body of a liquid)。然而,这样发现的公式(除了表面上)与观察到的事实不符,因为它无法考虑一些重要的细节。特别是物体运动产生的旋涡。另一个比较老的例子是牛顿对光在空气中传播速度的发现,因为没有考虑空气在受压下会变热,结果与实际情况相差约三分之一。即使是牛顿著名的万有引力定律,在他第一次试图验证时,也得出了一个完全不正确的结果,因为人们当时还没有确切地知道地球的半径。

第一部分　价值理论

参考书目：几乎同时出现却颇为独立的三本著作，第一次提出了现代价值理论的主要特征，它们分别是卡尔·门格尔（Carl Menger）的《国民经济学原理》（*Grundsätze der Volkswirtschaftslehre*）①（在其逝世后出版的新增订版），斯坦利·杰文斯（Stanley Jevons）的《政治经济学理论》（*Theory of Political Economy*）和里昂·瓦尔拉斯（Léon Walras）的《纯粹政治经济学要义》（*Éléments d'économie politique pure*）（两者都出现过几个版本）。按照门格尔的观点，对这一理论最简单、或许也是最完整的、不使用数学符号的阐述是冯·庞巴维克（Böhm Bawerk）著名的文章 Grundzüge der Theorie des wirtschaftlichen Güterwerts〔ConradsJahrbücher，第13卷(1886)〕。在庞巴维克的《资本实证论》（*Positive Throrie des Kapitals*）中，有这篇文章的删节版，其中省略了一些有关利息的内容。在此理论后续发展的众多著作中，值得一提的有多次再版的马歇尔（Marshall）的《经济学原理》，威克斯蒂德（Wicksteed）的《政治经济学常识》，皮尔逊（Pierson）的《经济学原理》，帕累托（Pareto）的《政治经济学手册》（1909），我本人的《利息、资本和租

---

① 这些作品在 Scarce Tracts 丛书系列中再版，由伦敦政治经济学院出版。

金》[1]，以及瑞典语的、Johan Leffler 的文章 Ekonomiska Samhällslifvet 第 1 卷，第 4—37 页及 48—80 页。虽然经过了现代价值理论的补充和更正，古典经济学家关于价值和价格的作品却丝毫没有丧失其重要性。亚当·斯密、李嘉图、约翰·斯图亚特·米尔等众所周知的著作在这一领域的学术研究和评述仍具指导性。对早期观点的反对意见，尽管比较肤浅未触及实质，可见于卡塞尔（G. Cassel）的《社会经济学理论》（1918 年，第 4 版，1927 年），该书也出版了英译本（1923 年和 1932 年）。

在这部分我们首先研究人类需求的定性方面，以及我们满足这些需求可用的方法、材料或其他东西之间不同的重要性。在现代社会中这一重要性通过各种物品、货物或劳务的交换价值或价格得到了明确的、客观的表达。

价值和价格理论具有重要性，这一重要性不局限于具有高度发达的劳动分工、货币和信贷体系以及基本上完全竞争的系统。即使在一个自给自足的经济体中（例如在国家财政或公共财政管理中），其实在每一个独立生产企业或消费单位中，估价持续发生。当从交换这个词更宽泛的意义上进行理解时，即在对同种产品或大宗商品的各种用途中，或者能够实现同一目的的不同方法中进行选择时，我们发现仍是如此。如果不存在自由竞争的交换，而换成某种形式的集体主义交换时也仍然是这样的。因此价值理论在经济学中是基本原理和至关重要的。

近代对于价值理论的研究创立了，或者说是归纳和确立了一个已经被认知并应用了的原理，叫做边际原理，其应用远远超出了物品交换的实际范围,进入到了生产、分配和资本领域。换句话说,它主宰着国民经济学的每一部分。

这一所谓边际原理,实际上只是一个对从高等数学和数学物理学中发展出的基础理念的改进,即以给定量作为可变量(通常为连续变量)的理念,也是将其变化率作为新的量的理念(牛顿流数,莱布尼茨的微分系数)。因此,把精确的微积分术语和符号用于现代价值理论是件很自然的事情。然而,理所当然的,所应用的只是微积分的基本原理,因此除了学校中所讲授的知识之外并不需要知道更多。

因此,现阶段在我们的阐述中加入对价值理论的全面分析是有充分理由的,尽管只是以概述的形式和从理论的角度进行。注重实际地研究价值或价格的前提,首先是货币和信贷理论的知识,对它们的讨论放在后面的第二卷中;其次是贸易与营销研究,这属于经济学的一个特殊门类。

由于篇幅的限制,我们必须省略很多价值理论的细节和深奥、模糊的示例,读者可以参考其他更加详尽的说明,特别是在参考书目中提到的庞巴维克在 *Conrad's Jahrbücher* 中的文章,以及马歇尔、威克斯蒂德等人的著作。

1. 交换价值及其起因:早期解释

我们把满足我们需求的手段叫做效用或商品——后者意味着

效用具有一种物质属性。非物质的效用被叫做劳务,它可以包括由自己提供的;比如,走路或者体育锻炼。甚至休息和睡觉也是这种劳务,并且它们和由别人所提供的劳务一样重要。对于货物,我们指的是物品,是很多我们可以得到的、完全相同的商品,它们是贸易的对象①。

"效用"一词与一个有很多种含义的词"有用的"相关,它可以表示一个东西比另一个有用只是因其令人愉悦,也就是说具有较小的、更为短暂的用处。然而更重要的是,事实上,大多数东西可能要么有益,要么有隐秘的有害影响。后者甚至可能占主导地位,但由于时间久远,它们或许会被忽略。因为经济学理论主要描述和解释实际发生的经济活动,而不是人类应有的经济活动,所以我们必然将那些从哲学角度看来可能是有害的对象(比如很多兴奋剂)包括在效用中,只要它们是普遍存在的生产和消费对象。意大利的帕累托在其 Cours d'économie politique 中建议我们应该使用"ophélimité"(来自希腊语 ὠφέλιμος- 有用的),而不是"效用"。但是这看起来并不必要,因为对于"应用"或"效用"的各种含义而言,在经济学中并未出现严重的歧义或误解。

遗憾的是,对于价值这一密切相关的概念却不能这么说。就其正确的含义或者说其不同含义之间的关系,经济学家们已经争论了一个多世纪,而且这一争论仍在继续。幸运的是,这种争论已经不再像以往那么尖刻,并且看起来快要被放弃了。交换价值或价格的定义不是特别难懂,也没有产生什么特别的歧义。对于交

---

① 以下是原文中一段讨论术语问题的内容,英文读者不会感兴趣。

换价值,我们指货物、商品或劳务被交换为其他货物、商品和劳务的比率,即:一定数量或单位的前面提到的物品,可以交换到的另一种物品的数量或单位数。因此,严格地说,一种商品能够与多少种其他的货物、商品和劳务进行交换,它就具有多少交换价值。这样其概念就变成了不确定的。然而,如果交换一个单位的某种商品,人们获得或者必须满足于更少量的所有其他商品,那么我们就可以合理地说先提到的商品的交换价值下跌了。当一种与大多数其他更重要的商品有关的商品的交换价值发生了上升或下降时,我们在实际中习惯于用这种表达,即便是它与一种或多种重要性较低的商品有关的交换价值向相反的方向移动。

价格一词有时候被用于与交换价值完全相同的含义。但绝大多数情况下一种物品的价格(也经常是其交换价值)应该用对全部商品适用的价值或价格的一般标准来度量,这个标准称为"货币"。根据货物对货币的不同价值,其货币价格,或者(如果我们更倾向于另一种说法)其货币价值,我们就可以用除法直接推论出其相对交换价值。价值理论的问题是要解释为什么一种商品具有一个永久的或临时的价格,而另一种商品(或服务)则具有完全不同的价格。

初看起来似乎这种定价一定是由于效用的不同——因此交换价值和有用性应该是同一件事,或者至少是相互成比例的。事实上,通常是交换价值或多或少地与有用性直接相关。只要两种效用可以互相替代,虽然程度不同却可以满足同样的需求,就一直会是这样。如果我们以最常见的燃料为例:山毛榉、桦木、松木等等,人们可能会争辩说它们在市场中不同的价格或交换价值几乎仅仅取决于其燃烧热值——即其指定体积或重量下可以得到的热量。煤的情况在某种程度上有所不同。与同等重量的木材相比,煤具有更高的热效率,但在很长一段时间里,使用煤作为燃料所带来的种种不便和不舒适阻碍了其广泛使用,因此那时煤仅有较低的交换价值。而且目前其交换价值仍低于木材。褐煤、泥煤等可能也是这种情况。与上述三种木材相似的情况也普遍存在于各种动物食品之间,比如猪肉、牛肉、羊肉、小牛肉;同样存在于各种植物食品之间,比如小麦、黑麦、燕麦和土豆,而且在某种程度上也存在于纺织品之间——丝绸、羊毛制品、亚麻以及棉等。但是正如这些例子中所显示的,即使在这一假设下,有用性和交换价值的关系也不是很明确和清晰。在很多情况下这种关系甚至看起来根本不存在。而另一方面,两种商品在消费上不能彼此替代,可是却完全地或部分地满足不同的需求,它们的相对效用是否可以用某种普遍的标准进行度量或者比较就成了一个问题。经验也证实在其物理性质没有任何相应变化的情况下,两种商品的价格常常在非常不同的程度上变化(并且它们的相对交换价值因此发生变化)。

在经济学历史的开始阶段,注意力被引向了这一差别[①]。亚当·斯密在其最著名的一段文章中解释说"价值"一词具有两个含义,有时表示一个物品的有用性(或者他所说的使用价值),有时又表示其相对其他效用的购买力(即其交换价值)。亚当·斯密也指出那些具有很高使用价值的东西往往仅有很少的或根本没有交换

---

① 确切地说,是更早以前,亚里士多德提出了在 κτῆσις(获得)和 χρῆσις(有用性)之间的这一明显差别。

价值,例如水。另一方面,有些具有很高交换价值的东西又经常只有很低的或根本没有使用价值,例如钻石。但是他到这儿就停止了。其后他只谈到交换价值,而没有再回到使用价值的概念。有人会说在几乎一百年里,人们都没有注意到亚当·斯密的观点其实是一个惊人的悖论,而且涉及一个必须要得到解决的问题,科学在这里止步不前了。在后来的国民经济学著作中对于他的这一观点有大量的评论性文章和专题论文,但是几乎没有批评,没有对显而易见的自相矛盾的审视。在下文中,我们将尽力来作一个这样的审视。然而,在开始之前,我们必须先谈一下不加鉴别地接受亚当·斯密的论断给国民经济学造成的后果。

正如以前所假定的,效用和交换价值并不总是相符,而且经常是相背离的,交换价值必然取决于某些与效用完全不同的东西,或者既取决于效用也取决于其他东西。后一种解释被广泛地接受了(尽管以卡尔·马克思为代表的社会主义者主张前者)。其结果是相对稀缺的概念:即一个物体要具有交换价值,它必须是有用的,除此之外,它还必须是数量有限的。如果供给相对于需求是无限的(空气、水以及所谓通常的免费物品——与之相反的是经济货物,其存在的量是有限的,因此我们是节约的),那么尽管效用很高,但交换价值降为零。另一方面,巨大的稀缺性可以赋予用处很小的物品(不过总要有一点用处)一个高的交换价值,例如稀有的邮票、动物、植物、宝石等。经过少许改进,这一观点发展成了一个广为人知的观点,即如果效用产生并调节对一个东西的需求,其稀缺性或其生产难度则调节和控制它的供给。因而其价格由需求与供给的关系决定,就像我们习以为常的那样。在一定的供给下,大量的需求导致较高的价格，少量的需求导致较低的价格。反之亦然——如果需求固定而供给变化。如果效用连同对其的需求降为零，或者变为负值（因此人们希望摆脱这种商品），那么其价格或交换价值当然也将是零或负值——人们会付钱摆脱它们（如垃圾、矿渣和从前时候的锯末等）。据说对于有用的物品，如果其供给变得过剩——例如洪灾或暴雨中的水、过量或太迅速刮来的空气，同样的情况也会发生。毕竟住宅主要是设计用来把过量的空气和水挡在外边的。同样，如果一个相对大的需求遇到一个小的供给，交换价值可能变得很高，如对于黄金和珠宝的需求，在这些情况中，即便忽略黄金作为交易媒介的作用，它们也不是没有用，只不过是以一种有限的方式。所以人们热切地想得到它们，但只能得到很少的量。

所有这些无疑大抵上是非常正确的甚至是明显的。但科学的目的不是用复杂的术语来描述显而易见的事情。如果我们进一步研究这个问题，会发现价值由供给和需求决定的原则实际上并没有为所讨论现象的本质提供多少线索。比如很显然，只有所谓的有效需求影响价格。不论需求量多大，那些无法负担一种特定商品价格的人毫无疑问地不会对价格产生丝毫的影响。试想一下那许许多多在珠宝商店橱窗外对着珍贵的珠宝流露出渴望眼神的人们就可以理解了。然而有效需求，换句话说，能够以现行价格被购买的货品的量，一般来说，就供给而言，既不是很大也不是很小，而是基本一致。实际上，只有在这种条件下市场才能处于一种均衡状态。如果需求大于供给，价格会上涨；如果需求小于供给，价格会下降——但是价格不能一直上升或下降。所以供给和需求在经济均衡的一个稳定价格点达到平衡，不论该价格是高还是低，我们一定会继续问：为什么对这一特定商品的需求和供给在某一价格达到平衡，而另一种商品在一个完全不同的价格达到平衡？在古典经济学对交换价值的分析中没有对这一问题给出直接答案，尽管古典经济学家们自己也察觉到了这一缺陷。

或许可以指出，在亚当·斯密的表达中"有效需求"有一个些许不同的含义。它指那些愿意支付"自然价格"（如生产和运输成本）的人的需求，例如，如果供给在特定情况下意外地大于或小于这一需求，则价格会跌到低于或上涨到高于"自然价格"[①]。

F. J. 诺伊曼（Neumann）在其于 *Schönberg's Handbuch* 上发表的关于"价值"的论文中，坚决反对仅将供给与需求（供货与需求）视为数量上的概念。按照他的观点，那是极端片面的。相反，他认为供给与需求代表一个完整的质量综合体：扩展性、密集度、有需求的那部分人的购买力，等等；由于这一原因，说需求大于或小于供货或供给或者说与其一样大是荒谬的。对所有这一切公认的回复是，诺伊曼所列举的这些情况无疑会对供给与需求两个量都有影响，而总体结果必然是这样的：当一个特定价格的报价在市场上出现时，一定量的这种货品将被提供，与之相同的量将被需求。就我而言，我看不出这个观点的片面性。

古典学派在没有完全放弃他们在需要的时候总要去求助于供给与需求公式的情况下，尝试了为至少一组商品（在实际中最为重

---

① 本书原版中删除了接下来的一个段落。该段落讨论 utbud 和 tillgang（供应和供给）之间的差别。在英语经济学中没有相对应的部分。

要的)的交换价值提供一个更为确切的解释,即通常所说的,那些能够被无限量地生产的商品。

该解释与其生产成本相关,或者根据后来变化了的术语,与其再生产成本相关。如果一种商品不是按通常意义上的以普通方式生产出来的物品(比如,某些自然产品),或者不能被生产或再生产(大师的画作),抑或其制造是一种自然垄断或法定垄断的结果,那么我们仍然必须承认价格是由供给和需求决定的理论。另一方面,对于绝大多数在自由竞争条件下实际上可以被无限量再生产的物品,就像前面已经说过的,生产成本会决定平均价格或者"自然"价格,市场价格总是围绕这个价格波动。

很明显,在完全竞争条件下,如果一个商品的生产成本包括了其抵达市场的所有费用,包括了对最后一个卖方的劳动和辛苦的"合理的"(即惯例的)报酬,该商品的价格既不会高于也不会低于其生产成本。如果不是这样,或者该商品不会被制造,或者是其制造量太大,价格必然会由于供给量的增加而下降。然而如果这是对相互(相对)交换价值的合理解释,那么生产成本显然一定是个定值,是由独立(绝对)原因产生的;它们必然不取决于交换价值本身。古典价值学说的弱点正在于此。如果我们更细致地分析生产成本的概念,我们会发现后者被分解成对使用各种生产要素的回报或报酬,生产要素通常分为土地、劳动和资本三个主要范畴。例如,如果制造 a 和 b 两个数量相同的两种货物需要同样数量的同种劳动、同样数量的土地且在相同的期间内需要等量的资本,那么我们可以不惧辩驳地说,两个数量的货品会在市场上以相同的价格出售。毕竟,这只不过是说所有同样的劳动、所有同样品质的土地及在同期内使用的所有资本会收到相同的回报,这是完全竞争的必然结果。另一方面,正如实际上通常发生的情况,生产这些商品需要不同配比的土地、劳动和资本,如果 a 和 b 相比,需要更多的土地、更少的劳动和资本,那么必须找到某种方式将生产所应用的这些多种因素的数量减化为一个共同的衡量方法,毫无疑问,当然没有可用的实现此事的直接方法。为了用共同的单位表示它们,我们只好去参考它们所要求的报酬,例如工资、租金和利息的相对量。然而这些并不是已知的,确定这些引出了一个与我们先前一样的问题,而且只有联系在一起才能解决。

古典学派的经济学家们(尤其是李嘉图)所采用的回避这一困境的方法显示了极大的创造力。可是从我们对于一个商品的市场价格与其生产成本之间联系的思考中已经可以看出,正如我们要在后面进一步详细展示的那样,这种尝试是注定要失败的。起初,他们尝试把问题尽可能地简化。他们以为或许可以把各种劳动,诸如需要技能的和不需要技能的简化成一个通用的标准,只要更高质量的劳动可以用额外的工作天数表示、相应地支付更高的工资以及劳动者之前用于技术培训花费的时间。至于资本,他们发现其在生产中的主要作用在于提高劳动者的工资或增加其生活必需品,以及提供必需的工具和原料。因此他们假定在所有生产行业中的资本(或资本家)会得到近似相同的产品交换价值份额或比例(资本利润)。李嘉图明确地承认由于在各个生产行业中固定资本和流动资本的比例不相等,这一规律会有很大不同。最终,他们认为土地可以被忽略,因而租金可以不包括在生产成本中。他们仅把生产边际所使用的劳动和资本视为对成本有贡献——或者在最贫瘠的边际土地上（极度过剩因而不需要付租金的土地），或者是在已经使用的土地上进行更为密集的耕作，由于类似的原因，对增加的产出不需要付额外的租金。这样，制约交换价值的生产因素实际上被减少到了只剩一个——劳动。按照李嘉图的说法，各种货物的交换价值应该基本上与生产它们所必需的、最不利的生产条件下——即在生产边际时，所需要的劳动量直接相关。约翰·斯图尔特·穆勒（John Stuart Mill）对这一看上去如此辉煌的结果感到极度的满意，并在其价值理论的导论中宣称古典价值理论"完整了"，以至于没有什么留给他，或者后继的作者来补充了。

李嘉图还作了另一个简化的假设，如果我们不想误解他，那在读他的著作时必须要记住这一点。他假设度量价值和价格的黄金，总是用相同的劳动成本生产出来的，而且生产黄金所使用的资本产生的利润在任何一个行业中构成相同的工资百分比或者全部产品的百分比。从这一点上他得出结论，生产一定数量的货物所用的劳动量直接表达了这种数量的货物通常在市场上被交换为黄金的盎司数或克数；换句话说，其价格用黄金度量。另一方面，基于这一假设，一般工资水平永远不能对价格产生哪怕一点点影响，在这种情况下它却还影响黄金的价格（以货币计的价格，即以黄金计的），这是一个明显的矛盾。除此之外，按照李嘉图的说法，工资（货币工资）的上涨仅能在一并发生的资本利润相应下降而商品价格保持不变时发生；再者，商品价格的变化必须有以下前提，即其生产所使用的劳动量由于新发明或者生产难度增加而比先前更大或更小了。

这种种简化的假设在很大程度上便利了李嘉图的分析。在其著作中,经济理论的结构首次以一个连贯的逻辑系统出现。然而他的那些结论因而频繁地呈现出一个抽象的甚至不真实的特征。就这方面而言,他较之亚当·斯密就相形见绌了。

即使我们承认所有的这些归纳和简化有其价值所在,我们还是面对着古典价值理论的根本性错误。他们的生产边际不是一个固定边际,已知的一个先验,而是一个变量,并且其自身与其他的东西一起取决于所讨论的货物的实际交换价值,在这种程度而言,取决于它必须去解释的东西。

因此,比如说某些已经制造的货物(特别是黏土物品),它们的原料几乎是无限量地存在于自然界中,对于它们而言,没有生产边际:可以用不变的劳动成本(每单位物品),以任意一个想要的数量把它们生产出来。至于其他的商品,特别是生活资料——在任何特定的技术状态中,如果要生产比先前更大的数量,则必须增加每单位物品的劳动成本。因此,若一个经济单元必须提供这两种物品的生产,它们的相对交换价值或价格显然在很大程度上取决于它们相对需求量的大小;后一种商品在该边际的生产边际延伸和生产成本只有以此才能被确定。

我们来看另外一个例子。假设自然情况迫使一个经济单元(一个地区或一个整个国家)只能生产两种大宗物品,比方说谷物和亚麻布制品,目前我们会认为它们的价格由国际市场决定。如果亚麻布制品的价格相对较高,公众会主要致力于它的制造,而只耕种与其自身所需数量相应的谷物。反过来,如果谷物的价格相对较高,则会扩大谷物的生产而把亚麻布制品的制造限制在最低水平。然而，由于相对所使用的劳动，生产亚麻布制品只需要很少的土地，在前例中，当亚麻布制品是主要制造品时，对土地的需求将很小，耕种会被约束在最好的土地上，或者会变得不密集。在两种情况中，结果都将是即便在生产边际上，原料生产中所使用的劳动也会变得微不足道。而且，由于在谷物（价格高）的例子中，这一劳动构成了所必需的劳动的全部，而在亚麻制品（价格高）的例子中，仅构成一个较小的部分，每单位亚麻制品使用的劳动与每单位谷物生产中所使用的劳动相比很大。另一方面，如果由于价格条件的改变，谷物生产转变为主要地位，则原料的生产必然延伸到劣质的土地，或者在较好的土地上的耕种就必然会变得更密集。不管发生哪种情况，结果都将是在劣质土地上（或者，总的来说，在生产边际上）生产原料所使用的劳动量会很大。进而，在最不利的条件下，生产一个单位的谷物使用的总劳动与生产一个单位亚麻布制品相比，会更大。我们或许可以用北俄罗斯、爱尔兰以及在一定程度上某些瑞典省份的经济状况为例证，当时越来越多的廉价棉制品开始将亚麻布制品逐出这些国家。

第三个，也是很重要的一个例子是黄金本身对物品的交换价值或购买力绝不会是恒定的，而是取决于金矿生产边际中的人工成本——甚至亚当·斯密也意识到了这一点，虽然李嘉图有意地忽略了。可是，边际本身是变量。它在商品价格低且黄金的购买力高的时候增大，而在相反的时候减少；因此生产仅限于富饶的矿或河床，而且生产一定量的黄金所使用的最大劳动量变少。

如果在每一个例子中，如我们在前面那样，不考虑所投入资本的变化，这时李嘉图关于产品交换价值与其在边际生产中所需要的劳动量相称的理论得到了验证。然而很明显,在这种情形下,不是生产成本决定交换价值。如果像在前面的例子中所假定的,后者是固定的且已提前由国际市场决定,那么这实际上是不可能的。相反,是货物的交换价值决定它们的生产成本——即决定在生产一个单位的谷物和生产一个单位的亚麻布制品中应使用多少劳动。同样,如果我们更笼统地去看待这一问题,并且观察一个孤立的经济单元或者整个世界的生产和交易,那么很清楚,生产成本和交换价值不会是李嘉图所说的简单因果关系。我们在下面会看到,正如处于均衡的单一经济系统中的各种要素一样,它们是相互制约的。但是,在那种情况中,显然就生产成本而言,即使在最简单的设想中,也不能作为对货物交换价值的一个理论解释,尽管作为一个实际规则它往往是有用的。

毫无疑问,古典经济学家们未能认识到这一点,因为就最为重要的商品群之一(生活资料)而言,他们认为需求或消费(因而也是生产边际的延伸)由人口规模给定。统计数据还没有证实这一点:很大程度上是由于所用的间接方法,对谷物和其他粮食的需求弹性和消费变化几乎和其他物品一样。

还有一点要说。它发生在很多情况中,即使一个商品是在完全竞争条件下制造的,其生产成本也无法被分割和估算,因为生产同时进行而且是与其他物品的生产结合在一起的,例如在一种商品是制造另一种商品过程中的副产品时。马歇尔给这种情况起了个专业名词"关联供给",穆勒在其"价值的一些异常情况"[1]一章

---

[1] 《原理》,第三卷,第16章。

中也提到了这种情况,但是正如该章标题所表示的,他把它们看成是规则的例外情况。事实上(如杰文斯所评论的),它们占了生产领域的很大一部分,或许是最大的一部分。我们在后面会更为详细地谈这个问题,但或许可以在此指出,农业的所有分支都处于联合供给的范畴中:谷物的耕种和牲畜,与纺织材料和其他经济作物一样,是在一个有序的农业系统中共同决定的。这里出现的唯一问题是这些产品的售价是否会覆盖生产的全部成本,因为其单独的成本是不能估算的。例如,在瑞典实施谷物税之前,一些农学家坚持在低价时种植黑麦"没有收益"的看法,但他们还是继续种植它,由此证明这种谷物在一个农业系统中构成了一个必要的元素,否则的话它就会被放弃了。

同样,用类似于李嘉图的把租金从生产成本中排除的方法,通过假设其中一个或另一个进入总产出的程度不同,来估算各种物品的成本也是不可能的,其实总产出是与具体条件完全相关的。例如,一个牧羊人同时生产羊毛和羊肉,但是他可以根据需要专门养多产羊毛的品种,或专门养多产羊肉的品种,用这种方法得到更多羊肉而较少的羊毛,或者更多的羊毛而较少的羊肉。用冷藏仓从澳大利亚或阿根廷向欧洲运输鲜肉的可能性实际上迫使欧洲的牧羊人放弃了有上好羊绒的美利奴羊,而倾向于更多产肉的羊品种。这反过来导致了19世纪末欧洲服装工业的危机。

同样地,在煤气的生产中,焦炭作为一种副产品被得到。但是这里也一样,两种产品的比例既不是已知的也不是确定的,因为有些煤产气较多而焦炭较少,有些则相反。如果焦炭是主要目标,如在钢铁工厂,则更多地关注会被放在后一种煤上,如果产气更重要的话，反之亦然。这样，我们得到一种生产边际，在此边际一种商品产量的增加对应于一个确切的生产成本增加。然而即使在这里，也可以看出生产成本是根本无法预先确定的；它们可能会在很大程度上随货物相对价格的变化而变化。换句话说，生产成本和交换价值之间的关系，并不是因果关系，而是相互依存的，在本例中也是如此。

事实上，古典价值理论并未尽如人意。尽管以令人费解的立场，著名的蒲鲁东把价值理论包括在他的《矛盾经济论》中，但他的反对者巴斯夏在《和谐经济论》中介绍了他关于价值的章节，用了值得注意的词语"无聊的论文；无聊的论文，无聊中的无聊"。一个人们已经完全掌握了的理论，不管其多抽象，通常都不会引起无聊。这些人及其所属的学派对价值理论所做的绝不是改进。相反，他们都把古典学派在归纳方面的尝试扩大成了夸张的悖论。在社会主义者（尤其是洛贝尔图斯、马克思更是这样）手中，价值理论变成了反对现存秩序的可怕武器。它几乎使所有其他对社会的批判成为多余。他们认为劳动是价值的唯一创造者，换句话说，是价值的源泉——李嘉图从来没有表示过或说过这样的话；因此在私人手中存在的所有其他生产要素都应该被认作是生产的寄生虫，它们的报酬是对劳动代价的一种掠夺，劳动独自享有报酬权。下面将阐明这一推理的错误。恰恰相反，和谐经济学家凯里、巴斯夏及其在不同国家的众多信徒们认为，他们在劳动是财富的唯一创造者这一原则中发现了捍卫现存社会秩序的一个高度有效的武器。他们尝试减少产品中的所有份额，甚至包括土地的租金，直至只剩下劳动力的工资（即过去在土地上或生产中所使用的劳动的工资)。

这种论证的荒谬是显而易见的,而且对于那些指向科学经济学,或者准科学经济学的权势利益,它在对其欺诈和谄媚的指责方面可能是贡献最多的。在卡尔·马克思的价值理论中,社会主义者认为他们占据了一个与和谐经济学家们所提出的一样好的理论基础,而且双方都认为他们是在古典主义的旗帜下作正当的战斗。

因此,建立新的和更好的交换价值理论不仅具有理论重要性,还有其突出的实践和社会意义。奥地利人卡尔·门格尔、英国人斯坦利·杰文斯和法国人里昂·瓦尔拉斯[①]三个人几乎同时而又独立地在这一方面取得了成功,进而出人意料地为相互理解铺平了道路,甚至是在社会领域中。

2. 边际效用概念

如前面已经指出的,现代价值理论的阐述可以很方便地始于对亚当·斯密的价值和交换价值相背离论点(他以水和钻石为例说明)的分析和修正。从字面上解释,这一论点看起来要么毫无意义,要么自相矛盾。首先,他考虑的是哪个使用价值?显然它不能是水或者钻石的整体效用,因为即使真有可能把世界上全部的水

[①] 从某种程度上说,德国的高信(H. H. Gossen)应当被认做是这三个人的先驱者,他的著作于1854年问世,然而在其有生之年完全被忽视了。但是就此事而言,不论是高信还是门格尔都没有做到在不同货物的边际效用之间建立均衡,正如我们会在后面看到的,这一均衡的建立构建了由杰文斯和瓦尔拉斯本质上以同一种形式所提出的自由兑换法则。

交换为全部的钻石,也很快就会清楚前者与后者相比具有无限大的交换价值;当然,比较必须是对于可控制的数量,比如一升水或一克钻石。然而,即使是在这种情况下,如穆勒所述,交换价值也不可能大于使用价值(按穆勒的说法,尽管可以小于它),否则,我们将会面对这样的荒谬的情形:即一个人会为一件用处较小的商品而出让有较大用处的商品。换句话说,按照穆勒的说法,使用价值构成交换价值的上限。但是进一步思考的话,看上去交换价值也不会低于使用价值,因为交易以具有交换双方作为前提,而没有人会买一个交换价值高于其使用价值的商品,也没有人会卖一个交换价值低于使用价值的商品。因而,我们似乎得到了这样一个引人关注的结果:使用价值既是交换价值的上限,同时又是其下限;或者,换言之,是与之完全对等的。然而这与经验相背;人们也很难理解在这种情况下交易究竟是如何实现的。显而易见的解释是众所周知的事实,即同一件东西对于不同的人可以有不同程度的效用,因而对于交易中的一方或另一方,相对使用价值可以同时分别大于或小于交换价值。如果我们继续这一思路,可以很容易地看出,在不同的条件下一件东西对于同一个人而言可以有不同程度的效用。就此而言,最重要的条件很明显,即某人所拥有的商品的总量——或者某种程度上可以取代它的其他商品,至少在一个原始经济中(是这样)。在更为发达的经济中,决定条件将是对于一定数量的交换媒介的所有权或者支配权——即按经验显示,交易一种商品所能得到的其他商品。但是,在两个情况中设立标准的,都是最终这个人在一定时间内能消耗的各种商品的量。

因此,使用价值就其本质而言是某种变量。与其相反,交换价值对于全部市场中的每种商品则总是或者趋向于是恒定不变的。这样问题就变成了：使用价值的哪个方面可能决定（或者我们更谨慎地表达为关联）商品的实际交换价值？答案一定是显而易见的：对于交易双方而言，交易实施那一刻它所拥有的效用程度，无论该效用是源于他们目前的还是未来的需求。然而，很显然，这很少是该商品在某些情况下可能具有的最大效用，甚至也不是该商品通常所具有的平均效用，而是该商品或其一个单位，在指定的条件下具有的或被认为可能会具有的最小效用。这种效用被称作商品的边际（或最终）效用，故而相当于获得该商品可以满足的最不重要的需求，这与没有获得该商品或获得的数量较少，而不能满足的、最重要的需要相同。至于用来交换的商品，它们的边际效用将与它们不用于交易时能满足的最不迫切的需求相一致，尽管对于非常少的数量而言，无法将其与交易完成后仍然不能满足的、最不迫切的需求区分开来。结果是，交易完成后，对于交易双方，两种商品的边际效用与它们通常的交换价值相等。我们将在后面说明，如果不是这样的话，交易的一方会希望以一个某种程度上更有利的价格进一步交易，并诱导另一方接受。

关于使用价值的可变性，庞巴维克提出过一个著名的、简单易懂的例子（最初是由门格尔以几乎相同的形式提供的）。一个独自住在原始森林务农的人刚刚收获了五麻袋谷物（不包括留作种子的），这是他到下一个收获季之前的全部粮食。如果他根据以前的消费量来处置这些存粮，虽然实际上对粮食本身而言每一袋都是相同的，但是由于每一袋会有不同的用途，因而对他的重要性不同。第一袋是维持生存绝对必需的，因而对他而言如同生命一样宝贵。第二袋对他也极为重要,因为它可以让他吃饱并保持健康和身体强壮。第三袋他并不直接吃掉,而是用于饲养家禽,从而使他可以在必要的时候改变一下食谱而不至于只吃谷类。第四袋他可以用来酿酒。第五袋在他的简单生活方式中最好的用途是饲养几只鹦鹉供其娱乐。如果由于偶然事件,他损失了其中的一袋谷物,在这种情况下,很显然,他会牺牲的是第五袋,即从满足其需要的角度而言最不重要的那袋。如果他又损失了一袋,这次会是用来酿酒的那袋,而不是维持其生计所需要的那些;以此类推。严格地讲,在上述的每一个效用中也存在着一定的层次:他很有可能会在彻底放弃那些作为一个整体而言效用等级较低的需求满足之前,放弃一点点更为重要的需求满足。但我们稍后再回来讨论这一点。

通过这一简单的概念,价值理论获得了从前缺少的清晰和一致性。交换价值传统观念中固有的二元性所要求的两个特性——效用和稀缺现在消失了,尽管人们从不清楚其相互之间的关联。就边际效用而言,实际上表示了一个效用和稀缺的综合问题。边际效用变成了由于商品稀缺而必须停止消费点的效用值。瓦尔拉斯把稀缺(rareté)作为与边际效用完全对等的术语(他的父亲奥古斯特·瓦尔拉斯更早地使用了同一词);他仅把一种商品在相对于需求或需要的存在量不足作为稀缺,因而稀缺的程度由边际效用来表示。当然这是习惯的问题,但是瓦尔拉斯的术语有些牵强,没有得到普遍支持。

所以,如果一个相对稀缺的商品(例如一种上等葡萄酒)有高交换价值,是由于消费必然在某一点上停止的事实,在这一点上,已满足的、最不重要的需求,以及未满足的、最重要的需求或需求程度(上等葡萄酒作为提神或兴奋物品),仍然很显著。而普通商品,如面包,通常是大量消费的,每个消费期增加一个单位所能满足的需求相对不显著,或者根本不显著(像通常的水、空气等等免费物品的情况)。在这里,总体而言面包所满足的需求类别(维系生命)比葡萄酒所满足的需求类别,也就是对提神的需求和精致口味的满足感,重要得多的问题无关紧要。庞巴维克的一个关于两座山的高度的比喻也可以用于这里。两座山中的一座远高于另一座,但这并不妨碍在矮山上的登山者在某一时刻比在高山上的另一个登山者爬得更高。

这就是亚当·斯密所忽视了的关联。他所关注到的以及在他的观点中可能经常与交换价值呈相反关系的使用价值,显然是商品在给定条件下相比较(水和钻石)时分别得到的最大效用。然而交易的各方与这毫不相干;他们无疑只关心在交易的那一刻商品对他们而言所拥有的实际或预期效用。知道了这些以后,人们几乎会想去把亚当·斯密的论点调转过来,说那些具有高交换价值的商品由此证明了自身拥有很大的使用价值或高效用,即高边际效用。然而这样的表述是不准确的,因为消费者个体的不同,尤其是他们不同的财务状况,在此扮演一个重要的角色。对于差不多有能力满足全部需求的富人,所有商品的边际效用应该都很低:如果一个富人花数百英镑去买一颗钻石,这并不能证明钻石对他有比其他商品更高的使用价值。在多数情况下这意味着他放弃消费的那些商品对他而言只拥有很少的或者没有使用价值。实际上,我们会在后面看到,我们发现,同一件东西对于不同人的效用程度——相对边际效用从来没被比较过,而只比较过不同商品对于同一个人的边际效用。如果财产和收入更平均地分配,对绝大多数人来说,无疑使用价值的大小或多或少是一致的,这就会产生下面的结果:钻石和其他很多现在被珍视的东西的交换价值会下降,且它们的产量会下滑——可能降至只能满足玻璃切割和钻孔所需要的钻石量。在 1907 年的世界危机中有一个显著的例子,当时全世界范围内的利润减少导致了荷兰钻石工业非比寻常的危机。

细心的读者可能已经发现了下面我们会立刻回答的问题。似乎很明显,边际效用决定交换价值,只要它仅仅是一个获得或者处置少量某种商品用于交换近似数量的另一种商品的问题;而且就两者而言,人们已经被提供了足够的或接近足够的量。但事实上,在一个现代经济社会中,由于劳动分工,我们通过交易获得几乎所有或者至少大部分商品。因此那些商品事实上满足我们的所有需求甚至是那些最极端的需求。那么,交换价值作为一个整体,只是依据最后的和最不重要的需求程度来调节,这是如何发生的呢?

这一论述被全面地证实了。在实际情况中,就交换价值的本质而言,它与使用价值或效用一样是可变的。正像我们很快就会看到的,在孤立的交易中,从根本上来说,统一的交换价值这种东西是不存在的。商品在市场上进行交易时,经验告诉我们,大体上固定的,也就是带来了交换价值这一名称和概念的比率,是对这样的市场或者是对市场的影响所独有的,而不是对与市场无关的个别交易。交易中的任一方或双方处于某种自由竞争中。如杰文斯所表述的,市场中运行着"无差异法则"。只要他们获得同样的货物或者同样的价格,对于买方和卖方来说与谁做生意都无所谓,事实正是如此。由于这一原因,大体来说,市场上一个特定的商品在任何时候只有一个价格。

边际效用与交换价值或价格的关系,本质上与我们前面已经发现的存在于交换价值与边际生产成本之间的相互依存关系一样。如果事先已知交换价值,比如一个小经济体可以通过全球市场的影响知道,那么边际效用将由其来控制;因为各种商品会被消耗到这样一个点,在这点上对于每个消费者而言,他们各自的边际效用与交换价值或价格处于相同的相互关系中。如果交换价值没有被提前给出,而是完全由市场决定,则边际效用和价格将在一个单一的均衡系统中相互确定,且可以象征性地或假想性地通过一个方程组来表示,在方程组中,市场可以提供的商品或本期消费的商品为已知量。但是实际上这些量并没有给出;在大多数情况下货物被持续不断地生产和消费,且根据情况可以大量或少量地投入或撤出市场。因而最后的平衡问题,通过交换平衡生产和消费的问题,包括以下未知量:生产和消费的量、货物的相对交换价值以及每个个体的比例边际效用。另一方面,明确已知的量包括存在于每一特定时刻的生产资料:劳动、土地和资本(如果过程延续很长一个阶段,还有影响资本积累的那些要素),以及消费者的个人偏好。那么交换价值必然固定在两方面影响力达到平衡的一个水平上,即一个方面是消费的欲望(消费的效用或满足感),另一个方面是生产的难易程度、制造的不便或不适〔有时候叫做负效用(negative utility 或 disutility)〕。边际效用或负效用应是决定性因素,这一点合乎关于均衡的、一系列其他似乎矛盾的现象(参见所谓的"流体静压佯谬");然而与此同时,尽管从伦理和社会的角度看来不令人满意,但它显示了在完全竞争条件下发生的经济现象的纯粹的、机械的特性。

现在我们将遵循严格贯穿本书的由简至深的成功推进原则(如瓦尔拉斯著作中那样的),来更为详细地解释复杂的交换均衡现象。

3. 自由交换和市场价值

A. 单一商品的不同用途

在市场中,我们观察到一个两重性现象:既确定所交换货物的量,也确定它们交换的比率。如果只有两个商品,通常,这一比率是被交换货物量的直接结果;但是如果有两个以上的商品就不是这样了。但我们暂且假设交换比率由于某种原因是已知且固定不变的,因而交换只是一个确定绝对数量的问题;如果仅有两个货物,则它们的相对量就已经是已知的了。

最简单的交换形式可能是同一个人在单一商品的不同用途中作出选择。比如,让我们回到庞巴维克的居住在原始森林中的人和他的五袋谷物的例子。但现在假设他只能从两个用途中进行选择:要么以面包或谷类食品的形式直接消费,要么他用部分谷物饲养家禽,然后以肉类的形式间接消费。为了简单起见,我们忽略在后者中他要承受的额外麻烦和不便。这样我们可以认为他的活动是一种交换,其中交换价值由技术条件确定:如果他希望的话,通过牺牲直接消费若干千克的谷物,他可以得到1千克蛋或家禽肉。唯一的问题是,从经济的角度上来说,他的贮备中有多少量可以用来交换。

如果我们把每一个消费品的效用(或使用价值)看作一个固定量,我们会得出荒谬的结论,即依据谷物的效用是大于还是小于蛋或禽肉的效用,他或者把全部谷物转换为蛋或禽肉,或者一点也不转换。如果依照现实,我们假设一单位货物的效用是一个变量,且在可用于消费的数量增加时下降,那情况就很不相同了。这个人对于将最后一袋谷物作为食物根本没有需求;因此用于直接消费的效用为零或者甚至为负值。但在每单位时间内消费的第一部分动物食品(肉类食品),比如每星期一个鸡蛋或一只烤鸡,对其舒适度和幸福感的增加是很显著的。因而,如果他把最后一袋谷物转换成禽蛋,与不这样做相比,他显著增加了其效用。如果他出于同样的目的牺牲另一袋谷物,他从交换中所得到的收获还是会很可观,尽管不如从第一袋得来的那样大,因为他可能会从把这袋谷物用于直接消费中得到更大的好处,也因为对于肉类食品的渴望在得到部分满足后已经不再那么强烈了。同样,对于第三袋谷物更是这样。牺牲第三袋的一部分用于饲养家禽或许还能增加其效用,但对于另一部分,他可能更愿意直接使用,并认为如果把它转化成动物食品的交换是个损失。经济学要求在放弃原来贮备的那部分谷物和保留那部分谷物之间有一条分界线;而它明显地处在一个点上,至少如果我们假设现在讨论的量是连续变量时是这样,此时最后一千克谷物,不论是被直接消费还是转换为肉类食品,都具有相同或差不多的效用。就是说边际效用,即最后一千克直接消费的谷物的效用和最后被转换为肉类食品的谷物的效用,在经济学调节的消费中,一定是相同的。或者换句话说,如果我们假定生产一千克鸡肉或鸡蛋需要五千克谷物,那么最后一千克动物类食品的效用应该是最后一千克谷类食品的五倍,这样边际效用会与我们可以在这里叫做(虽然不是完全合适)交换价值的东西成比例。

如果原来贮备的那些谷物不仅有两个用途,而是有三个、四个或者更多,情况自然也会是完全相同的。尽管各种用途的重要性不同——不管是维持生存和健康、改善饮食,还是娱乐或其他的小消遣,有一件事是肯定的,即:对用于每一个不同目的那部分谷物,其最后一千克会为其所有者得到至少大约是相同程度的满足或效用。否则就无法解释为什么他不是从一开始就把那部分谷物用于能给他带来更大收益的目的;或者,如果他是由于缺乏远见而犯了一个错误,那为什么他没有相应地重新安排下一年的消费计划。换种方式,如果我们通过其各自特定的单位来衡量不同的消费方法——即一千克谷物、肉或蛋、1升酒或一只鹦鹉,那么显然,它们的边际效用在每种情况中,都与其相对的"交换价值"成比例。

这一点回答了边际效用理论刚被提出之际产生的而且到现在仍然能够听到的针对边际效用理论的反对意见。在一般人的认识中,各种货物使用中的效用或价值作为不相称的数量,看起来是不能被比较的东西。李嘉图及其后的卡尔·马克思对此进行了描述。像现代理论所做的那样,假设性地去比较各种商品的效用,或者边际效用,看起来是一个先验的荒谬;而试图精确地度量效用——坚持一个对象或一类货物的边际效用是另一个的多少倍,乍看起来,就像F.J.诺伊曼所说的"一个人比另一个人有礼貌一点五倍"一样荒谬。可是,正如上面的例子中所展示的,我们所有人都在一生中的每个时刻做着这样的比较。精确度量的想法并不荒谬。如果我们能概括地说某一事物相比另一个不同的事物,可以提供相等的、某种程度上大的或小的效用,那么我们也可以对一类的两个、三个、四个或更多事物与另一类的一个或更多事物相比有同样的说法。实际上,当我们谈论谷物和动物类食品,说后者的边际效用是前者的大概五倍时,除了上面所说的,我们并没有别的意思。的确,人们认为一千克的禽肉与五千克谷物具有同样的效用。就大批存量的一小部分而言,作这一假定没有任何风险,在自然科学中,遇到连续变量的时候,的确在相应的情况中经常用这种做法。事实上,在边际效用理论中所用的论证,与几个世纪前对于质量、力、速度、加速度、机械功等一些先前模糊的概念确定数学精度的论证惊人地相似——而对于热、光和电的精确度量直到现代才得以实现。

然而,应该注意到,我们习惯于去做的大致精确地比较几乎总是仅涉及小数量;严格地讲,也就是对于各种商品或货物的边际效用的比较。对于一个特定商品的消费,从整体来确定是否产生一些效用,或者相对于另外一种商品而言这一效用大或小多少倍,如果不是不可能,无疑也是很困难的:当我们的生活习惯发生更激烈的变化时,我们所犯的众多错误是对这一事实的最佳证明。有时候这样的比较在一定程度上甚至是自相矛盾的,比如当所消费一定量的商品(比如在上面的例子中所提到的肉类和谷物)构成一个相互关联的整体时——以至于,严格地说,人们只能谈及由消费许多不同商品所共同获得的某种幸福的总量。

图形示意——如果只有两种方法来使用指定的一批货物，则可以用图形来简单地说明上面的论证（图1）。

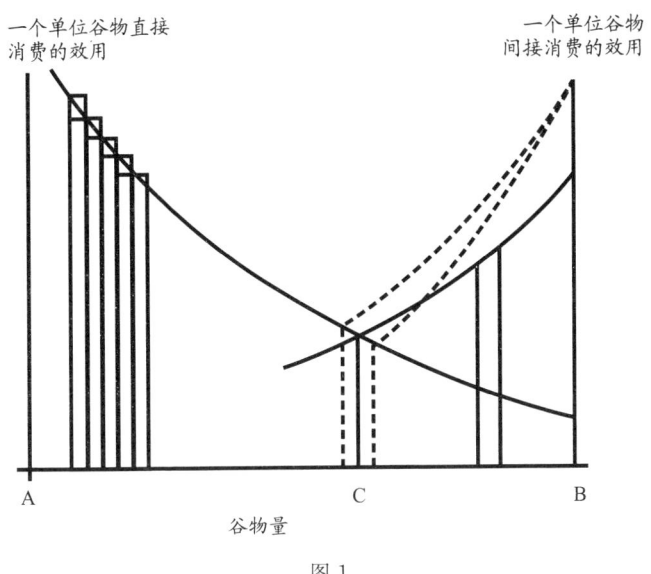

图1

用水平线 AB 表示谷物原来的存量。从左到右，在这条线上的每个连续单位长度上，我们都画一个矩形；这些矩形的面积表示如果在该消费期内，直接消费的谷物增加一个（即由一个到两个、两个到三个，等等）单位或千克时，该消费者的效用或满足度的增加量。这些矩形的上限形成了一个阶梯式的曲线，这条曲线可以用一条连续曲线替代而不会产生实质性的错误。这一曲线所包围的区域，即由从 A 点穿过的垂直线、横线及一个变化的垂直线（或纵线）所围成的区域，表示当所消费的谷物被限制在水平线与变化的垂直线相关的一点时其全部的效用。按假设，曲线逐渐地接近水平线，且最终会与其相交，因为超过某个量后的每一个谷物消费都不会再产生任何额外的效用。

然而，很明显，此曲线最靠右边的部分并不存在，因为如果把这个人每年的口粮降低到只有几千克的话，他就饿死了。该曲线仅在增加或减少每年消费的储备的情况下才具有实际意义。每增加或减少一个单位，会有一个相应的效用增加或减少，即在图中由矩形所表示的区域，或者，因为矩形是基于一个单位，效用的增加或减少也可以用以线性单位计算出的高度来表示，即该曲线的纵坐标。这就是从 A 开始度量的、当其每单位时间或周期的消费由相应的水平线部分来表示时，谷物边际效用的几何表示。

现在我们假设在水平线上，我们由 B 开始从右至左，建一个类似的图形，并画一条曲线，曲线所围成的区域和纵坐标分别表示谷物间接消费（以肉和蛋的形式）的总效用和边际效用。水平线上的一个单位仍然表示一千克谷物，水平线和曲线所围成的窄矩形（或梯形）或者矩形的高度、新曲线的纵坐标，将表示如果把用于饲养家禽的谷物量增加一千克，所增加的效用，在此假设获得家禽没有成本。由于这部分谷物必然是从本来会被直接消费的谷物中拿出来的，效用实际的增加相当于由两条曲线所围成的那部分矩形或其高度。新曲线显然会由右向左下降，因而最终与旧曲线相交。现在可以很容易地看出，对所储备谷物最优的使用应该在 AD 线上位于两条曲线交点下方的 C 点。在这里两条曲线纵坐标相同，等于说直接消费谷物的边际效用与把谷物作为动物饲料的边际效用相同。

然而，严格地讲，我们的图只适用于那些与两种相互独立的消费相关联的情况——从一种方法消费一定量中得到的效用或满足感，不论用另一种方法消费了很多、很少或不消费，都是一样大的。可实际并不完全是这样——尤其是关于像蔬菜和动物类食品这样的两种密切相关的消费。因此，第一条曲线表示在谷物不存在其他用途的假设下，对其直接消费的效用和边际效用。但右边的曲线如果真的是表示没有同时发生谷物消费情况下的肉类消费，它一定会是完全不同的形状。也许它被认为是表示在消费肉类的同时，其余的谷物被直接消费的情况下，肉类消费的效用和边际效用。我们也可能自然地认为肉类消费是主要的，而谷物消费是次要的。那么这两条曲线会呈现出非常不同的形式，但是其结果，即谷物量的划分，在假定中仍是一样的，既然这样，平衡位置只有一个。但是我们在后面会看到，这一假设并非总是正确的。

不但与这一特殊例子相关，也与下面所有例子相关的一个非常有意思的问题是：如果出于技术原因，生产一个单位第二种商品所需要的最初商品的量发生了变化，那么在不同用途中量（谷物的量）的划分会变化到什么程度？例如，我们假设生产一千克鸡肉或鸡蛋不再需要五千克谷物，而是只要四千克就够了（由于更合理的饲养和繁殖方法的缘故）。在这种情况下很显然，留出来用于喂养家禽的谷物会产生比以往更大的效用。也就是说，肉类消费的曲线（参见图1）会在纵轴方向变得比以前更高。可是另一方面，出于同样的原因，对肉类的需求会被满足得更快，因为现在所用的每一单位谷物会比以前带来更多的肉类。因为这个原因，肉类消费的曲线会比以前的更陡，因而不难看出，它与谷物消费曲线的相交点与以前的相比,会向右移。换言之,根据具体情况,从每单位谷物中得到更多肉的技术进步既可以导致谷物直接消费的增加,也可以导致其减少,从而导致以肉类形式所消费的谷物量减少或增加。

另一方面,也许人们会认为在这种情况中,肉类的消费必定增加。因为如果其没有变化或者减少了,那么在两种情况中都会有比以前更多的谷物被消费,而且谷物的边际效用会下降;而肉类的边际效用,人们会认为它将保持不变或上升。因此,后者的边际效用相对于谷物的边际效用会上升,但是均衡要求它应该下降,因为现在从一个单位谷物中可以得到比以前更多的肉。然而,这一结论只有在谷物与肉类的消费是相互独立的假设中才是合理的。如果我们反过来(也是更现实的)假定它们在很大程度上是互相影响的,则可以想像肉类生产的提高可能导致消费的下降。例如,如果像我们所假定的,肉类的消费保持不变而谷物的消费因此增加,那么事实上,因为人类对生活资料的需要是有限的,谷物和肉类两者的边际效用都会下降,而且后者不可能比前者下降得更快(尽管在本例中有可能)。从这里,我们看到了对交换的最简单情况的分析可能出现多么复杂的情况,下面的章节中所要检验的问题是从一个改进的系统中引出的更加复杂的情况,大家必须很谨慎,不能贸然下结论。

就消费而言,正如帕累托所说的[①],两种或更多种商品之间可能有两种本质不同的甚至相反的关系。它们可能是互补的——除了满足其自身有效利用的需要外,还是另一个或多个商品的附加

[①] *Maunel d'économie politique*, p.251.

品。或者它们可能是竞争的——因此这个增加一部分,会使另一个或另一些是多余的。这一区分是完全合理的,而且有各种各样有趣的结果,尽管很少发现纯粹形式的第二类。在上面所讨论的例子中,动物食品和植物食品在很大程度上是相互的替代品,但另一方面,其中每一种又增加了由另一种所带来的满足。或许有一天生理学家们会成功地分离和评估人类对于身体温暖、滋养品、多样性、娱乐、刺激、装饰、和睦等等的需要,从而为消费理论奠定一个完全合理的基础。

B. 在特定价格下的交换

在一个大经济体乃至整个国家中经常是这样的,在买方和卖方个体之间的实际商品交换中,特定的市场价格或世界价格,具有与我们前面讨论例子中相同的技术上的比价功能。愿意去交换的个体固然会通过其供给或需求对价格发挥一定的影响,但在多数情况下,这种影响本身是微不足道的,因此从他的角度看来,是没有意义的。他对其自身经济行为的计划,与货物的交换价值已经被预定、且不能改变的情况中他的做法完全一致。所以,假定交换发生在一个特定的消费期内,他提供自己的物品及需求以换取他人的物品及需求的方式,与前面例子的方式完全相同,这是一个相同货物替代使用的问题。例如,如果他要卖农产品而想买咖啡、糖、鱼、制造业产品等,那么他必须以这种方式调节其所提供的和其所需求的,即在所处的消费期内,他放弃的货物和他所得到的货物,两者在每种情况中都会产生一个与货物在市场中的特定交换价值成比例的边际效用。如果像通常一样,价格以货币的形式体现，并且如果每种商品的边际效用与价格相比较，则这些比价或通常所称的加权边际效用（基于价格的权重）总是相等的。因此在一个特定的消费期，比如一年内，我们的农夫所花的最后一个先令，不论是花在咖啡、糖、衣服或是鞋子上，以及最后一先令所值的谷物、肉、熏肉、蛋、亚麻布、毛线等他留作自己消费的东西上，都会给他带来相同量的效用或满足。因为如果不是这样，经济性必然要求他增加一种或多种这些物品的消费，并减少其他物品的消费。

此外，这与前面讨论的例子处于完全相同的条件中，而且可以用与前面完全相同的图来表示，尤其是如果我们把所观察的商品限制在两种的时候，在图中，水平线 AB（见图 1）现在表示一开始可使用的商品的量，或者与其相当的商品的交换价值（例如货币），而商品（部分用于直接消费、部分用于交换获得"转换"形式）的边际效用或者最后一先令所值的每种商品的效用由两条曲线的纵坐标表示。

现在，我们在由市场决定的替代品交换价值改变对于个体消费者的供给与需求影响的这个新情况中，发现了完全相同的独特性和明显的悖论。假设一个人有一批谷物，并且想把其中一部分换成咖啡豆。如果某一时候的市场比价是 10 千克谷物兑换 1 千克咖啡，通过用 100 千克谷物交换 10 千克咖啡，他得到他一年、或者半年所需要的咖啡量。但是如果相对价格发生了变化，比如说 9 千克谷物兑换 1 千克咖啡会怎么样呢？在目前的情况中，所涉及的物品在消费上并不能真正地相互替代，看起来价格上的变化很可能导致咖啡消费量的增加。但是，开始的时候是否会造成谷物供给增加或减少，并相应地导致对其消费的减少或增加并不确定。如果由于价格降低了,他把自己的咖啡消费量增加了$\frac{1}{12}$以上,比如说,增加到了12千克,那么他要把用于交换咖啡的谷物量增加到$9 \times 12 = 108$千克;结果他用于直接消费的谷物就少了8千克。但如果他增加的咖啡消费量小于$\frac{1}{12}$,比如说只增加到10.5千克。那么他只需要提供94.5千克的谷物用以交换咖啡,从而相比以前多了5.5千克谷物用于直接消费。两者都与边际效用原则相一致,原则只要求与谷物的边际效用相比较的咖啡的边际效用应下降,直到其与新的相对交换价值相符,这一条件在两种情况中都会被完全满足。事实上,甚至有可能出现这种情况,即新的价格状况可能导致咖啡消费的减少,因为只要植物性食品的消费增加,比如说谷物,就有可能减少对咖啡的需求,从而实质上降低咖啡的边际效用,尽管其他所有的情况保持不变。当然,如我们已经指出的,对于在消费上可以彼此完全替代的物品,例如各种动物类和植物类食品,情况更是如此。

上面这一结论,即当其相对于其他货物的价格上涨时,商品的供应可能会增加也可能会减少,且当其下降时反之亦然,在理论上是无可辩驳的。但在现实中很少遇到,因为价格的上涨几乎总是造成所涉及商品生产的增加,而价格的下降几乎总是造成其生产减少。如果生产的这一变化不能足够快地发生,或者根本没有发生;或者,如果像我们会在后面谈到的那样,两种商品是由完全不同的生产要素所构成的,那么就没有什么东西来防止这样的一个结果,尽管它被认为是出乎意料和矛盾的。因此,譬如说,农产品价格的意外上涨,可能会诱使先前被强迫舍弃必需品消费以支付利息和税的农民们增加其在土地产出品上的消费,其结果是,虽然价格上涨,但向市场上提供的产品却少了,而不是多了。如果我没弄错的话,这种情况实际上在世界大战的最后几年发生过。

另一个非常趣的情况是,在劳动时间的调节掌握在劳工自己手中的情况下,劳动力供给的影响。工资的增加可能引起更多劳工进入市场,但也不是必然这样。正如我们已经在货物的消费中所指出的,两种可能性都符合边际效用原理:如果可以自由选择,劳动者会把其工作日延长到这样一点,在这点上最后一小时的工作大约与他所期望的这一小时能获得的工资相符。如果工资被提高了,对福利增加的预期可能被认为是更加努力工作的诱因。但从另一方面看,因为小时工资被增加了,劳动者的整体生活水平改变了。他现在可以通过比以前更少地工作就满足其日常的需求,现在对于他而言,可以通过比以往更多的闲暇和娱乐来实现一部分舒适度的增加。因此一直不绝于耳的争论,即关于更高的工资是把工人变得"更勤奋"还是"更懒惰",不管哪个都不能被确定为先验。另一方面,几乎不用怀疑,加班工资按百分比增加会导致劳动供应的增加。因为,在这一情况中,工人的经济状况实质上还是相同的,最后一小时的工作(加班)所增加的工资因而起到了完全的效力。因而,这种刺激工人增加努力程度的方法在雇主之间与在工人之间同样普遍受到质疑,因为一开始它会引起过度劳累,而后则会引起失业阶段的到来。另一个人相径庭并具有重要实践意义的问题是更高的工资,通过使劳动者有能力给自身提供更好的营养和对其子女提供更好的技能教育等,是否会导致更大的劳动强度。但我们现在还不能停下来讨论这个问题。

第一部分 价值理论

代数解释。用代数项来表示经济数量及它们之间关系的首次尝试距现在已经很多年了。在经历了一个取得微小成功的阶段之后，目前在经济理论中这种方法已经被相当好地建立了——这主要是杰文斯、瓦尔拉斯及其追随者的工作结果。接下来，我们将与普通的讨论方法同时应用这个方法，并在此对其进行首次介绍。

如果我们假定每个特定种类商品的消费，独立于其他同时存在的每种消费品，那么我们可以把消费者在特定消费期内消费数量 a 的商品（A）的效用看成是数量的函数 $f(a)$，一个我们只能说是先验的函数（即没有对每一个特定情况做特别研究），其随着 a 的增加同时增加，但小于其增加的比例。如果消费量小幅增加 Δa，那么总效用或总满足增加一个相对应的量，我们可以用 $\Delta f(a)$ 来表示。当商品量增加一个单位时所引起的效用增加，即边际效用，由比值 $\frac{\Delta f(a)}{\Delta a}$ 来表示。如果我们现在假定这些量会变成无限小，一般来说，该比值会有一个确定的极限，即微分或者函数 $f(a)$ 关于 a 的一阶导数。后者通常用 $\frac{df(a)}{da}$ 或 $f'(a)$ 来表示，它本身是 a 的函数，且在当前的情况中，具有对其变量呈一个递减函数的特征，即它随着 a 的增加而减小。当然，所有这些仅仅是对于已经形成了的理论论证的符号表达式，该理论论证即：当所消费的量在单位时间内增加时，边际效用下降，而同时总效用明显地继续以一个不断减少的幅度增加。

如果我们现在把上述的论证应用于全部其他种类的商品（B），（C），（D）等等，这些商品中，消费者一开始拥有一些，剩下的则是他以市场价格通过交换的方式获得，那么我们就可以用数学符号的方式表示上述对于该个体经济情况的平衡条件；一方面，每种商品的边际效用与其价格相称，另一方面，所放弃商品的总交换价值与所获得商品的总交换价格相等。如果每种货物一个单位的市场价格（计算出的，比如以货币形式）是 p_a, p_b, p_c 等，并且如果此人在交换之后所拥有的这些货物的数量，不管他是通过交换获得了它们，还是在开始的时候拥有它们，都用 x, y, z 等等来表示，如果 $\phi(\ )$ 和 $\psi(\ )$ 表示类似于 $f(\ )$ 的效用函数，则第一个条件可以表示如下：

$$f'(x) : \varphi'(y) : \psi'(z) : \cdots = p_a : p_b : p_c : \cdots$$

这显然相当于一个方程式数量比所涉及的货物数量少 1 个的方程组。第二个条件我们可以简单地通过等式

$$p_a.x + p_b.y + p_c.z + \cdots = p_a.a + p_b.b + p_c.c + \cdots$$

来表示，式中 a, b 和 c 是在开始时所拥有的各种货物的数量（当然，其中的一些可能等于零）。换言之，此人所拥有的以货币形式表示的价值在交换前和交换后是相同的。因而等式的数量与未知量 — x, y, z 等的数量相等，而且如果对于表示总效用的且其导数表示此人所消费的每一种货物的边际效用的函数 $f(\ ), \varphi(\ ), \psi(\ )$ 等，其函数形式是精确已知的，则该问题应该有数学解。进一步的研究进入了实验心理学和消费统计学的范畴，这在将来可能会很重要。现阶段，我们只关心消费和交换现象之间交互关联的研究尝试，鉴于此，我们可以满足于源自我们日常经验的这些函数的常识。

在现实中，正如我们已经多次指出的，情况是各种不同种类货物的效用与边际效用并不是不相关联的；相反，它们以或多或少的

程度彼此影响。因此,唯一合理的做法是把全部的满足或福利,作为在单位时间内或在某个消费期内同时发生的所消费货物的总量的函数,因而,如果这些量是 a, b, c,等等,函数可以表示为 $F(a, b, c\cdots)$。一般情况下,对于这个函数可能可以断言,一旦任何一种被消费物品的量增加其他量保持不变,该函数就会增大,当然,在这种情况下该函数增加的比例远低于单个商品量的增加。例如,如果增加由一个单位的商品(A)构成,则商品(A)效用(或边际效用)的增加应表示为函数 $F(\ )$ 关于 a 的偏导数,即 $\frac{\partial}{\partial a}F(a, b, c)$,或者,按照常用的写法,$F_a(a, b, c)$,它本身不仅是量 a 的函数,而且也是所消费的所有那些货物的量的函数。上述情况也适用于物品(B),(C)等等的边际效用。于是,这种观点认为,均衡的条件是关于可用于消费的量 x, y, z 等的总效用函数的偏导数,应在交换后与那些物品的价格成比例。因而:

$$F_x : F_y : F_z : \cdots = p_a : p_b : p_c \cdots$$

对于该式必须加入前面所述的相同等式:

$$p_a.x + p_b.y + p_c.z + \cdots = p_a.a + p_b.b + p_c.c + \cdots$$

该式表示此人所拥有的物品的总货币价值在交换前和交换后是相同的。

C. 孤立的交换

到目前为止我们将交换价值视为数据,在继续说明它在实际中是如何由买方和卖方通过市场竞争而确定之前,我们先简要地讨论一种交换情况:两个孤立个体之间的交换,其直接的实际意义不及其理论意义重要。在现实中，两个个体之间的交换几乎总是受到市场影响，即使其身处市场之外也一样。让我们暂且把它们抽出来，并假设在这个消费期内，双方都没有机会与除另一方之外的任何其他人进行交易。在这种情况中，价格形成的问题远非乍看起来那样简单。我们这里不作过多的详细探讨，仅比较竞争对于价格的影响。

我们假设一个来自平原的农民和一个来自森林的农民在去城里的路上相遇了。前者有一袋子他到目前为止无法处理的谷物，后者有半车想要出售的木头。由于两人都需要对方的货物，所以他们都同意进行交换，而且这样两人都可以省下进城的路程。如果必要的话，可能来自平原的农民愿意用他的一袋谷物换$\frac{1}{4}$车木头；而对于来自森林的农民来讲，他的半车木头只要能换半袋子谷物就行。于是，如果他们只与对方进行交换，两人都认为自己在交换中得到了相当大的收获。而如果其中一人有$1\frac{1}{2}$袋谷物，或另外一人有$\frac{3}{4}$车木头，诸如此类，他们会同样乐于交换其货物。再者，如果我们假定他们各自拥有的货物更多，而且他们在一个更长的消费期内只有这一次交换的机会，比如在以后的一整年中，那么则很清楚，他们各自可以以及从经济学的角度上看他们应该与对方交换多少量的货物是相当不确定的。在某些比较宽泛的范围内，对该问题的回答可能会有无穷多个，因为只需要满足交换会使双方都受益的条件，此外没有其他的必要条件。有一点是肯定的，即如果继续交换直到对双方都达到均衡，谷物的边际效用和木头的边际效用之间的关系对两方必定是相同的：

$$\frac{1\text{单位谷物的边际效用}}{1\text{单位木头的边际效用}} = \frac{1\text{单位谷物的边际效用}}{1\text{单位木头的边际效用}}$$

（对于从平原来的农民）（对于从森林来的农民）

否则,至少在理论上,交换会进一步进行;或者就是过度交换了,在这种情况下重新交换回某一部分会对双方都有好处。例如,如果在来自平原的农民已经用一定量的谷物交换了一定量的木头之后,是否再用1升谷物多得到两根常规尺寸的木头对他而言差不多是件无所谓的事情,而来自森林的农民仍然觉得以每升谷物换三根或四根木头的比价再多交换几升谷物对他是有利的,那么后者应该能够通过提出这一价格或者与其相近的价格吸引另一方继续与其交换,等等,以此类推。

但是这与下面的说法完全不是一回事:即两种商品边际效用之间的关系(在均衡时,两方是一样的)与彼此交换的总量之比也是相同的,从而构成了这些货物的平均交换比价。实际上,这一比价在一定的限度内可以无限地变化,并且在每种特定的情况中,交换范围内货物边际效用之间的关系都是不同的,尽管对于正在交换的双方其总是相同的。

它基本上是一个探究这些变化所遵循规律的数学问题,我们不在这里讨论[①]。这里我们确定了一个事实,即在孤立交换时,价格的决定是一个不确定的问题,这对我们来讲就足够了。也就是说,它并不能仅仅基于双方都期望得到可能的最大收益这一假设

---

① 该问题由 Edgeworth 最先进行了论述(见马歇尔的《经济学原理》第 4 版,附录,注释 xii,及我本人的《利息、资本和租金》第 36 页等)。

而得到解决。随后,我们会认识到这一点的重要性,甚至在实际事务中这一点也十分重要。每当在实际中发生孤立交换时,价格的实际确定将在很大程度上取决于缔约各方的个人特征,他们的狡猾和沉着或者双方关系友好,所有这些内在的、极其复杂且易变的事情都会在对经济理论的严谨的描述中得以体现,在这一点上我们必须自我限定在一定范围内。某些相关的或者至少相似的情况(不是两个个体,而是相互对立的两个作为买方和卖方的大机构,或者雇员和雇主)显然具有至关重要的实际意义。因此,经济学家应当清楚地理解本学科可以为解答这些问题所提供指导的限度,这是非常必要的。

在出现大的冲突时,雇主和雇员之间的仲裁员不得不处理的最大难题之一,是对于工资和利润没有任何科学的标准。通常所称的合理工资或者合理利润,在研究后被证明并非像通常那么合理,事实上工资或利润由当时时间和地点条件下的完全竞争决定。因此,如果冲突只涉及小范围,比如一个工厂,那么仲裁者可以在同行业内其他企业通行的工资和条件中为裁决找到足够的依据。在现代的劳资双方集体谈判中,越来越普遍的是薪资纠纷同时传播至整个行业,甚至相关的众多其他行业,这时候情况就不同了。

D. 公开市场中的价格形成。两种商品的交换

货物在市场中进行交换(通常借助货币)的大致固定的比率并不像人们经常认为的那样归因于货物本身的内在特质,至少不是直接归因于它们的正常生产成本。正如我们已经指出的,它们源于市场交换(与孤立交换相反)的本质;源自于杰文斯所称的"无差

异法则",本质上,就是先前已经被认知的"完全竞争"。

按照该法则,理论上同一时间的同一商品在市场中只能有一个价格,或者说在两种商品之间只能有一个交换比率。但如果那样的话,可能有人会问,难道"卖家"们(一种特定商品的持有者)就不会在一开始抑制供给,从而迫使价格上涨,接下来再使价格下降以便处理掉剩余的或者不想再保留的物品吗?他们当然能这样做,而且他们经常这么做。但总是有这样的风险:一些卖家可能在价格仍然处于高位时成功地处理掉了他们的全部存货,以至于其他人可能完全没办法出售他们的货物或者不得不满足于一个低价格,而如果均衡价格是从一开始就通过竞争决定的,则会比后面的低价格高出很多。这是由于已经在高价时部分满足了自己需求的买家们,与一开始他们以较低的价格购买了相同数量的情况相比,购买力较低。或者是因为通常到那时只有为数不多的买家有能力购买该货物了。这可能就是为什么所谓的生产者或者其他卖家的同盟或卡特尔,当参与者只同意维持高价却无其他共同之处,而且没有组织来控制产出和个体销售时,经常失败的原因。但是,如果他们的组织形成了一个真正现代意义上的卡特尔或托拉斯,从而预先确定了每个成员可以提供的最大货物量;或者如果成员们同意相互补偿可能的损失、分享利润,或者是直接建立在单一控制之下的联合生产或联合销售组织,那么价格形成将或多或少地接近垄断条件,我们会在后面更多地谈到这一点①。假设买家们(即其

---

① 这是在 Corpus Juris 中提到的某处,关于两个某罗马小城中的语法教师是如何同意分配他们的授课收益,而不是进入到对相互都有害的竞争中的记述。从古至今,在各种货物的卖家中,所建立的基于同样原则的协定不胜枚举。

他货物的持有者们)也联合起来,组成托拉斯、卡特尔或同盟,那么就不会再有任何纯粹的价格形成经济法则了——没有哪种法则是基于对最大可能收益的共同欲望,我们回到孤立交换,正如已经讲到过的,在孤立交换中所有可能的交换比率,在一定的限度内都是可以想象的。

然而,如果我们不理会这种可能性并假设完全竞争普遍存在,那么,就真正的市场交易而言,商品的相对价格差不多会快速接近某个均衡位置,抑或围绕其震荡。在这一均衡位置,所有的货物持有者们都将能够通过交换达到一个相对满足的点,也就是说,只要在这个市场价格上是有利的,他们就会继续交换。为了简单起见,我们可以假定在一开始就达成了这一均衡价格。对于希望交换其货物的个体,在市场中达成的这种价格关系与我们在前面情况中所讨论的特定价格具有完全相同的重要性。他会按照这样的方式对他自己货物的供给和他对其他货物的需求进行调节,即每一种商品的边际效用与其价格相称,或者加权边际效用在各处都相同(就是说,对于他所花的最后一个先令,他会从每种商品中得到相同的附加效用)。因此,每一种价格关系对每个个体都对应一个明确的供给与需求,以及所保留的与所获得的货物数量的组合。个体对每种特定商品的需求总和显然构成了对该货物的市场总需求;同样,个体供给的总和构成了这些货物的总供给。市场均衡因而只有在对每种特定商品的需求与供给相等的价格关系中才有可能实现。如果我们把卖家想要以一个特定价格留给自己用的数量包括在对一种商品的需求中,那么或许可以说会出现一个价格体系均衡,对每个商品,这一价格体系使需求与市场中的储备量或该商品的总供给相等。因而,依据市场会以非常快的速度趋向均衡的假设,如果某一消费期内市场中商品数量已知,并且所有消费者的个人偏好都是已知的,则建立一个逻辑关系体系(或在数学中称为方程组)应该是可能的,在这个体系中每个个体所获得或放弃的货物的数量,以及相对均衡价格将可以被确定。但是,正如我们不久就会在后面看到的,无法排除在同样条件下该问题可能有不止一个的答案的可能性。

的确,从形式上看,这一学说只是对商品的市场价格是由供给与需求之间的均衡来调节的这一古老理论的重复。事实上我们已经有了长足的进步,因为我们已经在边际效用中发现了在任何价格体系中支配供给与需求的普遍原理。因此,我们现在可以把关于公开市场中价格形成的讨论深入到以往经济学家们所无法企及的深度。

依照我们由浅入深的方法,我们将从市场中只有两种商品被交换的情况开始。这种情况也并不像乍看起来所显现的那样抽象和不实际。两种特定的商品直接交换的情况确实很少见。几乎所有实际的交换都是以货币为中介间接发生的。每一种商品或一组商品,都有其特殊的市场,在这个市场中它被交换成货币,该商品的市场价格在这里被确定,并且或多或少同时在市场的其他商品的价格相关。但是如果我们广义地去看待这一问题,并思考一个地区或一个国家的一个特定阶级的经济利益与其他阶级、地区、国家的经济利益相比较的情况,那么忽略掉中间的关联,我们很可能只把两种商品或两个相关种类的商品的交换视为决定性的,确定它们的价格比率几乎不用参考市场中相对次要的其他货物,这一做法并不鲜见。当农业人口的利益与工业人口的利益对立时；在商品"劳动"面对商品"生活资料"时；或者当一个地区或整个国家的经济福利依赖于国外市场上它们主要商品的价格与进口商品价格的总体比较时，就是这样。

从理论的角度来看，两种商品的交换具有这种特征：即它是通常在货物对货物间直接进行以物易物的唯一交换形式。两个不同商品的持有者并非总能通过它们本身满足彼此的需求，事实上，满足彼此需求的情况仅仅出现在一些例外的情况中。通常，交换各方中至少有一方，被迫与一个以上他想得到的商品的持有者打交道。然而，在这种情况中不使用货币、信用或其他任何中介来进行货物对货物的交换应该是可能的，我们很快就会看到，一旦市场上货物的数量超过两个，那种情况通常是实现均衡的一个必要条件。

为了简单起见，我们假定一开始两种商品由不同的两方持有，所以最初没有人掌握一种以上的商品。我们假定两种商品（A）和（B）在市场中报出的价格以其中的一个（A）为单位来表示，这样 1 个单位的（A）的价格始终等于 1，而一个单位（B）的价格（我们用 p 来表示）是变化的；那么，根据上面所提到过的，市场中的任意一个价格都会使商品（A）的每一个持有者对于商品（B）产生一定的需求（x 个单位）和一个相应的对商品（A）的供给，很显然它们等于 $p \cdot x$ 个单位。所有这些需求之和组成了对商品（B）的总需求 X，它意味着一个相对应的商品（A）的供给，$p \cdot X$。同样，商品（B）的持有者们以价格 p 提供对商品（B）的总供给 Y，并对商品（A）需求一个相对应的数量 $p \cdot Y$。p 成为均衡价格的条件是对商品(B)的供给与需求相等,所以 $Y = X$。由此可见对商品(A)的需求与供给也会是相等的,即 $p \cdot Y = p \cdot X$。我们在前面已经解释过,p 必须被视作变量,那么进一步把全部可能的 p 值,用沿横轴距一个固定点(原点)的距离来表示,并通过这些点画垂直线,这条线划分出两个长度,一个代表(A)的持有者对于(B)的总需求,另一个代表(B)的持有者对于(B)的总供给。那么我们会得到两个交叉的曲线,其中一个表示对(B)的需求,另一个表示其对于每一个可能的价格比率的供给。如果两条曲线相交,则在交点两条曲线有相同的纵坐标,那么在该点需求与供给相等;而沿横轴相对应的距离(交点的横坐标)代表期望的均衡价格(见图2)。

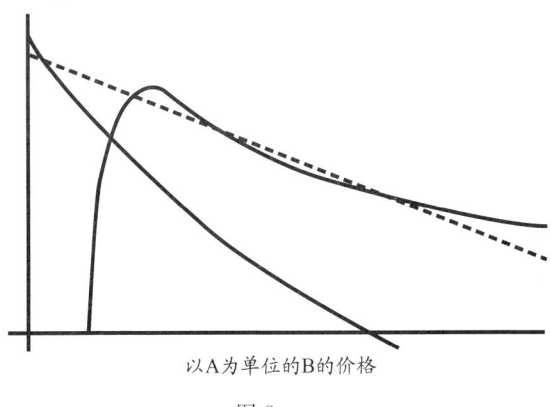

图 2

如果我们从假定(A)和(B)在消费上无法以任何方式相互代替代开始,那么我们可以用下面的方式来描述这些曲线的大致轨迹。如果 $p=0$——即如果不需要或者只是用象征性数量的(A)即可得到(B)，每一个(A)的持有者都会要求达到完全满足的程度——也就是直到其边际效用降至零。要实现这一点，通常只需要有限数量的(B)，尽管有时这一数量相当大；因此需求曲线在原点之上，且距离纵轴一个有限的距离。如果 p 上升，需求连续地下降；因为(B)相对于(A)的边际效用必定与其价格按同一比例下降。因此，曲线连续地向 x 轴靠近(尽管它可能是凸向或凹向 x 轴，或凸向和凹向交替)，并最终与其相交于一点，在这一点上对应的价格是(A)的持有者们对(B)的需求停止之处。当(B)是一种处于任何价格下都有对它的需求的绝对的生活必需品时，这一点有可能非常遥远而在实际中并不存在。

(B)的供给曲线则沿着一个完全不同的路径。如果(B)的价格为零，或者很低，则(B)的持有者们没有交换他们货物的动机，并且当他们确实开始这样做时，起初也仅是以很小的数量进行。因而供给曲线从横轴上与原点有一定距离的一点开始，并且随 p 值的增加逐渐同比例上升。但是供给的增加不会无限制地持续下去；迟早会到达这样一点，在该点价格的增加将不再激发(B)的持有者们继续提供更多物品，与之相反，将使他们减少供给，因为在这个较高的价格他们用较少的(B)就可以得到如此多的(A)，所以其边际效用将下降，直到降至与(B)的边际效用相等，虽然后者在(B)的持有数量增加时也会下降。这样供给曲线达到一个最大值，并从这里开始再次下降并向横轴靠近；但是它绝不会与横轴相交，而是渐近地向其靠近；因为不管一个自身拥有商品的人报出多

第一部分 价值理论

高的价格,他总是会准备好放弃一小部分以获得其他物品①。

如果我们现在记得在我们的假设中,两条曲线是完全不相关的,因为对(B)的需求和供给来自于不同的人——供给曲线完全是由(B)的可供给量决定的,而需求曲线完全是由(A)的可供给量决定的,那么对于按照我们描述的方法所画的两条曲线,很清楚,有多少种可能的均衡就会有多少个可能的交叉点。交叉点可能位于供给曲线最高点的左边;这是老一代经济学家专门思考过的情况。在这样的情况中均衡必定是稳定的,因为价格的微小上升就会增加供给并同时降低需求;另一方面,价格的微小下降将增加需求并降低供给,所以,如果由于偶然原因价格波动了,它将自动回复到其之前的位置。

但是相交点(现在我们可以假定只有一个相交点)也可能位于供给曲线最高点的右边,这样市场中的均衡将只能在供给已经开

---

① 在上面的两个商品就消费而言是相互独立的假设中,供给曲线服从进一步的条件,即由坐标(即供给乘以对应的价格)所形成的矩形必须不断地增大,因为其显然等于对另一商品(A)的需求,且这一需求不断增加。当用(A)表示的(B)的价格上升时,则用(B)表示的(A)的价格下降。另一方面,如果两种商品在某种程度上是替代品,这一条件不需要被满足。因为在那种情况中,用(B)表示的(A)的价格下降,和相应的用(A)表示的(B)的价格上升,可能会导致对(A)的需求减少,相应地(B)的供给减少程度更大。此外,还应注意到,如果所提供的商品(B)对其持有者没有相当可观的效用,供给曲线可能不存在上升部分,所生产的货物仅用于出售时就经常是这种情况。在那种情况中,商品(B)被以最大程度的量并且以任何价格提供,除非有可能持有它直至市场情况更有利的时候,因此供给曲线在一开始表现为一条与价格轴平行的直线,而后变为一个下降的曲线。从以上的描述中可以很容易地看出,在这样的情况中对(A)的需求曲线——其横坐标代表用(B)表示的(A)的价格——在其较低位的部分变成一个直角双曲线,渐进线为坐标轴,因此不会与价格轴相交。(B)的持有者则对任何价格的(A)都有需求,但当然是以一个与价格成反比的数量。

始受到上升价格的限制时才可以实现。这一均衡也是稳定的；在这种情况中如果价格上升，那么供给确实将减少，但是需求会减少得更多，所以它将小于供给——结果是价格必定再次下降。如果价格下降，那么供给将增加，但需求会增加得更快，由于这一原因价格将很快回复到其先前的水平。

除了在偶尔涉及对外贸易时之外，前辈经济学家如此普遍地忽略了这种情况是很值得注意的，因为这很明显地与众所周知且经常观察到的事实相吻合，即对于一种价格已上涨商品（例如一种必需品）的需求下降，可能常常低于实际上升价格的比例。与这一特定的商品相比，所有其他商品构成了一个相对价格下降的组。在另外一方面，它们的供给（作为交换前述的商品）已经明显地增加了；它因而随着那组商品（以前述的商品表示）价格的下降而增加，并随其价格的上升而下降，并在其中的一个位置达到供给与需求的均衡。

最后，没有什么能阻止这两条曲线有几个且（如果是这样的话）至少三个相同的点。在这一情况中，奇怪的地方出现在最右边的和最左边的两个相交点都代表了一个稳定的均衡位置，而在中间的交叉点却主要是所谓的不稳定均衡。在这一价格下供给与需求的相等仅仅是偶然的。在这一情况中价格均衡的波动不具有自动回复的趋势，相反，产生了一个在一个方向或另外一个方向上的连续的价格偏移，直到在左边或者右边的两个远离中心的均衡点上达到稳定的均衡。

这一非常引人注目的现象最初由瓦尔拉斯指出并进行了详细

的分析①。然而瓦尔拉斯本人看上去有些低估了其在现实中的重要性,他的观点似乎是在现实条件下,当相互交换的物品数量较大时,在同一市场中实际上只可能有一个均衡点。但在这一点上他是错误的。我们已经看过了雇主和雇员之间以及农民和产业工人之间交换的例子,我们还将在后面补充一个著名的国际交换的案例,它表明当价格上涨导致供给减少而不是增加时,以及反之价格下降导致供给增加时,很可能出现均衡。由此距离承认在同一个市场中可能有几个均衡价格只是一步之遥,如图2所示。

如果我们依照经常发生的情况,假定两种商品可以在某种程度上相互充当替代品,我们会得到更不寻常的结果。在那种情况下,如我们已经指出的,每个商品的供给曲线也可能既有上升部分又有下降部分,并且两个曲线都会有几个相交点,甚至它们几乎同时出现在一小段区间内的可能性是相当大的。下面的情况是可能的:市场中频繁发生的原因未知的、令人费解的动荡,可能完全归因于迄今仍被忽略的事实,即均衡的特定状态可能并非是给定条件下的唯一可能,一个随机选取的均衡状态可以是既稳定又不稳定,或者可能由于某些微不足道的原因而从一个状态转变为另一个状态。

下面是一个公认的、人为制造的这种情况的例子(与实际中并不十分罕见的情况有些相似):

---

① 在马歇尔的《经济学原理》(第四版,第525页)中有与这里所讨论的供给与需求相似的曲线。但它们所涉及的是一种不同的情况,也就是对于这些商品,在买方配置不变(或仅有微小变化)下的均衡点数量可能遵循所谓的报酬递增法则;如果产量更大,则可以用更低的成本生产和销售的商品,例如报纸、书籍、铁路旅行,等等。

某人 A 有一批小麦，另一个人 B 有一批黑麦。为简单起见，我们假定每磅黑麦和小麦具有同样的营养价值(但是这一点对我们的论证并不是绝对必要的)。我们假定双方都更喜欢小麦(因为其味道更好)，但他们每个人首先都要尽力获得最大的营养，但只能达到某一上限，比如说一千磅，任何过量的额外营养都无法利用，因而也是没有价值的。如果一开始 A 有 800 磅小麦，那么随着黑麦价格的变动，他对黑麦的需求显然由下面的方式决定。如果价格是零，也就是什么都不用就可以得到黑麦，他会给自己提供 200 磅，即不会多也不会少，因为这就可以完全满足他对这种营养的需要。如果价格上升到零以上，为了得到所必需的营养，他会被迫处理他小麦的一部分，但这样很显然他将被迫去消费比以前更多的黑麦。如果 p 是以小麦来表示的黑麦的价格(或者以小麦的货币价格作为单位)，那么显而易见，他的需求 x 满足等式：

$$800 + x - p \cdot x = 1,000$$

因此：

$$x = \frac{200}{1-p}$$

极限值是当 p 等于 4/5 时，他不得不交换其全部的 800 磅小麦，以获取足够的营养，即 1,000 磅黑麦。如果黑麦的价格仍继续上涨，他无论如何都无法获得充分的满足，但会努力尽可能多地获得，即他会继续提供他的全部小麦去获得由市场所确定的黑麦量。此时他对于黑麦的需求为 $800/p$。仅当 p 为 1，黑麦的价格与小麦的价格相同时，交换对其而言不再有意义。在此点他对黑麦的需求终止。

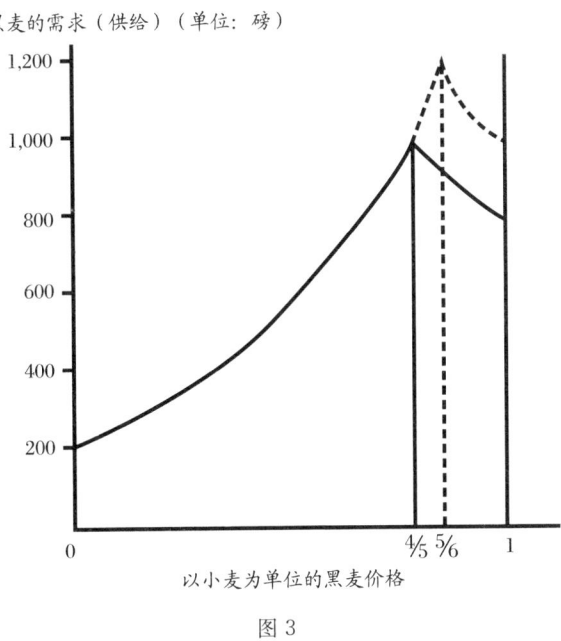

图 3

他的个人需求曲线因而呈现下述形式：它从纵轴上的一点开始，从 0 到该点的距离相当于对 200 磅黑麦的需求。然后其呈现一个双曲线，其渐近线（a）是横轴，且有一条垂直线（b）在距原点一个单位的地方与横轴即价格轴相交。然而，该双曲线在与横轴的距离对应于纵轴上 1,000 磅需求、或者说在黑麦的价格 $p = 4/5$ 的点上终止。需求曲线接下来呈一个递减的双曲线，其渐近线是横轴和纵轴。曲线沿横轴突然从一个高点向横轴方向下降，与 800 磅黑麦的需求相对应。

B 提供的黑麦量显然取决于他所持有的规模。我们假定他的持有量恰好是 1,200 磅。如果黑麦的价格是零,那么他当然没有动机进行交换。但只要用小麦表示的黑麦的价格值点什么,即使很小,他也会立刻将对其无价值的、多余的 200 磅黑麦进行交换,以获得少许小麦。如果黑麦的价格上涨,他将能够越来越多地获得其期望的小麦商品,并且为了获取更多,他会继续提供黑麦进行交换,直到其全部食品存量正好达到 1,000 磅,既不多也不少。如果我们把他对黑麦的供给用 y 来表示,会得到等式:

$$1{,}200 + p \cdot y - y = 1{,}000$$

其中 $y = \dfrac{200}{1-p}$,与我们先前得到的 A 对黑麦的需求完全相同。唯一的不同,在于 B 对黑麦的供给即使在价格达到 4/5 后仍会持续增加。因为只要可以从市场中获得,B 就没有理由不去获得 800 磅以上的小麦。仅当黑麦的价格上涨到了小麦的 5/6 时,B 以该价格交换其全部的 1,200 磅存量,才不会再增加其供给,实际上没有这样做的理由,因为他可以在更高的价格上仅用其黑麦存量的一部分就能获得所必需的 1,000 磅小麦。

在这种情况中,出现了一个令人好奇的事实,即两个人的供给和需求曲线有很大一部分是重合的。就是说,对于在 0 和 4/5 之间的每个黑麦的价格,A 对黑麦的需求与 B 的供给是完全相同的。因此,出于同样的原因,他们各自的对小麦的供给与需求也是相同的。

这个例子应当表明了对于经济学家们至今还对其满意的供给与需求变动的简单框架在多大程度上需要改进和完善,以应对现实中的变化。

E. 续篇：三个或更多商品的交换

一旦市场上有两种以上商品，一般来说就不能通过直接交换实现完全均衡，必须由间接交换进行补充。在直接交换完全被排除的极端情况下的最简单形式中可以看出这一点。一个国家（比方说瑞典）有木材可以出售，还有足够满足其自身需要的谷物，但是必须购买鱼。另一个国家（挪威）可以供应鱼并且有充足的木材，但是必须购买谷物。最后，第三个国家（丹麦）有过剩的谷物和充足的鱼，但是缺少木材。显而易见，这种情况下不会进行直接交换，但是可以进行间接交换。比如，如果丹麦作为一个中间人用自己过剩的谷物将挪威过剩的鱼全部换下，然后把鱼交换给瑞典以满足其自身对木材的需要。同样的结果也可以通过使用专门的交换媒介即货币或信贷来实现，我们后面很快就会看到。

但是即使在一个三方的交换中，每一方都是全部其他两方产品的购买方（因此，在一定程度上，可以发生直接交换），但只要货物的交换价值仅由直接交换中的相互供给与需求控制，通常最终的价格均衡就不会实现。因为在每一对商品中，价格比率将在另一个单独的市场中决定，与其他两个隔离，由此产生的三个相对价格通常不会相互关联。即它们不会每一个都是其他两个的比率（或乘积）。比如，如果在商品（B）(鱼)和商品（C）(谷物)的一个直接交换中，均衡价格为一个单位的（B）换两个单位的（C），而在对于（C）和（A）(木材)的市场，价格为四个单位的（C）换三个单位的（A），那么如果价格是相互关联的，则两个单位的（B）必然正好交换三个单位的（A）。然而，在（A）与（B）的直接交换中，可能会出现一个与此不同的均衡价格的情况,结果换取三个单位的(A)可能用更少的(B)(比如说一个半)或者更多的(B)(比方说两个半)。不管发生哪种情况,进行所谓的"套利"交易都是有利可图的。因而,在后一种情况中,一个想得到(C)的(A)的持有者会首先交易适量的(B),然后再用(B)去交易(C)。这样的话他可以用三个单位的(A)得到五个单位的(C),而通过直接交换的话他将只能得到四个单位的(C)。同样,如果在直接交换(A)时,(B)的价格低于关联价格也是这样。因而,如果在这种情况中实现充分均衡,则市场中必定至少有一部分商品是间接交换的对象。

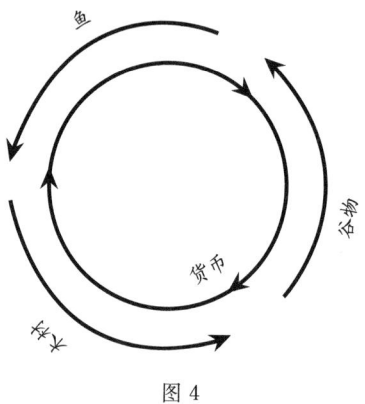

图 4

在这种情况中最常见的方式是通过专门的交换媒介,即货币,来实现交换,货币只是以形式上的交换目标出现在市场中。比如,在介绍里我们提到的极端情况中,瑞典用货币从挪威交易鱼类,挪威用这些货币从丹麦交易谷物,反过来丹麦把它交付给瑞典来交易木材,这样到最后瑞典又拿回了它的货币。我们可以借助一个图来形象地看这一过程,在图中外圈的每一种商品移动三分之一个圆周,而货币沿相反方向在内圈转了整个一周,从而最终回到其起点。结果就是或者可能是,全部成交后只有货物易手了,而过程中所使用的那笔货币的持有者与最初时完全相同。于是,实际上货物与货物的交换不是直接的,而是至少从某方面来说是间接的。边际效用法则依然有效。在最后的价格均衡是从一开始就已经建立的理想市场条件下,所有商品的交换价值和边际效用对于每一个单独的交换方一定都是相称的。就货币而言,正如我们已经说过的,它的作用纯粹是形式上的,或者可以从理论是认为是这样的。实际上,一笔货币,无论多么少,如果频繁地在交换各方之间流通,都可以实现无穷大的货物交换。当我们论及货币的功能时,这一观察的重要性将会变得很清楚。虽然上述的思考可能看似简单而平常,但实际上它成了开启正确理解特殊货币问题之门的万能钥匙。

以图解的形式呈现这一问题并不容易,至少在某种程度上的间接交换是这样。如果只有三种商品,并且我们想这样做的话,通过一个三维图来表示是可能的,但如果数目超过三个,这种方法就无能为力了。

另一方面,我们可以很容易地通过代数符号来表示均衡的条件,并由此阐明决定均衡价格的逻辑关系式或等式。考虑广义上已经明确的需求是最简单的情况,包括在指定的价格体系下,货物初始持有者想要留给自己消费的各种货物的数量。在均衡状态,这个意义上的需求必定等于指定期间市场中全部可用于消费的存量,而不是等于交换中所提供的量。当然,我们本可以将这种方法用于两种商品的情况；它将可以对此种情况给我们一个更令人满意的表达，例如，一个人从一开始就持有两种交易商品，且根据情况成为买方或者卖方。但是由于对需求概念的限定，对这种情况的讨论在其他方面会被简化。

对于每个可设想的价格系统，依照边际效用法则，市场中的每一个人都会对每一种商品有所需求；即表明他想要获得它，或者他已经拥有它并想保持一定的数量。像前面一样，如果通过 $F(x, y, z\cdots)$ 来表示总效用函数，那么我们得到已经在前文中阐述过的等式：

$$F'_x : F'_y : F'_z = P_a \cdot a + P_b \cdot b + P_c \cdot c$$

以及，

$$P_a \cdot x + P_b \cdot y + P_c \cdot z + \cdots = P_a \cdot a + P_b \cdot b + P_c \cdot c + \cdots$$

全部 n 个等式中所有字母的意义都与之前相同，除了商品价格 p_a，p_b 等不再被认为是已知的，而是未知的量。这些价格也可以看作是以一个被选作价格单位的特定商品所表示的，在这种情况中 p_a（以此为例）是常量（$=1$）；或者以一个价格基准为单位，即其本身不参与实际交换。在两种情况中，如果假定函数 $F(\ )$ 的形式是已知的，那么所有 n 个物品的 x，y，z 等未知的数量可以从这个方程组中得出。如果一个商品本身是价值标准，数量以 $n-1$ 个剩余商品的价格为单位表示，目前仍是未知的；或者它们以 n 个商品的货币价格之间的 $n-1$ 个比率来表示。对于市场中的每一个人，都有一个类似的、有 n 个方程的方程组，由此所有货物的需求量可以用 $n-1$ 个商品的相对价格表示。

现在我们来描述均衡的状态，此时对商品（A）全部需求的总和必然等于市场中 A 的总量,对于(B)等也是一样。因而,如果我们一视同仁地看待一个交换中的各方,并用后缀 1,2,3 等对它们进行标记($x_1, x_2, x_3, \cdots, a_1, a_2, a_3$ 等),出于精确的目的我们本应在前面就这么做了,那么我们得到式:

$$\sum(x) = A, \sum(y) = B, \sum(z) + C \cdots$$

其中 $\sum(x)$ 代表 $x_1 + x_2 + x_3 + \cdots$

等式的数量是 n 个;但是它们中只有 $n-1$ 个是真正独立的;其中的一个总是可以用其他的那些等式得出。因而如果我们把这些等式加起来,

$$P_a \cdot x + P_b \cdot y + P_c \cdot z + \cdots = P_a \cdot a + P_b \cdot b + P_c \cdot c + \cdots$$

且如果把与市场中其他人员相关的相应等式相加,我们会得到:

$$P_a \sum x + P_b \sum y + P_c \sum z + \cdots = P_a A + P_b B + P_c C + \cdots$$

由于该式也可以通过把相应数量的等式 $\sum(x) = A, \sum(y) = B$,等等先分别与 P_a, P_b 等相乘、然后再相加而得到,所以上述的结论是显而易见的。它也是一个可推断的先验,因为如果货物只用来交换货物(因此货币,如果真的用到,仅是在形式上起作用),那么如果除一个商品之外,对全部商品的需求与现有的供给相等,其必定同样适用于最后的商品(持有者不想保留并且一定找到了买主的商品)。但这 $n-1$ 个等式对于问题的解决是足够的,因为如已经表明了的,所涉及的全部数量 - $x_1, y_1, z_1, \cdots, x_2, y_2, z_2$ 等等都能够以 $n-1$ 个商品的相对价格来表示,所以最终我们会得到与未知量的数量一样多的等式。因而问题就完全解决了。

另一方面，如果我们进一步加上交换必须直接发生的条件，就是说(A)的持有者所需求的商品(B)的数量应当以(B)的持有者所需要的商品(A)的数量的来支付，那么该问题会让我们有多于未知量数目的独立等式，因而变成超定方程组。除非此时我们放弃对商品价格之间关联的要求，否则在这种情况下，n 个物品之间可能的交换比率将不是只有 $n-1$ 个，而是 $\frac{1}{2}n(n-1)$，即对于三个商品是 3，对于四个商品是 6，等等。

不管怎样，通过我们所采用的方法，我们只能获得物品的相对交换价值，或者它们的相对价格——而不是它们的实际货币价格，实际货币价格应当还未确定。只要我们把货币的作用看作是纯形式的，这一点就很明显。如果在交换结束之后，所使用过的货币全部都回到了一开始时的所有者手中，那么不论在实际的交易中一个单位的货物是交换了较多的货币还是较少的货币，换句话说，就是在其最终回到其起始点之前，为了实现交易的货币不论流通较多的次数还是较少的次数，对他而言完全是无所谓的事情，对其他人也一样。当然，在现实中这永远不会是完全无所谓的事情。在每一个市场中都有一些人，对于他们而言货币远不仅如此，他们用货物交换货币或用货币交换货物，为了日后用他们所获得的货币得到新的货品。很清楚，对于他们来说货币的交换价值，尤其是其波动，绝不是无关紧要的。并且在任一特定市场交易中，货币的作用实际上变为不仅是形式上的，也是真实存在的。也就是说，货币价格本身有其规则和均衡条件。但是我们在这里无法阐释它们，因为它们不仅与货币的商品属性及其生产条件等密切关联，而且也与我们还暂未考虑的、货币的时间因素在人类经济中的重要性密切关联,也就是说,与资本和利息理论密切关联。

4.对边际效用理论的反对意见:该理论的例外情况

在边际效用理论被提出之初,来自各方面的反对主要是由于对其真正含义的误解,故而也许可以被忽略。这些反对大体上都是基于边际效用理论的倡导者们单方面地过分强调经济量的连续性,以及经济体系的简单性和灵活性等。另一方面,批评者们夸大了经济量的不连续性及其相互作用的复杂性,此外也夸大了经济摩擦的力量。事实上,不连续发生在很多地方,而且一定会发生,几乎没有边际理论的支持者否认过这一点。每当一个商品的价格太高以至于一些购买者停止购买或者一些卖主处理其全部存货时,或者当价格太低以至于一些卖主不再卖其任何存货,同时也没有作为购买者出现时,等等,虽然有点勉强,但这时不连续确实存在。当然,在这种情况下,边际效用已经停止调节这个人的货物需求量或供给量。然而对这个问题进行数学解释并没有什么困难,因为现在向等式中输入的这些量变成了常量。一个更为明显的、不连续性的情况发生在作为交换对象的商品仅能够以很大的、不可分割的单位出现时,例如房子,船等。在一些这样的情况中,普通意义上的市场价格的确定是不可能的,交易或多或少变为孤立交换,如我们已经看到的,从抽象理论的角度而言,其中的价格是不确定的。在其他的情况中,正如庞巴维克经常引用的马匹市场的例子（参看《资本实证论》，203—213页），会达到一个至少是近似的均衡价格，这一价格是由边际对偶的买主和卖主决定的。但这仅针对于边际效用（在这种情况中大致等于总效用）与价格一致的那些。所有其他的买主和卖主都会在一个或多或少地低于其对该人效用的价格得到该商品，或在一个或多或少高于其对该人效用的价格卖出该商品。

然而实际上，即便是在这些情况中，也有一种情况赋予了边际效用规律一个比初看起来更广泛且更为个体化的应用，那就是：市场中的多数货物都是以很多不同的品质供给的。例如在一个马匹市场中，通常并不是只有一种马，而是有各种不同年龄、力量、敏捷度、耐力等的多种马。举个例子，假设一个买主不得不在分别为500，550和575先令的三匹马中选一匹。在这些价格中他也许更愿意选择既不是最便宜也不是最贵的第二匹，也就是说他认为第二匹马与第一匹马之间品质差别的价值大于50先令，而第二匹马与第三匹马之间品质差别的价值小于25先令。如果在市场中可以找到每一种可能的价格的质量，则每一个买主都必然会将其需求拓展到任何一点品质上的增加都完全与要价的增加相一致的点上。如果我们设想，把这种品质上的差别（主观地去看）作为"马"这个商品的边际效用（这样就与其概念的起源完全相一致了），那么在这里，至少对于买主们来说，边际效用与价格大约是相同的，或者至少是与其相称的（对于卖主们来说，如果他们是大规模地交易马，每个人都有多匹马要卖，那么类似的情况对他们也适用）。另一方面，就像在通常的情况时一样，总效用不会与其有任何确定的联系。对于买主现在认为对于575先令来说太贵了的马，如果它是市场上仅有的一匹马,且买主必须要得到一匹马,那他会乐意付 600 至 700 先令,或许甚至 1,000 先令。这同样也适用于许多类似的情况。

另一方面,即使货物在物理上完全地可分,也经常会发生个体消费不随价格的每一次改变而扩大或缩小的情况。一个非常重要的实例就是必需品的消费。亚当·斯密说人类对食物的需要受限于胃的大小,后续的研究显示一个人在一定的条件下从事普通的体力劳动,几乎消耗恒定量的食物——即 120 克蛋白质、50-60 克脂肪和大约 500 克碳水化合物。从事劳累的工作(例如行军中的士兵等)消耗会增加,特别是脂肪。这些物质任何在数量上的减少都会产生严重的后果[①],并迟早会使这个人无法再继续进行他的工作。另外一面,超额的量没有任何价值且从长远来看会引起疾病和不适,而不是增加力气和健康。显而易见,这是一种在本质上消费缺乏弹性的情况;或者,换一种说法,即在这种情况中总效用和边际效用本身是不连续的量,所以后者快速下降,从一个很高的值降至零甚至变为负值。如果这三种食品物质中的每一种只能从一种商品中单独得到,那么毫无疑问,食品的价格构成会有显著的特征。而实际上,在多数可食用的商品中会同时发现全部这三种物质,尽管其中它们的各自比例不尽相同。另外,众所周知,按照可消化性、味道、可贮存性等,即使最普通的食品也是以不同的品质存在的。因此边际效用规律应用于个体消费是有可能的。此

---

① 至于最近关于蛋白质替代碳水化合物可能性的研究在何种程度上可能会改变上述的观点,我在此不作探讨。

外，正如我们已经指出了的，食品除了被直接用作人类的营养品外，还具有间接的用途，尤其是作为动物的饲料等。

上面所提到的两种反对意见意义重大。具体的经济现象的确太过复杂而无法通过任何理论得到充分的解释，包括边际效用理论。因为除了纯粹的经济力量外（例如可能的对个人利益最大化的追求），还有其他不同种类的力量：相互之间的好感、慈善、社会因素等，这些也几乎总是发挥一些作用。然而粗略地讲，正如我们说过的，我们忽略所有其他因素是合理的。这绝不意味着采用了边际效用原则后，即使连（例如）社会生活中的利他因素也不允许用类似的处理方法，而到了它们必须被看作是与价格形成问题相关的程度。最近一些作者所做的为公共财政论作出合理解释的尝试，看起来就表明真的是这样。

另一方面，所谓的经济摩擦（由习惯和惯性引起）就其产生的重大影响而言，是我们结论的一个例外。对于我们大多数人而言，习惯的确是经济观察或本能的果实。它的产生是因为在一定的条件下，它证明了实现一个期望结果的最佳方式。但是这些条件经常源自遥远的过去，并且现在已经被一些完全不同的东西所取代了。在物质文明大幅进步的时期内，所有建立在习惯之上的体系都可能因此而很容易显得异常，甚至表现为非经济现象，对个人和社会都带来危害，并且仍然在持续。意大利经济学家帕累托在其早期著作《政治经济学讲义》（第 ii 卷，参见第 9 页和第 281 页）中提出了一个虽然不完整但是很有趣的关于经济摩擦或者更准确地说是关于经济惯性的理论分析。经济惯性对其他经济力量所起的作用，与所谓的惯性原理在力学中所起的作用大致相同。

但是到目前为止，我们对该理论最大的异议无疑是我们所假设的完全竞争在实际生活中只能够不完全地被实现。众所周知，完全竞争特别普遍的领域是在批发贸易中。但是，消费者和货物的所有者们那时并不像我们所假设的那样相互进行直接接触，因而消费者在价格形成中的利益只有到了后面的阶段才起作用，并且不是直接的。另一方面，在消费者直接出现的领域（即零售业）中完全竞争法则仅能起有限的作用。当然，狭义的行业垄断也催生了更多显著的例外情况。

在我们继续深入地思考其中有一些非常有趣的例外之前，我们应该先思考一个问题，该问题的真正意义只能在仔细研读了我们著作的社会部分后才能被理解，但即使是从纯粹的理论角度看，该问题也至关重要，因而在这里不能被完全忽略。我所指的就是自由交换或者一般而言的完全竞争的经济优势的问题，这是一个价值理论方面的学者们所钟爱的问题，但遗憾的是实际上还没有取得太多的进展。

5. 自由交换的益处

我们进行交换的目的只是为了获利，并且在已知的条件下，我们总是尽力地以一种将会产生最大可能收益的方式、数量或比率来进行交换，这是我们以之为研究基础的经济原理的必然推论。边际效用与价格相对应的学说、所获得商品的最后一个单位的主观效用与所卖掉商品的最后一个单位的主观效用相等以及在交换的边际上效用的增量为零，这些都是对这一假定的不同方式的表达,并且与数学上象征最大或最小价值的标准密切对应。尽管可能引起严重的思想混乱,但以此作为自由交换可以为所有交换参与者带来最大需求满足的证据是很容易的事情;也就是说,它通常是与当时条件下的财产和所有权一致的一个对满意度的非常好的衡量标准,我们当然必须由此出发来从理论上思考价格的形成。众所周知,首先提出这个观点的并不是边际效用理论的支持者们。这个观点反而是自由贸易主义者们——即所谓的曼彻斯特学派的重农主义者们及他们的后继者们的基本原则和信条,在生产和贸易方面都是这样。著名的说法"laissez-faire,laissez-passer"——实际上是"laissez nous faire"(让我们自由地无拘无束地生产我们的产品)和"laissez passer les marchandises"(让我们的货物自由地通过省界或国界),集中体现了工业自由和自由贸易原则。正如我们所知道的,这成了该学派的格言,而它正是由上述的这些论述所指引的。如果人们可以自由地处理他的财产和他的生产能力,无疑他会谋求对其可能的最佳利用;因而人们认为个人和社会最大可能的利益都会被保证。当然,这有一个重要的条件:即是在现有的所有权允许的范围内。那些努力延伸这一学说、以求可以用其为现有的财富分配(其本身就是完全竞争的产物并且因而是可能的最好分配)进行辩护的和谐论经济学家们,在这一点上,并不能被认为是重农学派和古典自由贸易学派观点的代表。

尽管边际效用理论的提出者们当然不必对这种对于自由贸易优势过于乐观的观点负责,但他们中的一些人却不能完全从这样的指责中开脱出来:他们对这一理论的支持以及其貌似合乎逻辑的证明助长了人们对它的信心。尤其是里昂·瓦尔拉斯及其嫡系弟子。瓦尔拉斯本人曾说过[①],在他的青年时期,曾经一度在面对圣西门、朗伯所做的对自由贸易理论基础的攻击时无能为力,圣西门、朗伯坚持认为由完全竞争产生的交换价值既不是唯一的,也不是最优的。瓦尔拉斯认识到,如果要坚持这一理论(他本人似乎从来没有怀疑过这一点),必须对其作出比现有的更为圆满的证明。"Il faudrait prouver que la libre concurrence procure le maximum d'utilité。"而且这一观点实际上也是他自己经济学著作的起始点。然而,如此有洞察力而又头脑敏锐的瓦尔拉斯错过了其同时代的自由贸易信条拥护者们所发现了的严密证明,但却误认为自己发现了它,仅仅因为他为这些他觉得无法用日常语言充分表达的论证穿上了数学公式的外衣,这几乎是一个悲剧。

在下面这段被他重点强调的文字中,瓦尔拉斯总结了他对于自由交换、特别是两种商品之间交换的研究:"在完全竞争主导的市场中,两种物品的交换是这样进行运作的:两种物品的任何一个或者两者的持有者都能够得到对其需求的最大可能的满足,这种满足与他们必须以一个相同的比价处理他们卖出的物品、并接受他们所换取的物品的状况相一致"[②](在第一版中他写的只是"得到"而不是这里的"能够得到")。尽管这个有些模糊不清的表述或

---

① Etudes d'économie politique appliqué, p.466.

② L'échange de deux marchandises entre ells sur un marché régi par la libre concurrence est une operation par laquelle tous les porteurs, soit de l'une des deux marchandises, soit de l'autre, soit de toutes les deux, peuvent obtenir (obtiennent) la plus grande satisfaction de leurs besoins compatible avec cette condition de donner de la marchandise qu'ils vendent et de recevoir de la marchandisc qu'ils achètent dans une proportion commune et identique. (Élémente d'économie politique pure, 4me ed. 10me Lecon).

许有可能以一种站得住脚的方式得到解释,然而实际上瓦尔拉斯及其门徒,即他的追随者帕累托(在已经引用过的其早期著作中),都是明确地以下面的意义来应用它的,即:在完全竞争及既有的物权法下,在市场中的任何统一价格体系中,交换的每一方得到对其需求的最大量的满足。当然,条件中的后者一定不能被忘了。有些时候对这一理论的反对意见——即如果完全竞争带来对需求的最大满足、那么通过赠品来增加满足的总和是不可能的——并没有影响到该论点的本质,至少以瓦尔拉斯的观点是这样的。在赠品的情况中,有一方收不到任何的物质补偿,这种"交换条件"通常来说不能在市场中盛行,即便是当局用最严格的命令也不行。因为一般来说,如果物品的持有者只能收到感谢作为回报,那么他们会选择自己留下这些东西。

不过,通常理解的瓦尔拉斯的理论,甚至按照他本人对其的应用来说,无疑是错误的。而由他提出了这一理论更加令人费解,因为在先前他自己曾经证明了在两种商品的交换中,有*很多个*平衡点是可能的。就此处用到的"很多"这个词而言,不可能所有这些平衡点同时都代表最大满足的情况。瓦尔拉斯方程式中用数学方程式表达的,经由完全竞争确定的价格与所有其他价格的区别,仅仅是在竞争中交换的每一方都能够,而且会继续交换直至达到我们称之为相对满足的那一点——所谓相对就是说在现行的价格体系下,因此在这些价格下他们之中没有人希望继续交换下去。但有些情况下不是这样,比如当局以法令的方式在市场中建立了某个其他的统一价格体系,这一做法在从前是很普遍的。因此,总是会有一些人在停止时交换还没有达到满足点,尽管在这些价格下,

第一部分　价值理论

他们会乐于将他们的货物更多地去交换相应数量的其他货物,如果在规定的价格下能够得到这些。而且,如果当局不禁止的话,他们甚至可能会倾向于降低自己所拥有的商品的价格或者对他想要交换的商品给出更高的价格。进一步的思考表明,这种情况一定发生在那些受惠于官方规定的人身上,与在完全竞争情况下相比,此时他们能够得到一个更高的价格。另外一方面,那些受到限定价格不利影响的、在完全竞争下本来可能得到更好价格的人,将会继续交换直至满足点。然而,如果受惠于限定价格的货物所有者,由于不能再找到买主而被迫在他们自己希望的时间之前中止交换,则没有什么能阻止他们收取比他们在完全竞争下所能得到的数量更大的其他货物,尽管在完全竞争下他们能够为更多的货物找到买主。很显然,在这种情况下,尽管分配不均使他们中的一部分人所得很少,而其他的人却能完全满足需求,但就总体来说,他们在交换中的收获,比在完全竞争情况下多,或者多出很多。这是一个思考过这一问题的人几乎都不会怀疑的事实。在这种情况中,由于当局规定的高价格与卖方之间达成的不低于某一价格的约定具有相同的作用,如果这样的一个约定被忠实地遵守,那么毫无疑问,以任何均匀程度在卖方之间进行的利润分配,至少在开始的时候都是对他们非常有利的。

如果我们从字面去看,瓦尔拉斯(和帕累托),比自由贸易主义者走得更远,因为后者没有否认限制自由竞争可能最有利于一小部分有特权的人。另外一方面,古典自由贸易学派认为,在这种情况中损失远大于收益是不证自明的。也就是说,这样的措施总是会使人口中的绝大多数受到损害,因而也就只能使一个相对较小数量的人群受益。

以这种形式,自由贸易主义者的原理甚至常常得到其实践和理论上的反对者们的认可。"原则上"、"理论上"、"从理论上讲"等等,这些学说教义被认为是无可争议的。反对意见都是流于表面,仅针对那些经济学理论"不考虑"的"实践"层面:保护"新生工业"的有益作用、国家在战时自给的重要性,等等。

不过尽管看上去貌似有道理,自由交换下有最大收益这一信条,即使在这种形式下也无法在严格理论中站得住脚。正如人们现在逐渐开始认识到的,在现实中存在一些重要的例外。首先,很显然,如果我们准备比较对不同人的利弊,以便从它们的代数和中得到某种作用方式的所谓经济收益或经济损失,那么我们必须确定比较的基础。如果没有这样一个基础,或者它不是一个确切的表述,那么就不可能确定一个特定的经济分配是有利的还是不利的。一个纯粹的、表面上的相等不能在所有情况下都令人满意是显而易见的。比如,如果我们要夺走一个小提琴演奏家的乐器——一件真正的史特拉迪瓦里制小提琴,为了把它交给一个只能把它当作柴火烧的其他人,很显然,即便我们能够把后者作为柴火的需求定级很高,这里的经济收益和经济损失也绝不是相等的。然而,一般来说,我们可以忽略个体差异,并假定就享受生活中的美好事物的能力以及对它们的渴望程度而言,人们本质上都是一样的。但是,如果不是犯了严重错误,有一点不同我们永远无法忽略,那就是社会差异和财富分配不均。如果我们假设富人消费到边际效用即最后一个单位的效用,对其而言微乎其微,甚至是完全没有的程度,而同时在另一方面,穷人则必须在商品对其还有很高

第一部分 价值理论

的边际效用时就停止消耗几乎全部商品,那么就不难想象,正如庞巴维克在其 *Grundxuge*(攻击谢夫莱)中所说的:如果一个富人与一个穷人之间的交换是在一个由社会所确定的适宜价格下完成的,会比把任何事情都留给自由竞争来确定的情况对两个人总体的效用更大,因此对社会整体而言的总效用也更大。对小范围适用的情况同样也适用于大范围。例如,由社会或者工人工会所确定的最低工资或者最长工作时间会在一定的限度内(有时这个限度可能非常窄)明显地对工人有利,所以是对社会中人数最多的阶级有利。如果一个价格体系阻止了劳动力向农业的显著流动以及随之而来的以工资为代价的地租上涨,也可能得到同样的效果,在不发达国家尤其是这样。大致来讲,矛盾之处在于直截了当地否认这种可能性同时又承认变化后的资产分配可能对社会中人数最多的阶级有利。因为现实中,资产只是为了利益或者它所产生的收益而存在的;如果这些被有影响力的商品价格改变了,则实际上会损害资产分配,或者至少损害这种分配的效果。

如果我们从一个具体的例子开始,会把这个比较难的问题的理论方面说得更加清楚。为此,我们选择商品"劳动"及其相对应的价格"工资"。我们假定到目前为止供给、需求以及劳动的价格都是由完全竞争所确定的,并且日平均工作时间已经被确定为10小时,平均工资为每小时1先令8便士。即使这一均衡状态是唯一的、稳定的,因为偶然性的工资增长会引起劳动的供给超过需求,等等,我们仍然可以假设工人们通过他们的组织或者通过法律的帮助,成功地迫使日工作时间减少半小时,达到每天 $9\frac{1}{2}$ 小时。无疑,这与减少劳动供给对市场产生的作用相同[①],并且导致小时工资增加。如果计时工资的增加比日工作时间的缩短更快,比如增加 1.5 便士、2 便士或者 2.5 便士(尽管不是很可能会发生,但是是可以想象的),则很显然,工人们会从变化中获得明显的好处。另一方面,如果工资在每小时增加了 1 便士甚至是半便士时就停止增加,那么刚看起来也许会令人感觉工人们在变化中遭受到损失,因为他们的日工资额会下降至 16 先令 7 便士或者 16 先令 3 便士,而不是原来的 16 先令 8 便士。然而,此时应该注意到,如果原来的日工作时间是像我们所假定的那样建立于完全竞争条件下,那么最后半小时的劳动和不便必然与对其所付的工资大致相符,即 10 便士。如果不是这样,就难以理解为什么在那个工资下工人们没有自愿地延长其工作时间。因而,我们可以假定工人所获得的半小时休闲时间的价值大约是 10 便士(不管怎样,它至少具有与工人们减少体力劳动所节省的日常支出相当的货币价值)。因而轻微减少的工人日薪通过休闲时间的增加得到了超额补偿。换句话说,工人们在工资上增加 9 个半便士或 4.75 便士对应于现在得到的每天工作 9.5 小时,对他而言,这是一种*纯粹的净收益*。

可以看出,这是一般性的推理。毫无疑问,任何一种商品的卖方通过共同协议都能够得到经济利益。但是应该注意到,我们只有基于我们所做的这两个假设才可以坚持说:以前的价格关系是

[①] 由于此处我们只是想说明一个理论原则,故而忽略缩短劳动时间通常导致劳动效率或多或少地提高这一重要情况。

在完全竞争条件下确定的,新的价格或供给与旧有的相比没有太大变化。否则,我们就不能始终把卖方自己保留的货物数量(在本例中是增加的休闲时间)假定为供给减少造成的结果(或者是较高价格的结果,如果这是主要原因的话),即使是它们具有与其价格大约相同的价值。

一方面,这种对于一个社会阶层毋庸置疑的获益在多大程度上对于整个社会而言也是收益,自然取决于它是否大于社会其他阶层受到的损失——在本例中主要是雇主和与之相关联的消费者们,以及最终的其他生产要素——土地和资本。对于他们而言,在完全竞争条件下边际效用也与价格相等,因而他们的净损失不过是他们现在对所需要的劳动应付出更高的价格。换句话说,他们的损失在交换价值上与工人们的收益是完全相同的,于是问题只是工人手中每天多出的一个或两个便士是否比资产阶级手中的一个或两个便士益处更大。如果我们坚持绝对的完全竞争社会效用信条,那么对这一问题的回答必定是否定的。进一步的反对意见可能会说雇主手中利润的减少会引起资本积累的减少,从而间接地损害到工人们,关于这一点将在后面进行探讨。

用代数的形式进行一般性处理,该问题以下述的方式呈现。令 $\phi(x, y)$ 为交易中最初持有数量 b 个商品(B)的一方在交易完成后预期的总效用;它表示为所获得的商品(A)的数量 x 和交换掉的商品(B)的数量 y 的函数,或者所留下的商品(B)数量 $(b-y)$ 的独立函数。我们假定以(A)来表示后一种商品的价格 p,所以 $x = p \cdot y$。

稍微地变化一下,价格 p 变化 Δp 就会引起所交换的 x 和 y 的

数量相对应的变化 Δx 和 Δy，这些由关系式 $\Delta x = y \cdot \Delta p + p \cdot \Delta y$ 关联起来，显然 Δx 和 Δy 正负相反。用总效用所发生的变化进行表示，我们得到：

$$\Delta \phi = \frac{\partial \phi}{\partial x}\Delta x + \frac{\partial \phi}{\partial y}\Delta y = \frac{\partial \phi}{\partial x}(p\Delta y + y\Delta p) + \frac{\partial \phi}{\partial y}\Delta y$$

但是由于完全竞争这个基本条件的缘故，我们得到：

$$p\frac{\partial \phi}{\partial x} = \frac{\partial \phi}{\partial (b-y)} = -\frac{\partial \phi}{\partial y}$$

其中 ϕ 当然是相对于 y 变小的一个函数。因此上式可以简化为：

$$\Delta \phi = \frac{\partial \phi}{\partial x} y \Delta p$$

它表示，对于一个价格上的微小变化，卖方几乎可以得到全部价格的增加（对其自己所拥有的商品）作为净收益[①]。如果我们现在对所有交换各方都加入相似的表达，并且把售出的（A）〔也是相应得到的（B）的数量〕的数量计为负值，我们得到：

$$\Delta p \sum \left(\frac{\partial \phi}{\partial x} y\right),$$

通过式中的累加符号我们简化地表示了对括号中的式子以下标为 1，2，3 等等进行累加，所以具有适当下标的 $\frac{\partial \phi}{\partial x}$ 表示依次与各方交换之后（A）的边际效用。式子的总和显然与 Δp 不相关且通

[①] y 是其最初出售的自己的商品（B）的数量；$y\Delta p$ 是他仍然出售同样 y 数量的他自己的商品，由于价格升高的结果，他将相应地得到的额外的商品（A）的数量；$\frac{\partial \phi}{\partial x}$ 是（A）的边际效用，因此 $\frac{\partial \phi}{\partial x}y\Delta p$ 是由（A）的增加所获得的效用。

第一部分 价值理论

常不会等于零。因为我们既可以设 Δp 为正值，也可以设其为负值，所以可以使令整个式子一直是负的——这就证明在正常情况下总是可以找到一个统一价格体系，在这一体系中的交换会产生比在竞争价格下更大的效用总和。

但是如果在交换完成后，一个商品的（从而也是另一个的）边际效用对于参与交换的所有各方都相同，那么上面的式子可以缩减为：

$$\Delta \phi = \Delta p \frac{\partial \phi}{\partial x} \sum y$$

并且此等式总是为零，因为 $\sum y$，即交换各方交换掉的或者得到的商品（B）总数量的代数和一定等于零。这个边际效用相等的条件意味着——大致上的，但不是完全的——一种个体之间的经济平等地位。而且在那种情况下，完全竞争会保证所有交换各方实现最大满足[①]，尽管其他情况下不是这样。

---

① 作为即使是一个富有经验的数学家也可能在这一领域被引至错误结论的例子，我们可以讲一下劳恩哈特（Launhardt）的观点（*Mathematische Begründung der Volkswirtschaftslehre*）。他假定交换在两方进行，其中的一方在一开始时有 a 个单位的商品（A），而另一方在开始时有 b 个单位的商品（B），并且为方便起见，他假定每个人从商品（A）得到的总效用以相同的函数 $f(\ )$ 来表示，类似地，对于商品（B）用 $\phi(\ )$ 来表示。如果他们两方接下来交换了数量 x 和 y，交换后双方一共得到的总效用表示为 $N = f(a-x) + \phi(y) + f(x) + \phi(b-y)$。为了使该式有最大值则我们必须有：

$$[-f'(a-x) + f'(x)]\Delta x + [\phi'(y) - \phi'(b-y)]\Delta y = 0 \qquad (1)$$

但在平衡时我们得到：

$$\frac{\phi'(y)}{f'(a-x)} = \frac{\phi'(b-y)}{f'(x)} = p，并且 \frac{\Delta x}{\Delta y} = p$$

其中 p 是以（A）表示的（B）的价格。这样上面的等式得到满足，由此劳恩哈特推断出，由完全竞争所确定的均衡价格是在所有的统一价格中为交换的两方（或为所有交对于完全竞争的干涉，如果产生了上述结果，则必定是按*正确的方向*实施了，这一点不需要强调。通常来说，无限制的自由比一个错误地限制和强制的系统更好。只要一个国家的政府是建立于民主原则之上，尽管它不会总是可靠，但是对于让这样的措施仅在会对绝大多数民众有利的情况下才会被采用是有一定保证的。然而当贸易和工业政策掌握在少数享有特权的人手中时，则强有力的证据会证明情况会相反。

我们可能还会注意到，对自由交换、自由达成劳动合约以及自由处置财产的限制，不论是通过政府介入还是通过买方与卖方之间、雇主与雇员之间的双方协定等等，尽管在某种情况下，它可能会带来一种更令人满意的社会分配，但就其通常趋于减少物理上可得到的满足度的平均总和来说，仍然是一种倒退。我们将在后

换方）产生出最大附加效用的那一个。

这一论证显然是错误的。如果我们希望发现 N 的绝对最大值，则应该使 x 和 y 不相关，且这样就会得到：

$$f'(x) = f'(a-x) \text{ 和 } \phi'(y) = \phi'(b-y)$$

显然，值 $x = \dfrac{a}{2}$ 和 $y = \dfrac{b}{2}$ 可以满足这些方程；换句话说，交换各方应该简单地交换他们一半的存货。由于该结果通常与在统一价格下的交换不一致（并且或许是在自由交换的可能性之外），所以我们必须要加上一个条件，即交换中的一方（就价格而言处于不利地位的一方）持续交换直至其满足点。于是我们得到等式：

$$\frac{x}{y} = p = \frac{\phi'(y)}{f'(a-x)}$$

通过对该等式微分，并在(1)式的帮助下消去 Δx 和 Δy，视情况不同，我们得到 N 的一个最大值或者一个最小值，但两者都不是在一个均衡价格下的交换。

通过进一步的证明，劳恩哈特试图借助一个算术上的例子表明一个可以对交换中的任一方产生最大可能收益的价格，对他们双方而言，都是比在均衡价格下小的盈余效用。但仔细研究会发现这一结果只是由于他在无意中超出了正确的最大值。

面再回到这个重要而又困难的问题上。

总而言之,或许可以把经济学中的自由交换与医学中的"相信自然"(指医生实际上什么都不做,而是让其自然地痊愈)相比较。"重农主义"一词的含义恰恰如此。在一个合乎经济平等系统的、完全健康的国家中,这无疑是唯一正确的处理方式。即使在健康不佳时,它无疑也比坏的治疗和不可靠的药物好。但是另一方面,它无法与一个能以合理方式促进自然痊愈的、真正科学的治疗相比。最后,即使是最成功的治疗也比不上那些旨在预防疾病、保持健康的合理卫生保健。从上面所说的这些应该可以清楚地看到这一比喻的前一部分。后面的部分我们将在涉及国民经济学的社会部分时进行阐述。

在帕累托最后的著作 *Manuel d'économie politique*,以及他稍早一些发表在 *Giornale degli Economisti* 上的多篇论文中,他返回来仔细思考了他称为"maximum d'ophélimité"的问题,这一问题是由自由竞争所产生的。他把最大值定义为在保证市场中全部参与者都获得效用收益时,不可能移动的点或者位置。

在这样的一个定义下,在自由竞争下所获得的这个所谓的最大化几乎是不言而喻的,因为在一个交换完成后,如果还有可能通过一系列直接或间接的交换,对参与者产生出额外的需求满足,那么到这种程度,一个持续的交换无疑会发生,并且原来的位置不会是最终平衡的位置。对于生产同样如此。一旦生产中的变化使生产者及其顾客们都盈利更多,或者,从某个角度上来看,对全部生产资料的所有者、工人、土地所有者和资本所有者都更有利,那么就很难理解为什么在通常的流动性下它不会发生。但这并不是说在自由竞争下生产和交换的结果从社会角度来看会是令人满意的,甚至也不是说大概会产生可能的最大社会利益。

因此,即便是穿上了这个新外衣,帕累托的这个学说也毫无贡献。而且更糟糕的是,它可能会混淆我们已经指出的、并且应该去发展的事实,即在自由竞争(有一定保留的)下的社会生产确实会带来通常意义上的满足人类欲望方法的最大化。所以在这方面,当然是在不考虑产品分配的情况下,它达到了或者几乎达到了在一个合理组织的集体主义社会生产条件下我们才能够想象的程度。

6. 不完全竞争下的定价

A. 联合供给和连带需求

现在我们必须来说明一下由于自然情况或者法律规定造成的、特定商品的持有者之间不存在完全竞争的一些主要案例,以及此类限制对定价产生的影响。我们先从前面已经提过的例子开始,即对两种商品的需求是密切联系的(消费一定数量的一种商品是消费某些数量的另一种商品的必要条件),或者在供给方面密切联系在一起(由于生产技术条件,在生产一种产品时,总是同时以大致固定的比例生产出另一种产品)。前者被马歇尔称之为连带需求,作为我们已经阐述过的市场价格规律的一个特例来处理应该并不困难,因而可以略过。这种需求的例子,广为人知的是商品之间在消费上或者个体生产中的相互依赖时出现的,比如钉子和铁丝,刀和叉子,灯座、灯芯和灯油,墨水、钢笔和纸,等等。由于这种关系,对墨水的消费更大程度上取决于信纸的价格和邮资,而不是墨水的实际价格,诸如此类。实际上,正如我们已经看到的,从不同商品相互影响、进而在某种程度上相互制约的意义上来讲,几乎所有的需求都是连带的。它们以绝对固定比率被需求的情况可以认为是一种特例,是次要的。

第二类现象被称之为联合供给(也是马歇尔提出的),实际上属于我们还没有讲到的生产理论以及受生产影响的交换价值规律的范畴。但是看起来最好在这里简单涉及一下这个问题,因为相关的现象已经成为了一些经济学家对整个古典交换理论进行攻击的借口——其目的不是以我们在前面章节中所采用的那种方式进行评价,而是要用一个非常特别的并且从未被很清楚地阐明过的价格理论来替代它。因此冯·诺伊曼(F. Neumann)在 *Schonberg's Handbuch* 上发表的关于价值和价格的文章构建的、被认为是新价格体系的东西,其实只不过是各种不同的联合供给的例子而已。如果在电梯出现之前,城市公寓楼层越高、价格越低的话,那么按照诺伊曼的理论,这将成为一个价格必须与其生产成本相符原则的例外。他声称高楼层的生产成本更高,因为在建造它们时,必须把材料搬运到更高的地方,而且这些楼层的重量要求必须把下面楼层的承重墙建得比上面没有这些楼层的情况时更厚。但是显而易见的解释是除了楼板、墙壁和天花板外,一所房子必定会占据土地且必须有屋顶,而通常购买(或者如在英格兰,租用)土地是非常昂贵的。这些成本或者成本的利息,必须被分摊在全部楼层的租金上,且不可能通过什么可用的原则来预先确定。如同我们在类似的案例中已经指出的,不同楼层的公寓的租金仅由需求控制,也就是说,主要是由对不同目的下它们各自的舒适性和适合程度决定的。或者,归根结底,是由它们的边际效用决定的。真正重要的是总的租金应该足以支付包括土地费用在内的全部建设成本的利息。众所周知,城镇里建筑用地的高额费用,在近代已经造成了美国摩天大楼式的钢铁和玻璃结构的高大建筑的矗立;否则所有的建筑物想必都只会被建成一层或顶多两层高,就像在乡村地区那样。诺伊曼所引证的所有其他例子也都是同样的。作为"联合价格"的一个例子,他讲述了在通常的排水系统中,由参与者所承担的成本份额是如何与他们各自地块内排水沟的实际成本不成比例的。这在某种程度上是正确的,但它完全是由于后者的成本无法被查明或者进行估算,因为可能排水沟长度、宽度和深度已经确实,不论一个或多个相关方是否参加了该项目。但是如果单独的成本可以被弄清的话——比如,如果为了满足某些土地拥有者们的愿望,因此有必要采用一种绕行的线路来建设该排水沟,或者如果该项目因此涉及了其他特殊成本——那么很显然,这些成本通常应该由那些导致其产生的人来支付。然而,通常来说这样的成本分配是不可能的,因此就没有其他办法可用,只能是把总建设成本与总出资对应并公平分配后者。人们普遍接受的(例如 Swedish Ditching Law of 1879)、每个人都应该按照目标效用(即按计划给他带来的收益或租金增加)出资的原则,绝不是唯一可行的,甚至也不是最好的或者经济上和公平上最协调一致的。例如,如果四个当事人中的一个人得到了1,000镑的资本价值,其他三个每人只得到了100镑,而项目的总费用是500镑,那么第一个人的所得多于其他任何人,也多于其他所有人的总和,如果他自己支付了所有费用而其他人没有支付一文钱的话。

与前面所述的不同,在这种情况中没有价格形成的必然经济规律,因为它确实是一个孤立的交换。然而由这样一个价格问题所引起的讨论非常有趣。最有影响的一个相似案例出现在一个乍看起来极不相关的领域,即税收的公平理论中。

B. 零售业中的定价

零售价格不仅常常被看作是成本法则的例外,一般也被看做是所有合理价格形成过程的例外,这一点值得关注,因为这些是消费者直接感兴趣并直接受消费影响的唯一价格。然而可能弄清零售价格规律并不是非常困难,并且看起来除了那些我们已经探讨过的因素之外,总的来说并不取决于其他的任何因素,只是它们更复杂且更难以解释。在很大程度上,从成本法则得出的零售价格与从批发价格中得出的零售价格的明显差异被认为是一个我们前面刚刚谈过的*联合供给现象*的例子。批发商整个批发生意的一般成本仅是其年营业额的一小部分,与其不同的是,零售商用于经营场所、供暖、照明、广告、助手和工人的工资等的一般成本是相当大的。尤其是其中的第一项,即经营场所占了较大的比例,因为出于方便其顾客以及广告宣传的目的,他必须尽可能地寻找靠近中心区域的经营场所。这些一般成本就何种比例分摊到每批购买或批发的货物价格之上,不能被确定为一个先验,而是取决于许多可变条件。为某些货物估价要比为其他货物估价需要更多的专门知识,这一点很重要。后者,即上面所说的其他货物,比如糖、面粉等,任何人都可以很容易地判断出其质量,如果我没弄错的话,它们带来的收益相对较小。而对于上面提到的前者,如果购买者不具有这些特殊知识的话,为了不买到劣质品,则应与他信任的卖方进行交易。这样零售商向他所提供的服务是那种专业买家的服务,因而顾客必须对其支付一个相对较高的价格是合情合理的。

另外还必须考虑到对稳定零售价格的期望。对于很多顾客来说预先确定好他们的家庭开支是很重要的。零售商们通常有一个固定的顾客圈,因而他们会尽力提供大致固定的价格以满足这种需要,他们通过使生意好与坏时的收益和损失在一定程度上相互抵消,从而计算出该价格。自然,批发价格中更大和更持久的变化最终会在零售价格中反映出来,尽管一般来说是在一段时间后才反映出来,并且是以一种缓和的形式,就像深埋入地下的温度计对于地表温度的变化缓慢地作出反应一样[1]。

综上所述,我们不该忘记实际上几乎每一个零售商在其最直接的圈子内都拥有我们可以称之为销售垄断的东西,虽然就像我们下面很快就会看到的,这只是基于买主们的无知和缺乏组织。

---

[1] 在 *Ekon Tidshrift* 杂志 1908 年 10 月的一篇文章中,以及他的著作 *Den ekonomiska fördelningen och Kriserna* 中,Brock 试图证明上述零售商和批发商之间的价格关系是不正确的。在他看来,零售价格表现出强烈的跟随批发价格上升的趋势,但只有很小的跟随批发价格下降的趋势。Brock 的结论所基于的统计数据(来自美国)看上去似乎只表明了最近几年,相比于批发价格,总体上零售价格升高了;由于零售商的相对数量增加巨大,这个事实本身是可能的,而且与我们将要讨论的非常一致。作为一般学说,Brock(以及 Lexio 和其他人)的观点显然是荒谬的;它意味着随着每一次周期变动,零售价格与批发价格的差异将越来越大,这会导致荒谬的结果。很显然,当我们认为零售商在为他们的顾客考虑,努力维持价格稳定时,我们不会认为他们有利他主义的动机。这很好理解,因为满足其顾客符合每一个商人的利益。

当然他无法像一个真正的垄断者那样随意地抬高价格——只有在远离贸易中心的地方才会发生区域性的价格上升——但是如果他保持与其竞争对手同样的价格和质量，他几乎总是能够指望其邻里街坊成为顾客。结果是零售商过多，这种情况并不少见，表面上为消费者带来了方便，但实际上却伤害了消费者。比如，如果两个同一类的店铺分别坐落于同一条街的两端，那么它们各自的销售范围在街道的中间相交。现在如果在街道的中间又开了一间同种类的店铺，那么位于街道两端的两家店铺迟早都会流失一部分顾客到新开的店铺，因为居住在街道中部附近的人们相信如果是以同样的价格得到同样的物品，那么他们去距离最近的店铺购买省时省事。然而，在这一点上他们却错了，因为原来那两个失去了一些顾客的店铺无法把它们的营业费用降低到相应的程度，会逐渐被迫提高价格，而从一开始就不得不接受一个较小营业额的新竞争者也面临同样的问题。这就解释了据说在废除货物入市税（对于货物进入到一个市镇时的税收在欧洲大陆很普遍）时所观察到的现象——尽管零售商的数量大幅增加了，但所期望的价格降低从未出现。除非其中一个竞争者（例如一个大店铺）设法超越了所有其他对手，正确的补救方法显然是在买方之间形成某种形式的团体。然而只要这样的联合不存在，并且在不同位置生活的人们之间如果没有更为密切的纽带，这种联合是极难建立的，那么竞争在有些时候带来的不是人们所期望的价格降低而是价格上升的这种异常现象就必然会持续。

C. 垄断价格

与自由竞争下形成的价格差别更为显著的是在垄断时形成的。垄断意味着竞争的缺乏,或者是对于某类货物的绝对缺乏竞争,比如国家财政(对于酒、烟草、盐等)的垄断、工业发明专利,等等;或者仅是在一定地理区域内并在某个价格限度内相对的缺乏竞争。并不是每一种供给限制或者生产力限制都必然会产生垄断,因为如果是这样的话,那么严格地讲,每一个价格都会是一个垄断价格,因为只有自然资源充足的货物才会无限量地存在。例如,土地的所有权无疑或多或少是少数有限阶层的特权,但只要土地所有者之间存在激烈的竞争,这种所有权就不是垄断,并且也不会造成农产品的垄断价格,不论是个人的还是集体的。区别在于这样的一个事实:对于一种供给有限(但这并非是真正垄断的原因)的商品或生产要素,总体来说其报价是能够被卖出的价格,或者至少达到拥有者宁愿留下供自己使用的程度。但是垄断者人为地限制他所拥有的商品或生产要素的市场供应。他的供给不是由边际效用与价格的一致来控制。事实上,可能发生这样的事情:他可能根据这种条件确定的上限给他所有的全部库存商品或生产资料报价,那他可能徒有垄断之名,价格并不是由垄断确定的,而是会遵循正常的供给与需求规律。于是,他的收益完全取决于该商品的自然稀缺。然而,很多时候,垄断者的存货并不是无限的,就像在有专利的情况中,专利的使用可能被扩展,因而对所有消费者而言并不产生特别的费用,消费者不管怎么样都因其获利。但是这种情况发生的话,则可能是一些顾客必须比其他人支付更多,或

第一部分 价值理论

者是对于所有顾客都必须价格为零;也就是说该发明会与免费物品一样——实际上当专利权到期时就是这种情况。因此,专利产品的价格高完全归因于对生产的人为限制,正如亚当·斯密所说的那样。

在某些特殊情况下,正如前面已经说过的,竞争价格可能存在于一个实际的垄断中。实际上已经吞并了美国所有石油炼厂的美国标准石油公司就是这样,它通过衡量油井在此前几天或前几周的产量,使预期的消费量与产量正好相等,来固定其价格。通常来讲,在这种情况下,如果提高价格的话,尽管会减少消费,但获得更大的也许是大很多的收益往往是可能的。但在上面的情况中,这样就会不得不部分关闭一些已经投产的油井,或者让这些油井的油白白浪费掉,这想必会引起公众的不满,并且或许会引来官方的干预。

如果不存在这样的考虑因素,垄断者将价格固定在他可以获得最大净收益的高价格上对他将是有利的。我们可以设想,每一次价格的上涨都会引起需求的减少。但是只要需求的下降的比例小于相对应的更高价格所带来的单位商品利润的增加,(这些产品的)总净收益将增加。但是当销量的下降比例大于相对应的单位利润增加时,进一步提高价格将是不利的。因而理想的垄断价格会恰好出现在这两个趋势的交汇点上,即需求减少的比例与相对应的更高价格所带来的净收益增加相同的位置。

我们来尝试用表格形式的算术例子来表示这个位置。假定垄断者需花费2英镑来制造一种垄断商品的每个单位。并且为了简单起见,假定价格与销量的关系是:价格为12英镑时,每单位时间可以售出 1,000 个；并且价格每增加或降低 1 英镑会导致销量正好减少或增加 100 个单位。那么我们可以列出下表：

销售价格（£）	成本（£）	单位收益（£）	成交量（件）	净收益总额（£）
22	2	20	—	—
20	2	18	200	3,600
18	2	16	400	6,400
16	2	14	600	8,400
14	2	12	800	9,600
13	2	11	900	9,900
12	2	10	1,000	10,000
11	2	9	1,100	9,900
10	2	8	1,200	9,600
8	2	6	1,400	8,400
6	2	4	1,600	6,400
4	2	2	1,800	3,600
2	2	—	2,000	—

所以在这个案例中，12 英镑的价格对垄断者是最有利的。如果他提高或者降低价格都会损失收益。

用图表形式或代数方法来表示垄断价格的基本特点是很容易的。如果我们在横坐标轴上划分出各个价格 p，并在纵轴上标出相应单位时间内售出的数量 y，那么这些点的轨迹将大体上形成一个曲线 $y = f(p)$。矩形 $y \cdot p$ 表示总收入额，位于与纵轴相距为 a 处的竖线右方的部分、即 $y(p-a)$ 表示净收益，a 为单位生产成本。

当其对 p 的一阶导数为零时，该式达到最大值。因此我们

得到

$$(p-a)f'(p)+f(P)=0$$

正如很容易可以看出的，当该曲线的切线位于上面提到过的垂直线和横轴之间的部分被切点平分时，满足上式条件。如果 $y=f(p)$ 是一条直线，就像我们图中的那样，则我们仅需取最大净价格的一半，此时销量将是最大值的一半而销售可以没有损失。关于垄断价格的其他问题也可以找到一个相似的、简单的数学解释。因而，更进一步，从这些图表或方程式中可以推论出对于在上文中所考虑的一般和特殊成本的各种影响、各种税收形式等此类问题的答案。

需要注意的是，间接费用的大小（即不论产量大小都维持不变的费用）对于最有利的垄断价格没有影响。例如，不论一个私营铁路公司对于建设所投入的资金要支付的利息是很大还是很小，只要铁路运费基于最大化净收益原则是固定的，运费就不会被影响。这是显而易见的：如果在上表中，我们从垄断者的净收益中推断出了一个每单位时间内的固定金额（比如说 1,000 英镑），那么在右侧列中的每一个数值都要减去 1,000。显然，即使减去了之后，原来的最大收益还会是最大的。所以最有利的销售价格仍是正好 12 英镑。

显而易见，不论出于何种原因（比如说所得税），如果净收益按其大小比例减少，且即使所增加的扣减额度（就像在累进所得税的情况中那样）增加大于净收益相应的比例，只要累进率是一旦收益（扣减前）增加，余额（扣减后）就持续地增加，那么这将仍然适用。

但是对于随产量增加而增加的主要成本有不同的考虑。为简便起见,我们假定成本的增加是完全成比例的,因此每一单位的新商品带来的成本增加与以前的单位商品所增加的成本一样大。不管出于何种原因,如果每单位商品的成本现在增加了,例如由于消费税的原因,或者是对所生产或用于销售数量的国内消费税的原因,那么在我们的表中每单位商品的净收益会减少,减少的量是所增加的成本的量,而且显而易见的是这会使垄断者提高其价格以获得最大的利润总额。通常价格增幅并不等于而是少于所增加的生产成本。按照简单的需求线性规律(我们的表格是以此为基础的),最有利的垄断价格增幅将正好是每单位商品成本增加额的一半,例如,如果每单位商品的成本增加 2 英镑使垄断者的生产成本变成了每单位 4 英镑,那么最好的销售价格将是 13 英镑。

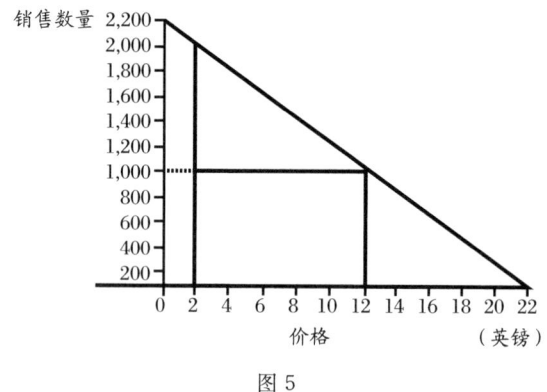

图 5

这些观点最初来自古诺(Cournot)①,随后由 Pantaleoni、马

---

① 见 *Principles mathématiques de la théorie des richesses*。该著作于 1838 年首次出版,但直到很长时间之后才广为人知。该著作没有英语和其他语言的译本。

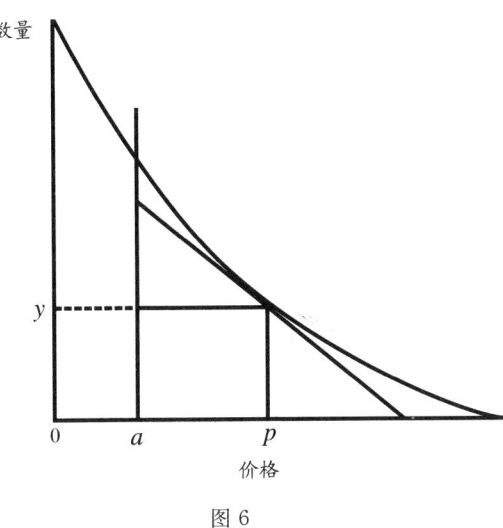

图 6

歇尔、埃奇沃思等人进行了发展,它们对于税收理论,以及解决日渐重要和紧迫的从法律上或实际上对工业垄断进行合理管控的问题都起到了很大的作用。

对于垄断利润及其税收的数学解释有很多有趣的且经常出人意料的特点。例如,假定一个只有二等座和三等座的在客运方面具有垄断地位的铁路公司,税收是按照其卖出的二等座客票的数量进行征收。乍看起来,谁会想到这样的税收会使该公司对二等座和三等座都减价对其经济上有利呢?但是埃奇沃思充分证明了[①]在一定的假设条件下,就会是这种情况。

---

① 与 *Political Economy*, vol. I, pp. 143-151 及 *Economic Journal* 1899, p. 286 相关的论文。

如果必要的话，不用高等数学我们也可以理解它。为简单起见，我们作一个与现实情况大相径庭的假定：当其他条件相同时，二等座旅客的数量完全取决于二等座和三等座的价格差；也就是说，尽管价格的差别决定旅客们乘二等座还是三等座出行，但他们无论如何都会出行。在这种情况下扩大价格差以迫使一部分乘客从二等座转为三等座，从而减少交税是对铁路公司有利的。这种情况总是会发生并且不会造成总收入的相应减少，这正是最大化的概念所隐含的，至少在大多数情况中是这样。对最有利价格组合的微小变化产生了一个相对很小的运输收入降低，然而相应所节省的税却是十分可观的。一个特定量的价差扩大可以由三种不同的方式来实现：

（a）适度地增加二等座票价并降低三等座票价；

（b）小幅度增加（或者至少不降低）三等座票价并以相对较大的幅度增加二等座标价；

（c）小幅度降低（或者至少不增加）二等座票价并以相对较大的幅度降低三等座票价。

铁路公司在以上三种方式中所节省的税是相等的。接下来的问题是，三种方式中哪一个会使运输收入下降得最少。通常来说会是第一种方法，但在特殊情况下第二种甚至第三种方法可能是首选。

如果二等座的运输量相当大且三等座的运输量并不是很有弹性，这种情况可能会发生：最能盈利的方法是把两种票价都提高（尽管抛开税收不说，这样提高价格必定总是减少运输收入，因为它改变了征税之前存在的价格组合，而这个价格组合在这些情况中必须被假定为是最有利的)。但是如果三等座的运输量是很有弹性的,所以降低票价会吸引许多的新乘客(到三等座车厢),且二等座的运输量并不是很大,那么虽然乍看起来可能有些矛盾,但三个方法中的最后一种将是对铁路公司最为有利的。

此外,我们可以用下面的方法来处理这个问题。让我们来制定一系列价格组合,这些组合撇开税收来说会给公司带来略小于最大值的特定净收入。在几何上,这个系列能够用一个将最大值点包围在内的闭合曲线(形状近似于椭圆)来表示;然后我们要在这个曲线上找到坐标之间相差(二等票和三等票之间的差别,因而是税收节省上)最大的一点。这一点显然是曲线两条切线中上部那条与轴成45°的切线的切点(参见图7)。只要所节省的税比运输收入减少的多,那么就可以用相同方法做出一系列新曲线(新的价格组合系列)图。如果将最大值的点作为原点(坐标轴的方向保持不变),可以很容易地看到新的均衡点可能位于第一、第二或者第三象限,但是根据此前未知的曲线的形式和位置,该点绝不会是在第四象限。

然而,一定不要忽视的是对垄断的研究特别容易受到"理论"和"实践"之间巨大差别的干扰,这有很多原因。

垄断者并不一定要像处于自由竞争条件下的销售商或者生产者那样密切地关注价格,特别是因为大部分的垄断都是由大公司、大企业或者国家所掌控的,并且是由拿薪水的官员们所管理的,与提高他们的利润相比,通常这些官员更急于避免由轻率的尝试所造成的损失。另一种不应被忽视的情况是理论上最有利的售价在最临近周边区域的净利润的增长或下降是很小的。这是所有实际

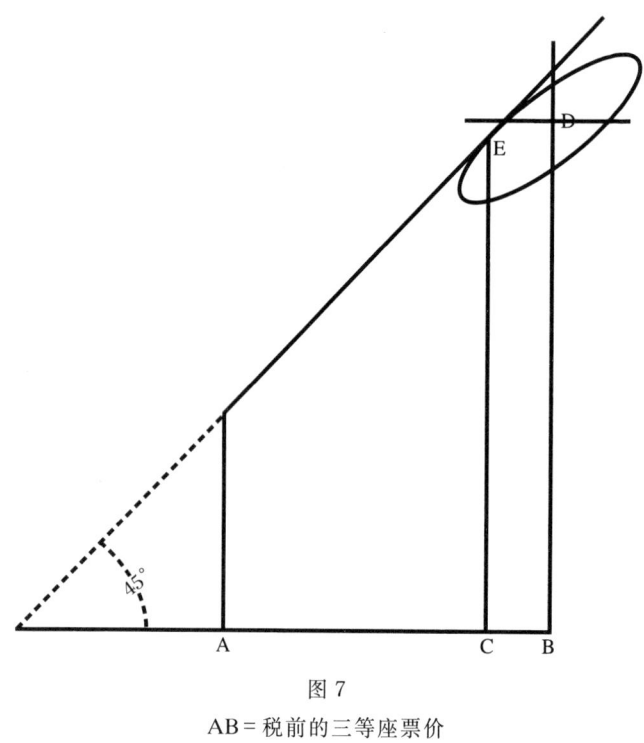

图 7
AB = 税前的三等座票价
BD = 税前的二等座票价
AC = 税后的三等座票价
CE = 税后的二等座票价

中的最大化的共同特点,我们可以很容易地通过参考上述的表格①在这里充分弄清楚其正确性。因此,是稍高于还是稍低于理论上的最佳价格对于垄断者来说基本上是件无关紧要的事情,然而对于消费者则是重要的。

---

① 参见本人的 *Finanztheoretische Untersuchungen* 一书,第 12 页。

最后,或许应该指出,我们(和其他经济学家一样)在这里所描述的垄断价格和竞争价格的显著区别在现实中几乎根本不存在。处于同一个生产分支中的两个或更多个垄断者们,或者是处于两个密切相关的分支中的两个或更多垄断者(例如在同行业中不同专利的拥有者们)实际上相互竞争[①]的情况并不少见。我们已经指出过在普通的自由竞争市场中也存在某种每个生产者个体的垄断,甚至是每个消费者的垄断。这取决于他们各自之间以及他们与经济活动中心地点的相对*地理位置*,后者会造成运输成本的不同。但是经济理论对定价问题的这个方面关注甚少[②]。

如果在同一个生产分支中有两个同等强大的垄断者,那么如果他们分别行动,他们无疑会降低价格,但是就像古诺所观察的,这只会在一定的限度内即在假定对方在此限度内即不增加也不减少产量时,每一方都能得到最大利润的点。如果 a 为生产成本,则可以很容易地用下式确定这个新的均衡点:

$$2(p-a)f'(p)+f(p)=0$$

式中 p 为共同的销售价格,而 $f(p)$ 为两个垄断者总的销售额。上面所提到的切线(图7)会在沿该线三分之一处被分割,在我们的表中售价会被减少到 $(2+1/3×20)=8.76$ 英镑,在此价格时的总销量是 1,333 个单位,或者说每一个垄断者的销量是 666 至 667 个。同样,如果有三个或者更多的垄断者,价格会下跌得更多,最终跌到像在自由竞争中一样等于净生产成本($p=a$)。因

[①] 被正式称为"双头垄断"或者"多头垄断"下的定价理论,是由古诺(见下文)提出的,值得关注。

[②] A. Weber 的 *Der Standort der Industrie* 或许可以被称为是这样的一个尝试。

而，公众会从垄断者之间的竞争中受益，但垄断者们会有损失。为了维护自身利益，他们会被迫联合起来并分配利润，这时垄断价格及销售额就又与只有单一垄断者时相同了[①]。

7. 在生产影响之下的定价

向第Ⅲ部分的过渡

尽管到目前为止我们的目标一直是在假设货物在某一消费周期内以一定的数量存在的前提下讲述市场价格的起源，但是我们已经有几次都涉及了生产对于定价的影响；更确切地说是它们彼此之间的相互影响。现在我们应该来直接关注这个问题，并在下一章中详细地探讨它。老一辈的经济学家把完全由需求和供给所调节的市场价格与商品生产成本所决定的、市场价格围绕其波动的"自然价格"加以了区别。实际上，在这两种情况中价格形成在本质上是相同的，只是在市场中起作用的供给与需求的关系，在后

---

① 埃奇沃思在其所著的 Mathematical Psychics（1885）及 1897 年 Giornale deli Economisti 上的一篇论文中（还有数学家 Bertrand 在 1883 年的 Journal des Savants 中）批判了的推理，但是在我看来其理由并不充分。在有两个或者大体上有限数量垄断者的情况下，不论他们是处于相同的还是不同的生产部门，正如埃奇沃思所说的那样，这个问题在某种程度上是不确定的，这一点是毋庸置疑的。但是上面所引用的古诺进一步的假设，在我看来比 Bertrand 和埃奇沃思所选择的那一个更加合理。后者涉及了这样的假设：即每一个垄断者，在其他垄断者不改变价格的条件下，都是以得到最大净利润为目的。在我看来在他们都生产同样的商品时这个假设是很不合理的。（见维克塞尔对 A. L. Bowley 教授所著 Mathematical Groundwork of Economics 的评论 (EconomiskTidskrift, 1925)；该评论的德文译本随后出版在 ArchivfurSozialwissenschaft, 1927)。

第一部分　价值理论

一种情况中被生产与消费的关系所替代了。如果市场中的价格均衡要求供给与需求相等,那么长期来看,各种不同商品的价格终究将被固定在生产与消费的均衡点上,也就是生产恰好满足消费的点,或者是围绕该均衡点波动。我们需要顺便提到的是,这一简单的关系常常被忽视了,比如,当我们谈到某些甚至所有商品的永久性生产过剩或消费不足时就是这样。如果这是说生产永久性地超过消费——除此之外它还能是什么意思呢?——那么这简直荒谬至极。别忘了我们的仓库是有限的!

如果一种商品的制造确实总需要确定每种生产要素的量(即一定量的同质劳动,一定面积的、具有特定性质的土地,最后是使用一定量的资本品:工厂、铁路物资、船、工具、机器等),并且该生产不需要任何时间(或者更确切地说,只需把实际需要的时间视为从经济角度而言的劳动和土地的服务量,且此服务量同时也是被连续提供的),那么我们就应该完全有理由同意瓦尔拉斯以下的论断:考虑到生产的价格厘定本质上与市场中的价格形成是同样的问题;或者可以说只是它的一个变体。任何人对一定数量某种商品的需求都隐含着对生产该商品所需要的一定数量的每种生产要素的需求。而另一方面,这些要素的所有者们(劳动者、土地所有者以及资本家)提供一定数量的生产要素,其数量在其他条件不变时一部分取决于市场价格(即取决于工资水平、地租及利率,等等),一部分取决于那些要素的所有者希望从中获得回报的货物的价格。或者,按照我们已经说过的,我们可以从一个不同的角度来看待这个问题:一个生产要素的所有者本人对该要素有某种直接用途,所以可以把他希望自己保留的部分视为他对该要素总需求的贡献。因而一定不能把供给视为他和其他所有者所提供的量，而应将其视为现存的总量，例如，就劳动力来说，全天候的 24 小时工作——在极端情况下可能会发现这样的生产性就业。如果我们从一个假设性的、全部生产要素的特定价格系统开始，那么首先，可以按我们的假设推断出产成品相应的价格（如果我们把它们的成本和销售价格视为是相等的）。然后我们对于每一个这样的价格系统可以直接或间接地得到每个要素的确定的需求和供给；剩下的就只是宣称：在均衡状态，需求与供给必须一致；或者，如果我们把需求这个词广义地理解为包含其要素的所有者在特定价格下想要直接消费的数量，则为需求完全等于可供给的量。

在这一假设下，我们实际上应该只需要讨论两个生产要素，即土地和劳动，因为机器和其他资本品可以最终被简化为土地和劳动的产品。如果时间不发挥经济上的作用，对资本的需求及运用可以被视为对劳动和土地的间接需求。但是该论证的弱点正是出现在这一点上；因为既然间接生产性服务必须和直接生产性服务以相同的方式得到回报，在生产中资本的份额将仅由资本本身的连续偿付构成，而没有任何利息形式的附加。这符合社会主义者的观点，按照他们的观点，对资本的报酬仅仅由"无偿劳动"所构成；也就是对生产成果在经济上的不正当掠夺。我们要么必须接受这个观点——然而瓦尔拉斯及其学派拒绝这样做，要么必须承认导致这一结果（其完全无视利息的存在）的论证在解释现实世界现象时忽视了一个重要因素。

这种观点明显与现实情况相距甚远。首先，在任何商品的生产中各种生产要素所贡献的比例是根本无法已知或确定的，而是可能在一定的限度（有时很宽）内变化；或者，正如有时所说的，一个生产要素在某种程度上总是可以被另一个所替代。在食品的生产中尤其是这样，不管是通过极其粗放式的农业（例如，且不管其是对还是错的，在美国西部或在瑞典常见的所谓"掠夺式耕种"——为了保证耕地而烧光林地）所得到的，还是通过像在中国、比利时以及意大利北部伦巴第平原的发达密集种植所得到的，它们的质量都相当一致。但是，即使在制造业中，各种生产要素，比如人力劳动和机器，也可以在几乎任何程度上彼此替代。也就是以自然力量（结合资本的使用）来代替直接人力劳动，反之亦然。另外一个本质上与上面的这些有着密切关联并且迄今为止从经济学的角度来说无足轻重的因素——生产中的时间因素，是非常重要的。至少归根到底，我们不能认为一面的商品市场和另一面的生产要素或生产服务的市场是并列在一起的，因而可以被视为是一个市场。就时间而言后者总是先于前者，并且这种情况——我们可以很容易理解的先验，我们很快就要在后面更详细地说明——在实际定价中是最为重要的。在我们期待可以最终解决定价问题之前，我们必须首先对它的全部两个方面都加以更仔细的考虑：即不同生产要素互相替代的能力，以及时间因素——或者说是资本的经济意义，两者是一回事。我们将在下一章探讨这些问题，并同时尝试解决自由竞争下的分配问题。如果劳动、土地以及资本的份额可以像上面所表明的那样容易确定，该问题应该已经解决了。约翰·斯图尔特·穆勒所说的"对商品的需求不是对劳动的需求"就是希望表达情况并不是这样的，而且时间因素在分配中，尤其是在工资的确定中发挥决定性的作用。尽管他的这一陈述在根本上是正确的,但其受到了大量的质疑并且经常是被错误地理解了。

第二部分 生产和分配理论

参考书目：目前现代经济学仍然没有对这一课题的详尽阐述，至少不是以基本原理的形式论述。瓦尔拉斯在他的《纯粹经济学要义》中一劳永逸地将生产、分配、交换问题作为整体提出了一揽子解决方案，但是他对资本经济功能的论述难以令人满意。另一方面，庞巴维克的著作 Kapital und Kapitalzins①，特别是它的后半部分 Positive Theorie des Kapitals②，虽然已经成为现代资本理论的主要依据，却没有将生产和分配问题作为一个整体来综合论述。在我的文章《价值、资本和租金》中我尝试将这两位学者的理论融为一体；此外，还有恩里科·巴罗内（Enrico Barone）的著作"Studi sulla Distribuzione"（Giomale degli Economisti，1896），文字简洁，但遗憾的是尚未完成。P. H. 威克斯蒂德（P. H. Wicksteed）的著作 Co-ordination of the Laws of Distribution③，④（伦敦，1894年）有趣而又思想深邃，但不容易读懂。杰文斯的《政治经济

---

① 《资本与利息》(Capital and Interest)。
② 《资本实证论》(Positive Theory of Capital)。
③ 现已收在 Scarce Tracts 丛书中，由伦敦政治经济学院出版。
④ 在他的巨著《政治经济学的常识》(The Common Sense of Political Economy)中，他宣称由于此文很难理解，他希望撤回这篇文章。他在 Common Sense 中为这一课题专门设了一章，但并没有包括同样的范围。

学理论》包含有许多关于生产的尽管分散但却具启发性的观点。对此课题最详尽的英文论述,从现代的观点看,应是马歇尔的《经济学原理》,其缩略本是以《纯粹经济学要义》为题目出版的。

德国的 Effertz 是一位原创作家,可惜在很大程度上自学成才,他在几部著作(其中最早的一部与 *Positive Theorie des Kapitals* 为当一时期)中提出了类似于庞巴维克的观点,而且阐述得很好。

迄今为止,我们已尽可能地研究了实物以及满足我们所需劳务的定价过程。现在是时候来考虑现有商品(严格来说,也包括个人服务,只要服务的提供是以消费品供给为前提)如何维护、更新和更换了。换句话说,我们现在应该考虑生产了。

正如已经指出的,除非同时关注生产,否则价值和交换的问题不能最终解决。而另一方面,正如实际发生的那样,生产也必须与交换和交换价值规律联系起来,否则无法理解。在现实中,交换及定价是生产的一部分。即使是个体劳动者用自己的资源为自己的需要而生产,也总是存在交换(或选择),至少从这个词的广义来说;资源通过生产为媒介,可以直接或间接地消耗于生产。因此,举例来说,任何具有劳动能力的人,只要他是一个自由人,就有权选择将其时间用于休息、娱乐或通常意义上的生产性就业。当生产与外部劳动或其他因素关联,或者产品用于满足他人消耗时,正如时下绝大多数产品的情形,生产过程中交换的成分自然显示得更加明确。当然在前一种情况下,存在生产要素(土地、劳动和资本)直接交换必要的报酬:工资、租金和利息。后一种情况下,生产收益不仅要参考可以得到的产量,也包括可预期或市场已经确定的交换价值。在大多数时候,这两种情况都存在。

生产和交换只能通过抽象的方式分离;但这种抽象方法对调查和研究那些初看之下就立刻希望能够简化处理的现象是非常宝贵的帮助。出于这个原因我们在研究市场价值规律时假定满足消费者需求的市场供应在一定时期内是预先确定的;尽管实际上这些物资在现实中持续受新产品的影响,特别是在现代社会高度发达的通信情况下。用同样的方式,我们在处理生产和销售时,可以暂时忽略产品交换价值的变化,这种变化是由生产和消费的持续相对变化引起的。换句话说,我们首先假设对于所讨论的社会这些交换价值已定,这近似于现实生活中每一个生产者相对于整个市场的情况。一个具体案例是这样的:如果一个国家或几个小区域只生产一种或几种大宗商品,并且其余需求全部靠进口满足,此时可以假定所有商品的交换价值已经由一些较大的区域甚至全球市场预先确定。

对于第一种近似情况,我们还可以提出另外一种重要的简化。正如我们已经说过的,每一项生产要素的所有者可以在两种使用方法之间进行选择:直接使用或者用于生产。即使商品的相对交换价值已经预先确定,个体仍需不断地在两种选择之间进行权衡。一面是他提供生产性服务交换到的或可以得到的产品;另一方面则是根据自己的意愿自由支配其所获得的乐趣,例如享受更多的闲暇。然而,我们暂时假设提供给雇主一定数量的生产要素用于直接消费后,各种生产要素中用于直接消费的效用与将它们用于生产性应用所得到的间接效用相比,已变得微不足道,因此可以不予考虑。对于许多生产要素作出这样的假设没有风险。城市建筑的私人业主很少会为了设置长廊而留下一部分空地。地主也不会让耕地荒芜或把它当做一个狩猎场使用，除非他是一个非常特殊的人。资本所有者在这方面的选择更少，为了从他的资本中获得收益，他必须将其用于生产或者借给别人。对资金的个人、非生产性应用几乎相当于使其部分毁灭。业主自住住宅并不是这一规则的例外情况，因为这类资本品唯一可能的生产性用途就是被用作住宅。

因此，土地和资本（或者说任何给定时间的资本）也基本是这样，它们作为一个整体投入生产。但另一方面，我们说劳动也是这样则不近情理。从体能来说，劳动者不可能一天24小时均匀地工作，即使限定为从长远来看可以工作的最长时间，劳动者的状况仍然会苦不堪言，以至于只有最危急的情况才会阻止他将一些工作时间用来休闲。以前的经济学家们普遍认为，劳动者的自然工资和平均工资正好对应于维持劳动者及其家人生活的最低工资，因此，很自然地就认为个体劳动量和劳动时间是固定值，仅受劳动者的体能限制。它的特点是，当亚当·斯密讨论劳动者是否有可能通过投入更多的时间用于休闲来回应工资上升，他只有这样做才能使他们免于这种指责。如今工资已有幸高于勉强糊口的生活水平，限制工作时间、为员工进行教育和提供文化活动机会已成为最急切的目标之一，所以尤其是在工人的方面，该假设已经不再成立。我们在此使用这个假设只是暂时的，是为了简化讨论。我们还必须牢记，某些行业（尤其是制造业）的工作时间（特别是每天工作的时间长度）在很大程度上不是由个体劳动者，而是通过集体协议决定的，可能是集中宣布，而不是单独宣布，除了个人偶尔可能会"放一天假"的情况。

我们这里还忽略了实际上非常重要的情况，即工人的身心健康和力量。因此劳动效率，在很大程度上取决于所收到的工资，并在一定限度内随工资的升降而波动。

由于人口流动带来的劳动力供给变化，如自然增长、迁出、迁入，在性质上与此完全不同，这里可以不予考虑。在大多数情况下，它们是因纯粹经济学以外的原因引起的，仅在很少的情况下能引起当前或近期劳动力供给的增加或减少。

当然从长远来看，不仅是总的劳动力供给，资本的供给，实际上还包括土地供给或者任何现有供给量，都将或多或少发生变化。劳动者的定性方面也是这样的，生活方式的改变、教育和修养的提高，都能引起现有劳动力供给效率的显著变化。在对经济现象的全面分析中，当然必须对这些变化给予恰当的注意；然而就目前而言，我们将满足于所谓的平衡问题的静态方面，即经济关系稳定状态的维护，或者定期恢复的必要条件。

如果上面所提到的国家或地区是一个统一的经济单元，生产的一切商品都通过共同账户和外面的世界交换，则生产的全部问题将是一个纯粹的技术问题。生产要素已知的话，这将仅仅是该国生产的特定商品的生产最大化问题。如果生产多种商品，且在一定程度上所有的产品以确定的价格销往国外，则目标将是交换价值的最大化。因此，无论是产品分配或通过交换取得的等价物的分配，都将是一个独立的问题，并由纯粹经济考虑以外的其他规律确定。

当生产在自由竞争和私有企业的环境下进行时,正如现实社会中那样,情况就不同了,至少在第一眼看上去时是这样。在这种情况下,每个人都不是尽可能更多地生产,而是尽可能便宜地生产,即以实现净利润最大化的方式生产。这又取决于其生产成本,换言之,生产要素在产品中所占的比重。因此它与分配问题密切相关。例如一个人有一个大庄园,却没有资金。如果他通过自己和家人的劳动来耕种土地而不是引入资金,产量相对于土地的规模自然将是非常小的。因此,他借入资金并雇用劳动力。但是,他做到何种程度,显然取决于以利息和工资形式所反映的资本和劳动的报酬。如果他能免费或接近免费地获得这两样要素,那么他对土地的开发程度将会比较高,投入的资金和劳动力也将多于资金和劳动力在产品中所占比重较高的情况,根据我们很快将讨论的收益递减规律,它们逐渐吸收全部盈余,几乎没给他剩下什么。对于那些拥有资金可能也有耕种技术但却没有足够的土地来使用它们的人来说,租金具有类似的效应。

同样,如果生产者能够在各类商品之中进行选择,商品的市场价格已知,但其生产所需要的土地、劳动力和资金的比例不同,那么他的目的将是选择最赚钱的商品进行生产;租金、工资和利息的相对水平再次成为决定因素。受供求关系的影响,只有当生产两种或多种商品同样有利可图时,它们才会被同时生产。正如我们已经强调的那样,在实践中生产和分配的问题不能割裂开来,它们是统一的整体,生产不只是一个技术问题,它既是技术问题,同时也是经济问题。

我们将随后研究的另一个有趣的问题是,撇开分配问题,从物理角度而言集体生产是否优于个体生产（正如经常被社会主义者主张的）；或者从技术角度来看，是否我们不应该认为两种系统会产生基本相同的结果。

生产要素通常都被分为三大类：土地、劳动、资本，其中第一类指的是外界的自然力量服务于人类。然而，在狭义上，"土地"可以仅包含持续自我更新的那些自然资源，即用于生产和消耗的土地的实际成分（如黏土、矿石、泥炭、煤炭等），而不是指其资本的特性。劳动，同样，我们专指人类劳动，不论是体力的还是脑力的。资本的概念需要仔细分析，我们稍后再谈。此外，还有些重要的生产要素，其本质上是非物质的、无法恰当地归在任何这些种类之下，它们是特殊的，尽管得到它们需要劳动、资本（和土地）。这一类属于技术发明，只要它们是专利、商业秘密（否则它们成为免费商品），知名商标、企业的商誉等也在此范围内。然而为了简单起见，我们仍将维持三大类，特别是其他各种要素严格来说是以限制自由竞争为前提的。按照我们惯用的方法，我们将稍后讨论资本难题；而首先关注土地或所谓的自然资源（假定其为私人拥有），以及人类劳动；在自由竞争环境下，它们在生产中的合作、在产品中所占的份额。

马歇尔在他的《经济学原理》中曾试图在土地、劳动和资本之外提出第四种生产要素，即：组织，他在该书的几个章节中用较长的篇幅，启发性地论述了其在现代化生产机制中所发挥的重要作用。尽管确定知识发展、发明和发现的经济作用很重要（早期经济学家常常将它们和资本混为一谈），但这种分类带来的不便之处在于新引入的要素与已有的生产要素不同，除了在一些特殊情况下之外，它缺乏量化精度。当组织天才或技术发现与某些杰出人才或受过专业教育的个体相结合时就会出现这样的情况。但是在这种情况下，"组织"无法与"劳动"区分开；它只是一种特殊形式的劳动，并一直被这样对待。此外，如果发明如同新知识和经验那样存在，就其本质而言可以被所有人使用，那么它们只有在被作为商业秘密或专利等来保护时才具有经济意义；或者除非他们的第一个使用者已经形成了实际垄断，正如某些大规模生产中发生的那样。否则，将如我们曾说过那样，它们将如空气、水、阳光那样被看成是免费的。它们促进了整体生产，并在其他条件不变的情况下，将人类福祉提升到较高层次上，而自己本身却并未在产品成本中占有份额。因此，他们对价格没有影响。

在我看来，这一在科学分类上的缺陷可能与马歇尔的某些草率结论相关，这并不是完全不可能的，这一点我们将在后面讨论。

1. 无资本生产

首先，让我们假设生产是无资本的，但是这并不意味着没有任何资本的存在。通常来说，不使用任何资本的生产是不可能的，尽管最原始的生产——只是采摘野果，可能是一个例外。就我们的目的而言，可以假设由于缺乏技术知识、只使用很少量的资本；但是可供给的资本数量相对技术知识而言如此之大，根据一级近似，它在生产中的份额可以被忽略。（我们将在后面讨论发生这种情况的确切条件）。我们不妨假设，所有的生产都是在一年的时间内完成(早期在原始空地上的农业大致就是这种情况)，所使用的少量简单的工具也是在此期间制造的并在此其间完全损耗。为了简单起见,我们还假设只有到年底才有产品,所有的工资在年底支付,而工人在下一年依靠今年挣得的工资维持生计(可能有人会争辩说这样的话他们也需要被视为是某种资本家阶级,但我们假设获利如此之小,无须考虑)。工人和地主之间或这两者与第三方企业家之间的所有协议,都是基于对本年底生产出来产品的分配。这种分配将依据什么原则呢?

我们这里有两组对应的立约人,劳动的所有者和土地的所有者,按照我们的假设,他们之间或与第三方签订协议时,都基于平等的原则。土地所有者的确有双手,但他可能无法将其用于劳动,或者由于年老或者是因为不习惯手工作业。而且如果土地相当大,他自己的工作很可能不足以产生足够的回报并达到税收的指标。因此,他对劳动的依赖程度不比劳动对他的依赖程度小。劳动者也不归属于其他企业家,因为按照我们的假设,他们能够通过全年的生产劳动维持生计。因此我们可以假定,土地所有者可以雇用劳动者,在生产周期结束时以实物支付工资作为报酬;而劳动者也可以租用土地,在生产完成时支付租金;或者存在第三个人,即一个企业主,他既雇用劳动力又租用土地,仍然是在完成生产后支付工资和租金。

为了防止产生任何误解,应该指出该系统只是一个逻辑结构,无论在当前或在以前的时间里,现实生活中都没有副本。相反,可以肯定地说个体对动产(即资本)的所有权、以一种形式或另一种形式存在的利息的个人所有权,在历史上是早于土地私有权的,因而也早于(私有)地租。尽管可用于原始生产技术的资本货物的数量可能是微不足道的，由于种种原因，资本积累和储蓄却有可能更不发达。因此，过剩资金，即使是相对过剩，也很少发生。相反，通常来说，有明显不足。在中世纪禁止高利贷并没有阻止人们通过变相集资形式获得利息。此外，贷款利息只是利息的多种可能形式之一。

如果我们回到现代，我们会发现在大多数国家中几乎每平方码土地都是私人拥有的（或在公共手中却不再免费使用），而租金，就整体而言，虽然波动却稳步上升。然而与此同时，利息在时下可能是比租金更大的收入来源。技术发明加之人口的迅速增加仍然能防止利率跌至一定水平以下，这种收益还需与显著增长的资本（即使与同时发生的人口增长相比）相乘。

尽管如此，上面假设没有资本的生产或者资本在其中被视为免费的生产，在逻辑上是可能的，因此，可以出于论述的目的进行这样的处理，正如在李嘉图的地租理论中所做的那样（我们将很快谈到），认为耕作是从"好"地向"坏"地发展，尽管历史上很多时候是按相反方向进行的。

A. 作为企业家的地主

我们先假设地主是企业家。"地主"概念的前提是所有的土地或者至少比较肥沃的土地和地理位置比较适宜于贸易的土地都已经为私人所有，在历史悠久的国家中几乎总是如此。同时，已经远远超出一定限度，在此限度内每个新的劳动力可以生产出同样多的附加产品，甚至有可能通过更好地组织劳动（即劳动分工），得到相比同一地区现有劳动力平均来说更高的产量。只要这种情况保持下去，即使土地私有化、并且假设地主之间存在活跃的竞争，仍然不太可能产生地租，地主将只能收到因他们参与生产而获得的工资，如作为劳动力的管理者。而现代社会通常与此大相径庭，由于人口的增长，农业及其相关产业的生产强度已经达到某种程度，在同一区域每额外增加一个劳动力，增加的产量将小于平均值。

同一地区土地的全部产量增长缓于投入工人数量的增长这一事实，已经作为规律提出，这一规律特别适用于农业生产或原材料生产，即收益递减或报酬递减的规律。只要用于特定制造的一种或几种生产要素的增长超过一定限度，而其他因素保持不变时，该规律即普遍适用。我们有可能建立一种截然相反的、至少适用于一些行业的报酬递增规律，其隐含的假设为所需要的原材料可以按一个不变或基本不变的价格无限供应。如果同样的假设用于农业，换句话说，如果有优质土地可以无限量供应，那么"递增"规律或任何"固定"比率的回报也将适用。

像马歇尔那样主张这两个"规律"中的前者适用于大自然，而后者是人类劳动对生产的贡献，这种说法在我看来没什么逻辑。这两种贡献永远不能被完全分开，只是在生产毛利方面有所区别，我们将稍后讨论。所谓的收益递增规律，从根本上是大规模生产优于小规模生产或孤立生产的另一种方法，一般情况下，它适用于各个领域的生产，只是程度有所不同。收益递减规律的适用更加普遍，只要我们假设一些生产要素是单方面增长即可。因此，这两种趋势之间的冲突在于收益"递增"可能在一时之间有效，而收益"递减"会从长期看来有效。

对土地所有者而言，雇用一名劳动者多支付的工资高于因雇用他而多获得的产品价值,显然在经济上不利。不过,既然劳动者之间存在自由竞争,(为简单起见我们假设)一名劳动者和其他人一样胜任,已经从业的劳动者无法比后从业的劳动者申请更高的工资;因为如果这样,地主再雇用新的劳动者填补他的位置将更有利可图,而新雇员也会对略低的工资满意。另一方面,如果雇主之间存在完全竞争,工资不能显著低于某一数额,此时再增加一个劳动者将增加产量;或低于一定数额(如果工人的数量很多,基本上是这样的情况),此时如果裁掉一个劳动者并将他的工作分配给其他人员时雇主会遭受损失。只要地主多雇用一名劳动者而多获得的产值高于增加的工资支出,这样做他就有盈利,而解雇一个劳动者,毋庸置疑是不利的。但是,如果此规律在全部生产商的范围内适用,他们对劳动力的竞争必然迫使所增加的产品与给最后增加的一个劳动者支付的工资之间的差额消失。因此可以说,从理论上看最后受雇的劳动者增加的额外产量将调节工资,在一般情况下,既不能超越它也不会低于它。同时,可以假设由于竞争这部分新增产量在所有生产分支中相同,无论是从物理意义上一种商品或特定的一批商品(如农产品)是一个企业生产的,还是多个不同种类的商品按给定的价格同时生产,额外增加产量一定相等。而且,从理论上说,在这种工资条件下,市场上所有的劳动者都会找到工作。

很容易看出上面所论述的在本质上是引导我们确定市场价值原理的应用。同时,在产量与劳动者工资之间也存在交换,尽管不是严格意义上的交换,因为后者是得到前者的条件。而工资与最后一个工人所增加的产量之间的对应关系,或者我们后面所称的边际劳动生产率,显然近似地与调节市场价格的、交换各方的边际效用相等。但他们不是一回事;不同之处在于,就工资而言相等是客观的,但是在直接交换的情况下,边际效用相等却只是主观的。

通常来说,支付以这种方式确定的工资后,地主仍然有一部分盈余(雇主本人工作的酬劳已包括在内),这部分的多少将视土地的面积和质量而定。这部分盈余,不管我们把它看成纯粹的地租还是地租与企业家利润之和(稍后将详细论述),按照之前的假设,(它)都是土地或其雇主在产品中的份额。在现代术语中:生产要素之一,即劳动的份额,独立确定之后(根据边际生产率),生产的第二个要素土地(或地主),将拥有剩余索取权,可以对盈余提出索取。

所有的劳动者都被视为具有相同的技能和力量。但如果我们将一个特定劳动者视为是一般劳动者的 1.1,1.2 倍或 0.9、0.8 倍等,那么去考虑仅在体力上的量化差别是很容易的。另一方面,较高素质的劳动力不能像曾经被认为的那样,可以被降至简单的非熟练劳动力;事实上,至少在任何确定的时刻,不同层次的工作代表不同的群体,其中每一个群体都依据其自身的边际生产率获得报酬。

为了强调这一点,我们将举一个具体的、虽然有点牵强的例子。我们假设有 10,000 平方英里土地,大约是威尔士的面积那么大,全部用于农业生产,劳动人口是 16 万成年男性。假设将这片土地划分成 10,000 份,每份为 1 平方英里,肥沃程度相同,土地组成(田地、草地、林地等)大致相同。那么很显然,在平衡状态时,每块土地上恰好有 16 个劳动力。劳动力的分配,尽管从数据上看显而易见,事实上按照上面描述的方法,是双方竞争的结果。只要工资明显低于第 16 个劳动力的边际产出,每一个地主雇用 16 个以上的劳动者将有利可图的。但是,不可能所有的地主同时实现这一目标,因此他们的努力将造成工资的上升。同样,如果工资高于边际产出,每一个地主都将满足于 16 名以下的员工数量,这将导致失业,并且会因为失业人员的竞争造成工资的下降。最终的工资,对于所有劳动者都是相同的,一定会介于第 16 个劳动者和假想的第 17 劳动者的边际产出之间。

劳动者的数量和农业生产强度何时应该增加或减少,现在取决于根据一定区域土地总产量的变化规律确定的边际产出的大小。不幸的是,这个规律实际上是未知的,其数学表达式非常复杂。但是,正如讨论应用经济学问题时那样,这只是一个关于少量变量的问题,通常来说我们可以用一个比较简单的表达式来表示;因此,我们先假设产量以劳动力数量的方根形式变化(例如平方根)。如果经验表明,每平方英里土地上有 16 个劳动力工作时的平均产量为 1,600 百升谷物,每百升谷物的价格是 10 先令,那么我们可以得到下表:

每平方英里的收成

劳动者数量	产量(百升)	产品的货币价值(先令)
1	$400 \times \sqrt{1} = 400$	4,000
4	$400 \times \sqrt{4} = 800$	8,000
9	$400 \times \sqrt{9} = 1,200$	12,000
16	$400 \times \sqrt{16} = 1,600$	16,000
17	$400 \times \sqrt{17} = 400 \times 4.123 = 1,650(约)$	16,500(大约)

当然，不能期望表中这种简单的关系适用于现实社会中的全部情况。但是，在那些"好地"仍被粗放耕种的地方，正如在一些新建立的国家那样，它并不会带来荒谬的结果。根据 Schmollers Jahrbuch（1902）的一位作者所述，在圣达菲和科尔多瓦（阿根廷），殖民者仅雇用一个工人来耕种 1 平方英里土地，每年可以收获小麦一百千克。这种情况时我们表格的计算结果为（$400 \times \sqrt{2}$）约 570 升/平方英里。当然，这时，不会将任何收成以机械、运输、建筑物等的形式作为资本的利息扣除。

如果我们假定工资由虚构的第 17 个工人增加的产量决定，根据上面论述，在这种情况下它将是最小值，在这里就是每个工人每年 500 先令或 16 个工人每年 8,000 先令。土地所有者的剩余部分将是 8,000 先令而地租是每公顷 80 先令。工人和地主在产量总份额之间的这种相等并非偶然，只要收益定律有假定的特殊形式，无论强度如何，都会出现此种情况。

图 8 是用于表示地租和工资的相互依存关系，以及如何确定它们的相对大小的一种简单方法（也是当今常用的一种方式）：在确定区域雇用的、连续的劳动者数量由横轴上距离原点的长度表示，在每一个单位长度上构成一个矩形，其面积或高度（以长度为单位）代表该劳动者额外增加的产量。如果劳动者的数量足够大，这些矩形的上限可以用连续曲线——生产力或总收益率曲线代替，并且不引起较大的误差。曲线下的面积（由横轴和变化的纵坐标确定）表示随劳动者数量增加而得的总产量。最后一个劳动者增加的产品是由最右端的矩形或它的高度代表；并且因为增加的这部分产量决定了最后一个劳动者和其他人的工资，所以工资的

总和由高度相同、以整个到原点的距离为底的矩形(表示劳动者总数)面积表示。剩余的产量,或位于曲线之下的上面部分的面积,表示整个耕地的地租。

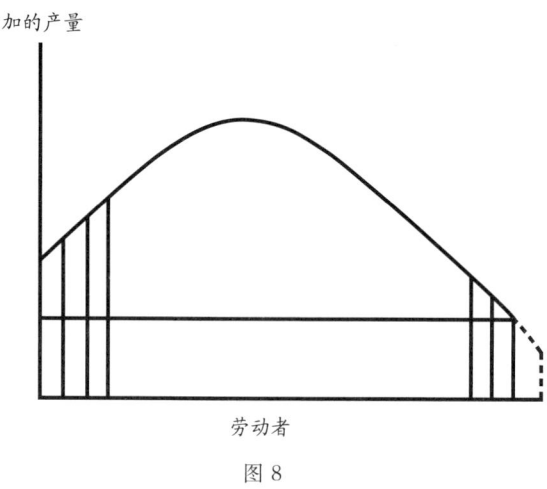

图 8

如果劳动者的数量为 a,那么生产总值 P 可以表示为 a 的代数函数 $f(a)$。最后一个劳动者及所有其他劳动者的工资,用导数 $f'(a)$ 表示。然后,我们得到地租的表达式:

$$R = f(a) - af'(a)$$

此外,如果我们假设上面的算式中,生产函数是劳动力数量的分数幂,因此 $P = f(a) = ka^{\alpha}$,其中 k 为常数,$\alpha < 1$,则地租的表达简化为

$$R = P \cdot (1 - \alpha)$$

也就是说,该指数 α 还表示总产量在劳动力和土地所有者之间进

行分配的关系。即如果我们假定，$\alpha=\frac{1}{2}$，那么两者会得到相等的份额；若 $\alpha=\frac{2}{3}$，劳动者将获得 $\frac{2}{3}$ 的产量，而地主将只拿到 $\frac{1}{3}$。

上述关于工资与地租之间关系的理论是（就其基本原则：工资由劳动者的边际生产力决定而言）早在19世纪初由德国经济学家和地主范杜能（von Thünen）提出的。更早提出这一理论的还有安德森（Andersan）（与亚当·斯密同时代的英国人），后来马尔萨斯和韦斯特（West）分别提出了地租理论，李嘉图在其《政治经济学及赋税原理》中采用并发展了这一理论，因而此理论通常与他的名字联系在一起。所有这些理论本质上是相同的。尽管范杜能的理论非常简单，它与李嘉图的理论至少在关于狭义地租起源的解释方面完全契合。正如众所周知的那样，后者是基于两个假设：农业是向不那么肥沃或位置相对较差的土地上扩展的，因而好土地的所有者得到了地租形式的产量差异；或者已经耕种的土地因增加了劳动力和资本投入而得到深度耕种，所以，类似的级差地租因为后投入的劳动力和资本递减收益（边际产品）而产生。按照李嘉图的观点，资本被视为一定数量的受这种资本支配和供养的劳动。他至少在这部分没有提到生产周期的增加或减少，正如我们将要看到的，在确定产品的资本份额方面具有决定性意义。因此我们可以认为他这部分理论与范杜能的理论相同。

然而，从根本上说，这也同样适用于李嘉图理论的第一部分，无论雇用最后一名工人所增加的产品是源于耕种之前未开垦的劣地，还是对已经在使用中的土地更加精耕细作，在理论上是没有差异的。这两种情况中的哪一种有可能发生，被认为是企业家在现实中唯一关注的问题。如果这块土地,如经常发生那样,包括好地和劣地,在每种情况下他将选择技术上最有利的做法;同样的情况,即每一个新雇用的劳动者,采用可能采取的最好的方式,产量将得到一些增加。土地距离市场位置的差异,正如范杜能证明的那样,总会转化为运输成本的差异,也就是生产成本的差异,因为直至货物运至市场待售,生产才能算是完成。

对李嘉图地租理论的仔细检验

为简单起见,李嘉图假定工资(以产品或生活资料计算)是不变的;因为如果它们上涨,劳动者的数量将增加,结果工资会再次下降到维持最低生活水平或劳动者视为正常水平的标准。在这种工资情况下,资本家农民(依照英国的情况,假定他与地主不同)在其资本允许的范围内雇用劳动力。另一方面,产品将成为他的财产,并且在扣除工资后构成他的(毛)利润。如果好地过剩,由于土地所有者之间的竞争,不会有任何可观的地租。但只要资金或者劳动人口提高到连较差的土地也会被耕种的程度,就会立即产生地租;因为以相同的资金,较差的土地生产出较少的产品,因而(因为计入产品内的工资保持不变)利润也较低。但是,由于资本家之间的竞争,所有的资本,甚至那些用于好地的资本,现在必须要满足这种更小的利润,而更好土地的所有者会得到剩余部分。

同时,随着对劣地的不断耕种和好地(即除了最糟糕之外的所有可耕种土地)不断上升的地租,在已经耕种的好地上雇用更多的劳动力(资本)通常是有利可图的。但是,由于每次增加的劳动和资本的量或"剂量"(如詹姆斯·穆勒所称)生产的产量越来越小,

第二部分 生产和分配理论

因此新的资本必须满足于较低的利率,利息将全面下降,甚至包括以前投入、仍然在使用资本的利息,而因此增加的剩余产品将成为好地所有者的地租。

正如将要看到的那样,李嘉图认为资本的作用主要是预付工资(并提供必要的农业器具等)。但是,由于我们假设劳动者能够在生产期间维持生计(以及准备必要的工具),很显然,我们上面提出的关于土地所有者在产品中份额的理论和李嘉图是完全一样的。我们稍后将讨论那些不通过土地所有者,而实际上是在劳动者与资本家之间如何分配产品份额的问题。另一方面,李嘉图和古典经济学家一般不考虑资本在很多时候是被用于预付租金的事实。一个农民养牛用于吃肉、产奶或者拉车,在使用或处置这头牛获利以前必须为他多年的放牧支付租金。在租来的土地上进行葡萄种植和水果种植的人更是这样。因此可以说李嘉图的地租理论,一方面,就其试图解释的一个理论而言,它太复杂;而另一方面,与现实相比又太简单。尽管如此,他的理论与尚存的早先关于此课题的晦涩的思想相比,即使是与亚当·斯密相比,还是取得了巨大的进步。

很多针对这一著名理论提出的反对意见几乎不值得关注,特别是早期的反对观点。反对意见中最著名的是美国经济学家凯里的观点,即历史上耕种不是从较好的土地向较差的土地发展,恰恰相反,是从较差的土地向较好的土地发展,即从高处的、因此更容易耕种但不太肥沃的土地(例如沙地),向较低的、难以开垦但更壤质和更加肥沃的土地发展。这可能在一定程度上是正确的,但对正在讨论的理论问题没有影响;因为李嘉图只关注哪一块土地被耕种了，哪一块土地在耕种过程的特定阶段可以盈利。技术改进、农药的发明等，很可能彻底改变农业的旧系统，并导致以前最好的土地价值下降，甚至被完全抛弃。但地租的规律依然有效，即使是它基于的假设已经改变。涉及上面假设的收益曲线已呈现出新的形式，但仍然保持其显著特点。

我们也不必浪费口舌去介绍卡尔·马克思的前辈、德国人洛贝尔图斯（Rodbertus）所做的用一种更好的理论取代李嘉图地租理论的努力。洛贝尔图斯像后来的马克思一样，部分地根据他从史密斯和李嘉图继承来的价值理论，认为产品的价值完全是由生产中的劳动量确定的。根据这一理论，劳动"本身作为一种商品"只有在自由竞争条件下才能获得"生产成本"回报，即维持劳动者及其家人的基本生活；其余部分，即马克思所说的"无偿劳动"被资本家占有。洛贝尔图斯认为在雇主之间存在自由竞争的情况下，剥削的程度是差不多的。但是，在合适的行业（这是洛贝尔图斯理论的精髓）资本主义企业家认为他的利润是两笔资本的利息：即养活他雇用的劳动者所需要的和他必须购买的原料所需要的，这是他为生产周期预付的数额。但原材料的生产者（土地所有者）没有实质性的后一种开支。由于与"无偿劳动"数额相等，因此他的实际资本所获得的利息金额较大，因为它只包含了劳动者的生活费。但是，如果他像工业资本家那样按同样数额计算资本利息，就会有盈余，他会认为这是他的土地租金。对这个理论最明显的反对在于它看上去太武断了，这意味着利息和租金必须始终朝着同一个方向，必须一起上升或下降，而这与经验不符。这样的情况有时候可能会出现仅仅是由于这样的事实：利息下降而其他条件相同，土地的资本价值比从前高,又由于租金不变,资本额和销售价值的收益百分率较低;当然这是一个完全次要的现象。

就事实而言,洛贝尔图斯的资金理论是循环论证。没有任何理由去认为自由竞争下不同行业的雇主之间"剥削的程度"应该是一样的,除非假设产品的价值总是与投入劳动的数量是成正比的。但反过来这又正是前提——剥削的程度是相同的。在现实中,所谓"剥削的程度"在不同的行业非常不同,按照投入的资本量与劳动者之比的不同或者投资资本的平均周期的差别(我们将很快看到,这是一回事)而异。这同样适用于产品的价值与其生产过程中投入的劳动的关系。

很明显,上述李嘉图-范杜能的地租理论过于抽象,我们无法期待通过研究现实世界得到它的任何直接的验证。除了所有其他简化假设,资本在生产中所起的作用以及它在产品中的份额,在范杜能提出的理论中无迹可寻;而李嘉图对资本方面的处理过于粗浅和不完整。此外,我们必须记住,对生产要素完全竞争、可移动性和可分性的假设极其不符合现实。在小规模的农业中,例如,所雇用的"最后一个"工人经常是唯一的一个,原因很简单,土地面积是如此之小,以致它不容许除了业主之外雇用一个以上的劳动者,有时甚至连一个也没有。在另一方面,当然,我们不能忘记人类劳动的异质性以及妇女和儿童替代男性劳动力的可能性。

不过,经验似乎表明范杜能工资理论的适用范围即使在农业以外的行业里也很广泛。没有什么比雇主在劳工组织强迫下承诺增加工资后迟早会解雇一些劳动者更常见的了,因为即使这些人全力干活(雇主)也已不再有利可图。如果劳动者不用工会的费用支持他们失业的同事——英国的工会中这种情况是很常见的,那么他们之间的竞争,虽然它可能只能达到某一个程度,也必然会迫使工资再次回落到以前的水平,即与所有劳动者就业情况下的劳动边际生产率相等。

此外,就这一"工资法则"的有效性而言,人口的增长将对无产阶级整体地位有明显不利的影响。特别是在现存的土地私有制的情况下。劳动力数量增加的后果不仅是新的劳动者会发现他们与老的劳动者相比谋生更难,而且他们之间的相互竞争将使工资全面下降;因而地主在产品中的份额会相应增大。人们可能会认为经验往往与这一观点不符:尽管人口大量增加,有时候工资保持不变,甚至上涨。但其实真正的原因是,由于技术和科学进步的结果,生产条件得到实质性的改变,特别是资本积累的影响,这一点我们还没有讨论到。同样,也可能是发现了新的供应来源。如果在这种情况下,人口保持不变,劳动的边际生产率以及工资通常会非常显著地上升。但是,如果人口增加,两者均会下降到其原来的水平。换句话说,就劳动者而言,技术进步只能保证他们免受否则无法避免的工资的绝对下降,而同时,却经常是很大程度地提高地主的盈余。

全部地租理论的基础——当劳动者的数量增加时,劳动者的平均收益率下降(即所谓的收益递减规律),一直以来饱受争议,尤其在我们这个时代。但从纯理论的角度来看,这是无关紧要的;那些否认这个规律存在的人,如果他们的立场是一致的,必然否认地租的存在,在他们坚称地主在产品中的份额仅仅是他们或他们的先辈投入的劳动和资本的补偿,因此这是资本的利息,也许部分用于偿还资本,而不是地租的时候,他们经常这样做。即使这样,地租的存在依然是该规律适用性的证明。然而,由于这个问题极其重要,我们将继续进行详细讨论。

人们可能认为,一旦注意力被吸引到这里,则没有什么比验证耕种深度越大则土地的边际收益相对减少这一简单规则更容易的事情了——如果事实的确如此的话。事实上,它可以通过直接实验非常容易地获得证明,就目前已经做过的实验来说(不幸的是它们太少了或者是范围太小了)结果似乎无疑地印证了这一规律。另一方面,要通过观察不同土地的实际农业产出来证实这一规律,即使不是完全不可能的,也是非常困难的。如果一块土地与另一块土地同样肥沃并合理耕种,则两块地的耕种程度相同,自然会产生相同的回报。而另一方面,在理性种植的情况下,两块土地肥沃程度上的任何一点差别都必然会带来耕种程度上的不同,但是这种差别的结果将与收益递减规律完全相悖。因此,如果在平衡状态下,好地上最后一份劳动者和资本的产出与劣地上第一份或唯一一份劳动力和资本得到同样的收益(好地上之前的劳动者和资本产出更高的收益),那么一般说来,比较精耕细作的土地上每单位劳动者(劳动者和资本)所产出的收益将高于粗种的土地。人们可能因此认为收益递减的规律已经不起作用,而是完全颠倒了,尽管这实际上正是这一规律作用的结果。如果在期间内,由于农业上的技术进步或者该产品的价格上涨,而采用了更加精细的耕作[①],那么一块土地在不同时间点上的收益对比也是如此。

[①] 作者在 Thünen-Archiv, vol. ii 中详细论述了土地在精细耕种的情况下,收益递减规律在一定限度内的明显不足。

即使是专业的经济学家也会混淆农业的收益与盈利能力，这是很常见的。然而，它们是两个完全不同的事情。前者是总产量和投入劳动（或劳动和资本）的比率；后者是产量和支付工资（或工资和利息）的差额。因此，它们非常不同，甚至向相反的方向变化。例如，按照我们所示例的生产率规律，总产量按雇用劳动力的平方根上升，或 $P = k\sqrt{a}$，则收益为 $P : a = k : \sqrt{a}$，因此它将会随着耕作的精细化而下降，而地租，正如我们所看到的那样，将是 $\frac{1}{2}P = \frac{1}{2}k\sqrt{a}$，因此地主的盈利能力将随着耕作的精细化而增加。

至于在哪一点收益递减规律开始起作用，我们必须从个人与集体，或社会的观点进行区分。从个人观点，这个规律大概从开始就起作用，或者从大自然自发生长的产品如草地、树木开始有交换价值开始。这些不劳而获的产品与投入的劳动相比是无穷大的，因此与通过劳动所获得的产品相比，都代表了收益递减。换句话说，对于一个有一块土地可以任意处置的人，与雇用大量劳动力相比，一定是雇用较少的劳动力会获得相对更大的回报。

而从集体的角度来看，开拓者在新建国家通过相互照应、共同抵御野兽或者敌对部落、修建道路、建立学校所相互提供的服务，以及从劳动者的合作与分工中所获得的好处，随着人口的增长，必定会超过由于每个个体只能得到较少的土地而引起的不便。这两种对立的影响在哪一点半衡以及人口的最佳密度，当然只能在每一个特定的情况中，在考虑该国的总资源后才能确定。

B. 劳动者（或第三方）作为企业家；企业家的利润

我们可以同样地从把劳动者本身看作企业家开始。现实环境中由于他们没有资本而妨碍他们具备这一职能的情况在我们的假设中不存在，因为我们假设每一个劳动者都被提供了在生产期间维持生活的金钱，不需要更多的东西了。因此，他们可以通过向地主租用所需要的土地，在生产周期结束时用实物支付费用，而自由地单独或合伙建立农业或其他生产型企业。这种情况下最终达到平衡的过程与前面描述的完全类似；或者更确切地说是完全一样。劳动者得到的土地越多，产量就越大；然而它不会按照所种植的土地量成比例地增加，而是慢一些，因此每次新获得一块土地，在劳动力供应不变的情况下，回报越来越少。换句话说，报酬递减规律适用于土地数量的单方面增长。因此，如果从在经济上划算的角度行事，劳动者必须扩大他们的土地，直至最后一块土地所增加的收益完全等于所需的租金。然而，正如我们对劳动力所作的那样，我们必须在此假设所有可租用土地是品质相同的。的确，如果我们能够假定无论劳动强度如何，不同种类的土地可以被视为有相同的品质，较好的土地总是可以由较差土地的特定倍数表示时，那么这个假设将不那么重要。然而，情况并非如此，不同种类的土地必须像不同的劳动那样处理，即作为多种不同种类的生产资料。"土地"和"劳动"仅仅被视为两种独立的生产要素。这种方法是有效的，至少对于某些特定时刻是有效的；把一种土地变成另一种的可能性是必须单独考虑的一个问题；就像我们单独考虑一种劳动力可以通过训练和教育转化为另一种时一样。

如果不是所有的土地同时得到耕种,或者相反,劳动力对土地的需求无法全部满足,那么很显然前者的情况下是地主之间的竞争,而后者的情况是劳动者之间的竞争,这将引起租金的下降或上升,直到完全恢复平衡。总之,这时租金由土地的边际生产率决定,反过来工资由剩余产品在这组劳动力中的分配决定——劳动者成为盈余的剩余的索取者。

要分析这个问题,仍然可以使用与图8基本相同的图,差别是横轴的单位(横坐标)现在代表的是由一定数量的劳动者所耕种土地的英亩数,而纵轴(或矩形)是可以得到的边际产品数量。因此纵坐标到最右端代表最后一英亩的收益(土地的边际生产率),或者,同样的,每亩土地的租金。大矩形表示总租金,而曲线之下的上半部分代表工资总额;与前面的情况刚好相反。

如果土地数量为b,生产总值$P = \phi(b)$,每亩土地的租金是$\phi'(b)$;那么劳动者在产品中的总份额为

$$L = \phi(b) - b\phi'(b)$$

如果函数$P = \phi(b) = k\sqrt{b}$,其中k是常数,则$L = \frac{1}{2}k\sqrt{b} = \frac{1}{2}P$,即与我们在假设的总产量随劳动者数量的平方根变化中所得到的是一样的结果。这种一致性的原因,很快就会揭晓。

现在一个值得注意的有趣问题出现了,在每种假设情况下,产品在土地所有者和劳动者之间的分配都是一样的吗?或者,以另一种方式问同样的问题,如果企业家作为第三方租用劳动者和土地,并且根据边际生产率的规律向双方进行支付,于是全部的租金和工资会耗尽所有的产品,因此,企业家什么也没剩下?

这似乎是显而易见的,至少从抽象理论看上去是这样的;大多数将边际生产率作为他们分配理论基础的经济学家也这样认为。按照我们的假设,无论是劳动者还是土地所有者都可以根据自己的愿望自由地选择是自己使用劳动和土地还是把它们租给别人。如果两种情况下劳动者的产品份额不同,通常认为这种差异很快会因为竞争而消失,土地的份额也是如此。同时,很明显,企业家在这种情况下的利润总是趋于零。企业家投入到生产经营过程中的工作和思考,当然应该像其他脑力工作者一样得到工资。此外,如果他在为生产服务的过程中也投入了财产(可能是土地或资本,尽管我们不太关注后者),那么他当然应该像其他土地所有者(或资本家)那样因此获得产品份额(租金或利息)。另一方面,如果只凭着他的企业家能力而获得产品份额(并非基于任何劳动或土地的份额),那么每个人可能都急于获得如此容易获得的收入。

但在另一方面,正如已经充分地证明了,劳动者和土地的边际生产率与总产量之间或者劳动者与土地边际生产率二者彼此之间并没有确定的关系。然而,如果它们具有工资和租金加起来构成全部产量的这一特殊属性,那么显然其他一些条件必须得到满足。这样的情况是存在的,并且非常重要,尽管它有时被经济学家们所忽视。这种情况可能由于是大规模生产和小规模生产有同样的生产率,所以当所有的生产要素以相同的比例增加时,总产量也以同比例增加;或者是至少所有生产企业已经达到了极限,进一步扩大生产规模已无利可图。如果情况不是这样,我们将不能再调用竞争的平衡影响,因为我们很快将看到,在这样的条件下,自由竞争根本不存在。

我们先举例说明第一种情况对于应用此规律是充分的（尽管不是必要的）。试想一个公司，比如说一个农业企业，其中100名劳动者在被等分成100份（不管规模是多大）的土地上劳作。我们用 P 代表每年的产量，并且仔细观察通过先增加一个劳动者再增加一个单位的土地来连续增加产量，P 会如何增长。首先增加的产量是劳动者的边际生产率，只要我们可以认为由第101位劳动者在给定区域土地上生产的附加产品大致等于第100位劳动者生产的产品——如果100位劳动者中有一位被解雇或放弃工作，这部分产量将损失。我们用 l 来表示这部分量，根据我们的假设，它将决定支付的工资金额。如果所耕种的土地中现在增加了同样好的一单位的土地，因此101位工人可以散布在101单位的土地上，那么显然产量将增加，而这次增加的正是我们所说的土地边际生产率；我们可以看出，正如同对劳动者的情况那样，当101位劳动者工作的土地面积从100单位增加到101单位时，所增加的收益与100位劳动者劳作的土地从99单位增加到100单位相比没有显著差别。既然根据我们的假设，最后一单位的产量决定土地的地租，即等于一单位土地的租金，我们用 r 来表示它，则 $l+r$ 代表所增加产量之和。另一方面，全部的产量均匀地按照土地面积和劳动者数量增加了，根据上述假设，最终的产量恰好按照第1/100增加，这样，我们得到：

$$l + r = P/100 \text{ 或者 } 100l + 100r = P$$

换句话说，100名工人的工资和100单位的土地租金之和正好对应原来的总产量。

下面是一个更常规的例证。如果把产品 P 作为劳动者的数

量 a 和土地单位的数量 b 的函数，a 和 b 都是连续的，则边际产量可以表示为 P 对于 a 和 b 的偏导数；因此，如果满足条件，就必须有

$$a\frac{\partial P}{\partial a} + \frac{\partial P}{\partial b} = P$$

这是一个偏微分方程，积分后得到

$$p = af\left(\frac{b}{a}\right)$$

其中，$f()$ 是一个任意函数，即 P 必须是 a 和 b 的齐次线性函数。在无数个满足该条件的函数中，我们以 $P = a^\alpha b^\beta$ 为例，其中指数 α 和 β 是两个常数分数，其和等于 1。如果我们用 ma 代替 a，mb 代替 b，则 P 成为 mp，即大规模和小规模生产有同样的生产率。

另一方面，如果 P 保留了相同的形式，但 $\alpha + \beta > 1$，则 P 是 a 和 b 的齐次函数，但比前一个更高阶，我们会得到

$$a\frac{\partial P}{\partial a} + \frac{\partial P}{\partial b} > P$$

换句话说，如果一个企业规模越大生产率就越高，而投入的劳动力和土地均按照边际生产率的规律支付，则其份额总和将超过全部产品，所以企业将出现亏损。

与这一结果相联系的情况是在这样的条件下平衡是不可能的。大规模的运营比小规模更有利润，因此可以给土地所有者和劳动者提供更好的条件（或给消费者更便宜的商品）；如果小企业寻求竞争，它的利润实际上是负的；也就是说，竞争将淘汰它。只要另一个更大规模的企业出现，同样的命运也将发生在大型企业上。

如果 $\alpha+\beta<1$,情况将相反;换句话说,即企业越小越有利可图。那么我们会得到:

$$P > a\frac{\partial P}{\partial a} + \frac{\partial P}{\partial b}$$

也就是说,企业家这样做必然获得利润,但也正是由于这个原因大家都会想成为一个企业家,结果是所有的企业最终将分裂成小的个体单位。

当然第一个假设,即相对生产率与企业规模不相关,在特定的生产部门很少被意识到是普遍的原理。企业的运营规模几乎总是对其平均产量有一些影响。然而这并不是说,其影响始终朝着相同的方向。与此相反,通常所讨论的公司总是在某些特定的规模时得到最佳收益。如果超过这个值,集中的优势将被必须要去开发用于提供原料或辅助材料的更大区域所带来的以及产品销售所增加的成本所抵消。在特定情况下的运营规模,从经济角度来讲,企业总是倾向于被"最佳点"所吸引;并且(该点)处于从"增加"向"收益递减"(相对于生产规模)过渡的点上,此时公司将符合固定收益规律[①]。工资和租金将继续根据边际生产率的规律确定,而企业家的利润将趋于零,这都是基于假设所讨论的企业是在同一个产品分支,数量足够多因此可以有效率地竞争。

令 a 和 b 分别代表这个企业投入的劳动力和土地的数量,而 l 和 r 是实际支付的、用货币或产品所表示的工资和租金;令 P 代表用同一价值单位表示的年度产量。则企业收益和生产成本的比

---

① 这个简单的演示方法,是戴维森教授在给我的一封信中所指出的。

值 k 将是

$$k_1 = \frac{P}{al + br}$$

如果额外增加雇用一个劳动者,该方程将变为

$$k_1 = \frac{P + P_a}{(a+1)l + br}$$

而 P_a 是这个特定规模企业的劳动边际生产率。如果现在轮到土地供应增加一个单位,我们得到

$$k_2 = \frac{P + P_a + P_b}{(a+1)l + (b+1)r}$$

其中 P_b 是土地的边际生产率。只要该分数值可以因为多投入一个劳动者或一个单位的土地而连续增加(因此 $k < k_1 < k_2, \cdots\cdots,$ 等),则企业明显尚未达到最佳规模。当 k 不再增加时,后者(企业)将达到最佳值,这种情况只有当分式的分子和分母按相同比例增加时才会发生,即当

$$k = \frac{P}{al + br} = \frac{P_a}{l} = \frac{P_b}{r} \text{ 时} \tag{1}$$

这里 P_a 和 P_b 代表因多投入一个劳动者或一个单位的土地所引起的产品 P 的增加值,换句话说,(可变的)劳动和土地的边际生产率。即使企业家有利润($k > 1$),工资和租金一定与边际产量成正比;这是很明显的,因为假定劳动和土地在边际时是可以互相替代的。

如果即使在企业都已经达到了最优规模时,它们的数量仍然多得足以保持完全竞争,那么工资和租金必将增加到直至企业家的利润为零的程度上,这或者是因为新的企业家进入了这个行业,

或者是因为那些已经从事这一行业的每个企业又将建立一个以上的公司。事实上,严格来说,只要有一点获利的可能性,就会发生这样的事(这一变化不会影响公司获利的最佳规模,因为 P, P_a 和 P_b 只是 a 和 b 的函数,即使(1)中 l 和 r 按照相同的比例增加或减少,只要 a 和 b 不变即可满足方程)。只有当 $k=1$,因此,$l = P_a$ 且 $r = P_b$;时,才能建立充分均衡;进一步地,当:

$$P = a \cdot l + b \cdot r \quad 时$$

这是先前在假设平均产量完全独立于生产规模时所获得的结果。当公司在其最佳规模时,企业家将不再有利润;但它也避免了超出这一规模或未达到这一规模可能带来的损失[①]。

另一方面,如果报酬递增规律的适用没有限制,或者换一种说法,如果企业的最佳规模是如此之大,因此这样的企业数量如此之少,那么企业主可以很容易地形成一个帮派、托拉斯或者卡特尔;那么就不再存在我们在这里研究的那种平衡。整个行业将或多或少地被完全垄断联盟控制,所有较小的公司都会消失。

但在现实中所发生的并不完全是这样,而是由于某些原因,特别是由于公司和市场的当地特点,一个小企业可能在地理位置上比较偏远,有时候可能与其他地方的大公司并存。然而,这并不能阻止大公司享有小公司所缺乏的在良好组织和劳动分工上的优势,并从而获得除了工资和租金(以及利息)以外的收益,或者更确切地说,垄断利润。大公司不会失去这个利润,因为较小的企业在

---

① 这种说法的依据是因 Enrico Barone 而致;参见瓦尔拉斯的 *Éléments d'économie politique pure*,第 3 版,第 489 页。

它的局部区域之外的任何事实上的竞争都将是徒劳的。另一方面，如果较小的企业通过巨大的经济上的努力，试图和大企业站在同一个位置，这只会导致双方都受损，因为市场上在同一行业，没有足够的空间来容纳两个这样大的企业。因此，大企业拥有实际上的垄断地位，只是因为它首先出现，而这种垄断可以与依法建立的垄断一样有效。

我们一定不能忘记，现代通信的发展必然增加大规模运行的优势，因此会提升它们的支配地位。农业，无论在过去还是现在，对这一趋势都呈现出最强的抗拒，但也有一些迹象表明，这个行业未来的发展也可能是向着大规模经营的方向。

人们针对"联合小农场（通过建立购销联盟、合作企业，轮流地使用联盟租用或购买的昂贵机器）的作用是克服这些困难的方法"的反对意见，其实是支持上述假设的论点；因为这些联盟实际上带来一种规模化经营，而且这些朝向联盟的脚步一旦迈出，极有可能被其他人效仿。

但是，尽管垄断企业或多或少地不断扩张，但是自由竞争仍然在一些领域中盛行，无论是在那些大规模经营或者小规模经营利润几乎相同的地方，还是在最赚钱的规模，就整体而言，相当小的地方。在这些领域我们的理论完全适用；通常企业家没有狭义上的利润。在没有资本的生产中，工资和租金将单独共享产品，并且它们各自的份额将由劳动者和土地的边际生产率决定——无论是劳动者、地主或者其他任何人作为企业家。而且，只要存在任何这种规模相当大的活动领域，它就会确定整个生产领域的工资和租金标准，因为享受垄断优势的企业家给劳动者或者地主的回报不会超过其在竞争条件下被迫付出的。而且,在后一种企业,边际生产力的规律仍然适用,在这个意义上,劳动者和土地的份额与它们的边际生产力成比例。

因此在任何情况下,租金和工资之间存在一种几乎完全的并行性。特殊的租金理论是没有必要的,但可以用处理劳动者的相同方式来处理每一亩土地;在土地私有制之下的土地所有者必须因其贡献得到回报,就如同从市场上奴隶劳工的所有者在奴隶劳工被租用时得到回报一样。几乎所有的生产都是土地和劳动的综合结果;任何一方,至少土地不能完全从生产中省去,而且在边际生产时,任何一方也不能取代另一方;并且事实上任何一方的单方面增加,而另一个保持不变,都将导致产品增加越来越少。

在这些限制条件下,这种增加的产品将决定工资和租金的尺度。劳动者或者土地对产品的总贡献不能确定。但是这种贡献总额并没有真正的意义,因为正如已经说过的,它们两者都不能,当然劳动也不能单独地进行生产。只有在边际生产时,也就是说,在达到平衡点时,任何一方的贡献可以假定为独立的角色,于是它不仅确定在这一点开始参与的生产要素的报酬,而且根据无差异或者竞争原则确定总体的工资(和租金)。

仅需说明的是,随着我们考虑一个单独的生产企业通过多投入一个工人或一亩土地而额外增加的产品,或者考虑在劳动者或可耕种面积的总体数量增加一点时全部社会产品的增加的这些情况,可以很容易看出来,上述情况既适用于个体又适用于总体。然而,我们不应忘记"收益递增"的规律在一定程度上也适用于整个社会。如果国家的土地和人口数量均匀地增长,例如通过两个自然条件类似的国家之间的政治联盟,或者仅仅去除它们之间的关税壁垒,那么由于劳动者之间社会分工的增强而增加的联合产品数量将大于社会人口增长的比例不但是可能的,而且非常有可能。当然,如果两个地区的条件不同,则更会是这样;但是在某种程度上,这将是另外一个问题。然而,在最后这个限制条件下,如果其中的量代表社会上存在的全体劳动者和土地,那么我们上面所使用的图表和公式仍然适用。这种评述的重要性将在下文中逐渐变得更清楚。

C. 技术发明对地租和工资的影响

我们现在来对一个极具现实意义的问题进行理论验证:即技术和机械发明对生产要素分配份额的影响,特别是对工资。当然,在讨论资本在生产中的作用以前,我们无法对这个问题给出一个完整的答案。然而,机器除了具有或代表资本(我们将在后面更详细地说明)的性质,还具有改变边际生产时劳动和土地互相替代条件的特性。换言之,根据我们的理论,它可能会改变它们的相对边际生产率,进而改变它们在产品中的份额。我们现在要关注的正是机器的这一特点。目前,我们不应该让这种复杂的问题因为引入第三个生产因素——即资本,而变得更加复杂化。换句话说,我们应该将机器视为被间接雇用(而不是保存或"储存起来")的劳动和土地。

机器最显著的特点是它取代了人类劳动,即允许我们用更少的劳动生产出与此前相同数量的商品;从而通常来说,用同样的劳动得到了更多的商品。一方面,人们认为更高的劳动生产效率应该带来更高的工资，或者至少使其成为可能；而另一方面，它通常会导致一部分劳动力过剩，因而失业人员之间的竞争会压低工资。似乎这两种对立的趋势同时起作用，因此，当一个趋势或另一个趋势占优势时，引入机器将使劳动者受益或受损。关于这点的看法随时间而变化。以前在重商主义理论的影响下，人们毫不怀疑省力的机器从劳动者嘴里抢走了面包，而且不只是他们，当局也顽固抵制将机器引入某一个制造部门。重农学派的胜利引起了突然的变化，根据它的理论，尤其是让·巴蒂斯特·萨伊（J. B. Say）的学说，货物最终总是必须交换的，因此将形成对其他货物的需求；劳动生产率提高本身将增加对于迄今不消耗的或仅以小规模消耗的商品的需求，因而需要劳动者生产它们。因此机器顶多引起某些群体或劳动者的暂时性失业和不便。从长远来看它是有益处的，它可以增加劳动机会，而且会提高而不是降低工资。但是这种乐观的观点经受了挫折，李嘉图在其《政治经济学及赋税原理》（第三版）中专门关于"机器"的一章里无可辩驳地证明（正如通常认为的那样）：如果企业家的净利润同时增大、引入机器等省力的方法对雇主在经济上是有利的，即使它不增加而是减少产量的规模。在这种情况下，工人无法因为对其他商品的需求增加而得到补偿。

时至今日，这个问题始终处于这种有点不尽如人意的状态。我相信边际生产率的理论将使我们能够把它放在一个更坚实的基础上、用更好的解释来替代这个模糊的甚至是部分错误的分析。实际上"劳动生产率"的表述应用于生产整体时没有可理解的意义，因为正如我们已经看到的那样，生产总是劳动和土地综合的结果。因此，机械增加的是劳动和土地共同的生产率，哪些增加可以归因于一种或另一种生产因素的作用无法确定,所以进一步考虑它们各自在产品中的份额并不重要。就此而论,只有边际生产率才是决定性因素。但在生产过程中技术变化所带来的全部产量增加,并不一定引起两种生产要素边际生产率的增加,更不会是一致的增加。可能是一种生产要素的边际产量降低,同时另一种生产要素的边际产量增加更多;或者是劳动的边际生产率以土地为代价增加,进而是工资以租金为代价增加,或者反之租金以工资为代价增长。前一种情况出现的例子也许是这样的:由于一些发明的出现,现有自然能源的供应可能增加了,因此某些迄今被忽视的能源,如煤炭、水、电有了新用途;以前没用的土地经过或没经过预处理都显得是肥沃的了;林业被园艺取代,等等。在这种情况下有可能,或者至少可以想象,地租在绝对上和相对上都会下降,所以生产所增加的利润,甚至更多地将归属于劳动。也许可以反驳说,实行这种违背了土地所有者的利益的改变,绝不会被允许发生;但我们将很快地看到这种反对意见是站不住脚的。人们可能担心相反的结果,刚开始看上去一种发明在没有引入任何新的自然力的情况下会使劳动者过剩,例如某些用于播种、收割和脱粒等的农用机械,在未改变实际耕种方式的情况下,很大程度上取代了使用耕畜的人力劳动或其他非人力劳动。这时候不排除产品总量增加,后面我们将看到在理论上总是这样。例如,如果投入较小数量的劳动就得到相同的产量,那么被替代的劳动者总要能够生产出一些东西,因此最终的结果是产量增加。但这个结果可能仍然与劳动的边际生产率下降甚至大幅下降共存,因此最终工资会下降。

反对者认为在这种情况下,地主不愿也不能直接消费以实物形式增加的租金,这是真的。因此,他们会将消费转向奢侈品,进而增加其对人类劳动的需求,从而使工资再次上升。但是很容易发现这种情况只是次要的。它可以或多或少地调整第一种情况的结果,但几乎不能扭转它。如果我们沿用上面的假设,即一个经济社会,因自然条件只能生产一种或几种大宗物品,因而必须从其他地区或国家采购所有其他商品,并且(这些商品的)交换价值已由世界市场确定,与他们本身的行为无关,这时该反对就没有意义了。例如,假设地主用玉米地增加的租金从其他地方或国家获得最精巧的制造品,这将使他们自己的那些或多或少地与土壤捆绑在一起和劳动者受益,至少如同他们以实物形式消耗了一样——作为赛马和猎犬的饲料等等。在两种情况下都不会涉及对工人给予劳动的其他需求形式的补偿问题。

另一方面,经过仔细检验(在我看来事实很有趣),李嘉图所提出的反对意见在理论上似乎是站不住脚的。在自由竞争的情况下,很难想象生产总值或者价值(假设和以前一样,即商品的价格已知且保持不变)的减少是技术改进的结果。这似乎是不言自明的;因为在这种情况下,任何人都能够通过已知的生产手段,在一定程度上提高产量,并因此像企业家那样获得利润。李嘉图未能从自己的假设中得出最终的结论。在所提到的文章中他的立足点确实是资本,他将其分为流动资本(或工资基金)和固定资本。但他的分析,正如他自己所说,同样适用于我们简化假设下的没有资本的生产,而且在这两种情况下,都容易招致同样的反对意见。

让我们假设节省劳动力的农业机械(干草机、马拉耙等)的引入,在其他条件相同时,使得以畜牧业为主的农业比耕作农业利润更大;因此尽管产品的价值少了一些,却由于节省劳动力而产生了较大的净收益。那么结果必将是一个或多个农民转向更有利可图的生产形式。如果大家都效仿他们,则必然会出现总产量(或其交换价值)的显著缩减,可是这种情况不会发生。因为一旦这种改变致使一些劳动力成为过剩,工资也相应下降,那么老式的生产方法(这里的情况是旧式的耕地种田),将变得更加有利润——李嘉图没有发现这一点;他们将精细化耕种、吸纳过剩的闲置劳动力。可以严密地证明,这种情况下的平衡必然以旧式和新式的生产方法之间的分工为前提,结果企业家的净利润在两个生产分支中同样巨大,而且全部产品或其交换价值将达到最大值,因此最终是增加而不是减少。

我们先用一个例子进行说明。假设有 10 块土地,大小相同,自然方面的优势相同,各按照老办法投入 100 个工人。工资为 500 先令,每块地的生产总值 100,000 先令,因此每一位土地所有者最终的净利润是 50,000 先令。

现在我们假设其中一个地主采用了新式方法。他辞退了 50 个劳动者,在其余 50 个人的帮助下,他获得了价值 77,500 先令的总收益,因此他的净利润为 $77,500 - (50 \times 500) = 52,500$ 先令。

50 位失业劳动者中,我们假设其中 45 人被吸收到其他 9 块土地,每块地 5 个人,这 5 名工人增加的产值为:

No.1   生产额外的产值,500 先令
No.2   生产额外的产值,490 先令
No.3   生产额外的产值,480 先令

No. 4 　　　生产额外的产值,470 先令
No. 5 　　　生产额外的产值,460 先令
　　　　　　5 个工人,共 2,400 先令

与此同时,结果一定是工资全面下降,比如说降至 450 先令,在这种情况下,第一块土地的老板可能会发现重新雇用他以前的 5 名(比如说)员工前员工更有利。为简单起见,我们假定他们额外增加的产值与上述情况相等,即 2,400 先令。最后的结果为:

	总产值	工资	净利润
	先令	先令	先令
在 9 块旧地中的每一块	102,400	105×450 = 47,250	55,150
重新雇用 5 个劳力后的新地	79,900	55×450 = 24,750	55,150

全部生产总值,之前是 1,000,000 先令,现在将是:

(9×102,400) + 79,900 = 1,001,500 先令

因此结果是生产总值增加了,而不是减少了,而且由于老庄园雇用了更多的劳动力,他们从工资的下降中受益更多,最终他们将和"新"产业有同样的利润,因此转向新式方法就没有吸引力了。

一个更通俗形式的证明如下:图 9 代表旧的耕种方式,而图 10 代表新的方式,两者土地面积相同,后者雇用更少的劳动者,总产值也略小,然而净利润更大(曲线下的上半部分)。

我们假设一个或多个地主转向新式种植方法。一些被解雇的劳动者于是到使用老式方法耕种的土地求职。因为他们数量较少,所以使每块土地增加的产量几乎与之前雇用的最后一位劳动者所增加的产量一样大。既然采用新方法的土地净产品比以前有所增加,总产量也随之增加。与此同时,因为边际生产率和工资已经下降,所以地主的份额,即使是在采用旧式方法的土地上,也变

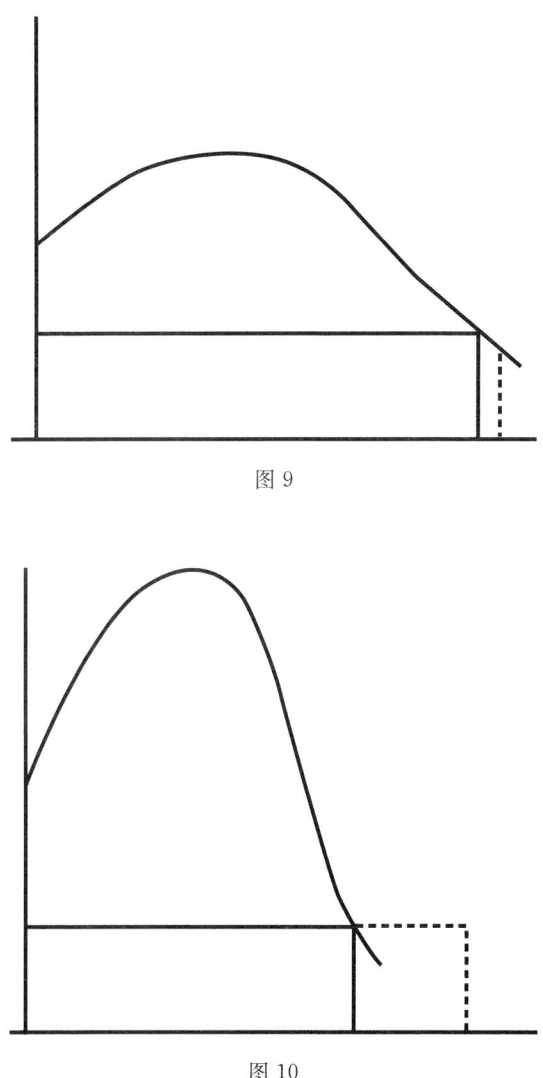

图 9

图 10

得比以前更大一些。每当一块土地采用了新的耕种方法时,相同的过程都会重复。由于采用旧式耕种方法的土地上工资的下降给地主带来了更大的利润,并且他们这里劳动者的数量比采用新式耕种方法的土地上多一些,那么迟早会达到这样一个点,即此处两种方式耕种的土地净利润相同。因此,从旧式方法向新式方法转变的动机消失了。在这一点上,生产总值也将达到最大值。

这确实和上面所说的一致,它也可以直接通过代数形式证明。如果 x 和 y 分别代表每英亩土地上采用第一种和第二种方法耕种的劳动者数量,且在一种情况下的生产率函数为 $f(x)$,另一种是 $\phi(y)$;如果我们假设 m 亩用第一种方法耕种,n 亩用第二种方法耕种,我们必须寻找使表达式

$$mf(x) + n\phi(y)$$

达到最大值的条件,如果同时:

$$m + n = B$$

且

$$mx + ny = A$$

其中 B 是土地的总亩数,A 为所讨论行业(此处为农业)可雇用的劳动者的总数。通过微分和消除(第一个表达式的偏导数 = 0),我们可以很容易地得到两个方程:

$$f'(x) = \phi'(y)$$

和

$$f(x) - xf'(x) = \phi(y) - y\phi'(y)$$

其中前者表示当生产总值最大时,劳动的边际生产率,因而工资在这两种类型生产中相同,第二方程给出同样条件下每英亩的租金。

因此,虽然乍看上去一些公司转向新的耕种方法后似乎总产

品减少了,实际上总产品量达到了最大值;但只要我们假定新方法土地的总产品少于老式耕种方法,那么工资必然同时下降。

如果我们假定工资处于维持生计水平(通常认为不能再下降),情况也不会有不同。在现实中,如果劳动者和他们的家庭通过贫困救济填补这个差距,如 18 世纪末和 19 世纪初在英格兰发生的那样,工资不仅被迫降至比它低一点,而且可以无限期保持低于生计水平。如果我们假设,在任何情况下,对劳动者的供给必须以某种方式由地主支撑,则将工资降至自由竞争可能达到的位置、再通过慈善使收入增加至必要的最低限度,对他们实际上更有利;这样做比坚持每一位劳动者应获得维持最低生活水平的工资要更好一些。特别是所讨论问题中的这种技术改进被发现后,这种最低工资调节可能造成很多工人失业,而他们的家庭将完全依赖于贫困救济。

虽然我们目前只是在关注一些起作用的力量,我们仍然可以暂时得出结论,即自由竞争通常是保证生产最大化的充分条件。但这种最大化可能与劳动要素之一的分配份额减少(在这种情况下是劳动)相关联,甚至是以此为条件。这说明了那些将自由竞争看作是能最大程度满足全体社会成员需求和愿望的一个充分手段的人是严重错误的。

可以进一步推测当劳动者作为企业家时,造成工资下降的结果无论如何也不会产生;另一方面,因生产中的改进而造成的地租减少也绝不会被作为企业家的土地拥有者接受;然而,这两个结果在自由竞争情况下都非常有可能产生。对于企业家个体而言,在面对一定市场价格的租金或工资时,能够增加他纯收益的技术改进始终有经济优势。一般情况下,当所有企业家的效仿不影响个体的行事方式时,可能会有相反的效果,除非协议、卡特尔等取代自由竞争。在任何情况下都应该注意到,从技术的角度来看,在普遍自由竞争的情况下生产(仅限于我们假设范围内)达到其最大值。工人为提高工资的联合,与雇主和地主为降低工资的联合(在这一过程中,一些土地必然得不到开垦)都会导致产品的减少,只有合作引起了社会集体主义的结果时,才能再次达到物理和技术上可能的产品最大化。

如果我没有记错的话,瑞典的森林地区,比如在诺尔兰或斯莫兰(Norrland or Smàland),提供了一个有趣的例子。如果林业产品升值,那么很有可能农耕将不再是盈利的,在这些地区以前这样的事情有时是有可能的,这时从地主的角度来看,放弃耕种、而在他的地上种树会更好。尽管事实是在一定的区域内,林业显然无法支持哪怕是在最差的农业中所能支持的人数。土地的所有者可以通过这种方式获得巨大和不劳而得的财富,而与此现时工资却由于劳动者的过剩而被迫下降,这是一个严重的错误,肯定应该被纠正。但是,如果我们的观察是正确的,那么这种有些人发现在某些情况下存在、并且甚至试图通过立法来解决的私人和公共经济利益之间的冲突其实并不存在。事实上,如果林业可以在任何从私营经济利益角度上看起来最有利可图的地方自由扩展,总的国民产值可能会更大,而多余的劳动力(就不能被林业产业吸纳而言)可以在那些由于自然优势而继续从事农业的区域寻求就业。

换言之,这里需要矫正的弊病只涉及收入的社会分配问题,而不是经济上最有利的生产方法。

第二部分　生产和分配理论

如出一辙的是近年来被广泛讨论的"寄生"职业，那些劳动者，通常是妇女和儿童，没有拿到维持生活的最低工资，而是由其他人（父母、亲戚等）提供部分资助。有人说，为了社会的利益，这些雇主们不愿意或者不能提供全额工资的职业应该被禁止。然而，这样做的唯一的结果很可能是目前在这些岗位工作的人生活状况非但得不到改善，而且将不得不完全依赖别人的供养。

就整体而言，想当然地认为除非该国人口过多，否则所有健康且能够工作的人都必须依靠自己的劳动维持生计是错误的，但这种错误经常发生。相反，完全可以想象一个社会的总产出对社会全体足够大，但劳动的边际生产率仍然很小，以至于劳动仅具有微小的经济价值。即使是在一个社会主义国家，这种情况下所支付的工资也只是对应于必要支出的一部分，而其余的则来自社会的租金和利息。

当然，这并不排除大多数的发明和技术改进在两个方向上都有利的可能性：即其既可以增加劳动的边际生产率，也可以增加土地的边际生产率，并同时提高它们在产品中的份额。事实上，根据概率的一般规则，这样的可能性是极大的，只要总生产率的增加足够普遍。如果在过去的（比方说）两个世纪中所有生产领域的巨大的进步只是比较轻微地改善了（在许多情况下还很值得怀疑）劳动条件，而租金却已成倍增长，如我们所述，其首要原因是在此期间的人口的大幅增加所造成的生产要素之一（劳动）的单方面增长。当其他条件不变时，这种增长必将不断降低劳动的边际成本并迫使工资下降；或者，阻止因为技术进步带来的否则不可避免的工资上涨，这其实是一样的结果，但肤浅地分析很容易忽视这种联系。

不幸的是,集体主义并不能给劳动者本身所带来的这一弊端提供补救措施,至少从长远来说是不能的。

几乎不可能找到一种简单易懂的标准来指示生产工艺的变化本身是否能够提高或降低工资。但是根据我们对李嘉图理论所作的评论可以断言,每当生产改进的主要影响是迫使雇主减少员工数量,但并非是因为工资上涨的原因时,就表明劳动的边际生产率已经下降,并且或多或少的工资下降可能也会随之而来。另一方面,对劳动者有利的技术改进最初必然以增加对劳动的需求并提高工资的方式显现,就像类似在前文所述的方式那样,技术改进常常使土地耕作比畜牧更有利可图,而不是与之相反。我们在这里所述的主要适用于工资和租金,及其相互之间的关系。我们将在下面看到,资本在生产领域的出现给我们的结论带来一定的调整,然而,这不代表整体是无效的。

2. 资本化生产

A. 资本的概念

现在我们探讨第三种生产要素:那些通常包括在术语"资本"中的要素。说明资本的真实性质和它在生产中的作用,以及其拥有者(如同土地和劳动的拥有者那样)索取其在产品分配中的依据,比其他两个要素的情况困难得多,在经济学家之间引起了无数的争议。主要难点之一是生产资本在现实中多样的、不断变化的形式。这个术语的通常含义,包括除了以其原型存在的自然力量和直接的人类劳动以外的所有生产从属品。它首先包括进行工作或商业活动所必需的房屋和建筑[①]；使用的器具、工具和机器，以及更重要的群体——家畜。资本还包括工作所需的原材料，最后（但并非是最不重要的类别）是如果在生产期间需要供养劳动力的话，则必须储存或准备好的生活物资和其他商品。当然，这就是这个术语被普遍接受的含义。一些作者，如斯坦利·杰文斯（Stanley Jevons），竟然认为最后一项基本包括了全部资本，也就是说，投资于生产前以自由资本形式存在的所有资本。但是，我们将很快看到，这个观点太片面了。

初看上去所有这些必需品只有一个共同的特性，即它们具有一定的交换价值，因此可以把它们一起看作是一笔钱，一定数量的交换媒介——货币。这似乎也是其名为资本的原因，因为这个词最初的意义是借出的一笔钱，capital is pars debiti——对应一定利息的一笔贷款的本金。但是，既然生产收益也是用价值来衡量的，资本如同贷款的钱，具有其在产品中的份额，即利息，与资本本身是同一种东西的特性。利息是资本衍生出来的，是资本的一定百分比；而工资对于劳动以及地租对于土地都是异质的东西。土地肯定有资本或者货币价值，尤其是在我们这个时代，其租金也可以说成是一定的百分比，比如3%，4%，5%，或者更高，但是正如我们已经说过的那样，这是衍生的和继发的东西。即使法律禁止所有的土地购买和出售，因而土地不再有任何交换价值时，租金仍

[①] 房屋和耐用消费品在多大程度上可以归于资本是一个有争议的问题，我们后面将再次谈到。

将保持基本不变；这就像劳动现在的情况一样，与早期相比，现在已经不能再以奴隶劳动的形式购买或出售了。

在这方面，所有我们所称的资本，或者至少其中的大部分，还有一个共同的特性，即其本身是一个产品（"生产出的生产资料"是一种普遍的、某种意义上非常好的对资本的定义）。在这里，它又与劳动和土地或者至少是与非熟练劳动和未开垦的土地形成对比。人类是生出来的而不是生产出来的（除了在"繁殖奴隶"时），而自然能源的总和，就像物质的总和，是不能人为地增加或减少的。

上述情况以及资本极大地提高了生产效率这一不争的事实，长期以来被视为是对利息的充分解释和辩护。有人说资本代表"以前完成的"劳动（我们将很快看到，实际上它代表的不仅是"以前完成的"劳动，还包括以前土地所提供的贡献），而这，如同所有其他的劳动一样必须要得到报酬，即利息。麦克库洛赫（McCulloch）、巴斯夏（Bastiat）和其他人都这样认为。以这种简单的方式，他们认为他们已经发现了利息现象的哲学和道德基础。后者特别必要，因为众所周知，所有真正的利息，至少如果它采取借款利息的形式，过去是长期被天主教所禁止的，在某种程度上新教世界也是这样，尽管很少有人对地主收取租金（即使他根本没有耕种土地）提出反对，或者说根本没有人这样。

但是，这种解释显然是有很多缺陷的。当然，以前完成的劳动必须得到它的工资；但这些工资不是用利息支付的，而是用资本本身支付的。如果有人做一把铁锹、一个刨子或任何其他资本品，通过使用它们，他得到了对其工作的报酬，他显然没有要求更多的东西。不可思议的是拥有资本，至少表面上，确实获得了更多的东西，那就是在不损失资本的情况下或者是资本在不断被偿还时，仍能获得利息形式的永久收入。

的确，一般来说投入资本后总产量增加值大于生产中所消耗的资本（即以更大的产品数量或产品价值）。但这种情况本身就需要一个解释。我们可以和庞巴维克一起提问为什么竞争没有把产品的价值降低到，或者把资本品[①]的价值提高到能使前者和后者正好相当，而不给利息剩下任何东西的程度。我们不能简单地、理所当然地认为资本可以索取全部盈余。

严格来说，资本对于所有生产都是必需的。当资本不存在时，产品或多或少可以忽略不计。但因此资本就可以索取全部或较大部分的产品吗？这是不可能的；因为就公平而言，劳动可以索取全部，土地也可以。必须有一个划分，但以什么为依据呢？上述说法根本没有提供答案。

早期著者中范杜能对利息的本质和起源的理解肯定是最先进的。正如他认为"最后一名工人"增加的产品决定工资一样，他认为利息由"最后增加的资本的收益"确定，但他并没有对这一问题探究到底，事实上，他的观点也不是完全正确的。更清晰的是由杰文斯在他的《政治经济学理论》中所提出的解释，但不幸的是他的资本理论仍然是一个不完整的理论片段。直到庞巴维克发表了他的伟大作品，我们才有了关于资本的本质和功能、利息的起源以及确定的理论，他的理论清楚详尽，即使是最苛刻的要求也得到了满

---

① 根据我们先前的假设，也就是产成品的价格已事先确定，即由国际市场决定，那么前者的选择当然不复存在。但后者肯定不是这样，因为已经排除了国际资本转移，资本品的定价是在国内市场，所以一定要研究那里。

足。然而尽管庞巴维克才华横溢，但他的论述由于过于发散而受损；其丰富的实例有时让读者混淆。另一方面，在我看来，他对这个主题一个重要方面的逻辑分析不是从尽可能把其解释清楚的角度来进行的。因此，我打算在这里展示庞巴维克的主要思想摘要，如果可能的话，我将使用更清晰、更易于理解的形式。

B. 资本的边际生产率，投资期一年

如果暂时撇开资本生产率（或价值创造能力）的起源问题，并把它作为一个经验事实，我们可以很容易将上面所提出的理论应用到资本上面，即某一特定生产因素的份额是由其边际生产率决定的。其实这就是范杜能尝试去做的事情。正如最后一名工人增加的产品调节工资，因此范杜能认为，所有资本的利率是由最后投入的那部分资本的收益调节的[①]。这似乎是显而易见的，因为只要一个企业家投入生产的资本得到的回报大于其借入资本所付出的利息，或者大于他通过把自己的钱借出所得到的回报，他当然会倾向于提高资本的使用。相反，如果借入资本的利息比在生产中使用或者最后投入那部分资本的回报率高，那么他会尽量将资本缩减至生产必需之处，或者相对盈利的生产部门。

然而，进一步的研究结果显示，这种类推（一方面是利率，另一方面是工资和租金）是不完整的。对于劳动和土地，正如我们已经指出的那样，适用于边际生产率的规律时有一定的限制条件，无论是对于整体经济还是私人经营。如果在一些地方或国家，存在过

---

① 维克塞尔自己在第二版的手稿中对这段话的标记显示，他希望重新进行考虑。

剩劳动力或土地,它们每个人或每亩地所能增加的生产低于普遍的工资或租金水平所对应的水平,那么工资和租金将趋于下降。(事实上有可能存在一个限度,实际工资不能或者社会因素不允许其下降至此限度以下,这是一个需要个别考虑的问题。)但是这个理论只适用于资本,按照通常的设想,当我们从个体企业主的角度来看时,工资和租金是由市场所决定的数据。当我们考虑社会总资本的增加(或者减少)时,那么随之出现的社会总产品的增加(或减少)完全不可能调整利率。首先,新的资本与原有资本相竞争,从而首先导致工资和租金的上升,这可能不会对产品的技术构成或收益大小造成太大的改变。由于这个原因,利息必定会下降,但不会下降至零或者类似的程度,即使新资本所增加的产品几乎为零。工资和租金的增长会吸收多余的资金,因此后者现在就足够满足生产的需要,尽管实际上生产几乎根本没有扩大。

这种奇怪的差异很容易解释。劳动和土地都是用它自己的技术单位来衡量(例如工作日或工作月,每年多少英亩),而资金,前面已经讲过,按照一般的说法,是按照一笔交换价值(货币或平均产品)来计算。换句话说,每一个特定的资本品都是用一个与其自身无关的单位来度量的。无论这样做的实际好处是什么,这种理论上的不规则扰乱了所有生产要素之间本应存在的对应关系。一件技术资本品的生产贡献,例如蒸汽机,不是由其费用,而是由可以提供的马力或者类似设备的过剩或稀缺性决定。如果资本品也用技术单位来衡量,该缺陷会得到纠正,并且对应关系也就完整了。但是,在这种情况下,生产资本就必须分配到多个类别,因为有多种工具、机械和材料等,统一处理资本在生产中的作用将是不可能的。即使如此,我们也只需知道在特定时刻各种对象的产率,根本不需关注货物本身的价值,而这是为了计算利率所必须要知道的,这一利率在均衡状态时对所有资本都是相同的。其次,瓦尔拉斯和他的追随者们试图从资本品的生产或再生产成本中推知它的价值,这是徒劳无益的;因为实际上这些生产成本包括资本和利息,而我们对生产成本规律的分析所作的假设是无资本生产。因此,我们是在循环论证。

但是,如果我们指的是共同的或者至少是相似的各种资本的起源,我们则可以从这一困境中脱身。我们已经指出,资本本身几乎总是一种产品,是两个原始生产要素:即劳动和土地合作的成果。所有资本品,尽管看上去不同,总是可以最终分解为劳动和土地;而唯一可以将劳动和土地的量与那些我们以前所讨论的区分出来的是它们是属于早年以前的,那时我们只关注了直接用于消费品生产的当前的劳动和土地。但这种差异足以证明建立一个特殊的、与劳动和土地一样的、称其为资本的生产资料种类的合理性;因为经过这样的时间间隔,所累积的劳动和土地已经能够呈现出其在天然状态下所不能呈现的形式,它们借此在许多生产性用途中获得更大的效率——庞巴维克正是以这样一种巧妙的方式进行了分析和表述,在这一点上他比任何其他的现代作家都做得更好。

在这种情况下,也可以找到对资本的价值创造能力——或所谓的生产率的整体解释。所显现的无非是生产中时间要素的重要性。当然在真正的意义上,只有活着的人类和自身永远存在的自然力量,尤其是太阳和地球的物理和化学力量,是名副其实的生产性的；即只有原始要素——人与自然。但是如果用于迂回生产，则两者的生产力变得或者至少可能变得大于它们被直接用于生产商品时的情况。正如有人说的，这一效率的增加是利息的必要条件；这是它的源头（就像土地的肥沃是租金的来源，而劳动生产率是工资的来源）；但它不能因此调节利率。部分生产率的增长应该归因于而且必须归因于其他生产要素，因为它们的结合是至关重要的，而且这本身就是对资本的应用。

因此，我们可以认为资本是在岁月中储存的劳动和储存的土地的结合体。土地的增量很重要；英国政治经济学由于忽视资本的一部分是由储存的土地所构成这一事实而一直蒙受损失。约翰·斯图亚特·穆勒对其断然予以否认。然而，资本的这一部分毫无疑问地与其他部分同样重要。精心制作的工具和机器可能主要是因为人类劳动而产生；但是家畜、原材料等资本品则主要是因为包含其中的土地资源而存在。树木、野味、鱼等，在野生时是大自然的产品（我们暂且放弃常用的术语并将产品这个术语的概念扩展至包括纯自然产物）。绝大多数的资本品是由储存的劳动和储存的土地共同组成，但是如果这两个要素在现实中是不可分离的，我们可以在理论上把它们分开，就像我们将劳动和土地作为生产要素处理那样。因此在下文中，我们将用劳动资本和土地资本从概念上将其与实物资本进行区分，我们用它们表示已经使用了的劳动和土地——如果是被别人使用，是购买了并付了钱的：这一劳动和土地还没有变为成品，即不是现在或当前可用的劳动和土地。

正如我们已经说过，来源于早期植物、在煤炭和矿石沉积物中发现的存储能量具有特殊地位。它们代表了比任何其他投入生产的资源都更古老的土地存储资源。但是因为没有人从一开始拥有它们，所以在经济上可以将它们视为自然产生的库存原料或半成品。与土地的肥沃性相比，在很大程度上可以肯定地说，这些资源可以根据我们的意愿来决定是将其用完或者闲置；但是另一方面，它们无法被再生。从后一点看，严格来说，它们不能被包含在一个稳态经济体系中。

现在我们必须结合时间来考虑资本量的这一分层。而且，我们要逐步接近我们的目标；我们首先假设与可以直接用于本年度生产的劳动和土地资源一起，存在着资本品形式的与上一年储存下来的相同种类的资源，而且这些资本品全部消耗在当年的生产中。当然，如果预期目前用于商品生产的全部可用劳动和土地资源是直接消耗的，这将带来总产量的大幅增加。但是，在这种情况下，优势显然会相当短暂，只能与此前原始的无资本状态一样，通过牺牲上一年度并把生产留到下一年而得到。因此，我们必须假设当年相应部分的资源以资本的形式储存起来供给下一年的生产，以此类推，等等。正如已经指出的那样，我们应当假设静态条件是我们观察的基础。这不会妨碍我们考虑相关的数量改变，条件是我们不考虑实际的过渡阶段，这（实际过渡阶段）是一个更复杂的问题，我们假设这些变化已经是最终状态，因此"静态平衡"（静止状态）被重新恢复。我们相应地假设每年所储存的劳动和土地的数量是一样的。这是以我们假设的、对这两者的数量先前已经进行了调整为前提的；因为我们将会看到，在一定条件下，资本家储存比较多的劳动资源和比较少的土地资源可能是有利的，反之亦然。资本一旦形成,用于每年的生产和消耗的劳动和土地与最初在无资本生产状态中所用的是一样多的。但是由于这些资源的一部分是上一年以资本形式存留下来的,所以通常全部产量将会比之前大得多,至少会达到某个限度;当投入的储存形式的劳动和土地资源增加时,产量也将同比增加。

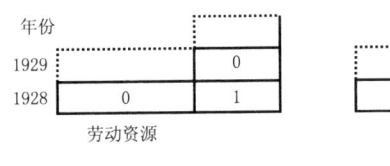
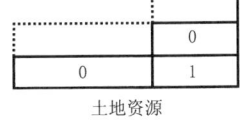

图 11

用上面代表1928年当年生产情况的图(图11),更容易理解。用于生产今年供应的商品所直接投入或者以资本形式投入的劳动和土地数量,用两个矩形表示,左手区域的(0,0)表示当年的生产资源,即当年直接投入的部分。右手区域的(1,1)表示储存下来的、用于今年消耗的劳动和土地,而上面两个同样大小的(0,0)矩形表示当年的且将于下一年度使用的资源。

虚线矩形一部分表示1929年的资源,和那些今年储存、将用于下一年直接生产商品的资源,一部分表示将被储存起来并资本化的、满足下一年需要的生产资源,等等。

我们像此前一样假设是自由竞争状态,至少在主要生产领域是这样。在这样的情况下,生产问题将基本上与以前相同,所不同的是现在生产要素增加了两个,即储存的劳动和土地资源。而且,每个特定生产因素的总贡献是不能预先确定的,甚至无法分析。

因此它在产品中的份额，必须通过其他的东西确定，出于和以前同样的原因，其他的东西即边际生产力。既然经验表明，同样种类、同样数量的储存资源代替一定数量的当前劳动和土地在很多情况下可以提高生产效率，而且我们假设储存的数量也只够在这些情况下使用（甚至不是全部），那么，储存的劳动和土地资源的边际生产率大于当前资源的边际生产率——至少在尚未实际达到的一定程度上。这种边际生产率以及由它所确定的产品份额，首先补偿生产中所消耗的实际资本，此外，还提供了更多的东西。在静止状态下的商品和服务的交换价值必然一年一年保持不变，因此一个在某一年购买劳动和土地以便将它们转换成资金用于次年生产的人，总能指望可以得到比他所支付出去的更多的产品或者价值。剩余的这部分就是所谓的利息。我们由此得出了以下定义：

资本是储存的劳动和储存的土地。利息是储存的劳动和土地与当前的劳动和土地的边际生产率之差。

如果情况不是静态的，那么我们当然必须要考虑生产过程中可能发生的类似商品（甚至同类的货物或劳动）价值的变化，这可能造成实际利率利息为负值，而不是正值。不过这是不言而喻的。没有什么比一大笔资金进入某一行业造成产品价格大幅下降，从而所投入的资本暂时亏本而不是获利更常见的事情了。真正的理论难题是去解释在稳态条件下，*资本的占有是如何能成为永久收入之源泉的*。在非稳态的条件下的*应用大体上没有困难*。

据我看来，一切可以解释这一现象的说法都在上面用斜体表述了。庞巴维克关于"现在"的商品比未来的商品具有更高价值（或过去的货物比现在的货物价值更高）的三个主要理由中，第一个指的是需求及其满意度在当前和未来之间的差异；第二个是主观上对未来需求的低估和对未来供应的高估。但是，这些方面的考虑，对于资本生产性使用的重要性只是间接的。那些借入资金用于生产目的的人，不会因为预期到未来的供应或主观上的高估而付出相比实际上通过专业地使用资金所得到的更多的利息。（他们很可能在这种情况下，被诱使将一些借来的钱用于非生产性的自我消费，并在某种程度上减少资金的供应，从而提高了利率。）

另一方面，这些考虑在实际资本积累中扮演了重要角色；在相反的资本的非生产性消费中，就像用于消费的贷款，也是如此。出于逻辑分析和论述的目的，似乎应该首先研究已经积累起来的资金的特定供给的影响，然后调查影响并最终改变这一供给的原因。这样，就只剩下庞巴维克的主要原因中的第三个，即较早阶段可得到的比那些只能在稍后的时间才能够得到的商品或生产资料的技术优势。他在这方面的分析与我们已提出并将进一步继续的基本上不谋而合；但是，对比的结果将显示，它要复杂得多，可能因此不像我们想的那样好理解。这主要是由于这样的事实，庞巴维克忽略了将他的论点置于静止经济条件的根本简化假设之上，尽管他并没有真正实现任何更大程度的通用性。此外，当他坚持认为，"目前的"生产资料，例如现有的一个月的劳动力，在任何情况下，都比未来可得的在技术上先进时，他也不能完全因试图说明太多问题而免责。当然，情况并非像他所说的。在很多情况下，出于技术的必要性，目前的劳动和土地必须以其原始形式投入，而不能以储存形式的生产力替代。但这不是问题的关键；关键是后者的边际生产率更大，只是由于目前的劳动和土地对可以投入的目的较丰裕，而储存的劳动和土地对于它们有优势的很多用途上不是同样程度的充足。这同样也会从限制资本积累的那些情况中得到解释。

同样清楚的是利息,至少在这里考虑的一年期投资范围内,根据我们的定义,在所有企业和所有各类使用中必须相同,特别是储存土地的边际生产率(以及在产品中的份额)与当前土地边际生产率所处的关系,必须与储存的劳动和当前的劳动在边际生产率上的关系相同。否则在下一时刻储存更多的劳动和更少的土地将是有利可图的,反之亦然。我们顺便提醒读者,这里假设的年复一年的资本技术更新,绝不排除个人用于可能在将来使用的资本积累和资本保全。这样的个体需求只是在市场上以器具、屠宰牲畜等形式在一年中尽量买进劳动和土地,并在下一年出售,再重复相同的操作。换句话说,"私人资本"的期间,或者更确切地说"私人资本"的所有权,与"社会"资本[①]严格意义上的技术性周转期无关。

如果我们假设工具和器械、家畜、原材料等形式的全部积累资本,由 A 劳动年、B 亩年构成,即去年 A 个劳动者和 B 亩土地的总产量,并且如果 l 代表每个劳动者的工资,而 r 代表每亩地的租金,那么,用货币或产品表示的资本价值是 $A \cdot l + B \cdot r$。如果在当年,投入到某特定业务中的是 a 个劳动者 b 亩土地,以及以某种形式转化为资本的前一年的 a_1 个劳动者和 b_1 亩土地,那么这一年的总产量将被视为是所有这些量的函数,即:$F(a, b, a_1,$

[①] Bondeson 在他的一本乡土小说中提到了一个资本使用的原始形式——共用绵羊。即农村的小资本家或老雇农们买下绵羊或其他牲畜,夏天租出去,之后利润在动物拥有者和土地拥有者之间分配。在这种情况下资本品的寿命平均比较短,尽管它并不妨碍通过数十年的个人资本持有(和积累)来延续。

b_1)。

一方面此函数对于每个变量的偏导数，$F_a = l, F_b = r$，即当年劳动的工资和土地的租金，另一方面，$F_{a1} = l_1(>l), F_{b1} = r_1(>r)$，或称为储存劳动的工资（含利息）和储存土地的租金（包括利息）。在平衡时显然要求 $l_1 : l = r_1 : r$。则下面两个相等的量

$$\frac{l_1 - l}{l} = \frac{r_1 - r}{r} = i$$

都代表资本投资一年的利息。利息，或者归到资本的那部分产品因此在特定的业务中等于 $(a_1 \cdot l + b_1 \cdot r)$；总积累资本的利息等于 $(Al + Br) \cdot i$——假设在自由竞争下且处于平衡状态时，所有的资本将得到大致相同的回报。

如果我们现在比较两个类似的静止状态，都投资一年，其中之一有较多的资本投入，也就是说，每年都比另一种多储存劳动和土地用于下一年，一个难解的但特别重要的问题产生了，那就是这种增加的资本投入对工资和租金会产生什么样的影响，或者换句话说，对于归于当年的劳动和土地的产品份额有什么影响？

事实上，它们的边际生产率比储存的劳动和土地的少（如我们所看到的那样），并不会阻碍它们因资本使用的增加而增加。这可能很明显；因为对于任何特定年份，参与直接生产商品的当年劳动和土地越来越少，资本化生产方法扩大得就越多；也许有人会认为，这将必然预示着那些生产要素的边际生产率相对增加。但事情并非如此简单。当然，其他条件不变时，一种生产因素的供应量减少将会增加其边际生产率；由于资本而增加的产品将部分归于资本、部分归于其他生产要素。但是，如果资本的积累恰逢技术发

现和技术进步,就像通常的情况那样,则完全可以想象尽管资本投入和生产增加了,但当前劳动和土地的边际生产率及其分配份额将减少而不是增多。只有在这种已知技术条件下的生产达到了资本饱和时,工资和租金一定会上升——通常两者都上升,而利率下降。翻译成我们的术语,这意味着劳动和土地的边际生产率在最后一种情况中逐渐增加,而储存的劳动和土地的边际生产率下降——所以它们之间的差异会持续降低,并且最终可能完全消失;利率降得不值一提,资本家在产品中的份额只包括对投入的储存劳动和土地的报偿,即对资本本身的报偿。

在下面的部分中,我们将把这个结论应用到更复杂的资本投资期超过一年的情况。

C. 一年以上的资本投资

在过剩的资本引发利息下降至几乎为零之前,现实生活中一年期的投资将会失去优势,因为大多数情况下投资期是几年。我们现在来研究这是如何发生的。假设劳动和土地只是储存两年,就足以满足我们的目的;因此投资可以是一年,也可以是两年。毕竟我们这里所描述的过程很容易扩展到任意一段时间的生产和资本投资。目前,我们还应当忽略资本被首次积累并适当地分布在所讨论的生产过程中的过渡期;我们将只关注完全恢复平衡后的状态。

现在每一个特定年份的产量源于(1)当年的劳动和土地,(2)过去两年储存并资本化的资源。另一方面,如果保持静止条件,必须从当年消费品生产中取出两份劳动和土地(正好对应于这些),

并把(1)用于下一年产品生产,把(2)用于再下一年的产品生产。即使这样也不会用尽现有的资本品;因为同时存在着一些前一年储存将在下一年投入生产的劳动和土地。由于这个原因,在当年可以将它们仅视为要带到后面去的存货——也可以说是过渡商品。(当然,在现实中,不同年份储存的劳动和土地并非总是那么严格区分的,而是混合在同样的资本品中,这一点以后再讨论)。同样,如果资源储存3年,在任何时候可以得到的劳动资本(以及土地资本)将不仅是3个,而是$3+2+1=6$个不同的组(详见下面的段落);对于更长期的资本投资,以此类推作必要的修正。因此可以说,资本组的数目在高度和宽度上都将按照年数的平方增长。我们将看到,这是非常重要的一个情况。

下图表示此时当年以及储存的劳动和土地供应,(1)一年和两年的资本投资,(2)一年、两年和三年的资本投资,看图即可明白。数字1,2,3表示资本组的时间是1年,2年,或3年,即来源于1927年,1926年,或1925年。0表示当年的劳动和土地资源,无论是用于当年直接生产、还是被储存并资本化的用于后续年份的储存。标在左侧的年份代表的是同一水平线上现有的、用于生产消费品的资本化生产力所处的年份,且这自然地意味着它们将部分地与当年现有的劳动和土地部分一起,以及部分地与那些前几年储存并资本化的劳动和土地一起,供将来使用。

由1,1和2表示(图12),或1,1,1,2,2和3(图13)表示的矩形之和代表该年年初存在的全部资本品供应,尽管其中只有部分被投入或者消耗于(两者是一回事)当年的生产。高一层的矩形,尺寸和数量相同,用0,0和1表示(图12),或0,0,0,1,1和2(图

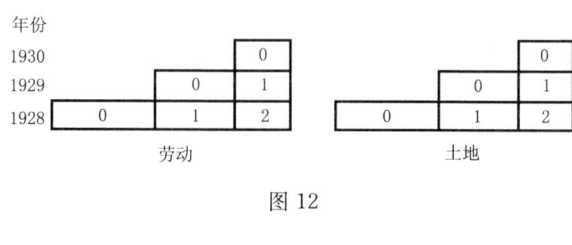

图 12

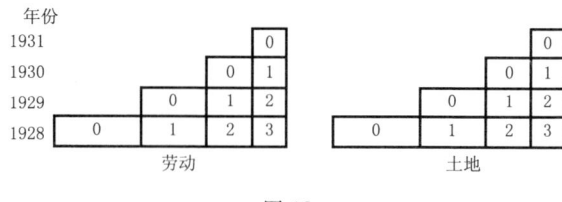

图 13

13)表示,代表年底的资本供应①。

如果我们回到 1-2 年的资本投资,很显然,储存两年的劳动和资本将按照其边际生产率得到报酬。如果我们考虑可能是一年期投资的农具、家畜等的极其原始的本性,以及可能有两年投资期的许多领域中生产工艺的巨大改进,我们将很容易看到,两年期资本的边际生产率,在很大的范围内,要大于一年期的资本,更不用说要大于当年的劳动和土地了。但是应该注意,这并不意味着,在所有这类情况下投资两年将是盈利的。要做到这一点,上面提到的三个量之间必然保持着某种确定的关系,与其相对应,其中存在

---

① 如果所有的矩形尺寸相同,同时略去土地在生产中的协作,则上面左侧的图或许可以作为对庞巴维克著名的连续"交错"生产示例的说明。(*Positive Theorie des Kapitals*,第 3 版,第四册,第二部分 D。在早期的版本,第三册第四部分)

用复利的计算。

换句话说,如果一年期的资本(储存一年的劳动和土地)与当年资源的关系,比如说是1.05∶1,因此一年期资本得到5%的利息,那么两年期与一年期资本边际生产率之比一定至少也是1.05∶1,因而与当年的劳动和土地之比是$(1.05)^2$,所以两年期资本两年来的投资收益至少是10.25%。这是显而易见的,否则任何希望将资金储存两年或更长时间的人将更愿意将假想的两年期投资拆分成两个连续的一年期投资,结果技术上资本周转期仍然是一年。

另一方面,可能有人会问,是否两年期投资的利息永远不可能超过一年期投资的一倍以上,比如说是3到4倍。在相反方向上的平衡不会发生得如此直接,因为可能有人认为,那些期盼一年后收回资本的人除了一年期的资本投资外没有其他的选择。但是,在一个先进的经济系统中,信贷此时成了调节因素。只要社会资本的总量每年保持不变(当然如果它持续增长,还会更多),对于个体资本家来说,技术上的投资期无关紧要。对于那些在一年期投资中,希望提取并使用全部或部分资本的人,同时至少有同样数量的人希望积聚相同数量的新资本。资本从前者向后者的转移,以及相应地以货币或消费品形式的交换价值从后者向前者的转移,从技术角度可以通过简单的信用操作来实施,而不必同时释放任何实物资本。在现实中,长期和短期利率往往相等;实际上存在的差异部分应被看做是长期贷款所增加的风险溢价,部分是基于这样的现实——在现有经济条件下安全性好的短期债务主要使用现金(货币替代品),这一情况我们不在这里讨论。因此在所假设的情况下,技术意义上一年期的资本投资将越来越多地交换为期两年的投资，直至后者的利息比翻一番多一点，或者按照每年计算与前者一样大。如果已经达到这个平衡，而且全部恢复了均衡，很容易看出，这一年使用的各组资本的边际生产率盈余，即当年资本的全部收益，构成了全部资本价值的一年期利息，连同应得利息，每个资本组代表所投入的劳动和土地的价值。这些也自然地适用于较长期的资本投资，因此理论和实践完全一致。

全部可用的资本现在将在一年期和两年期的投资之间按确定的比例分配——因为就目前而言，我们忽略了较长期投资的可能性；因此将获得上述边际生产率之间的关系。如果资本增加，也就是说，如果劳动或土地，或者两者的累积量增加，我们可以假定新的资本也将如原有资本一样按相同比例在这两个投资期之间分配。然而，这通常不会发生。鉴于我们已经论述过的，除了同时带来技术发明外，这样的资本增加本身将降低储存资源的边际生产率，同时提高现有资源的边际生产率。除非两者的统一增加具有一个特别明显的减少两年投资资本的边际生产率的倾向，因此我们可以假设每个边际产出以相同比例下降，那么很容易看出，两种形式资本收益之间的关系必然会破坏长期投资的优势，一年期资本和两年期资本的利息都会下降，但是两年期的资本利息比一年期的资本利息翻一番还多（也许2.5倍到3倍那么高）。因此投资两年将比以前更有利润，并且延伸到一些它以前没有进入的领域；而一年期的投资扩张比较少，甚至可能会收缩。因此，最后，二者的相对边际生产率将回归正常的关系。不仅如此，投资三年、四年，或者五年等在以前尽管边际生产率高却无利可获，现在则有了利润，因此可行。

第二部分 生产和分配理论

如果我们分别用 l_2 和 r_2 表示两年期的劳动和土地的边际生产率,则在均衡时,我们必须要有:

$$l_2 : l_1 = l_1 : l = r_2 : r_1 = r_1 : r$$

如果我们用 $1+i$ 来代表这个共同的比值,那么

$$l_1 = l(1+i), l_2 = l(1+i)^2 = 约\ l(1+2i)$$

r_1 和 r_2 同样如此。现在如果 l_2 和 l_1 相对于 l 以相同比例下降,(例如 $1 : 1-\varepsilon$,其中 ε 是一个适当的、不太小的分数),我们得到

$$l_1 = l(1+i)(1-\varepsilon) 或者,近似的,= l(1+i-\varepsilon)$$

但是,另一方面,

$$l_2 = l(1+2i-\varepsilon) > l(1+i-\varepsilon)^2$$

如果在这种情况下,$\varepsilon > i$,则一年期资本投资呈现亏损,肯定会收缩;如果 $\varepsilon > 2i$,两年的投资也会收缩,投资重心转向更长周期,等等。如果在上面的例子中,年利率是 5%,而且如果由于新资本的积累,一年期和两年期资本品的边际生产率与当年的劳动和土地相比降低比如说 1%,则一年期的利率将因此下降到 4%,而两年期利率仅为 9%,而不是平衡状态的数值,即 $(1.04)^2-1$(或者说比 8% 大一点)。因此两年资本投资变得(绝对量小了,但是)相比以前更合算。在一些简化假设的情况下,如由庞巴维克和我们在本书下一章中所提出的情况,这个事实是可以用数学证明的普遍原则,它对整个资本理论都是至关重要的,其重要性已经被李嘉图认可。

这对当前劳动和土地的报酬,即工资和租金会有重要影响。正如我们所看到的,增加资本投资本身往往会降低每年直接投入

生产的可用劳动和土地的数量,从而提高它们的边际生产率。然而,如果在这部分资本中有比以前更多的份额被用于两年期投资,则资本会分成两个不同的部分,其中一部分只用于下一年,那么显然每年投入的储存劳动和土地将会减少,至少相对来讲是这样;与此同时,当年必须储存并且资本化以更新消耗掉的那部分劳动和土地的量也将减少。其余的大部分仍将用于当年直接生产消费品,但与此同时,它的边际生产率将下降。这就是资本的特性,即当它增加时,既增加高度也增加宽度,并以此来平衡资本增加提高工资和租金的趋势。

但是,当其他的条件都相同时,这种持续下去的趋势永远无法完全克服。不可避免的是工资和租金(或者至少其中之一)[①]最终将上升,尽管不像刚开始想象得那么多,这是资本增加的必然结果。但当技术发明给长期投资带来回报时,情况将有所不同,即使此时没有资本增长,也会比之前更有利润(绝对值),这种情况很容易发生。只要没有更多的资本储存,其结果必然是"水平维度"的减少和"垂直维度"的增加,因此用在一年期间的资本将下降;结果每年用于直接生产的当年劳动和土地的量将增加;尽管这未必引起它们的边际生产率和在产品中份额的下降:因为技术发明同时提高了总产量,但显然可能造成下降。因此,从根本上说,资本储蓄者是劳动者的朋友,而技术的发明者常常是其敌人。经验表明,那些不时地给工业带来变革的伟大发明,最初使一些工人沦为乞

---

① 必须强调这一点,因为资本投资无疑会干扰劳动和土地在边际生产中能够彼此替代的条件,在极端情况下,可能出现仅工资获益于资本增长而租金回落,反之亦然。

丐,却带来了资本家利润的飙升。没有必要援引"经济摩擦"等来解释这种情况,因为它完全符合理性的、一致的理论。但是,的确不应该由资本来承担这个责任;随着积累的继续,这些弊害必将消失,资本的利息将下降,而工资将上升,除非劳动者一方的数量同时大量增加从而抵消了这种结果。

流动资本向固定资本转变,即从短期向长期资本投资转变,可能经常会伤害劳动者,这一点是毋庸置疑的。但李嘉图错误地认为这种结果是由于总产量也同时降低造成的。很容易证实,这在理论上是难以置信的。在自由竞争的情况下(这里可能就是这样),总是大体上倾向于使用现有的生产资料得到尽可能最大化的总产量。

在我的作品《价值、资本和租金》(耶拿,1893)(*Über Wert, Kapital und Rente*)(Jena,1893)第104页,我指出了易于理解的事实:如果有资本的雇主一致同意延长生产周期和投资期,因此投资期超出了他们在自由竞争情况下的利益点,他们的利润会上升,因为在资本数量不变的情况下,以货币或商品计算的工资和租金不可避免地会下降。

但是同时,每年的产品将在一定程度上增加,这似乎与自由竞争会从生产中得到最大的回报的普遍原理相冲突。

然而,正如我们应该做的那样,如果我们从资本的起源(即若干年劳动和土地积累的全部数量)来看,那么很显然在这种情况下,实际上是社会资本的数量,即实际资本积累增加了,这是以牺牲劳动者和土地所有者的利益为代价的,他们没有得到它带来的好处,除非他们由于合作,成功地通过利润分成等在未来得到更好的条件。由于企业家在货币和信贷市场的操作,会产生某种类似的现象,这些我们将在下册中看到。

但是以上概述的原则所基于的假设是所有的生产要素都有一个已知的、稳定的量,在这种程度上它保持得很好,尽管在这个概念上绝对精确地定义社会资本的量可能很困难——如果不是不可能的话。在现实中,它是相当复杂的量。

现在我们已经完成了静态资本理论的基础。从抽象的理论转到现实中的具体现象,我们还要考虑的难题不是原则问题,而是数学处理细节方面的困难。其中最重要的在于:一方面,不同年份的劳动和土地结合于同一个资本品;而另一方面,如我们迄今所假设的,资本品不是在一年(直接)生产中用完,而是通常使用几年、有时长达数年,因此体现在这个资本品中的生产力连续地投入使用。通常,消耗于每一个特定年份的确切数量无法确定。但是,即使是在这种情况下,平衡时也必须完全满足边际生产规律,否则在生产的某个时刻转换资源,无论是在生产期的某些时刻通过同时减少(或增加)投入的生产要素,还是通过同时增加(或减少)资本品的价值,无疑都将是可获利的。例如,假设一台机器经过三年制造完成,并在完全报废之前使用了12年。如果在机器的制造阶段,增加了劳动的数量,比如说第一年制造时增加了一个工日,那么机器的效用可能提高了,比如说在它使用的最后一年增加了三个连续工日的价值。这一天的劳动会产生大约8%的利息,因为$(1.08)^{11}$约等于3。

这个利率必然与其他地方普遍盛行的一致,因为如果它高了,(在今后的生产)制造这种机械时聘用更多的劳动者将是有盈利的；如果它低了，在将来降低机械的质量和效用以减少生产它们时投入的劳动和土地成本是有利的。

某些形式的资本（如房屋，铁路，对土地的某些形式的改良，等等）通常存续时间很长，理论上实现平衡所需的定量和定性调整在实践中很难实现，这当然另当别论。除非我们希望延长观察期让一百年不过是其中的一个片断，否则我们只能满足于观察到总是有一种趋势，可能没有完全实现，但沿着上面所述的方向进行。有关工业大发展时期的限制条件特别重要，它通常因为均衡的缺失而引人注目。我们将在后面的章节更加详细地考虑若干这种问题。

对庞巴维克利息理论的评论

上面论述的内容修正并补充了庞巴维克的理论，他的这个理论已经成为众多经济学家尖锐批评的对象。在我看来，绝大部分反对意见完全是由于误解或者没有充分了解其论证。但是有一些，至少是其中之一不是完全没有根据的，尽管以我看来这绝对不会有损他的理论基础。因此，我将把庞巴维克利息理论按照他提出的方式作一个简要的介绍和评述[①]。

我必须省略他的主要作品《资本与利息》中的第一部分。在我看来，庞巴维克完全成功地展示了所有那些早期的解释是多么站

[①] 我在一篇文章中对这个主题进行了详细探讨，见 Ekonomisk Tidskrift, 13(1911), p.39 et seq（也可参见 vol. 16(1914), p.322 et seq）。

不住脚,他认为它们或者是没有充分强调或者是根本没有考虑①时间因素在生产和价值现象中的重要作用。早期的作家,如范杜能、西尼尔以及其他人确实考虑了这一因素,在我看来庞巴维克的批评太过分了,有时甚至是吹毛求疵了。我尤其同意卡塞尔(Cassel)的意见②(但非常不同意他对庞巴维克的总体评价),即他对李嘉图的评价极不公平。尽管李嘉图的利息理论可能比较凌乱,但看上去是正确的。此外,它以颇为不同的方式包含了庞巴维克自身理论的基础之一。我指的这部分是李嘉图《政治经济学及赋税原理》第一章第五部分。李嘉图提出了一个问题:为什么在工资高时使用节省劳动的机械比工资低时盈利更大,虽然刚看上去时好像是因为机器本身就是劳动的产物,所以当工资提高时它的价格上涨。李嘉图非常敏锐地指出事实并非如此:机器的价格包括利率和工资,如果工资整体上升,而其他条件不变,利率一定下降。(出于同样的原因,使用机器的购买者必须对购买机器的价格估计一个较低的利息)。这与庞巴维克所证明(正如我们上面所做的那样)的工资上涨必然导致生产期或资本投资期延长的推理基本相同。

这也与上面所述的一致,即工资上涨可能引发另一个增加机器使用的原因:如果租金上涨的程度和工资不同,机器会成为土地

---

① 在庞巴维克之前,戴维森教授曾在他早期且有价值的文章"De Ekonomiska lagarna för Kapitalbildringen"(*The Economic Laws of Capital Accumulation*)中,对赫尔曼(Hermann)的所谓"使用理论"进行了批评,该文虽然简短,却基本上与庞巴维克的想法一致,戴维森教授经常能预知他的基本想法。

② Nature and Necessity of Interest, 1903.

替代劳动的一种手段。

庞巴维克作品的第二部分《资本实证论》(*Positive Theorie des Kapitals*)将始终是经济理论的杰出成就之一;但是,即使在这里,他也没有成功地完全统一他的理论。它似乎是基于两个(甚至三个)有差异的、不完全协调的基础。

早在其前言中,我们就已发现他才华横溢的建议:我们应该把生产的资本化过程("采用明智选择的迂回方法")作为主要的概念,而把资本本身作为次要概念——"迂回生产过程中的不同阶段出现的中间产物的集合体"。这种对资本概念的本质和内容不必作进一步讨论的想法,在杰出的第二卷"资本在生产中的职能和资本的形成"(On the Role of Capital in production and on the accumulation of capital)得到了后续发展。然而,这个理论到了关于利息的来源和利率的大小[①]的章节才最终完成,特别是后一章的第二部分关于市场上利率的确定。这是第一次在经济学文献中,提出了工资和利息关系的合理解释,并在这一程度上提出了自由竞争下分配问题的解决方案,尽管这是在大大简化的假设和刻意排除土地作为一种生产要素基础上得出的。他著作中的这些部分顺理成章且通俗易懂,构成一个完整的整体,具有非常伟大的科学意义和价值。然而,庞巴维克在这部分也不是完全前后一致的,当他对决定利息的定量因素进行解释时,可能是为了阐述,倒退至早期杰文斯的资本是一笔生存资金(一笔潜在的工资)的概念,于

---

① 第三册,第四章和第五章(第一版);第四册,第二章和第三章(第3版和第4版)。

是,资本再次成为第一位的,而资本化生产进程成为了衍生概念。

该书这两部分之间的大段文字具有完全不同的特点,也正是这部分内容受到了最多的批评。在详细地(极其有效地)解释了价值和价格(以其"奥地利式"的方式)的现代理论后,他提出了其为人熟知的广义利息理论(以"经济生活中的现在和未来"为标题)。他在这里提出了利息最初是一种交换现象的学说(因此不仅限于是生产和分配的结果),它是产生于现在商品和未来商品之间交换的差价。就利息确实是比生产资本更广泛的概念而论,这种论述可能是合乎情理的。利息仅在现有商品和未来商品或服务的交换中就可以产生,而无须生产的介入,因此也没有资本的真正积累和使用。但其证据并不完全令人信服。在庞巴维克看来,形成差价的现有和未来商品之间的价值差异,如同所有其他的交换价值,源于各自不同的边际效用。但在早些时候,庞巴维克本人对边际效用的定义为"现有某种商品可以满足的最小实际需求或部分需求",我们可以顺着他的推理分析思路加上"在给定的消费期间内"。但是,如果我们试图将这些直接应用于现有和未来的商品时,困难就清楚地显现出来了,那就是(未来商品)的供应和消费期间都是非常不确定的。这个难题无法通过庞巴维克有时所采用的对现在商品和过去商品进行比较来解决。在那种情况下,当然,后者的供应是已知的(它是可用资本品的数量),但消费期间仍然不确定;并非全部已有的现在商品和过去的商品都在当年消费使用。

庞巴维克努力地回避这个很大的难题,他清楚地断言:在所有可能的情况下,或者至少在大多数情况下(in aller Regel),当前商

第二部分 生产和分配理论

品的效用绝对大于相同种类和数量的未来商品的效用（并小于过去商品的效用）；因此它们的边际效用、价值和价格，也一定更大。但这个立场显然是站不住脚的。他所列举的造成现在商品具有优势的三个原因中的第二个原因是相对最成功的，即由于缺乏想象力和愿望薄弱、主观上对未来需求的低估和对未来资源的高估。这种现象无疑是普遍的，只要它存在就会造成一种（主观上）对现在商品的过度强调。但是其第一条主要原因，即客观上存在的对需求的更大未来满意度，显然不是普遍情况。庞巴维克所引证的情况，即那些预期自己的需求满意度不那么大的人总是可以囤积现有的商品（尤其是贵金属和其他耐用品），本身并不能确保利率是正值，只能预示利率不会在负面方向上跌至低于储存这些商品所对应的风险和成本。

同样不能令人满意的是对第三个主要原因的处理；现在商品比未来商品具有技术优越性，包括现在的生产要素。事实上，庞巴维克的这一部分论述所遭受的批评最多。从他迂回生产方式盈利能力的通用理论出发，他认为现在一定量的生产要素（例如一个劳动月）必然会比未来某日（例如明年）等量生产要素的价值更大，前者可以比后者处于一个更长的生产过程的环节，因而必定更有成果，无论在未来什么时候被视为生产的最后节点。这无疑是错误的，因为迂回生产的优势绝不意味着生产过程可以成功地无限期延长。为了避免这种情况下"所有的生产可能被无限延长"的荒谬论断，庞巴维克提出"第一和第二主要原因"是将"经济重心"提到一个较近的日期；但这仅仅是其不得已而为之罢了，不能太认真对待。真正限制生产期的原因，庞巴维克本人也在后面（第三卷

第五章①明确指出了不是这一点,而是更长的生产期,即使在技术上更有效率,在可用的劳动和资金供给之下,为企业家(无论是资本家、工人或第三方)所创造的收益会少于生产过程实际开始时的情况。前面已经说明了这一点。

庞巴维克真正的错误、也是最主要的错误,正如 Bortkiewicz 所说,是他在试图解决利息存在的问题(不同于它的实际值)时所进行的论述没有提及资本和劳动市场。瓦尔拉斯已经指出了这个错误,事实上,这是庞巴维克唯一重大的错误②。

在他作品的后续部分,庞巴维克本人完全纠正了这个错误。因此可以有根据地说,这部作品,尽管不够完美,却包含了真实、明确的资本理论,而瓦尔拉斯和他的继承者们(帕累托、巴罗内以及其他人)仍然继续坚持的利息理论,既有形式上的不足也有实质性的不足,是非常不完整的。可以很容易地看到,瓦尔拉斯的利息公式〔参见《纯粹政治经济学要义》(Eléments d'économie politique pure)第二版及再版的前言〕,在静止条件的假设下,自行简化成了等式 $F(i) = 0$,其中 $F(i)$ 是年度储蓄量,它被构想成利率 i 的函数。换言之,它表达了一个常理,即在静止状态下,进行新储蓄的诱因必定已经消失了;但它没有回答为什么一定量的现有社会资本会导致某个利息既不高也不低。瓦尔拉斯和他的学派从来没有认识到时间要素在生产中的重要性。我们已经说过,生产期

---

① 在后来的版本中是第四卷第三章。
② 然而,庞巴维克的资本理论中没有错误,在我看来只是缺乏清晰的论述,由于这个原因,我认为没有必要论述他对 Bortkiewicz 的回复,整体上我不能同意 Bortkiewicz 的批评。

和资本投资期的概念从未存在于瓦尔拉斯—帕累托理论之中；在他们的理论中资本和利息的地位与土地和租金相同；换句话说，即使考虑了耐用的、明显不易损坏的设备，它也仍然是基本上在无资本条件下的生产理论。同样，在前面所引用的论文 Giornale degli Economisti 中，巴罗内比较赞同庞巴维克的观点，但似乎在同一期杂志后面的一篇文章中他又回到了其早期不令人满意的观点上[①]。

D. 利息和分配问题的另一种解释

下面研究利息的方法将提出时间因素的重要性，这是资本概念的真正核心。

让我们从可以想象的、最简单的资本使用情况开始，毫无疑问它将发生在这种形式的生产中：土地或劳动（或两者）这些原始因素在生产中只使用一次，因为它处于不可分割的时间段内，在这之后其果实在免费的自然力量的作用下自发地成熟。这种情况的一个具体实例（至少是近似的）是贮藏消费用的葡萄酒——经济学家非常喜爱的一个案例；或者在贫瘠的土地上种植树木，等等（毫无疑问在生长期不涉及租金）。在这些情况下，资本的功能仅仅是将所涉及的劳动和土地保存或长或短的一段时期；或者，当雇佣劳动或使用土地时，预付相应期间的工资或租金。如果劳动和土地的供应总量已知，时间长度将因此成为资本的唯一变量。如果在这

---

① 参见维塞尔的文章 Zur Zinstheorie（Böhm-Bawerks Driller Grund）in Die Wirtschaftstheorie der Gegenwart, Hernusgegeben von Hans Mayer iii, 199 – 209 (1928). 这份手稿在作者去世后不久被复制并发出。

种简单的情况下,我们能够推断出资本和利息的一般规律,这种推论也许可以被视为解释资本在实际使用时的更复杂现象的基本要素。

让我们设想有一个国家或地区,就其土地、劳动和资本而言是一个封闭的经济体,而且由于土地和气候条件的原因,只生产单一的商品,比如说某一种酒,通过交换它获得来自邻近国家或地区的所有其他商品。

我们进一步假设酿成的酒在市场上的价格是这样预先确定的:在一定限度内(实践中没有限度)它随酒龄连续增加。每年的葡萄酒产量,比如说是一亿升,我们仅将其看作土地和劳动的产物;为了简单起见,我们忽略了葡萄种植时使用的资金,尽管在实际中这是非常重要的。因此,葡萄酒的价格是 V_0(每百升)可以完全分解为工资和地租。如何在它们之间分配(因为我们忽略在后续阶段所需要的劳动)是与我们在上一节(第二部分)中已经讨论过的完全相似的问题,这里我们就不再讨论了。我们甚至可以假设土地是免费使用的,从而产品的整个价值只包括工资,这并不影响我们原理的普遍适用性。

价格 V_0 仍然是一个未知数,必须将其与新葡萄酒现在就用于消费的价格 W_0 仔细区分开。但是,我们应当假设不会选择后者,因为这在经济上太不划算了。为了以更高的价格出售,全部的葡萄酒都被生产商或其他企业家储存若干年。正如我们即将看到的,存储多久仅仅取决于现有的资本额,根据我们对封闭经济体的假设,资本额既不能通过外部投资增加,也不会通过出口而减少。这个经济体的流动资金将全部由储存的酒构成,在任何时候它都可以被全部或部分地转化成货币;我们仍然不对这部分资本的货币价值作出确定的假设;但我们假定它足够保证每年的葡萄酒储存一个特定长的时间(例如4年)。

通常来说,在这种情况下,从个体葡萄种植者的角度来说,4年储存期一定是利润最高的。因为,如果按照当前的葡萄酒价格,或者换言之,在当前工资(或工资与租金合计)条件下,5年保存期会更有利(会产生较高的利息),那这将是全部或部分葡萄酒拥有者的首选;但如果总资本不足以这样做,那么在随后的收获季,将只有较少量的资金可以用于购买葡萄酒,因此葡萄酒的价格以及工资和租金将下降。但是,如果新酒的价格较低,则可以很容易地证明(我们下面的例子将说明),较短的储存期将比此前可以取得的最好回报利润更大。

其次,如果新酒(在国内市场)的价格太低,那么从个人角度来说3年的储存期是最有利的,根据我们的假设,此时资本将是过量的,因此每年将有更多通过销售获得的资金可以用于购买新酒。因此新酒的价格将上涨,从个人角度来看,储存期长一点将比较有利。因此平衡状态要求大家的贮存期相同——储存期的长度正好是全部现有资本都用于葡萄酒的储存。通常来说这些都是事实。我们稍后考虑一个并非不重要的例外(虽然它看上去比实际更加重要)。

现在我们进一步假设酿成的葡萄酒的价格在世界市场上是固定的,即销往国外时,3年酒的批发价格是90先令/百升,4年酒的价格是100先令/百升,5年酒的价格是110先令/百升。

我们现在有了确定(大致上)这些未知数所必要的数据了,它们是：

(1)经济体中的均衡利率。

(2)葡萄酒的价格,或者说是工资加地租的总和(这两者之间的分配,我们已经说过,均由在无资本生产新酒中的边际生产规律决定,这是我们前面假定的)。

(3)以货币计算的经济体资本数量。

首先,显而易见的是,均衡利率必须大于10%,否则的话5年贮存期的利润会至少和4年贮存期的一样高,纵使不是更高的话；因为4年的葡萄酒销售价格是100先令,折算成5年的销售价格是110先令,产生的年息正好是10%。

同样,现行利率必定小于11%(或准确地说,小于11.11%),否则贮存3年后销售葡萄酒的利润与此相同,或者盈利更多,因此在价格为90先令时,把酒再放一年可以得到的最大利率大约是此时价格的11%(4年贮存期酒的价格是100先令)。因此实际利率必然在这两者之间,比如说10.5%；如果要得到一个更精确的值,我们必须知道葡萄酒在3年和4年之间以及4年和5年之间的售价。

利率已知,其余的问题很容易解决。很明显,3年葡萄酒在持有人之间的交易价格(我们可以称之为V_3)一定是这样的:按现行利率一年的资本化,与4年葡萄酒的售价相同。换句话说,我们得到下面的等式：

$$V_3 = (1.105)^{-1} \times 100 \text{ 先令（每百升）}$$

这个价格我们可以称之为3年葡萄酒的资本价值,通过计算可知,它比把酒拿出来销售的价格90先令多一点,这与那些情况下的事实相符,即这样的销售不会有盈利。同样地,2年葡萄酒的资本价值必定是$(1.105)^{-2} \times 100$先令,1年葡萄酒的资本价值是$(1.105)^{-3} \times 100$先令,最后,0年葡萄酒或者国内市场新酒的价格一定是以下公式所表示的金额:

$$V_0 = (1.105)^{-4} \times 100 = 67 \text{ 先令(每百升)}$$

因此,这将是生产100升新酒所支付的工资(和租金)。年度工资和租金总额将是67,000,000先令。

我们前面已经说过,除了进行交易和其他一些必需品供应所用的现金外,经济体的流动资金完全用于四个连续年份的葡萄酒存储。因此在每年度之初,当陈酒已卖出或已经与外国交换了商品、新酒刚刚开始贮存时,其货币价值是:

$$K^4 = ((1.105)^{-4} + (1.105)^{-3} + (1.105)^{-2} + (1.105)^{-1}) \times 100 \text{ 百万先令},$$

或者,另一种表示方法:

67百万先令$\times (1 + 1.105 + (1.105)^2 + (1.105)^3) = 67 \times ((1.105)^4 - 1)/(0.105)$百万先令$= 314$百万先令。

到年度末下一次销售之前,所贮存的葡萄酒已经又多存了一年,它的价值提高到

$$67 \times ((1.105)^5 - 1.105)/(0.105) = 347 \text{ 百万先令}。$$

两者之的差额,33,000,000先令,是资本的年度报酬,也可以视为是新葡萄酒购买价格4年的利息,即:

$$67 \times ((1.105)^4 - 1) = 100 - 67 = 33 \text{ 百万先令},$$

或者视为年初时全部资本一年的利息,也就是:

$$314 \times 10.5\% = 33(\text{大约})。$$

如果通过不断的储蓄,社会资本增加到了刚好够5年的储存,

那么(在同样的限制条件下,后面我们将详细讨论)这种存储期从个人的角度来看一定是最赚钱的。为了计算这种条件下的大致利率,我们还必须知道6年葡萄酒的销售价格,我们假定为120先令/百升。在均衡状态下,利率一定低于10%,但大于10/110(约9%)。我们假设它正好是9.5%。因此新葡萄酒的价格将是 $V_0 = 110 \times (1.095)^{-5} = 69.88$,或者说将近70先令。现在工资和租金合计近7,000万先令。资本年度报酬将近40百万先令,在每年度之初经济体的总资本为:

$69.88 \times ((1.095)^5 - 1)/0.095) = 40.12/0.095 = 422$ 百万先令。

这种资本的大幅增加在某种程度上提高了工资和租金,同时降低了利率。不过资本在年度产品中的份额也有所增加,40∶70>33∶67,这种关系必将随着资本的增长而最终发生扭转,当资本增加至足够大时,会使资本在产品中的相对份额下降,并最终使绝对份额下降。

利率以"等待"的边际生产率这种最简单的形式出现。通过将贮存期延长一年(即生产期或资本投资期,这里是重合的)——从4年到5年,年产值从1亿先令增加到1.1亿先令,或者10%;如果再延长一年,将从1.1亿先令增加到1.2亿先令,约9%。这两者之间正好是5年贮存的实际利率。

另一方面,我们从这个推理可知,当研究以货币(或消耗品)计算的全部社会资本时,范杜能的由最后投入的那部分资本收益确定利率的学说给出的值太低了。资本增加了422-314=108百万先令,并引起年产值增加了1,000万先令,在此基础上计算,对应的利率不足9.25。资本进一步增加,生产期上升至6年,理所当然相对产值增加更小;这两者之间是恰好是 5 年生产期时最后投入资本的产值。因此,在任何情况下,它低于 9.5%,在此基础上我们计算出了资本的货币价值。这种关系看上去具有普遍性,只是在数值上有差异。

所选的例子可能出现这样的情况,经济体的资本用于 4 年的存储期多了但又不够 5 年存储期。在这种情况下,工资(新酒的价格)会上升,直到 4 年和 5 年的存储利润相同,资本在它们之间分配。也可能发生一个或多个年份的酒(如 5 年或 6 年葡萄酒),虽然比新酒更有价值,但可售出的市场价格相对较低,把这些酒售出消费不划算。随着资本的增加,贮存期将会不连续地从 4 年跳至 7 年。这是我们前面已经提到过的例外情况。

事实上,这种情况屡见不鲜。在同一个行业,可能同时存在两种或更多的方式(瑞典制鞋业有这样的情况),所需资本和生产周期完全不同(例如手工制鞋和机器制鞋)。仅当(投资期)的增长与资金(和工资)的增长成比例时,长周期的投资才会最终取代短周期投资(可能除了某些特殊情况)。

读者可以参考下文中对上述原理更精确的推导,以及对更常见情况的论述,即劳动和土地的投入不是同步的(如我们这里所假设的),而是在不同的时间。

进行代数处理时,从连续的生产和销售开始是最简单的,即每天生产这么多升的葡萄酒,并销售等量的酿成酒,假设这两个操作在时间上相隔 t(年)。

如果我们仍以 V_0 表示 100 升葡萄酒的价格,而酿成葡萄酒的价格是年份的函数,用 W_t 或 W 表示(区别于 V_t,之前我们用它

表示国内市场 t 年葡萄酒的资本价值),于是显然我们可以得到:

$$W = f(t) = V_0(1+i)^t$$

其中 i 是利率;或者出于方便,可以写为:

$$W = V_0 e^{\rho t} \tag{1}$$

其中 e 等于 2.718,是自然对数的底,ρ 是某一时候的利率(Vezinsungsenergie)。现在单个有资本的种植者在给定的 V_0 下,必须得到 i 或者 ρ 的最大值。这要求:

$$\rho = \frac{W'}{W} \tag{2}$$

其中 W' 表示 W 相对于 t 的一阶导数。这是杰文斯著名的利率公式"增加的产量除以总产量"。

ρ 最大化的其他条件可以写成:

$$\begin{vmatrix} W, W' \\ W', W'' \end{vmatrix} < 0 \tag{3}$$

其中 W'' 是 W 关于 t 的二阶导数,也可以写成:

$$W' : W = W'' : W'$$

而且如果当 t 以数学倍数增加时,W 的增加小于自身的几何级数增加,上式总是满足的;从长远来看情况一定是这样,因为相反的假设会导致荒谬的结果,当然,并不是对每一个 t 值都是这样。

通过在(1)和(2)之间消去 ρ,我们得到 V_0 一定,ρ 最大时的 t 值。相反,如果我们假设 ρ 的值是已知的,那么同样的公式将给出 V_0 最大时的 t 值。即当种植者以 ρ 为利率为他们的当期费用借到钱时,他们将采用的储存期。

现在我们假设经济体的资本可以满足 t 年的储存期——假设

t 是已知的。根据公式可以得到经济体在均衡状态时与工资(或工资加地租)和利率相对应的 V_0 和 ρ 的值。

如果葡萄每年收获一次,V_0 是全部年收获品的价值,W_t 具有相对应的意义,那么社会资本的货币价值显然是:

$$V_0 \sum_{x=0}^{x=t-1} (1+i)^x = \frac{W_t - V_0}{i}$$

另一方面,如果生产、储存和销售都连续进行,其结果将是:

$$K = V_0 \cdot \int_0^t e^{\rho x} dx = \frac{W_t - V_0}{\rho} \tag{4}$$

如果社会资本正好与其相等,就会有均衡。如果它偏大或者偏小,均衡会受到干扰;V_0 将上升或下降,从个人的角度最有利的储存期也将改变,直至达到新的均衡。很明显的是在 K 增加时,一定有 V_0 增加,t 增加,W 增加,而 ρ 下降。通过将(1)和(2)进行对数微分,我们得到:

$$\frac{\delta V_0}{V_0} = -t\delta\rho = -\frac{\begin{vmatrix} W, W' \\ W', W'' \end{vmatrix}}{W^2} t\delta t \tag{5}$$

由最后一个行列式可知,δV_0 是负值,而 δt 的符号与其相同,而 δV_0 和 $\delta\rho$ 以及 δt 和 $\delta\rho$ 则具有相反的符号。δK 和 δt 具有相同的符号,在这里是必然的,但可以很容易地直接证明。在(5)的基础上,对(4)进行微分,我们得到:

$$\delta K = \frac{\rho W' - \rho'[W - V_0(1+\rho t)]}{\rho^2} \delta t$$

因为根据上面所述,ρ' 总为负值,且 $W = V_0 e^{\rho t} > V_0(1+\rho t)$,只要 W 随 t 增长,显然系数 $\delta t > 0$。

以同样的方式,我们得到:

$$\frac{dW}{dK} = \rho + K\frac{d\rho}{dK} + \frac{dV_0}{dK} = \rho + (K - V_0 t)\frac{d\rho}{dK}$$

既然 $d\rho : dK$ 总是负值,而 K 总是 $> V_0 t$(由(4)可知,因为只要 $\rho > 0$,积分函数总是 > 1),很明显 $dW : dK$ 总是小于 ρ。这证明了只要"资本的最后部分"意味着社会资本的增加,则上面提到的范杜能的理论就是不正确的。差异可能事实上是任何数值,因为 $K - V_0 t$ 以及 $d\rho : dK$ 可能是任何值。

如果我们用图形表示这些结论,最简单的方式是取生产函数的自然对数,即 $y = \phi(t) = \log_e(W_t)$ 作为纵坐标,时间 t 为横坐标。同样,我们用世界市场上新酒的固定价格 W_0(与变量 V_0 区分)作为衡量 W_t 的单位,因此 $\log W_0 = 0$。

这时曲线一定通过原点。

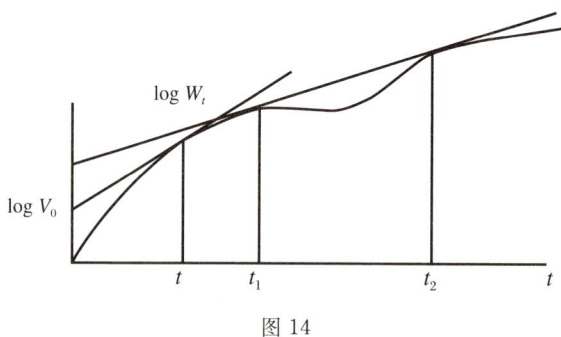

图 14

如果 $\log(V_0)$ 用 y_0 表示,那么对于任意 t 值,$\rho = \dfrac{y - y_0}{t}$,因此 ρ 是角函数,是连接 y 轴上 y_0 点与 $y = \phi(t) = \log_e(W_t)$ 曲线上点的直线的正切函数,当这条直线成为曲线的切线时,ρ 最大。根据

上面所述,曲线基本是抛物线,且凹向 t 轴,因为 y_0 和 t 增大时,ρ 减小。如果在特殊情况时,曲线在某个点向下弯曲,那么这个点一定是在曲线的两个切线之间,资本将分配在两个同样利润的投资(或生产) t_1 和 t_2 之间;而 ρ 和 V_0 保持不变,直至经济体的资本增加到大于全部资本足以维持周期 t_2 的程度,此后,V_0 又开始上涨,ρ 下降。

我们可以简略地研究一些更普遍的情况,即在一段几乎不可分的时段内仍投入劳动和土地,但是在商品完成前不同的时间点投入,如果葡萄是大自然赐予的礼物,那这就是一个这样的例子尽管存在租金,却不需支付工资,而且酿葡萄酒时的劳动也是在稍后投入的,并没有确切地提前决定。对于一个单独的公司来说,在一定的时间单位内(例如一年)的可用成品的价值 W 显然是所投入劳动和土地数量(a 和 b)的函数,也是其各自被投入到生产中的时间周期(t 和 τ)的函数:

$$W = f(a, b, t, \tau)$$

工资、房租、累计利息均从 W 中支付。如果 l 代表的工资、r 代表租金,我们因此得到

$$W = f(a, b, t, \tau) = ale^{\rho t} + bre^{\rho \tau} \tag{1}$$

其中 e 和 ρ 的含义与此前相同。如要使 ρ 最大化,我们可以将 ρ 视为常数,对(1)求偏微分。通过对(1)求偏微分,我们得到

$$f_a = le^{\rho t} \tag{2}$$

$$f_b = re^{\rho \tau} \tag{3}$$

$$f_t = \rho a l e^{\rho t} \tag{4}$$

$$f_\tau = \rho b r e^{\rho \tau} \tag{5}$$

从这5个方程式中,可以确定未知的 a, b, t, τ 和 ρ。从(2)和(3)中,我们很容易地得到

$$af_a + bf_b = f() = W$$

然而,只要 $W = f()$ 是 a 和 b 的齐次线性函数,并因而是 $b \cdot F\left(\dfrac{a}{b}, t, \tau\right)$ 的形式,此方程是一个恒等式;换句话说,即大规模和小规模的生产(至少在达到了一个不是特别大的生产率以后)获利一样[1]。在这种情况下独立的方程减少到四个,但我们仍然可以确定 t, τ, ρ 以及 a 与 b 之比,因为将方程(1)除以 b,可得到

$$F\left(\dfrac{a}{b}, t, \tau\right) = \dfrac{a}{b} l e^{\rho t} + r e^{\rho \tau}$$

如果整个经济体的生产只有一个且都是同种类型,我们可以根据上述假设,简单地用年度劳动和土地总量(A 和 B)替换 a 和 b。这些都被认为是已知并且恒定不变的;经过这样处理,上面的5个方程(1)……(5)可以确定 l 和 r(以及 t, τ 和 ρ)。然而,由于其中只有4个是独立的,因此还需要一个方程,它可以通过假设 T 或 τ 是已知的(或它们之间有一些特定关系),或者假设社会资本的货币价值是已知的来得到,在这种情况下,社会资本的货币价值将等于 t 年的工资、τ 年的租金,再加上以利率 ρ 获得的利息。

把(4)和(5)相加,我们得到

$$\rho = \dfrac{f_t + f_\tau}{f()}$$

---

[1] 维克塞尔的注释表明想重新写这段内容。

第二部分 生产和分配理论

这与上面提到的杰文斯的公式一致,即特殊情况时与其一致[①]。

同样,很容易了解方程(2)和(3)的意义。对 a 和 b(A 和 B)的偏微分不再与实际支付的工资和租金相关,而是与产品完成时劳动者和土地所有者可以得到的数量相关;不然这部分将会以利率 ρ,在 t 或 τ 的时间折现。

在这里,我们不对这些公式进行详细讨论。我们已经说过,增加资本不一定导致工资和租金都增加;其中之一可能保持不变,甚至下降,而另一个随着资本的增加而增加,反之亦然。另一方面,在其他条件不变时,增加资本而恰好工资和租金下降,看来是一个难以置信的先验例子——尽管这个问题可能还需要进一步的研究。

我们现在必须设法解决一般情况下的生产和分配问题,其中基本生产要素在一个或多个离散点投入,而在整个生产周期分配。这种分配情况在很宽的范围内变化——仅仅只是部分地由不同的行业技术决定,且实际上在实现利润最大化的努力中被改变。

显而易见,即使从一个纯数学的观点看,如果它需要将社会的生产和分配作为一个整体论述,要找到解决办法是不可能的。但经济学家必须回答的唯一具有现实重要性的问题是生产方案中经常出现的、相对较小的变化(其影响因素可以从经验中得到);以及预期这样的变化对社会内部生产和分配所造成的影响(即使是转变成社会主义国家的革命也会与生产资料的所有权相关,我们不在这里讨论;它可能会对生产和分配的技术经济方面影响较

---

① 如果 $W = f()$ 只是 $(t+\tau)/2$ 的函数,(就像是 a 和 b 的函数一样),而且如果 t 和 τ 恰巧相等,则正是这样。

小[1])。

即使有这样的限制条件,这个问题也可能必须被视为是目前没有能力解决的,主要是由于缺乏可靠的工业统计。另一方面,一旦原理成立,在数学方面应该不存在任何无法克服的困难。

如果生产期和利率两者之一比较小或者两者都比较小,因此我们即使使用单利也不会造成较大错误(如庞巴维克在他的论述中所做的),问题就简化了。在这样的情况下,劳动资本和土地资本的平均投资期与利率无关,它将只等于投资的各个周期的(加权)算术平均值。如果我们假设生产函数 $f(\ )$ 只是两个平均投资期 t 和 τ 的函数(与 a 和 b 或 A 和 B 一样),则一切可以简化为上面的公式(1),等式右边的指数函数用 $1+i,t$ 和 $1+i,\tau$ 代替。

这也不是没有实际意义,因为在一个或多或少稳定的社会——正如我们将进一步表明那样,人们可以完全忽略长期投资;那些已经存在的资本品(如房屋、铁路等)与流动资金和劳动的关系,与土地和它们的关系类似。因此,流动资本的投资期限降低到数年,资本估价时使用单利就可以了。当然,划分固定资本和流动资本之间的界限必然多少有些武断,但是在这样的问题上,我们永远只能达成大致有效的结论。

或许应该在这里指出,平均投资期与利率(即单利)无关的假设,严格地说只适用在几个不同的资本投资与同一个未来的消费行为相关的情况(如庞巴维克的例子)。在相反的情况下,当在单个资本品或耐用消费品中投入一个(或多个)生产要素时,可以容

---

[1] 对最后一行的铅笔标记表明这部分讨论有一些限制条件。

易地看出，平均投资周期受利率影响，即使是单利。

总体来说，利率和"等待边际生产率"理论的一致只适用于某些理论假设下的数学方程式。这是很自然的，因为等待作为社会整体的一个部分——通常也是个体的一部分，不是一个简单的量，而是正如我们刚刚指出的那样，一个复杂的量；"平均等候期"通常只是作为一个数学概念存在，没有直接的物理或心理的意义。但它应该被作为反映了生产性资本本质的一个简洁的一般原则予以保留。

E. 关于资本理论的争论

在继续之前，根据我们已经阐述的理论，我们来讨论一些涉及资本的、在过去很长时间一直吸引并仍旧吸引着经济学家注意力的争论。如果我们能够对这些问题提出新的阐述，这将是新理论确实取得科学进步的最好证明。在这种情况下——如同在许多其他情况下一样，仔细的研究将表明，难点在很大程度上是纯粹形式上的，而且只是因为对所争执问题的不完善阐述。

(1)事实上，很多问题涉及资本的概念，特别是土地是否应该纳入资本的范围。毫无疑问，我们将资本这个词的含义外延以使其包括土地。此时，如同几乎所有经济学的定义一样，我们所关注的是对一个原本含义受限的概念或多或少有意识的外延。就我们讨论的问题而言，可以随心所欲地对其进行外延——没有改变实质的含义。如果我们将资本(等同于物质生产资料)与劳动进行对比，那么它当然也包括土地。甚至更进一步，如同瓦尔拉斯和帕累托那样，将人本身(人的技能和能力)也视为资本，尽管现实中很少这样做。那么,后者的概念将等价于一般意义上的生产力资源,或者从另一个角度而言,与收入本身相比的任何形式的收入来源。只要不出现误解,没有什么可以阻止我们像谈起"狭义的资本"概念那样使用"广义的资本"。然而,我们相信,我们有充分的理由将生产要素划分为土地、劳动和资本三类,这种划分方式在经济学家中是最常见的。从经济学的角度来看,长期被忽视的土地和劳动之间的相似性,在现代边际生产理论看来,是非常清楚的;与这两个基本的、当前或现在的直接生产力相比,资本似乎是积累的劳动和土地的组合。

不可否认,界定资本和无资本、间接和直接生产力是困难的。土地上投入的人力劳动、早期积累的用于同样目的的土地资源(例如牲畜为土地改良所做的工作、肥料、修路的木材、农业和其他建筑物等)无疑应被视为资本,只要所讨论的方式或消耗是用于在未来某日获得利益——就如同所有其他资本的情况。对土地进行这样的改良往往会留下永久的剩余收益。例如,为了保护山区水资源进行的大规模爆破作业、修路、防护造林等,就是这种情况。这些一旦获得后土地将一直为后人所保留的新特质,无论是从物理上还是经济上,都无法与最初的土地资源分离;将来,它们不是被视为资本,而是土地。此外,人类技能同样适用,为了在国内引入新的行业而招募熟练外国劳动者的制造商进行了资本投资,几年后获得全部回报。但是,国内延续下来的行业技术在未来将是劳动的价值,而不是资本的价值。

或许可以进一步指出,几乎所有的长期资本投资和几乎所有所谓的固定资本(房屋、建筑、耐用机械等),从经济角度上来说,介于严格意义上的资本和土地之间。我们已经说过,资本规律的运作基于这样的假设,即具体的资本货物在这样的投资和生产过程无休止的重复中不断调整。但是这仅仅在相对短期的资本投资中具有实际重要性。

因此,如果我们的分析只适用于一个相当短的周期,那么,严格地说,只有短期资本品(换言之,流动资本)可以被视为真正的资本。而固定资本数量,从长远来看,可以通过流动资本转换为固定资本得到增加——这通常是有利润的,但它不能明显减少——相反的过程通常是不可能的。因此,在大多数方面,它与不变的原始生产要素,即劳动和土地,是同样的。这种情况有时在繁荣时期显而易见,此时,大量流动资金转化为固定资本,而且不可能迅速取代前者。在随后的萧条期,状况通常相反:有大量的流动资金——然而将其转换成固定资本已不再是有利可图的。

(2)同样,将劳动者的生活必需品列入生产资本的问题只是在理论上具有意义,至少部分是这样。它们一直被认为是流动资本的一部分;杰文斯认为从根本上说所有的资本尤其是在其原始的免费状态下,都是由生活资料构成的。庞巴维克似乎持反对意见,他将这些商品完全排除在生产资本或社会资本以外;因为在他看来,后者是在生产过程出现的并直到最后阶段的中间产品的总和,而劳动者的生活资料是成品,是消费的直接对象。人们可能认为,这种几乎是直接的对立表明两位作家在资本概念上的深层次差异。然而,他们在本质上是一致的,都被认为是十足的现代资本理论的代表。事实上,全部争议仅仅是形式上的;如果我们把销售过程看成是生产的一个阶段,在技术层面上,成品送达消费者之前,也可以被看作是中间产品。既然在我们这个时代,几乎所有的劳动都是雇佣劳动,至少在工业上是这样,劳动者所消费的成比例的生活资料(换句话说即实际工资),可以被视为资本家交换劳动的价格,并以一种或另一种储存劳动的形式计入他的资本品库存。劳动者本身是企业家的情况与此类似,劳动者的工资可以被视为他出租劳动时可以在市场上获得的等量商品的数量。如果我们以这种方式看这个问题,杰文斯和庞巴维克的观点没有真正的区别。

因为杰文斯建议把资本简化到只包括劳动和生产资料,他对资本的定义过于狭窄这个事实,则完全是另一回事。通过这样做,他只需要考虑资本中的一部分——尽管通常是较大的一部分;而事实上另一部分,当然是一个很重要的部分,不是由储存的劳动和提前支付的工资构成,而是由储存的土地和提前支付的租金构成。但是,正如我们已经看到的那样,由于这部分无法从根本上和其他部分分开,所以可以被同等对待。

因此,当庞巴维克为支持他的观点提出,如果劳动者的生活资料都算作资本,那地主和资本家消费品也必须如此计算,这种评述的第一部分(关于土地所有者)无疑是正确的。而资本家的生活资料显然构成了资本利息、而不是资本的一部分。它也不是预付的,谁能够向资本家提前支付呢?相反,他们是在商品的生产在资本的帮助下被完成以后得到的[①]。

[①] 在《资本实证论》(*Positive Theorie des Kapitals*)第三版,第632页,庞巴维克断言,甚至明确强调了一个事实,即资本家也预先得到他的收入,我不明白他的推论。在我看来,如果发生这种情况,这将表明资本家消费了一部分资本——而庞巴维克肯定不是这个意思。他接下来所做的感应电流的比喻过于含糊,难以支持他的论点。

(3)更具实质性并且仍在持续进行的争议是关于资本是否是工资的来源,以及该来源是否不应在年产量中,即生产的结果中,被发现。前者是权威的观点,是庞巴维克赞同的,事实上杰文斯也赞同——尽管他看上去好像是在反对它。而后者是社会主义学者以及美国人 F. A. Walker 和更突出的支持者——他的同乡亨利·乔治(Henry George)所热心倡导的。在欧洲著名的经济学家之中,查尔斯·纪德(Charles Gide)大体上也支持这一观点。支持它的人是基于这个明显的事实,按照生产的比例,成品既被工人消费也被其他人消费,在那些由劳动者消耗的(因此按照经典理论应视为资本)和那些由其他社会群体消耗的之间并没有预先存在的、固定的或难以逾越的障碍。

前面关于这个极具争议问题的论述表明,真相不属于任何一方,尽管与古典理论比较接近。只要劳动的产品是直接消费,不需要资本用于劳动报酬——即使在最彻底的资本主义社会中劳动在很大程度上也是这样的,特别是对于所有的个人服务和实际生产的最后阶段所投入的劳动——例如面包师,而对销售其面包的店主更是这样。工资在这里可以说是由一个简单的——尽管是间接地、工人所消耗的商品与其所生产的产品的交换产生的,这些工人生产的产品或多或少也同时被雇主或其客户消费。事实上,这些劳动者确实间接地受益于资本的存在,因为当劳动的边际生产率提高时,这像总是随着资本的出现而发生的那样,由于竞争的作用,这适用于所有执行了的工作,即使对于那些不需要提前较长时间用资本支付工资的工作也是这样。然而,在劳动者与资本家(即用于支付工资的流动资金的所有者)的产品之间没有分界线,劳动者享用自己的产品并不减少。或者,如果有需要的话,他必须只与土地所有者和固定资本所有者分享。(除其他的之外,烘焙面包还需要烘箱;出售面包需要一个面包店,等等)。当然,并非总是那么容易确定一系列生产过程中最后一部分的价值;我们必须依赖于指导我们整个过程的同一个标准,即边际生产率。通过更加精心地烘烤面包,例如在这个面包房中再增加一个人,在其他条件不变时,产品的日销售值将增加,比如 5 先令。在扣除机械和设备增加的磨损、扩大空间的成本等项之后,将是该劳动的边际生产率,在平衡状态时它将决定劳动的工资,以及所有类似劳动的工资。

然而,在大多数生产环节中,在投入劳动和把用于销售的物品最终生产出来之间存在一段或长或短的时间间隔。既然劳动者通常不是在全部过程中一直等待着拿工资,而是在开始劳动不久就得到工资,那么显而易见的,他并不是从他的劳动产品中获得工资,无论是直接获得或者由该产品与其他产品交换而获得。而且,严格地说,时间段必须从投入劳动、计算到产品完成并可以用于消费时。例如,如果一个劳动者受雇去制造一台收割机,他的生产在机器完成准备出售时并没有真正地结束,而只能是当在收割机的帮助下、收获了的作物被售出并转换成面包时才真正完成。而且还应该记住的是,相同的机器可以用于几年的收割,因而也是几年的烘焙。一些其他的人或人们必须预支工资,而这一点,如上面的例子所示,比通常假定的时间更长。还应该注意,在这个过程中,预付的工资可能从一个资本家转移到另一个资本家,正如收割机从被制造商拥有转到农业资本家的手中。从经济学的角度上看,以产品支付的工资(实物工资)或多或少地与生产同步没有什么特

第二部分　生产和分配理论

别的意义。通常,现代的工人与制造出来的这些产品无关;它们是一系列过程的最终结果,各个不同阶段的劳动已经被支付。这些生产过程的成果属于有资本的企业家——这种权利可能被其他劳动者质疑,但并不是特指当前被雇用的劳动者,资本家可以根据自己的意愿,将其用于新的生产(在这种情况下他维持或增加资金),或者用于自己的消费。如果他对自己产品或者通过交换所得来的产品的消费是直接消费,那么很自然,劳动者(即那些今年在市场上找到工作的人)将被相应程度地剥夺消费的机会。如果是间接的——通过交换一个新的、直接消费的服务,例如个人劳务,则事实上劳动者的确仍然会得收到他的工资,而且资本是否被积累或继续保持对他而言似乎没有什么不同——如果市场上有足够的产品来支付他的工资。但是这是一个极大的错误,在此基础上采取行动将是灾难性的。因为如果资本不通过补充来保持,那么随着它被消费,较长的生产过程(这是当今生产技术的特点)将一个一个地缩减或中断;从而整个生产,包括劳动和工资的边际生产率,将回到原始时代的小规模状态。或者更确切地说,如果我们回到原始条件,就业人口会无法靠现有收入维生,大部分会饿死。

我们不想否认,消费者可以在一定程度上通过适当地选择消费品影响工资率。无论是我们之前或之后的讨论中,似乎都是这样。但他们在这个方面的能力肯定比通常所认为的那样受到更严格的限制。总而言之,尽管不能详细分析,我们必须承认穆勒著名的理论:对商品的需求与对劳动的需求是不一样的,除非它会带来新的资本积累。

总之,我们应该注意到,上面所述涉及的劳动与资本的关系也适用于资本和土地的关系。对于可以用于消费的最终产品而言，通常它的形成要晚于对土地的使用，租金也由资本家（往往是地主本人）预付。根据上面所述，这是很明显的，但却总是在经济分析中被忽视，这在很大程度上是由于对生产因素的地位，特别是资本在生产中的地位认识模糊造成的。

这种疏忽很容易导致互相矛盾的结果——例如下面的例子，为简便起见，例子以李嘉图的租金和资本理论为依据①。

资本额是1,000,000先令。雇用1,000个工人在一块不需支付租金的土地上工作一年。这样每个人的工资是1,000先令。如果每个工人的收益是1,100先令。则资本家的利息是每年10%。现在假设劳动者的数量增加至1,111人，但是，资本额不变。因此工资下降到约900先令。于是投入在原有土地上十分之一的资金就变得多余，因此必须寻找新的土地进行投资。但由于只有（我们假设）"更差的土地"，每个劳动者的收益仅有900先令。那么，我们将得到一个惊人的发现，尽管工资降低了，利息却下降为零，由于资本家的竞争，不仅较差的土地这样，而是全部土地。全部增益将归集到较好土地的所有者，他们获得的将是好地和劣地之间的收益差，每个工人200先令，总共是200,000先令。

然而，如果我们认为租金也是从资本中预付，其结果将是完全不同的。工资和地租将共同对应于现有的资本，即1,000,000先令，因为整体收益是1,100,000 + (111×900)，即1,200,000先

---

① 然而，如果我们像庞巴维克那样假设生产需要几年的时间、并且是不断发展的，结果将是一样的。如果我们假设把生产按年度分成渐进的部分，则很容易可以看出，在整个生产周期，资本只需要达到以工资形式支付的总额的一半。

令,利息上升至近20%。在这种情况下,对于投入一个人的土地,租金仍将继续是好地和劣地收益之间的差异,但却会按一年期利率折现(即200 / 1.2 = 167),而工资将降至约750先令。当然,这个例子过于简单,在现实中很难发现相应的实例,只是用来强调上面所提出的原理。

另一方面,庞巴维克在其第三版[①]中回复我的一个异议时所作的断言可能错了,即从如果土地可以无偿获得、利率会更低的意义上来说,用资本预付租金会提高利息。事实正好相反。租金和工资——或者它们在土地和劳动中的等价物,都构成生产性资本的一部分,该资本的利息是由生产所产生的盈余中支付的。如果我们可以想象所有的土地都是免费的,那么所有的资本将用于支付工资,它们将因此上升。如果在这个过程中生产期没有变化,剩余产品、从而利率,将和以前完全一样。然而,在现实中,延长生产周期将被证明在经济上是有利可图的,根据庞巴维克自己的说法,这样的延长会导致更多的剩余产品和更高的利率。另一方面,如果地主不是提前而是仅在生产完成后才收到租金,利率肯定会下降,但是租金这种变化的要求将等同于地主的新资本积累,关于这部分我们请读者参考下面的第四部分的内容。

(4)我们目前的分析也可以用于指导我们了解著名的工资基金理论的真实面目,这是一个曾被高度推崇,后来又甚至被其前倡导者否认,然而又是死而不僵的理论。我们已经指出过,严格地说,我们不能单指工资基金,而必须是工资和租金基金。资本以其

---

① 见《资本实证论》(*Positive Theorie des Kapitals*),第630页,注释2。

自由的形式被用来预付工资和租金；多少分配给工资和多少分配给租金取决于确定当前劳动和土地边际生产率的环境，平衡状态时劳动和土地对应于工资和租金，因此没有任何剩余地全部吸收，此时自由形式的资本即称为工资基金。但这样的基金真的存在吗？它在现实中，并非以作为一个固定不变的量存在，因为事实上资本在任何给定的时刻，能够以或大或小的幅度增加或者减少。然而，这一点并没有被工资基金理论的捍卫者们所忽视。我们设想一下，在大致固定的条件下，有产阶级所拥有的一定数额的资本，被年复一年地使用而没有明显的增加或减少，则每年约有等量的资本将被释放。这部分（与可消费的劳动和土地直接产品一起）构成了当年生产的全部商品和劳务。当资产家拿走了相当于其资本利息的盈余时，他必须再投入其余的部分来雇用劳动者和土地进行新的生产，以保持其资本。因此这部分可以被称为年度工资基金（更正确地说是工资和租金基金）。

但有一点是毫无疑问的，引入这个词对解释经济现象没有什么帮助；而它试图确定工资（用工资基金除以职工人数）的简单过程太初级了。首先，正如我们已经说过的，共同基金为劳动和土地提供报酬的比例绝不是事先已知或确定的，而且，随着资本量的变化，由于资金周转的平均周期延长或缩短，工资基金可能会有相当大的变化。正如我们已经表明的，如果劳动供应下降（这可能是由于大规模移民），工资上涨，其他不变时，就不可避免地会有短缺。换句话说，除数本身下降也将带来被除数的减少，虽然不是以相同的比例。但是另一方面，劳动者数量的减少将增加劳动的分配份额，不仅是牺牲资本家的利益，也许在更大程度上是牺牲地主的利益。因此,工资基金理论的倡导者对劳动者的建议是为了自身利益限制劳动力市场的供给,它本身是好建议,即使其是基于不充分的推理。

人们也可以像庞巴维克那样把所有的资本作为工资基金。但结果是一样的,因为不管怎样,每年只有释放的那部分资本可以购买劳动(或土地)。

如同庞巴维克所指出的那样,古典工资基金理论真正的错误在于,它经常将工资基金与资本看作一个整体,尽管它假设工资基金只投资一年。这方面一个非常突出的例子是西尼尔的、由于卡尔·马克思[①]而不朽的"最后一小时"。西尼尔认为他可以证明,将每天的工作时间缩短十一分之一,会使资本的利润从10%减少为0。他得出这个结论是基于荒谬的假设,即所有资金,包括投资于工厂和机械的,周转期是一年,这并没有阻止他另外计算建筑物和机械的每年磨损折旧。如果我们计算正确,用西尼尔所提出的数字,我们将得到固定资本的周转期约8年(折旧提成16),对资本总体来说是7年。当其他条件不变时,减少劳动时间肯定会减少资本的利润,但只是从10%降至约8%,当工作强度较大时,甚至到不了这个程度。

奇怪的是,曾经长篇大论地驳斥西尼尔的马克思本人似乎并没有注意到其说法中的巨大差距。也许他不愿意指出这种疏漏,以防不可避免地暴露他自己"剥削论"的弱点。

针对工资基金理论的另一个批评是只有在劳动者在提供服务

[①] 《资本论Ⅰ》(*Das Kapital i*),第三版,第206页起。

的同时获得实物形式的工资的假设下,此理论才是正确的。然而,如果他们希望以"资本"形式支付工资的部分或全部,换句话说,直到自己的产品已经可以上市才支付工资,那么工资在已生产产品的范围内会上涨至任意程度与工资基金或资本的大小无关。当然这是完全正确的,但它几乎不能称得上是一个对工资基金理论合适的反对,除了在其最严格的形式下;因为通过这样一个过程,工人自己将变成资本家并积累资本,因此他们的劳动成果不是用于交换产品,即现有资本的一部分,而是会对其构成一个真正的补充。

这种支付工资的方法是利润共享体系的本质,如果它偶尔带来有益的结果,也许可以通过这样的事实最简单地解释,即该系统刺激工人积累资本,其未来的果实通常是甜的,即使它在目前的根是苦的。

稍后,我们将讨论资本的积累,这是资本理论的重要组成部分。但是,我们先回到交换理论,看看当它与本该与其联系在一起的上述生产理论连接起来时,是什么样子。

3. 生产和交换的相互依存:价值交换理论的最终形式

迄今为止,我们一直基于生产是在所有产品的价格都已知下进行的假设来进行分析的。现在我们必须放下这个假设、进入真实的世界,在这个世界里生产和交换相互影响。通过修正上文中的某些方面我们将得到一个更加复杂的分配理论,与此同时我们

第二部分 生产和分配理论

有机会继续并完成对价值交换理论的讨论,在与其密切相关的生产和分配理论变得清晰前,我们曾被迫中止了这方面的讨论。但是,我们会将我们的讨论限制在对两种商品的生产和交换的范围之内;这样的简化大大方便了讨论,而且随后将其扩展到我们实际交换的各种各样的产品时,没有理论上的困难。然而,尽管进行了这种简化,这个问题仍然分解为两个基本上不同的问题,最好是分开研究和处理。一方面,我们可以假定交换的两种物品产自不同的国家或地区,两者之间没有劳动或资本的转移,因此每个经济体的所有资源都投入到一个物品的生产中。另一方面,我们可以假定两种物品的生产都是在一个封闭的经济体中,其中土地、劳动和资本可以从一个行业转移到另一个。前一种情况是经济学中通常所说的国际贸易论和国际价值论中的典型情况,而后者是自由竞争下的内部交换理论的典型情况。完全没有必要将它们中的任何一个抽象假设对应于现实世界的现象。一国之内劳动和资本的完全流动就像国与国之间完全不存在这种流动性一样是不可能的。

我们首先假设每个国家由于自然条件限制只能生产一种商品。那么很明显在自由竞争的情况下,每个生产者都将努力用现有手段获取最大净利润,在平衡状态时,这必然使国家的整个生产达到其最大化。固然我们只证明了在无资本生产的假设下是这样的,但是不难看出,正如李嘉图的反驳一样(也是我们反对的议题),即使将其应用于资本化的生产[①],它的本质仍然不变。如果生产和交换相互影响,或者生产者通过托拉斯或卡特尔勾结,则这

---

① 在作者自己的第二版的副本上对本段的标记表示,他希望改写它。

些将不再具有适用性;考虑到该国生产的商品相对于其他国家具有更大的自然优势,那时不得不或多或少地将它看作是垄断者。因此生产将以最有利的垄断价格进行;即使现有的生产因素没有全部投入生产,缩减产量也可能是对该国有利的。如果两个国家都垄断性地生产一种产品,那么在理论上价格是不确定的;事实上我们将转向孤立的交换,进一步复杂化后,甚至无法预知产量,因为他们是生产的目标。如果存在自由竞争,那么按照生产和交换的规律,每个国家都会尽可能多地生产自己的商品,交换将按供给和需求平衡的价格进行。当所有生产者同时限制某种产品的产量时,可能对这种商品的所有生产者都是有利的[①];但是其他条件不变,只有一个生产者限制产量时,通常他会遭受损失,因为他的供应不会明显影响价格。如果该国生产几种商品,且其相对交换价值对于个体制造者是已知的,也将是这样的情况。

因此,我们简单地将上述一种商品(或相对价格已知的几个商品)的生产规律和一种已知存量商品的市场价值规律结合起来。前者决定商品的数量,以工资、地租或利息的形式归于每个国家的每一个人;后者则决定了要相互交换的商品数量以及它们之间的关系——它构成了国际交换价值。国际贸易理论,或者更正确些,所谓的抽象概念,原则上要比国内市场上的交换问题简单得多,在国内市场上生产要素从一种商品向另一种商品的自由转移必须预设。早期的经济学家不这样想的原因在于他们错误地以为被认为用于调节国内市场交换价值的生产成本可以独立于交换价值而被

---

① 劳动时间可能会受到交换可能性的影响。

确定。

如果 l, r, i 代表一个国家的工资率、租金和利息,而 A、B 和 C 是可用的劳动、土地和资本的量,则 $A.l$、$B.r$ 和 $C.i$ 是该国总的工资、租金和利息,以在该国生产的一种商品(如果有几个则是其中之一)表示(如资本本身)。个人分配将依据劳动表现或者每个人所拥有的土地或资金确定。在其他国家,每个人每年提供的产量以同样的方式来确定,由于所有个体的个人消费倾向被看作是已知的,因此我们现在知道了确定交换价格和数量所需要的全部决定因素。

上述理论和穆勒的国际贸易理论[①]之间的详细对比非常有趣,同时也为确立一个更加详尽的理论提供了激动人心的证据。在《政治经济学原理》的前两个版本,以及他关于这一主题的早期著作中,穆勒建立了一个理论,现在看来,完全符合上面的假设。根据这些假设,各种生产因素不能从一个生产过程转至另一个生产过程;因此穆勒说,根据它们的相对生产成本确定商品相对价格的必要前提不存在,我们必须求助于更普遍的供给和需求的规律。如果在这样的条件下存在供给和需求之间的平衡,则当一种商品的价格上涨时,它的供应总是会增加(反之亦然),那么均衡将是稳定的。一种商品的相对价格上涨将增加供应,而另一方面,造成需求减少[②];类似地,较低的价格将减少供给并增加需求,因此,在这两种情况下,价格会倾向于恢复到原来的水平。到目前为止,一切

---

① 约翰·穆勒《政治经济学》,第三卷第18章。
② 严格地说,只有在两个商品不能在消费上相互替代时才适用。

都很好。但在这一点上,穆勒考虑了这样的情况:一种商品(A)相对价格的提高,以及因此的另一种商品(B)相对价格的下降,的确会导致(A)的使用人增加对(B)的需求,但同时它也会造成他们减少对(A)的提供,因为它们对(B)的需要正迅速达到饱和;这样,在(A)达到和以前相同的提供量之前,实现了边际效用之间的平衡。他的批评者之一,W. 桑顿(W. Thornton)(他后来的批评,造成穆勒有点过于匆忙地放弃了他的工资基金理论)指出,在这种情况下,即使在其他条件不变时,供给和需求的平衡也可能在不止一个价格上形成。如果假设开始时 17 个单位的(B)可以交换 10 个单位的(A),但由于(B)的价格发生下降,从而需要 18 单位的(B)来换取 10 单位的(A),那么根据穆勒的假设,可能发生(A)的持有人减少对(A)的提供量,尽管(B)的持有人肯定同时减少他们对(A)的需求;完全可以想象,对(A)的需求和供给平衡,从而(B)的供需平衡,都会出现在这个新的价格上。对我们来说这没什么特别的。事实上,穆勒考虑的情况与我们上面已经考虑的完全相同,即当供给开始下降时,供给和需求曲线相交;而且我们知道,当发生这种情况时,很有可能曲线将相交于一个以上的点。但是,穆勒没有进行进一步的检验,就从桑顿的评价中得出了不幸的结论,即在这种情况下供给和需求之间的平衡可以在任何代价上形成——而只有在相当特殊的情况下才会这样。换句话说,他认为该问题本质上是不确定的,因此,需要比上述更多的数据来确定国际交换价值。

因此,他试图从这个方向完成他的理论,但没有成功。客观地说,穆勒自《政治经济学原理》第三版开始增加的"国际价值"(On Internaltional Values)章节只是以一种新的形式重复了他已经在别处所说的。在他看来,除了相互需求,还有另一个相关因素,即满足这种需求的手段,它们在各个国家通过工业的重新定位而得到释放的。可是,他真正的补充只是关于商品价格及其供需之间关系的一个特别独断的假设。他假设每个商品的供应完全独立于它的价格,而需求与商品的价格成反比;仿佛每个经济体自己制造的商品首先满足其自己的需求,然后再以任意价格处置剩余的商品。

如果用图形表示,这意味着每种商品的供给曲线将是平行于价格轴的直线,而需求曲线是等轴双曲线。在这个假设下,很明显两条曲线只能在一个点上相交,且价格平衡,是稳定的。但在这种情况下,我们无法找到当商品价格上涨时其持有者可能减少而不是增加供应的迹象。实际上,穆勒全部忽略了这个恰恰是他调查出发点的问题,却开始转而查究两个国家中哪一个会从因为其中一种商品的生产条件不同而引起的价格变化中受益更多。但是用这样的方法,他没能为他希望引入的新决定性因素找到用处,他终于被迫近乎可怜地表白说:"我们为了科学的正确性引入到国际价值理论中的新因素,似乎并没有对实际结果产生任何实质差异。"但是,正如我们已经说过的,事实上他并没有真正引入任何新元素;不仅是他调查的实际效果,而且理论结果也完全没有变化。

根据我们对自由竞争和生产要素不移动性的假设,事实上,除了供求关系的平衡外再没有其他决定价格的因素。这足以得到这个问题的理论答案,虽然不能排除可能几个解的可能性,但通常只有有限的几个解。

稍微复杂一些的是另一个问题,至少乍看起来是这样,是确定

"国内市场"上的生产和交换关系的问题,即假定可用的生产因素可以自由地从一种商品的生产转移到另一种商品的生产。然而,虽然科学史表明它们不那么容易被发现,但解决这个问题的主线是很简单的。如果我们暂时假设,一定比例的现有劳动、土地和资金(即一定量的不同年份的原始生产要素)总是用于一种商品的生产,而剩余部分用于其他商品的生产,则均衡时的价格和交换数量的问题将与前面的情况完全一样。换言之,对于每一种这样假想的生产要素分配,我们应该有一个或多个可能的解决方案。在这种情况下,这些要素的分布正是解决这个问题所需的数值之一,尽管我们发现有三个新的条件或逻辑关系必须要满足:即在两个生产分支中租金和利息应该相同的要求,当谈及两个国家时不能作这样的假设①。在每一个生产分支,每一组可能的生产要素分配形成一定的利息、工资和租金,它们最初以所生产的一种商品的形式来表示,但同时也可以用另一个种商品表示,因为根据同样的假设,在这些商品之间存在交换关系;因此这个问题显然完全由这三个独立量的方程确定。只要其他数据(土地、劳动和资金总的生产率,它们在个体之间的分配,个人消费偏好)已知,就可以用数学方法求解。事实上,这个等式也可以用试差法求解;只要一个生产分支的工资、租金、利息大于另一个生产分支,劳动、土地和资金将流入可以获得更高回报的通道,同时会有相对交换价值的调整,因此就通常的可能性而言最终会实现平衡。

---

① 在舍恩伯格的手册(参见 *Ekonomiska Samhällslivet*,ⅱ,478 页)里的文章"Handel",中,W. Lexis 错误地省略了这一点,这使他的说法具有欺骗性。

为了避免任何误解,还应再注意一点。事实上,资本的形式可以改变,例如劳动资本(储存的劳动)在一定程度上可以被土地资本(储存的自然资源)代替,反之亦然;短期资本投资(或资本品)可以被长期资本投资代替,这些不会给这个问题带来不定因素;因为在每个特定的生产分支,它们都受我们之前在讨论生产问题时所提出的普遍经济原理的支配。人们很可能会质疑,我们坚持稳态条件下资本的金额必须年年保持不变有什么重要性。但在这里,我们必须把两种不同的东西区分开。我们已经假定处于平衡状态时,在生产中所使用的资本在规模和组成上是一定的,交换价值(用其中一种商品表示)是这样。现在可以断言,如果从一开始其他条件保持稳定,那么只要这种规模和组成、甚至是交换价值每年保持使用,平衡就不会受到干扰。但是,坚称资本的量在生产和消费之间的平衡建立之前就已经固定了显然是毫无意义的——如果不是完全不可思议的话。无论是否以一种商品或者另一种商品表示,两种商品相对交换价值的变化会引起资本价值的变化,除非其组成部分同时经历了多少有些显著的变化。但是,即使我们从资本的起源来看,即其作为一定数量的劳动和土地在不同年份的累积,商品价值的变化也会改变它们的生产条件,从而带来资本组成的或大或小的变化。

在我们的第一个主要例子中[①]甚至是在纯生产问题中所固有的不确定性、当然主要是由于这样的事实,即资本与劳动力和土地不同,不是可以独立于生产存在或在生产之前存在的原始生产要

---

① 关于国际贸易的那个例子。

素。它的来源或维持不可避免地以进行生产为前提。此外,还有一个更深层的原因。实际上,资本的数额不是由物理条件,而是由心理力量之间的平衡确定的,这一平衡一方面驱动我们节约和积累资本,另一方面,驱动我们消耗现有资本。换句话说,资本积累本身,即使是在稳态条件下,也是生产和交换问题的必要因素。在我们的阐述中,到这里这个新的因素已经引起了我们的注意。因此,我们将在下一章讨论这个问题。尽管对资本形成规律的研究很少,以至于不能对讨论这个主题提供真正的帮助。

我们把所生产的全部商品的数量看作投入的全部现在的和储存的劳动和土地数量(即每年消耗的)的函数(齐次线性的),则对于一种商品我们得到

$$P = \phi(A_0, A_1, A_2 \cdots B_0, B_1, B_2 \cdots)$$

其中 A_0 和 B_0 表示当前的劳动和土地,A_1 和 B_1 表示一年期的劳动和土地。这个函数对每一个量的偏微分会给出这个行业可支付的、以产品为单位来表示的工资(l)和单位土地的租金(r),以及所有资本组成的边际生产率。从这些我们可以推断出支付的利率是(i)。根据等式中必然存在的不同期限资本品的收益率之间以及劳动资本收益率和土地资本收益率之间的关系,我们现在可以用其中三个量(即 A_0、B_1 和 A_1)来表示所有上面的量。以同样的方式,对另外一种商品,我们得到

$$P^1 = \psi(A_0^1, A_1^1, A_2^1 \cdots B_0^1, B_1^1, B_2^1 \cdots)$$

由此,我们可以确定 l_1、r_1 和 i_1 的值,对于这个行业,l_1 和 r_1 用第二种商品为单位表示;因此可以只用3个量 A_0^1, B_0^1, A_1^1 来表示所有的量。

于是未知数下降为只有6个。为了确定它们,我们另外还有下面的关系式。首先,在稳态条件下,该国每年可以雇用的劳动者总数(当年或储存的)一定等于每年可用的劳动者供应;对于投入的土地也是这样,无论是以原有形式还是以资本形式。如果一个国家有 A 单位的劳动力和 B 英亩的土地,我们可以得到

$$A_0 + A_1 + A_2 + \cdots + A_0^1 + A_1^1 + A_2^1 + \cdots = A$$

和

$$B_0 + B_1 + B_2 + \cdots + B_0^1 + B_1^1 + B_2^1 + \cdots = B$$

通过其他数据,我们也可以把两种商品的交换价值表示为以上几个量的函数,并从而最终用上面六个未知数表示。如果我们用 P 代表交换价值(例如用前者商品为单位表示的后者商品的价格),且两种行业中工资和租金是相同的,则

$$l = p \cdot l^1 \text{ 和 } r = p \cdot r^1$$

两者中的利率也必须是一样的,因此,$i = i^1$。

于是我们得到了五个独立的关系,但我们还需要第六个。这可以从我们对资金量的假设来获得。$A_1, A_2, \cdots\cdots$ 和 $B_1, B_2,$ $\cdots\cdots$ 只是每年消耗的那部分资本。在稳态条件下,与它们相对应,社会资本中一定存在其他部分,其数量可以准确确定。一定会有另外一个元素对应于 A_2,另外两个元素对应于 A_3,另外3个对应于 A_4,等等,B_1, B_2, B_3 也是这样(参见图12)。在平衡状态,全部资本的组成因此是固定的。所有部分既可以单独地用未知的前三个变量表示,也可以单独地用后三个变量表示。例如,如果我们现在想再加上一个条件,即平衡状态时资本总额有一个确定的交换价值,以其中一种商品表示,则我们只需要计算所有部分的交换价

值并加在一起。这些交换价值（根据上述说明）是上面所说资本部分的初始交换价值，加上累计利息。因此，用 A_3 表示的那部分现有资本的交换价值为 $A_3 \cdot l \cdot (1+i)^3$。这两个相同的部分也可以用 A_3 定量表示，因为它们代表等量的储存劳动，其值分别是 $A_3 \cdot l \cdot (1+i)^2$ 和 $A_3 \cdot l \cdot (1+i)$。用 B_3 表示的资本部分的交换值为 $B_3 \cdot l^1 \cdot p \cdot (1+i)^3 = B_3 \cdot l \cdot (1+i)^3$，等等。

如果将这些值相加，并使其等于某个已知的值——即用第一种商品表示的两个行业投入的全部资本的交换价值，那么我们将得到所需要的第六种关系，最终这个题就完全是可解的。

如果我们可以用单利计算，则会因不需要考虑资本积累的时间因素而使问题简化——尽管劳动资本、土地资本、预付工资和预付租金分配时必须考虑时间因素，因此，我们将只需要处理平均投资期。

也许有人会问，在像这样情况下（两种商品在同一国家生产），是否可能得到不止一个平衡价格。这是非常可能的，如果两个生产部门投入的工资、租金和利息比例不同，通常是这样的。如果在当前的平衡下，一种商品的相对价格较高，则很明显，人们会选择牺牲其他商品，在这种商品中投入比较多的一种或几种生产要素。

很容易看出，将上述推导推广至几种商品毫无困难。对于指定的商品，当生产要素直接由所有者投入时，我们也应包括生产要素本身。因此，我们可以放弃之前所作的简化假设，亦即市场上可用的所有生产要素的量是已知，全部由它们的所有者提供，与获取它们的价格无关。这一点非常重要，特别是对于劳动，因为我们现在可以考虑这种情况：劳动时间可变，且由工人自己根据工作的间接边际效用和休闲的直接边际效用等式确定。

正如交换和交换价值像这样通过它们与生产的关系呈现最终形式,因此,交换就其本身而言当然在很大程度上会改变生产和产品的分配。每一个生产者(劳动者、地主和资本家)都在他所参与的、为了别人的生产中,从商品被交换的可能性(没有这种可能性将不存在现代意义的交换,因为现在的生产只是为了交换才进行)中获得效用的提高。进一步,当与其他地区或国家的交换存在可能时,在三种类别的生产者之间的产品分配变得更加不同。在这方面一个著名的例子是这样的,即部分欧洲地区因为从欧洲以外的地区进口粮食,造成租金下降,无地阶层因此受益。另一个比较令人怀疑但也许同样是真实的情况是:后者国家中的工人,或者大量人口因欧洲供应的廉价制造品而受损,地主从中受益[1]。

---

[1] 参见我的文章 Finanztheoretische Untersuchungen,第 66 页,(Jena,1896)。

第三部分 资本的积累

参考文献：这方面的文献非常稀少。致力于资本积累问题的作者，在早期实际上只有 H. von Mangoldt（*Volkswirtschaftslehre*），近代作者中只有庞巴维克（*Positive Theorie des Kapitals*）。卡尔·马克思的《资本论》也值得关注。Compare 和 Wagner 的 *Grundlegung*，第 ii 部分，卷 iii。在 Schonberg 的 *Handbuch* 中资本积累的理论只有一页，而在 Conrad 的 *Handworterbuch* 中则只有一栏。卡塞尔的 *The Nature and Necessity of Interest* 中包含了值得关注的、在某程度上试图比以往更加深入的讨论。用于研究此问题的最好材料或许是银行的统计数据——尤其是储蓄银行的统计数据，以及资本财富统计数据，尽管后者非常稀少而且粗浅。

迄今为止，我们的讨论一直基于一个假设，即生产资本是恒定的，就像其他两个要素一样。而在现实中，资本并不像土地那样在短期内是恒定的，也不像劳动那样在体力上是有限的。它可以通过节约随时增加，它也可以由于非生产性消费减少。对于这两种情况，资本的供给都不会像劳动的供给那样，自然地得到恢复——尽管在一生中的某段时间（尤其是中年）积累资本，而在其他阶段

(少年和老年)消耗资本是自然的事情。因此如果我们希望能够清楚地理解一个资本恒定供给的稳定社会的状况,必须有一个合理的储蓄理论;当然,如果希望能够理解和预见社会资本的演进就更加需要它。

遗憾的是,这样的一个理论现在还没有出现,而应该用它来解释的现象取决于若干动机——部分是利己的,部分是利他的,但是无论如何都非常复杂。人们既为自己储蓄,也为他们的继承者储蓄。有些人常常仅仅因为储蓄所带来的愉悦而储蓄。有些特别的人储蓄并积累资本可能只是因为情不自禁,例如一些千万富翁的消费能力连奢侈品行业的妙着都无法唤起。大家庭鼓励节俭,可能是因为一直以来用以养家的收入来源,比如说地产,现在不足以支撑大家庭了。但是大家庭同时又常常构成了对储蓄的无法克服的障碍,因为每个可用的收入来源都是被迫切地需要的。另一方面,如果一个人已经拥有了巨大的资本,仅其资本收益的一小部分就能够满足其家庭的生计和花销,那么资本就会自己增长——至少是以当前的利率增长,这样的增加幅度使其在即使生育能力很强的家庭中也仍然保持增长。因而某些亿万富翁日益增长的财富,从社会的观点来看,对社会是一个不小的危险。

在众多对资本积累有影响的因素中,利率无疑是其中之一,尽管其影响是不确定和模糊的。理论上,一个人总是应该将其资本累积(或者可能是其资本的消费)持续到所保留商品当前和将来的边际效用相同时为止。例如,通过他在今年牺牲一个先令,指望在十年或十五年后得到两个先令。那么问题就变成了,对他而言,那个时候的两个先令与现在的一个先令相比,主观价值是更大还是更小。该问题的答案自然取决于他本身能够施加一些影响的若干情况，比如他在最近一段时间内可以进行的储蓄。这时利率具有双重的影响：高利率增加当前储蓄的收益因而增加了未来的边际效用，即现在所储蓄资本的最后一个单位的未来效用[①]；但另一方面，这个储蓄利率增大了未来的供应，因而降低了这个个体未来物品的边际效用。后一种趋势的影响甚至可能超过前一种，因此对于某些个体而言，是较低的利率而不是较高的利率更能刺激他们进行储蓄。

因此个人储蓄是一个非常复杂的现象。但是如果我们将社会作为一个整体考虑，并认为社会的平均经济条件是近似固定的，则只要有利率存在，不管多低，资本的逐步积累必然是合算的。对于普通的个体，或者更精确地说，对于社会整体而言（视其为一个永远不死的个体），资本的积累是以用一个较低的边际效用去交换一个较高的边际效用为前提条件的，只要没有太快或者太多地吸纳目前消费的生活资料。因此，在这样的条件下，我们应该预期资本会连续积累。尽管是以递减的速度，并且与此同时利率也连续不断地下跌。

在 *The Nature and Necessity of Interest* 一书中，卡塞尔列举了某些显然是非常引人注目的理由来说明为什么未来不会发生利率的大幅下跌。他正确地指出，首先，利率的每一次下跌都会造成一些原本无利可获的长期投资变得有利可图；而且每次这样的对

[①] 卡塞尔所说的"一个把未来的需求与当前的需求视为同等重要的人，如果他预期能够像满足他现在的需求一样容易地满足未来的需求，那么他没有理由留出他目前收入的任何一部分"，并不是完全正确。这一论证实际上预先假定了没有任何利率。

第三部分 资本的积累

自由资本的大规模吸收又自然地对未来的利率下降起到抑制作用。他还专门指出如果实际上房屋支出仅限于维修费用和地租，那么作为利率大幅下跌的一个结果，对于那些需要大量建筑施工的大房子的普遍需求会上升。人们也许会反驳说，至少在我们现在的气候环境中，大房屋涉及各种各样的其他花费，特别是燃料和照明，这些花费常常与租金本身一样可观。因此，不论贫困阶层本身多么希望扩大居住面积，他们很少会这样做，除非他们的收入水平能够得到提高。然而，有所保留地说，卡塞尔的这部分论证无疑是正确的——尽管它显然没有设定利率下跌趋势的限制，而只是涉及了可能会发生的下跌的缓慢速度。

如果卡塞尔的论证能够被认为是正确的，则其后一部分在这里更为重要。他认为（与古典经济学家们一致），在某个不是特别低的利率下，人们积累资本的愿望或能力几乎会消失，所以利率不会下跌得更低。

卡塞尔所考虑的专门案例是：一个在年轻时期已经积累了一笔财富的商人，在从生意中退出后依靠这笔财富的收益生活。如果利率足够高，他可以不动用资本金就做到这一点。他可能会满足或者沉迷于这种虚荣：留给继承人的资产没有减少，甚至可能增大了，利息本身就足以满足他们的自身需求了。另一方面，如果利率大幅地下降，比如说下降到2%或1.5%，那么，卡塞尔认为，这样的行为通常会变得不可能。或者资本必须要极其巨大因此个人的努力或好运气难以实现这样的积累；或者单纯的利息收益很少，以至于他在不改变生活习惯的情况下无法仅依靠利息生活。所以他依靠其资本金生活，比如通过购买年金——卡塞尔通过详细的数据表明了这种诱惑有多么强烈，因为在如此之低的利率下可以成倍增加他的年收入。然后，卡塞尔说，这个人有充分的道德权利来这样做。一般说来，他已经为子女提供了教育并且可能已经帮助他们建立了自己的生活。他并不欠他们什么了。相反，他可能理所当然地认为该轮到他们像他曾经所做的那样：在青年和中年时工作并积累一笔财富，在为他们的子女提供教育后在老年花费。

在这种形式中我们可能已经大致地呈现了卡塞尔的论证。不能否认它在一些情况中是正确的，但是作为一个通用的论证它很难被接受，因为它显然是基于多数财富都仅仅是一代人的工作成果这一假设。但即便是在现今，情况也并不是这样的，而且随着利率的下降，这明显地越来越难以想象了。如果我们假设资本家的资本全部或绝大部分是继承来的，那结论会大相径庭。消费资本金甚至不能使其增加通常都会让他把子女置于一个比他自身更差的处境。然而，这与人类基本的自然本能相抵触，我们可以毫不怀疑地认为通常它是不会发生的。因而，即使在一个建立于私人财产基础之上的社会中，也很难想象一个不会跌至更低的利率极限值，因为资本的积累会停止。我们应该尽力证明利率下跌的程度和快慢主要取决于一个卡塞尔基上没有提及的、完全不同的情况，即我们预期未来的人口增长与目前规模相同或相似的可能性程度。

然而，如果事实与理论推测并不十分一致，尤其是如果经济学家一直以来所秉持的利率将会跌至最低点的预言迟迟没有变为现实，那么大概可以从下面的情况中发现缘由。首先，存在庞巴维克所注意到的对未来需求主观上的低估和对未来资源的高估。反之,这主要是由于对于个体而言,未来总是具有高度的不确定性。人们不知道自己的牺牲是否真的能够为他自己或者那些他所关心的人带来幸福。此外,即使总的来说资本积累是促进生产的,但对于个人资本积累的回报,甚至是从学术上所说的回报都是不确定的。资本投资的企业如果非常成功,可能会产生巨大的利润,但这种成功的概率并不是很高。而且,依照边际效用一般法则,对于个人而言,损失一笔财富的机率比挣得相同一笔财富的机率高,因此从个体企业的角度来说,这样的一个企业一定总是被看作不赚钱的,除非获利的机会远远超过损失的机会。这可能是个普遍的规则。冒险企业赌博的刺激或者冒险精神是一种补偿,但是操作中大概更多的不是积累了资本,而是对资本造成了损害。关于这一点,我们只需要去注意现代资本集中以及信贷体系和保险体系在很大程度上通过稳定和将这些风险降至最低程度来刺激和促进储蓄就可见一斑。

然而,在这些方面,一个集体主义社会要比现有的个人主义社会对于资本的快速积累更有保障。通过共同努力积攒的资本会使全部个体和整个社会在未来平等地受益;如果那些成功的企业产生了相对较大的回报,其他一些企业的失败将不怎么重要。尽管这与主流观点不符,但是正是在一个集体主义社会中我们可以预期资本的逐步积累,直到生产完全由新的资本供应并且国民所得达到其学术的最大值,假设在子孙后代的福祉中利息并不少于当前社会。

利息相对较高的另一个原因是在个人进行资本累积的同时,

国家却破坏资本累积(特别是在战争和军备时)。欧洲国家和欧洲以外的国家多年来发行的巨额国债(尤其是用于战争目的的国债)自然是以购买者几乎相同数量的储蓄为前提的(尽管实际上战争时的国债通常以低于票面价值发行);但它们不代表任何真正的生产性资本,而只是某些当代国民以及未来一代纳税人的债权。此时,可能有人会问:至少在当利率开始下降的速度大于资本增长的速度、并且资本家们的收入也随之绝对下降时,似乎这不应该成为未来资本积累的阻力。在完全抽象的理论中,在一个每个人都是为了自己的利益进行管理和储蓄的个人主义社会中,不是这种情况。如果某个人的资本增值了,这对于利率的影响不大。因而他储蓄的结果是他的一个绝对收获。但是另一方面,不能否认资产阶级作为一个阶层,他们会很高兴地欢迎破坏资本的所有措施,比如军备和战争——因为对于这些他们在很大程度上会被国家的合同义务所补偿,并且这有助于提高利率。正如阿道夫·瓦格纳(Adolf Wagner)所指出的,这构成了一个不小的政治风险。但是集体主义国家不会受到多少这种利率下降的影响,因为所有的收入来源对于整个社会或多或少是共同的,并且在这样的情况中,其他的来源必然会以相对更大的程度增长。

但是利率还没有下跌的最重要原因可能是我们的现代社会与那种稳定类型的社会非常不同。到目前为止,我们只是思考了基于假设的完全稳定状况下的资本积累。如果我们放弃这个假设,问题会变得完全不同。例如,如果一个国家由于某些原因,比如连续的土地枯竭、生产力和繁荣程度由高变低,那么一般说来,同样数量的商品在未来将比现在有更高的边际效用,并且因此有更高的主观价值。于是仅仅保存消费品供未来使用变得有利了,当然,尽管这并不能带来生产力的增加,所以从一般意义上说,也不能产生任何利息。即使在今天,人们还总是为青黄不接的时节储存货物,而在以前为坏年景存储一些粮食是很常见的——在交通设施比较差的国家,比如印度和俄国,这可能仍然是必要的。但是另一方面,如果一个国家的繁荣程度在与资本增长无关的情况下由低转至高(由于技术发现等,或者率先向某个殖民地移民),即使技术上它可能提高了劳动和土地的生产力,资本积累可能也是不经济的。由于总体来说繁荣程度增加了,更高的产量可能代表着更低的边际效用。

再者,如果人口的增长一方面伴随着对各种产品需求的增加,另一方面伴随着未来可用劳动力供给的增加,那么在稳定状态下有可能使利率降至几乎不存在的资本积累将不足以达到同样的效果,或者将仅仅能够把资本维持在一个大约相同的相对水平,出于这一原因它将继续拥有高边际生产率并带来一个高利率。除此之外,此时非生产性消费者的数量、大家庭数量等会妨碍资本积累。如果这两个原因(生产力增长和人口大量增长)都起作用,就像在繁荣兴盛的殖民地上经常发生的那样,在某种程度上,人口增长本身会促进生产技术条件的改善,利率或许会在很长的时期内不可思议地高(甚至高达50%以上),正如亚当·斯密在北美殖民地上所注意到的那样。这时资本的边际生产率极其高,可是资本却没有被快速地积累起来,而是相对于需求仍然不足。每个人都有理由期望自己或者其孩子们的经济条件会在未来自动地改善,故而没有人认为需要牺牲目前自己和孩子们能够用的那些生活资料。

老牌国家低利率的资本借贷和投资很快流入,而且会在或大或小的程度上抵消我们刚刚提到的这些情况。

但是很显然,这些情况都仅仅是一些例外。近来在欧洲以及在某些欧洲以外的国家中出现的前所未有的人口增长,必定越来越缓慢,而且可能完全停滞(这很有可能就出现在本世纪)。届时利息也将下跌,而资本家将不得不满足于一个很小的产品份额(绝对意义上和相对意义上都是这样),甚至可能根本一点也没有(尽管由于已知的原因,这有点不大可能)。但是这当然不会使资本变得对生产没有必要。相反地,它会达到其最大的重要性。就像土地,当它过多的时候,可以无偿地或非常便宜地产出东西,所以一个完善的资本主义生产体系,尽管在很多方面与没有资本的原始系统差异很大,却单单是(或者几乎单单是)在劳动和土地会分享产品这一点上与其类似。

然而这种状态在一个基于私有制的个人主义社会里是不可取的。如果土地以一个极低的利率资本化,具有几乎无限的交换价值,那么有产阶级和无产阶级之间的鸿沟非但不会消失,反而会是几乎不可逾越的。即使在现在,很大一部分通常被称为资本或利息的东西,实际上是土地和地租。例如,试想一下,土地价值的巨大增长,特别是在大城市中,即使是其中所涉及的土地价值适度增长的资本货物现在也被按照一个更高的价值标准重新评价了;或者像所说的那样是因为再生产的成本增加了。很大一部分表面上的年度收益是这种土地的资本价值增长所带来的,因而根本不是财富的真正增长。垄断是类似收入的另一个来源,这种收入不会被资本积累的增长所耗尽,相反会变得更加丰富。

第三部分 资本的积累

在 Brock 的著作 *Om den ekonomiska fördelning och kriserna*(1909)中,他(和卡塞尔一样)对利率下跌的可能性持怀疑态度,不过他批评了我们对于这种下跌后果的分析。在他眼里,这也会引起地租的下跌,因为足够低的利率会为现在由于缺乏廉价资本而无利润的土地带来许多可行的实质性改善,于是用于生产性用途的土地供给会变得过多;所以利息的下降仅仅使劳动者受益。

正如我们已经说过的,不能否认这种纯理论上的可能性;而另一方面,利息的下降可能仅仅使土地所有者受益也不是完全不可思议的——因为低利率通常会带来固定式自动化设备和机械或者半自动化设备和机械的采用,所以人类劳动会变得不必要。然而 Brock 所论述的这些状况的实际重要程度取决于一些难以调查的情况。很多沼泽和贫瘠的土地可以通过大量的廉价资本转化成肥沃的良田,这是毫无疑问的,在瑞典尤其是这样。而且如果城市内人口的密集可以在资本的帮助下得到缓解(通过快速和廉价的陆路、水路和空中交通),那么在某些国家已经远远超过农业地租的土地价值或许可以降低——尽管这必须假定人口减少或停止增长;否则地租的持续上涨几乎是可以肯定的——于是资本可能增长到任何程度,即使是相对于人口的增长。

过去讨论了很多的另一个相关问题是资本积累不受约束地发展到什么程度会对那些仅仅间接从中获利的人,尤其是劳动者有利。以前的经济学家通常对此有非常夸张的观点,因为他们(基于工资基金理论)认为资本的增加或者减少会带来成比例的工资增加或者减少。当然,情况并非如此。资本的大量增加(或者减少)无疑与工资率的微小变化有关,但由于存在着长期投资的机会,工资率的变化比例较小。而且在我们这个年代,因为劳动者自己经常会进行储蓄,所以如果稍微高一些的工资可以使他们自己储蓄一些,他们的状况当然会远远好于资本家雇主们通过支付较低的工资、从而能为*他们*节省出相应的(或者甚至更大的)量。在前一种情况中他们既能获得资本积累的直接收益,又能获得其间接收益;在后者情况中他们只获得间接收益,而间接收益可能很小。

在这方面,我们可以参考德国著名经济学家范杜能的一个有名并且独特的推测。他说如果劳动者自己愿意储蓄并且积累资本,那么工资既不太高也不太低对他们是最好的;因为如果工资太低,他们的储蓄会微不足道,而如果太高(相对于劳动的产出),资本的利润以及随之而来的储蓄的利息将会很小,他们将因此失去储蓄的动机。

如果我们将劳动的产出称为 p 并且将工资称为 l,那么 $p-l$ 将是雇主的盈余,并且利息(在保有资本的几年内,平均而言投入生产的资本)将以 $\dfrac{p-l}{l}$ 来度量。劳动者自己的储蓄也必然以同样的利息计算。如果他只消费了数量 a 并省下了余下的工资,那么显然他在这些储蓄上的利息收入相当于:

$$\frac{(l-a)(p-l)}{l} = p + a - l - \frac{ap}{l}$$

因为 p 和 a 被认为是已知的,该等式会在两个负项之和(在右手边)尽可能小的时候达到其最大值。但是这两项对 l 的任何值都有一个固定乘积 ap;当这两项相等时其和最小。于是我们得出:

$$l = \frac{ap}{l} \quad \therefore \quad l^2 = ap \quad \therefore \quad l = \sqrt{ap}$$

这最后一个表达式〔工人的最低生活标准（或者通常标准）的几何平均值和劳动所产出的全部价值〕因而被范杜能看作"自然工资"，并且他曾希望将这一公式铭刻在他自己的墓碑上。我们不在这里停下来对它进行全面的批评。无论如何，如果要使该公式与现实相一致，必须对其进行大幅度的修改。因为，首先，当 l 增加（很容易看出，这意味着一段恒定时间的生产）时，利率的下降不是与表达式 $\frac{p-l}{l}$ 成比例，而是通常慢得多，因为雇主们对所有工资增加的反应都是延长生产周期（采用节省劳动力的机器）。其次，劳动者获得利息的存款并不仅限于他们生产所得的收入，还包括所省下的资本本身；他为装修房子而积蓄，为其子女的教育而积蓄，为其养老而积蓄，等等。因而 l 最有利的价值可能比范杜能所认为的更接近 p。

上面所说的这些可能足以说明而不是解决很多与资本积累相关的问题——关于资本积累问题所做的研究一直非常有限。然而关于这一问题有几个更加重要而且有趣的方面，这些方面与当今资本几乎总是以货币的形式累积这个事实相关联。我们会在论述货币理论的时候再回过来看这些方面。

但另一方面，我们必须注意不能忘记货币或信贷只是资本积累的一个外衣，一个形式。一个国家的现金数量既不能通过储蓄增加，也不能通过储蓄减少，而是总体上保持恒定；各种类型的信用证券至多不过是有形资产的所有权，除非它们意味着对实际资本的破坏，比如战时公债。因而真实的、生产性的储蓄总是以实际资本的形式存在。在正常的经营中这个过程是显而易见的。一个人通过节省、限制或推迟消费而放弃的商品（更确切地说，否则会转向生产这些商品的劳动和土地），他直接地将其（通过货币、信贷或信贷机构）置于一个企业家的支配之下，这个企业家逐渐地将它们转化成或多或少的固定资本物品，即实际资本。在繁荣阶段的末期，票据信用似乎常常部分地（不过实际上并没有）弥补了实际资本的短缺——而在固定资本投资几乎不能盈利的经济萧条阶段更是如此，但是储蓄仍在继续，虽然可能速度放慢了。此时，资本积累的过程有些难以理解。它一定是以某种现实形态在持续，因为没有其他的手段了；但是什么样的形态呢？对这一问题进行深入研究是非常值得的，并且可能有助于弄清楚目前仍然是整个经济学范围内最神秘的领域，即贸易周期（和危机）理论。但是我们在这里不能考虑这个问题，因为我们要贯穿始终地把注意力限定在普遍意义上的均衡经济现象中，限定于有别于动态的静态分析。

附 录[①]

1. 卡塞尔教授的经济学理论体系[②]

(Ⅰ)卡塞尔对价值理论的驳斥、他的交换理论以及他对定价机制的观点。

(Ⅱ)利息理论、土地和矿山的地租理论、工资理论。

(Ⅲ)资金和国际支付的本质。

(Ⅳ)贸易周期理论。

I

卡塞尔教授,像其他许多人一样,希望将他的科学体系呈现给听他讲座范围之外的公众。为此,他与莱比锡的 L. Pohle 教授合作发表了 *Lehrbuch der Allgemeinen Volkswirtschaftslehre*,后者

---

① 附录的翻译是由 Solomon Adler 完成。

② 对卡塞尔 *Theoretische Sozialökonomie* 的评论,莱比锡,1918 年(viii, 582s),最早出现在 *Ekonomisk Tidskrift*,1919 年,第 9 页,并收录于 Schmoller 的 *Hahrbuch*,1928 年 vol.lii - 2 No.5。除非另有说明,所有页码指的是《社会经济理论》(*Theory of Social Economy*)第 2 版中的页码。

发表的是他们联合著作的前一部分,是关于历史和社会学的发展。卡塞尔教授是第二部分纯理论的作者,这部分现在发行量很大。

如果想评价这本书,就必须评价作者一生在理论领域的全部成果。卡塞尔教授明确表示希望他的所有著作(甚至是其中最早的、最不成熟的部分)都应该被视为现在所完整呈现的理论大厦的不可或缺的基础。避免从根本上去修改他早期的、在我看来不那么成熟的观点,而使它们不被遗忘想法,也许会受到质疑。但这当然是他自己的事情。就我而言,我觉得有必要全面了解他的理论体系。由于各种原因,主要是个人方面的,除了他比较早期的文章 Tübinger Zeitschrift[①] 之外,我从来没有对他的作品进行过公开评论。如果我再拖延下去,对我们俩人或其中任何一个可能都太迟了。这也算是为此文不同寻常的长篇幅找个开脱之辞吧。

卡塞尔教授在早期作品和直接教学活动(我相信是这样)中体现的很多杰出才华在这些作品中随处可见。我羡慕他对已经普遍接受的经济理论的简明、清晰的表述,以及使用精心挑选的世界性事件为例进行说明的能力,在这些方面他从实践中获得了经验。最后但同样重要的是他根据统计资料描述具体经济现象方面值得称赞的尝试,这在该书的第四部分关于周期性波动方面的内容中表现得特别明显,我认为这部分是最好的。

尽管有这些优点,卡塞尔教授却有不惜一切代价、渴望在每一个经济领域都被推崇为原创、甚至开创性理论家的缺陷。作为一名政治家,他如何在耗费心血的活动和数不清的公共事务中抽出

---

① *Grundriss einer elementaren Preislehre*(1899 年)。

时间来进行研究,仍然是一个谜,因为没有什么事情像科学思考这样如此耗费时间。我担心他的观点是基于一种没有事实的猜测。他的创意在大部分情况下只是以一种新说法陈述了别人的想法。创新通常标志着对不屈不挠地洞察理论中模糊之处的渴求,但是这个目标却不是那些浅尝辄止的人能够实现的。读者最后陷入思想混乱的泥潭,肤浅的言论无所遁形,唯一的逃避方式就是轻蔑地斥之为"不必要的"和"教条的"。

这些"杰作"中的第一个也是最引人注目的一个,是对"所有旧式的所谓价值理论"的全盘否定(出现在其前言的第 1 页)。当然,他指的是现代价值理论。他对早期的那些价值理论一向是很温和的,这一点,连同其阐述中体现的魅力,使其得到了老舍夫勒(Schäffle)的青睐。

另一方面,他想要破除现代主观价值理论;但是他要么没有合适的概念,要么用"稀缺原则"来代替边际效用。他声称价格后面的心理现象不属于经济学家的研究范畴。这种说法让我想起了英国股票经纪人,他们年复一年通过购买和出售铁路股票获得收入,却不知道铁路在哪里。他还再次重申了他对"测量效用"不可能性的反对,仿佛在无法估计不同东西对于我们的效用的情况下,通常的交换和经济活动仍然是可以想象的(甚至在原始经济中)。同样,如果无法比较同一商品对于不同人的效用,议会成员对税收问题的审议也将是毫无意义的。(当他不得不谈论所谓的集体需求时,他将整个事件看作是"强制的、统治经济的、统治组织的"(即 praeterea nihil)而不予理会,这是卡塞尔教授的特点。他本人认为,"经济学家"必须坚守货币价格作为唯一"精确的度量尺度"——这些内容都写于或发表于第一次世界大战的最后一年,此时货币作为价值尺度已经完全失败。

他还认为,作为价值交换基础的边际效用具有既不是已知也无法确定的缺点,其本身就依赖于它试图解释的价格并随之而变化。但这如何用在"稀缺性"上呢？一种商品不是因为数量少而稀缺,而是如卡塞尔教授自己在前言指出那样,只有与需求联系起来或成为一种所需之物时才稀缺。而对稀缺程度的衡量方式与边际效用是完全相同的,即由下一个需要未被满足的强度衡量,这首先会使商品被识别为"稀缺"。换句话说,稀缺性和边际效用基本上是一回事;瓦尔拉斯已经认识到这一点,因为"rareté"（这是他用来代替"utilité finale"的词）,既表示缺乏又表示稀缺性。

然而,这不是卡塞尔教授的观点。奇怪的是,他本人,除了在上述的前言中的段落之外,从未对稀缺的概念进行过说明,否则这种关系可能会变得清晰起来。为了弥补这一疏漏,他以斜体字的方式提出了下面这个稀缺原则的定义,他说,"在交换经济中,稀缺原则表示由于价格的压力,去调整对相对供给稀少的商品的消费的必要性(74页)。"正如我们已经说过,"供给稀少"的含义仍然没有解释。但即使这样,这个定义仍是荒谬的,因为没有必要害怕消费超过供给。在该书的后面部分,"消费"这个词在这方面一直被"需求"代替。而在这个阐述中人们确实可以看出本质,既然价格不可否认具有平衡供给和需求的"任务",因此所有的供给都出售了,没有有效需求仍然未得到满足。

但是,如果稀缺性原理不包括其他内容,那么它将与古典的供需均衡理论完全相同,而卡塞尔不能说自己是它的发现者。边际效用学说不止于此，它规定了对于每个单独的交换个体、商品价格和稀缺性（边际效用）之间的相等或比例的关系。这一原理绝非那么容易就建立起来的，即使是第一个解释边际效用理论的戈森（Gossen）也未能达到这一高度，这一点就应该可以证明。它不是"不必要的"，这一事实体现在于在大致相同的时间，至少有三位真正的开创性科学家将它作为一个重要发现提出来。当然，它不包含任何绝对全新的东西，但微积分的发现也是这样的情况；两者的作用在于用一个明确的概念和同样重要的适当的公式，取代了冗长的、缺乏系统性的观点。

为什么卡塞尔教授从这项任务中脱身出来？他为什么要向他的读者隐瞒这个走出交换理论迷宫的有用的引导，除了几行在其他方面都完全正确的摘要？例如，如果以边际效用总是与价格成比例这样的基本原理为基础，需求弹性随价格上升下降的概念会变得更清楚。在这方面，卡塞尔教授也未经仔细检验就提出了一系列论断，其中有几个是正确的，但通常需要一个解释，而另一些则值得怀疑或者完全错误；例如需求必然总是随着价格下降而上升的论述（第80页），反之亦然。当商品在消费时部分可替代时，或者它们是商品持有者本身的储备需要时，就不是这样。商品价格上涨对后者的影响可能是使他们会保留更大的比例供自己使用。如果我没有搞错的话，那些在战争期间为自身需要生产的情况在很大程度上就是这样。卡塞尔教授自己对边际效用的基本概念提出了一个极其简短的解释，如果他的读者非但不认为这个解释不必要，而且像雾都孤儿那样要求得更多，我丝毫不会感到吃惊。

卡塞尔教授另一个引起我们注意的特别之处在于他认为自己

将货币作为"结算的单位"①是前进了一步,这一点非常明显。他大胆地断言,古典经济学家在调查经济现象时试图尽可能地将货币的使用分离开来,是基于他们认为在原始社会没有货币的先入之见(卡塞尔教授认为这是错的)。这种说法很天真,人们很难将其归因于卡塞尔教授。相反,这种有意识地分离货币的功能——贸易的概念,无论是外部的还是内部的,正如上面对商品交换的分析中,将资本看作实际资本而不是一笔钱②,将工资看作实物工资,这是最先赋予经济学家真正科学特性的决定性的一步,也是第一次使其超越了模糊和不连贯的重商主义思想的一步。

除此之外,卡塞尔教授没能始终如一地坚持他的方法。在对"定价机制"的处理上(这部分我们稍后会谈到),他首先假设每个消费者都有一定的购买力(以货币表示),然后他自然而然地得出了商品的价格将是完全确定的这个结论。我在读这部分内容时产生了浓厚的兴趣,因为我以为他下一步会努力说明货币的购买力如何产生并保持。但是关于这一点只字未提。提出这个假设只是为了后面丢弃,出人意料的是接下来对交换和生产现象的解释中只解释了相对商品价格,而不是绝对的货币价格,这个任务只能留待货币理论来解释。应当注意,卡塞尔明确地表示在此阶段,他只将货币作为"计量单位"考虑,因此,可以暂时不考虑货币作为交换媒介的功能,这个功能也许可以被一些其他商品取代,例如在荷马

---

① 参见他的"Grundriss",其中他试图将全部经济学建立在一个有用的"虚构"基础上,即一个先令对所有的人都具有同样的经济意义,与其经济地位无关。

② 后来,卡塞尔教授不得不"警告"他的读者不要把"实际资本"和"货币"混为一谈。

时代,"牛"被用作价值的一个度量,尽管它们很难成为通用的交换媒介。然而在这种情况下,货币将完好保持其作为商品的特性,至少将货币作为价值尺度不会有损于此。换言之,由生产和交换确定货币交换价值的方式恰与其他商品的方式相同,也就是之前所假设的商品用货币表示的价格仅由"商品定价机制"决定,而不只是像卡塞尔教授所指出的那样,是价格乘以"任何因素"。更进一步,如果严格地说货币只是作为交换的媒介,即在市场上表示商品的手段,我们将得到相同的结果。因为一笔钱,无论数额多么小,根据我们的经验,也可以影响商品的交换。现在货币也有第三个功能,这个功能在实践中是最重要的,即作为"价值储存手段"的储备或者现金余额。正是由于这一特点,对于一定的商品价格,需要一定数额的金钱,正因为这样,货币的数量成为商品价格最重要的一个因素。此外,由于它的这一属性,货币作为商品的特性成为次要的,甚至完全消失。瓦尔拉斯很清楚这一点;他首先将货币视为"numéraire"(计算单位),后来作为"monnaie"(交换媒介);只要讨论的是第一个特性,他只将其作为商品之一来看待。而卡塞尔教授则好像是在争辩荷马时代的牛一般不是消费和交换的对象,而只作为"计算的尺度"。此处过早地引入货币没能让表述得更清晰,而是恰恰相反。

在卡塞尔教授的论述中比较有价值的部分是对定价过程中产品和生产要素之间互反关系的强调。在我认为是他最好作品[1]的

---

[1] *Die Produktionskostentheorie Ricardos*,etc. (Tübinger Zeitschrift, 1901) 在这篇写得很好的文章中,他称颂了边际效用理论,这在他别的文章中是找不到的。

那些其早期著作中，卡塞尔教授清晰地表明，一旦我们有不止一种生产要素（如简单的体力劳动），则生产成本确定产品交换价值的原则不再成立，而事实上，我们有数百种不同种类的生产要素。这些成本简单地成为生产要素的价格，这种价格必须结合单一体系联立方程中的商品价格确定。然而，这是瓦尔拉斯的观点，归根到底是其强大的整合构成了卡塞尔教授"定价机制"的基础。卡塞尔从他那里受惠良多，本应表达感激之情，但是他在整本书①中都未提及瓦尔拉斯的名字。他坚称（虽然并非始终如此）从未引用任何人的文章，全是源于自己。但是，他除了对公式进行了一定程度的简化外，没有对瓦尔拉斯的论述有任何改进。相反，他在中间部分遗漏了，造成了不连贯。追随瓦尔拉斯脚步，他描述了生产要素的报酬总额是如何大体上与总（实际）收入一致，并同时成为对商品和服务需求的来源；他补充说，这些收入不是全部用于消费，而是部分储存了。但是，这时现有生产要素总和与进入各种商品消费需求那部分之间的相等性（我们之前已经认可的）不再存在了，卡塞尔教授的等式(7)(144页)不再有效。为了使整个体系生效，不仅要求储存者如卡塞尔教授假设那样在现行价格或有关确定价格的基础上决定储存多少，而且也应该清楚地了解需要哪种生产要素，以便最有效地投资。在这方面，卡塞尔教授只字未提。但是，即便是处于困境中的读者可以自行填补这一空白，他在读到卡塞尔教授的生产要素的"资本处置"和"价格"、利息，并试图将这些量

---

① 在他的"Grundriss"，他清楚地表明自己承袭于瓦尔拉斯；但是一两年后，他介绍自己的文章是此类的"首次尝试"！（*Der Ausgangspunkt der theoretischen Oekonomie*，Tübinger Zeitschrift，1902年，自697页起。）

与之前所给出的公式中的其他生产要素和价格统一起来时,也一定会开始感到疑惑。如果卡塞尔教授能够指出不经过重复计算如何来处理这些,那将受到极大的关注。

瓦尔拉斯以一种完全不同的方式进行表述。对他来说,资本品本身是与劳动和自然力一样的生产要素,"le taus du revenue net"利率是目前生产的资本品的预期收益(等于它们生产要素的价格减去必要的摊销费用)与现行价格下它们自身的生产成本之比。因此它在这里代表的是确定储蓄"公式"中的"参数"。储户和企业家力求让这个比率最大化,当大致出现这样的状态时达到均衡。瓦尔拉斯以这种方式构造了一个非常一致和严谨的系统,当它与杰文斯和庞巴维克的体系结合时,双方本身都完整了而且也使对方完整了[1]。卡塞尔教授干脆省略了瓦尔拉斯系统中的这一重要部分,并把资本理论放到下一本书,这时他可以进行的更自由,而不会因代数公式而自找麻烦。但后来麻烦更多。

现在,我们面临着一个解释卡塞尔教授所论述的基本原理中另一个独特之处的艰巨任务。众所周知,古典经济学家往往倾向于采取一种将自由竞争或自由定价机制视为一种道德因素的处理方法,也可以说成是一种经济上的天意,它在全部生产和产品分配

---

[1] 显然瓦尔拉斯的方法不会产生以后揭示的实际利率,但是预期贷款利率水平由时间决定。在这一点上,我必须撤回我之前针对瓦尔拉斯的反对意见:即他的利息理论的前提是必须处于一个是渐进式(progressive)的社会。瓦尔拉斯本人的确是这么说的,但事情的真相是,它只适用于静止状态,并严格地从那里得到。隐含的假设是,生产要素现在和未来具有相同的相对价值或价格,事实上,静止状态是这样的,但在渐进状态时不是这样,除非我们假设产量均匀地增加,严格说这是不可想象的,因为自然力量的总和不能增加。

中给每一个参与者一定的份额,同时,每个人得到最大满意度。当代经济学家中,卡塞尔教授是最后一批觉得很容易回避这一方法的人。事实上,他并没有走得那么远,认为当前大体上基于自由竞争的社会状态是社会公平的理想状态;他自己的寓言"穷人的面包有时会扔给富人的狗"就是这方面的证据。但是他基本上支持古典经济系统。他总是强调其经济优势,如果他做不了别的,他就推崇"自由选择消费品",与类似的社会主义状态形成对比。他根本无惧引起嘲讽,在另一段里,他用盐和墨水来证明即使是最贫穷的人也可以完全满足他们的一些需求。

其实在现今社会下层阶级并非无权自由选择消费品,就生活资料而言,他们分配到的是最廉价的品牌,他们其他的消费也是类似的。像战争期间的最重要商品的配给制,在"选择消费商品"方面肯定会给予他们更大的自由。

当我们撇开分配考虑生产时,我们可以说,在一定意义上说,经济自由促进"经济",因为只要在现有生产要素条件下,在某一点存在交换价值的剩余,在自由竞争情况下它们必然过渡到这一点。当然,我们必须记住,生产的类型应该是有效需求确定的,而不是由对产品的社会愿望需求确定,这两个概念,卡塞尔教授从潜意识里就非常地赞同,以至于不会混淆。在最后的分析中,生产要素在所得到的总产品中的份额问题与社会分配问题说到底是相同的,没有雄辩可以掩盖这一事实,即"稀缺原则"只能产生最基本的机械调节,它在不得已而求其次时可能成为首选,但却不是基于任何伦理或社会学原理。即使我们讨论像工资这样如此重要的一个社会因素,或者是像土地的租金、场地租金或者某些垄断收入等如此令人质疑(虽然不能说是令人厌恶)的社会因素[①],"联立方程式"也不能保证任何"变量"不为零值。

如果自由竞争被协议废止了,情况将会变差,缔约各方将像敌对势力一样互相对峙,在大多数情况下,结果至少像战争结局一般不明朗,而我们唯一可以肯定的结局是共同受损。

在一段写得非常精彩的部分,即第十四章,卡塞尔教授以一种过于乐观和"抱歉"的语气,生动地刻画了一种对以现代经济发展为特色的自由生产的前所未有的限制倾向。即使如此,他仍尽可能地捍卫他的"自得其所"学说。他希望我们相信,大型企业同意结成托拉斯,那是因为如果它们不这样做,则可能被迫陷入自相残杀的竞争,造成生产亏损。他指出,当国家被迫将垄断权力授予某些企业(如铁路公司),它会通过设定价格上限等来限制这种垄断的有害使用。此外,垄断迟早会受到潜在竞争的威胁,例如,来自国外的竞争。

这里应当指出的是价格垄断体系绝不是最糟的,如果我们假设整个市场只有一个或至多几个垄断企业的话。然而,如果许多生产分支都变成了垄断或托拉斯,最终他们提高价格也会是漫无目的,除了某些联合体具有的技术优势外,他们不得不从那些或多或少的共同行动中寻求利润,因此那些不归他们所有的生产要素的价格(尤其是劳动者的工资)将被迫下降,至少不会再涨。国家至少目前无法对这一过程作出反应。

---

① 在"Der Ausgangspunkt,etc"卡塞尔是如此激进,他希望没收全部地租(第686页);在该作品中,他得出了一个令人惊讶的结论,城市现场租金是"本质上是人类生产活动的结果"。它没有说明应如何理解,以及他推断出什么结论。

卡塞尔教授社会观点的这种模糊性与他理论中的模糊性异曲同工。虽然在他自己的体系中，不存在独立的生产成本，而只有不同生产要素的价格（等同于它们在全部产品中的份额），但他认为每种商品的价格必须与其生产成本相符是值得一提的——根据他的假设这仅仅是一个老生常谈的问题，一个不言而喻的事实（只要生产的成本可以估算）。换言之，"每个需求都必须承担与其对应的成本"，或者，如同卡塞尔教授有时表述的，未对概念进一步分类前，它必须承担"必要的成本"。所有这一切都无可救药地模糊；也许这是他最初注意到的瓦尔拉斯的企业利润趋向为零的理论。但后来似乎被他忽视了，这些只有在完全竞争情况下才成立，而且某些"成本"即使在完全竞争的情况下是经济需要，却不会因此而成为社会需要。土地的产物在食品消费者之间或者森林中木材的产物在木材消费者之间按照比例或其他原则进行分配，不一定带来商品价格的下降，但会导致对其实际支出的下降[①]。

为了"表述"或者"建立"，成本和商品价格之间的等式，根据卡塞尔教授的说法，"稀缺原则"已经不够用了。在许多地方存在生产成本的不确定性，根据他的观点至少还需要另外四个补充原则。他将这些称为差异原则、降低平均成本原则、替代原则以及联合产品原则。四个已经太多了。最后一个可能有一些意义，但其实是

---

① 除了其在土地租金方面的应用，卡塞尔第一次陈述该种观点是在他的文章 Der Ausgangspunkt, etc 中，在我看来这篇文章非常模糊、结论大错特错，还有一些卡塞尔尚未充分认识到的缺陷。在该作品中卡塞尔多少修订了一下他之前提出的论述，例如，他不再主张应用广泛的费用原则是唯一正确的公共事业融资方式。但他仍然强烈倾向于这一观点，在 Nationalœkonomisk Forening（经济俱乐部）讨论时，他草率地反对所有其他类型的对于国家铁路的"涵盖"，没有任何理由。

"成本原则"的一个例外,而不是建立它的一种方式。如果两种或两种以上的产品按照固定的技术比例进行技术组合,那么其成本归集根本不可能,而其每一个的市场价格都自然地是由供求关系所决定的。然而,如果技术比例改变了(分别为吃肉的羊或者剪毛的羊,等等),特定成本存在于边际生产(其实这是更普遍的情况),则它们一定会与其通常的价格一致。而这些同样适用于替代原则。总的来说不同的生产要素不能完全替代,而是同时应用。然而,在生产边际时,任何一种生产要素的预期(虚拟)增加或减少都可以被视为是它的经济贡献,这必然与其价格成一定的比例。但这种替换价值,或者换一种说法,这种边际生产率与商品的"稀缺性"是以同样的方式进行度量的,如果被正确地定义了就应该与它相同。卡塞尔教授的验证结果则相反,在我看来,这仅仅证明了其本身是一个不完整的分析。

差异原则也不是对稀缺性原则的额外补充;在这里它本质上是不同生产要素的问题,尽管有其外在相似性,但每一个都有其自己的稀缺性和价格的问题。肥沃程度不同或者与市场距离不同的两块地是不一样的东西,即使它们可能看上去是一样的。

但是,疑问最大、对我而言最不可理解的是"成本减少原则"。卡塞尔教授,对这个问题的开场白有几页,他认为自己已经结合其他企业考虑了不同企业的情况(根据"差异原则"),为简单起见此时他假设每一种商品只由一个大公司生产。即便如此,在他看来,生产成本可以是不确定的,它们随企业的规模而变化。如果成本随公司规模的扩大而增加,情况很简单(他说)——它就是最高的成本,即确定价格的边际成本。他没有提及任何在这种情况下利润的去向，却突然整个放弃了这个有趣的特殊问题。幸好如此，因为很难想象大公司的生产成本会增加。如果小规模的生产比一个大公司的生产更有利润，工厂作业会让位给家务劳动，大型企业会被分化成小农场，等等。

相反，大公司成本减少（当公司的范围扩大）是一个实际的事实。此时，卡塞尔教授说，最高成本不是由价格确定，因为"它们是在生产的低谷，而不是在生产的顶峰"。但是商品的价格也不能等于其边际成本，否则公司无法再维持自身运转。因此，他的结论是，我们必须选择折中方案，即按这样的方式确定价格：它只包含平均成本，所以企业家没有利润——对比一下之前的情况！卡塞尔教授没有对企业家这种慈善行为的原因给出任何线索。他继续去说明（而这并不困难），在这种情况下，"至少两个"价格必须存在，一个较高的和一个较低的，无论哪一个价格都包含了公司的费用。从这两个价格里他决定选择的是较低的价格！他首先以销售与价格的关系按这样一种方式变化为例，即在一定限度内，生产可以在任何价格下收支平衡，也许是为了让这个结论对于持怀疑态度的读者更惬意。我们必须承认生产者没有动力让产品定价高于消费者的利益调和点之上。但是，在其他情况下是什么样呢？在最高价格和最低价格之间其实存在着一系列的价格可以为生产者产生剩余利润。那么，为什么他不选择其中之一？如果我们假设他可以独自掌控情况，他肯定会将价格确定在会产生出最大利润的点上；另一方面，如果他有竞争对手，即使他们很弱小，他大概也会选择一个略低一些的价格以便去摧毁他们，之后他就可以再次提高他的价格。换句话说，当"收益递增"的规律适用于一个公司，并且适用于任何增加范围,那么自由竞争是不可能的,而企业家的利润最终将成为垄断收益,不会有消亡趋势。

令人惊讶的是其实卡塞尔教授很清楚这一点,并在下一段(第129页)提到了它。不过,他后来没有费心在"定价机理"(自161页起)那章对这种特殊的"辅助原则"表示出兴趣。如何理解这一切仍然是一个谜。

当作者参考这些原则(111页),将"增加"和"收益递减"的表述用于完全不同的情境时就更混乱了,比如一种数量增加的生产要素和一种保持不变的生产因素被放在一起时,例如把一种肥料投入到已知质量的土地上,或对其增加劳动投入,在这种情况下生产规模毫无疑问没有扩大!无论土地面积如何,原则保持不变。正如同他所注意到的,生产规模的扩大确实往往与所投入生产要素组成的变化一起发生或者由其决定。这当然使问题复杂化,但不应该造成完全不同的概念混淆。

整个一个大杂烩——我几乎没法用别的什么来称呼它,这在很大程度上要归因于卡塞尔教授顽固地忽略了早期关于这个问题的专业文献,既然这是他自己的书,他假装这些是不相干的。

在第一本书的小问题中,我们只想提他将"商标和专利的权利"作为一个"封闭的交换经济"(表示为"实际资本")的"总资本"的一部分(52页);如果我理解的正确,他将每年发生的土地和草原价值的增长包括在"总收入"中(第57页)。两者都不正确。一项发明是一定的工作方法,与实际资本没有任何共同之处(尽管它可能已经花费了一大笔资金),而且在专利过期后,社会并没有变得更贫穷,甚至是变得更富裕了——否则的话为什么要立法限制专利权？而且，从财政观点来看，只有土地价值可以包含于国家的收入中，很难再包括其他了。卡塞尔教授只说了国民收入足以支付增加的土地价值（他称之为一个重要的原则），但模糊的术语并不能改善事情，也不会使其更容易理解。为什么不去澄清重要的社会关系，而是让它们更模糊了呢？

II

第二本书中关于利息的章节让众多熟悉这一课题的读者百感交集，这是因为它既吹毛求疵，而同时又有其建设性的贡献。工资基金理论被直截了当地描述为"刻板的教条主义"——它至少是有些用处，而老版本的最主要的错误包括未经进一步证明就认为所有基金是存储一年的基金。正是这种错误甚至曾使李嘉图得出过某些谬误的结论。不过，这一缺陷最近已由杰文斯的分析以及庞巴维克的分析纠正了。

我怀疑卡塞尔教授将庞巴维克（和门格尔）的作品描述为"明确的倒退"（第191页）时，是否获得了任何严肃经济学家的支持，除非他们指的是实际上"退回"到整个利息现象的最初基础（即现在针对未来的交换优势）。通过这种方式，他们的理论可以包括所有种类的利息，甚至是在没有物理意义上的资本积累的情况，如消费贷款[①]；很多其他利息理论在这方面范围较窄。卡塞尔教授粗

[①] 卡塞尔教授"宁愿"从借款人的角度把消费贷款看作是"负资本积累"。但是，无论从社会上还是物质上说，都没有负的资金积累，只有未完成的正积累，借此一些现有的资本品被自行销毁，社会资本存量因此减少。

略的判断①与其说是荒谬,不如说是攻击性的。庞巴维克在 *Geschichte und Kritik* 中,虽然没有完全赞同 Senior 的利息理论(与卡塞尔教授的理论最接近),但仍称其在深度、系统性和科学严肃性方面无与伦比地超越了他本人前期的理论,并驳斥那些对它的不公正攻击。人们只有在将这种对待像 Senior 这样杰出的经济学家的方式和卡塞尔教授对庞巴维克的评论进行对比时,才可以鉴别哪一方是"刻薄的学者"。而且很显然,像其他人一样,卡塞尔教授所了解的很多关于资本和利息功能的知识来自于庞巴维克,人们将不由自主地回忆起 J. Bonar 博士总结他对《利息本质和必要性》(*Nature and Necessity of Interest*)的评价时,大多数情况下出于善意所说的:"天杀的,那些在我们之前发表的文章见鬼去吧!"②。

杰文斯的利息理论,虽与庞巴维克的基本相同,却被称为"重大进展"。卡塞尔教授对它的第一点反对意见是资本化生产并不需要"粮食的累积库存"。杰文斯作出任何断言了吗?杰文斯表示,资本以其"自由"的形式,即在其作为(投资)资本存在的一开始以及末期,假定为生活资料的形式;但这并不是说,在任何一个特定的企业撤资必须是一举全部撤出。在后面谈到卡塞尔教授本人对杰文斯的另一个反对的解释时,我会再返回来。他的第三个反对意见是,杰文斯"希望""仅仅"通过"延长生产时间的边际生产率"来确定利息,这"完全忽略了稀缺性原则"。正如我们已经表明的,

---

① 他的观点——"一些储蓄即使在 0 利率时也会发生"在这种情况下是不合理的,如果没有利率,就不需要任何扩张。

② *Economic Journal*, 1904.

如果理解正确，稀缺性和边际生产力是同一个东西。如果我们将社会上的资本化生产看作一个整体，它包括每年为消费准备的"基金"（使用庞巴维克的一个贴切的术语），这部分一般说来发生在未来的某些点，这个时间点越遥远，资本化生产越深入。此时资本投资期是唯一可变的维度，因此社会资本增加在事实上等同于平均投资周期的延长。这当然是假设最初的生产要素土地和劳动保持不变，或者，资本相对它们增加，两者其实是一回事。卡塞尔教授提到的"保守农业"，即增加资金需求不会带来生产期的变化，最多是耕种面积的延伸，这因而只是一种"诉诸无知的谬误"，究竟有多少谬误要由读者来说。

我们再回到庞巴维克。对于他的巨著"Kapital und Kapitalzins"，卡塞尔教授说："尽管其中投入了慎重的、非常细致的工作，它大体上是误导，无论是评论以及历史部分，还是其建设性的部分。"庞巴维克的述评文章，在经济学文献中没有类似的工作，它明确而决然地展示[1]了以往许多尝试解释利息的愚钝、肤浅和错误等特征，怎么可能"大体上是误导"？也许换一换，卡塞尔教授该启发我们，为什么他自己大声赞美的杜尔哥（Turgot）的利息理论（在他的"Nature and Necessity of interest"中），现在却突然沉默了[2]。但他很可能为自己年轻时的妙语，由于利息和资本积累份

---

[1] 这很容易解释，当卡塞尔教授追溯既往时，一些以往的尝试必须被"过失地遗忘"（第185页），但是在庞巴维克之前肯定不会这样。

[2] 但是，我们在他下面的陈述（第51页）中仍然可以找到它们的痕迹，即一块土地在某种程度上得到一定的回报，且还在某种程度上很"显然"地具有某些资本价值。事实是这样的，但它只有在理性的利息理论中才变成了"明显的"，也就是反对杜尔哥的理论。

额都与资本和时间①成比例这个绝妙原因去确认它们的想法，逃脱了庞巴维克的批判而欢欣。就《资本实证论》(*Positive Theory*)而言，其"误导特性"，根据卡塞尔教授的观点，已经被庞巴维克对"问题的陈述"搞得很明显。"难道产品的价值取决于生产要素的价值，或者与之相反，生产要素的价值取决于产品的价值？"卡塞尔教授没有提及这个有根据的问题与瓦尔拉斯所提出问题的形式是完全一样的，而且对它的回答，据我看来两位思考者是一样的(这是卡塞尔教授自己回答它的方式)。问题同样让他感到不舒服。此外，他重申了对杰文斯的同样的批评，尽管他以前将杰文斯的理论称为"巨大的进步"②。"巨大的进步"也能"主要是误导"吗？

我不会在卡塞尔教授本人对资本理论的积极贡献上拖延太久。在这方面的讨论太容易迷失在文字的迷宫中。就我而言，我不觉得自己被束缚于任何特定的术语，而是经常宣称只要时间要素被赋予适当的地位，构建利息理论的出发点几乎可以随意选择；无论我们从生产力理论出发，还是从货币的使用或者节制出发，乃

---

① "Das Recht auf den vollen Arbeitsertrag,"第124页，在那里卡塞尔因急于得到比较可信的数字，犯了一个算术错误，作为一名数学教师，他很难在他的学生面前辩解。当这本书出版时，我私下提醒他注意这个严重的错误；但这种情况并没有阻止他后来不加任何限制地引述他的工作，就好像它没有任何例外一样。

② 庞巴维克的工作也有错误，而且他并没有向我们提供所有他在更有利的情况下可以提供的东西，这是我的观点。当我的书《利息、资本和租金》(*Uber Wert*, *Kapital und Rente*)出版时，庞巴维克给我写信说我在书中对他的理论提出的异议，很多与他从未停止的对自己作品的"自我批评"相吻合。有人可能会推断他心里想着进一步发展和完成这个体系。但什么也没有。多年来他的时间被政治活动占用了，并且他后来发现自己是那么多(或多或少)无端攻击的对象，最终即使不作任何改变地重印他的作品甚至成为一个事关荣誉的事。

至从货币理论出发,都并不重要,唯一重要的事情是要前后一致。但是我觉得这里缺乏的正是这种一致性。我们也可以采用瓦尔拉斯在社会生产的某一个瞬间截取横截面的方法,因此仅需考虑当时存在的生产要素间的合作关系。在这种情况下,毫无疑问,对于成品的需求构成对原料和生产要素的间接需求,因此成品可以生产出来。同时还有对新资本品的需求,它们目前的收益率是预计未来收益率的依据。因此,我们可以清晰地洞察到贷款利息是由每个时刻确定的这个机制。采用这种方法,我们没有必要"作为一种生产要素等待"(尽管它在一定程度上是储蓄的调节器)。或者我们可以再回到最初的生产要素结合等待(或者最好说是时间)的情况。此时,我们做一个纵切面来代替,这种解释也可以适用。这种纵切面,确如卡塞尔教授所评论的那样,实际上可以在时间的两个方向无限期延长。然而,这种不确定性,没有实际意义,因为主要部分是在有限的范围之间。如果我们由此出发,消费者一方对生产要素的间接需求就成为一个单纯的象征,我们也不再需要考虑资本品;采用杰文斯和庞巴维克的框架,一切都分解成一个面向未来的连续生产。

首先,这种方法为我们提供了一个对利息最初起源的纯粹的理论洞察;但实际上,正如我在《利息、资本和租金》中所发现的,它有严重的不足,这个不足产生于某些资本投资的持续期以及连续的调整过程,之后会出现一个均衡的状态,在这个时间间隔中,几个世纪只是一瞬间。然而,这种不便源于问题的性质无法避免。出于实用的目的,我们当然只能将我们的注意限于较短的期间,并把特别耐用资本品单独放在一组作为一种"Rentengüter"——类似于"土地"以及自然资源的供应。这是我在书中提出的方法,也是卡塞尔教授现在所采用的方法,但是当然我们并没有通过这种方式获得多于一个的临时均衡状态。

卡塞尔教授在这些观点之间摇摆,却没有对他所使用的概念给予任何确切的说明。在定价机制的部分,他也想将自己限定在特定的时刻。但在 207 页中,他说,"交换经济的任何分析必须限制于一个相当小的并确定的时间段"。因此此时处理的不是一个时间截点,仍是一段时间,而我们都没有被告知将如何确定其持续时间。几页之后(第 215 页)他补充说,"如果我们把(耐用资本品)的服务作为最终产品,并因而在更广泛意义上的生产过程包括等待它们的服务时,联系表现得更清楚",等等,因此,在这里,我们必然面对一个显著的长"期"。然而,他没有试图通过考虑这种遗漏,以及"等待的价格"(利息)是否由它自己的稀缺性或者仍然笼罩在黑暗中的"资本稀缺"决定这一关键问题来完成他之前的"平衡方程"。这个问题确实很难;这里所以提到这些只是因为卡塞尔教授声称他已经把这个问题变得比他的前辈容易得多了。

卡塞尔教授最喜欢的说法"资本处置"(它曾经被称为 Kapitalnutzung 或资本的使用)不是特别适合于此事的澄清。这种"资本处置"很快成为等待的同义词(在这种情况下,它作为一个术语是多余的),于是等待的 *状态*(因此不是它的同义词)成为等待者本身[1];后来我们认为是等待者对资本另行处置。"等待,"我们读

---

[1] "为了能够采用这个函数(等待),我们必须在抽象的意义上处置一定量的资本"(第 199 页)。"在抽象的意义上"这个词没有任何解释,此前除了实际资本之外也没有任何资本的定义。

到（第199页），"意味着一个人在一段时间内放弃了处置*资本*。资本处置是处置*资本*从而得到这期间[①]的补偿权利。"但是，"资本"这个词在这里是什么意思呢？那些储蓄并等待的人们当然放弃了一些对他*收入*的消费，并将这笔*收入*另行处置，以换取未来的（更大）的*收入*。一间房子花费5,000英镑。我每年的收入是1,000英镑和95股股票，每股50英镑，可以自己建房或者购买房子。我放弃了消费我四分之一（或250英镑）的收入，把我的股票分成每份250英镑，卖给19个类似情况的人，他们每个人把其收入的四分之一节省下来，以获得股份的持有，因此，就实现了转手。（另外，他们也可能采用房屋抵押贷款。）房子由这20个不同的人的20份收入支付，在付现金购房时，没有任何其他方式可以建房或买房。房子的建筑商获得新的收入，他们按他们认为合适的方式处置。事实就是这么简单。为什么只是为了要用术语而使它变得更复杂呢？卡塞尔教授偏爱"资本市场"这个词，但从根本上来讲它只是一个比喻，因为没有资本在物理意义上是由这个市场要求或供应的，它们只是收入的一部分，是由储户提供、被企业家所需要的。

　　卡塞尔教授的独特之处在于对耐用品和消费品之间的明显区分。在这一点上，他一定也是主要受到了瓦尔拉斯的启发，正如我们所知，他将前者专门定义为资本，后者定义为"收益"；原因很简单，耐用品未来服务的总价值通常大于它的现值，差异构成利息。但是这种区别不能自圆其说。当消费行为发生在未来、而商品正

---

① 斜体字是我加上去的。

是通过等待的行为获得更大的价值时,即使是在一个单一行为中消耗的货物也必须被算作资本。一般来说,制造商和商人的原材料和产成品库存都属于这类,卡塞尔教授自己也承认是这样,虽然他显然倾向于贬低其重要性[①]。

虽然如此,他仍然无根据地希望坚称这种区分是必要的。即使在前言中,他也占用篇幅说到了这个问题,这在我看来是浪费。同样,当他解释利息的起源时,他严格区分了"耐用品的逐渐磨损"和"真正意义上的耗时生产"之间的区别,他指责(第194页)杰文斯(和庞巴维克)试图"强行"将两个过程合为"一种形式",是"人为构造"。我们很可能会接受,在这两种情况下资本化生产在理论上的目的是不同的,或者至少可以是不同的。一个或多个时间间隔可以有意地安排在后者的生产中,主要是为了利用免费的自然力量(葡萄酒在窖中存储,太阳光对植被的影响,等等)。但是,耐用品在很大程度上是联合供应的问题。一种资本品具有耐用性,以便它可以提供更多的服务,但是一般来说,这些必须可以被放到多少有些遥远的未来。从经济学角度上来看差异并不是本质上

[①] 由于生产的间歇性而产生的此类商品库存是否应包括在资本的概念内主要是理论上关注的细节。该问题的答案是否定的。卡塞尔教授试图表明,经济地分配库存消费的需要是出于生产利益(第216页名词),例如直到下一个收获季节前小麦的库存。但是他接下来说明的东西完全不同,也就是说,如果货币利息源于另一种方式,小麦在消费年的价格一定连续上涨。在这里,恰恰是利率带来玉米库存消费越来越不平衡,而根据卡塞尔教授的利息功能,却应该是相反的。道理很简单,库存的稀缺性,对利率高低没有任何影响。如果就玉米而言一切都是完整的,即使在卡塞尔的例子中也没有利率,如果小麦是所生产的唯一商品,很难想象收获年的交易如何能产生利息。当他们从一个丰收年到另一个时情况就不是这样,这时利率将是生产本身不连续性的象征。

的——增加耐用性往往会同步提高效率所以差异更少了；正如在联合供应的其他情况一样，如果我们采用变化的方法（边际方法），从而获得不断变化的整个过程的情况，差异完全消失。一个农民不得不在两个犁之间作出选择，其中一个可以使用10年，而另外一个同样好，可以用11年。如果他选择了更耐用（更贵）的犁，他获得额外一年服务的收益，然而，只有第11年过后才会受益，因此必须用11年形成的总利息来替代两把犁的价格差。同样，因为存储年份的利息，旧酒的价格必须超过新酿酒的价格。

卡塞尔教授认为，这一区别合理的现实原因在于"由耐用品（如房屋，铁路等）产生的服务所需的资本处置数额巨大"。译为白话就是这种方式需要将更多的年收入以及每年收回的投资部分用于投资。而这无疑正是发生在现今社会的情况，但这仅仅是因为其突出的渐进性。在稳定状态下，情况就完全不同。所有这些分析只是卡塞尔教授许许多多的把从定量观点来看的一个剧烈变化的社会看作是正常情况的非理性倾向的例子之一。

我们现在来谈一个毋庸置疑的对利息实际问题的宝贵贡献。当然，我们指的是他那著名的关于个人资本消费和降低全部资本积累的强烈冲动的计算，这会导致较低的利率。（正是由于这种倾向，这样的低利率不能存在。）这部分值得大家关注，但我们不能肯定地推断出除了利率下降越多、储蓄和资本积累越没有吸引力以外的任何结论。而这似乎是天经地义的。假设可以足够清晰地洞察到未来需求与目前需要的迫切性，以及惠及子孙后代的足够清楚的利益，资本积累就不会停止，即只要它基本上可以通过现在较小的牺牲，在未来获得更多（以主观值计算），也就是只要利率是正值，无论其多小。在社会主义国家，人们预先假定这两个条件能够实现，利率将因此趋于下降，直到最后变成了零。卡塞尔自己关于"在社会主义国家中利息"的观点是相当模糊的，而且似乎是他的"权利法制"离奇想法的残存。

在不久将来的利息结构这一重要的现实问题，也就是说，到战争所带来的资金损失多多少少得到了补偿后的利率结构，主要取决于人口发生了什么样的变化。这本书没有讨论人口理论的章节——只有在关于工资的章节中有几页是关于这个问题的，这纯粹是不得已而为之的，作者关于这个问题的看法似乎无可救药地含糊。看起来好像他的整个经济体系与连续快速增长的人口是如此的密不可分，即使事实显然不是这样。战争开始之前，博特基威茨(Bortkiewicz)已经预言，德国的人口在未来 25 年内可能不变。由于战争，这种可能性变得更大，并且该预测不仅只局限于德国！

卡塞尔教授坚持认为，即使在稳定状态，每一次利息下降也都会带来对固定资本需求的巨大上升，例如劳动者对房子的需求。但是，这不是绝对的。房子的价格不仅仅只包括利息，在大房子中居住还涉及其他支出。在瑞典，燃料几乎像房租本身一样昂贵，至少在战争期间是这样。当劳动人口的生活标准有很大提高时，这种情况是完全不同的，就像美国的例子那样，那时工人对居住空间的需求一定会增加，即使利率没有任何下降也是这样。

总之，无论在理论方面还是实践方面，我恐怕卡塞尔教授都并没有成功地阐明未来利率可能上升或下降的问题。

我们必须补充一点，本章无疑包含了许多合理的观察，例如企业集中的趋势问题（提高收益）——该问题迄今为止被很多理论家忽视了。但是其中可以发现很多奇怪和武断的论述,如在第227页和第228页,这些论述唯一的动机显然是要逆转已被接受的原理。由于篇幅的原因,我必须放弃对它们进行更进一步的检验。

关于地租理论至少有38页。我们可能会怀疑是否需要如此详尽的论述,因为他对这个已经讨论得令人生厌而本质上如此简单的课题没有给出什么新东西。瓦尔拉斯已经对李嘉图的理论做出了中肯的批评,此刻已经被视为经济学的共同财产,尽管经济学家中还有马歇尔等仍在他们的旧公式中试图坚持李嘉图的学说。在任何情况下,像卡塞尔教授那样,认为李嘉图的著名论断"玉米的价格不高,因为要付房租,但必须支付房租,因为玉米价格高"纯粹是"错误的"、不值一提的说法,都是胡说八道。如果正确地解读,它包含了一个非常重要的、经常被误解的真相,而且它应该不会引起任何实质的误解。

当然,事实上,正如卡塞尔教授(跟着瓦尔拉斯)所正确地坚持的,土地及其服务的价格与其他生产要素的价格或多或少地是以同样的方式确定的,而且只是整个价格关系链条中的一环。但是,如果要试图在各种影响下处理整个问题时,将变得非常复杂,以至于不可能进行一般性的调查,结果整个论述逐渐淡化为模糊的概括。如果我们希望真正地洞察这种现象之间的相互关系,则有必要①从一级近似或者理论上开始,即假设市场上的商品数量是已知的,然后,假设商品的价格都是已知的。这个过程等效于处理生产(和分配)问题时,假设只生产一种商品。然而,即使在这种情况

---

① 我采用的也正是这种方法。

下,它也是十分复杂的!

作为这本书在分析上不严密的一个例子,我们可以列举其在比较两块不同质量的土地时的论述(第286页),我们不能像李嘉图那样假设它们被投入了相同数额的"劳动与资本",而是投入了与其各自相适应的劳动和资本。他为什么这样假设呢?李嘉图自己说,较好的耕地被更精细地耕种着,不论是否另有差地可以选择或者同时耕种差地,但这并不意味着在他对差额地租的推理中存在缺陷。

卡塞尔教授特有的、相互矛盾的"递增和递减收益"的定义①已经讨论过了。在第279页,他还补充了第三点,他说,如果劳动、土地和资本的价格已知,企业家可以通过在一块地上投入更多的劳动和资本来增加其产品相对于总成本的价值,则公司仍将"处于收益增加的状态"。但是基于同样的假设,企业家也可以通过减少租用的土地量、降低总成本从而获得相同的相对收益增加。此时,按照这个优秀的定义,"递增"和"递减"的收益因而是相同的!

这部分的整个分析非常模糊和发散。当然,企业家努力实现最大的绝对盈利而不是相对盈利;因此,我们必然从一些不变的和已知的事情开始,否则整个大厦将成为泡影。我们必须假设企业家或者处置一定的资本(他自己的或借入的),或者处置一定面积的土地,最后也可能是一定数量的劳动(像在合作农业中)。但在

---

① 在农业中,我们通常可以做到不使用收益递增(经过一定的点)和递减的术语。因为一旦人口已增加到了大自然免费的产品(野草、木材等)具有了交换价值的程度,则收益开始递减,并且可能被抵消(而只能通过技术进步上升到更高的水平),这一点卡塞尔本人似乎也承认。

这种情况下，替代原则只对他需要的生产要素，而不是他已经拥有的生产要素生效①。只有在由企业家之间的竞争所带来一般平衡中，他们的利润在理论上会下降为零，替代原则或边际原则才会普遍适用。然而，我们必须在将"资本的边际生产率"视为价值的总和上有所保留。这个我已经在我的文章中清楚说明了，但是卡塞尔教授完全忽略了它。他自己相当模糊和发散的资本理论完全不适应于更明确的概念区分。

必须重视他对矿藏租金——"大自然材料的价格"的详尽论述。然而，我认为如果他先讨论理论上最简单的情况，即将矿藏视为取之不尽，同时可以在不增加一般费用的情况下提高年产量，则他的讨论会更具意义。这显然是李嘉图开始非常空泛地思考这个课题时所作的假设。如果在这些条件下，所有矿藏都被视为具有相同的生产能力，李嘉图认为，矿山将没有租金，矿石的价格将只包括劳动和资本成本。另一方面，当一些矿比其他矿生产能力更强时，富矿的所有者将享受租金，租金的确定方式与普通地租的确定方式一样。

但在这一点上李嘉图一定是错误的。如果基于这个假设，富矿可以免费开采，劳动和资本将从贫矿流向富矿，年产量将上升而矿石的价格将下跌。相反我们认为不会出现国家没收或免除地租时农产品价格那样的变化。因此，富矿的所有人只能通过人为降

---

① 这个限制在一定程度上也适用于我在《国民经济学讲义》(*Lectures on Political Economy*)中的分析，我在那里论述适当提高收益。因此，它可以构建（例如）一个资本巨大的托拉斯，它是由许多单独的、争取最适规模的公司组成；以这种方式它获得了以所有个体资本作为一个整体进行投资的最大化利润。

低总产量获得收入,而且即使在这种情况下,"矿产使用权"和"租金"之间仍有本质的区别。前者是垄断租金,后者是纯粹的稀缺租金。当我们把矿山即将枯竭考虑进去,差异就加剧了,但是当增加的相对成本包含于普遍增加的年度矿产品或农产品之中时,它将趋于消失。无论如何,应该称赞卡塞尔教授,他已深入到了一个被经济学理论草率对待的课题的细节。

现在我们来谈谈关于工资这一章。在这方面卡塞尔教授也声称已经建成了一个独立的理论,但我没有发现其中的创意所在。工资理论划分为"悲观"和"乐观"肯定不是新的。如果我们从人口无限制增加的趋势开始,所有的工资理论无一例外都是悲观的(也许除了那些只是弄混淆的以外),否则,如果追求一个合乎逻辑的结论则没有工资理论是悲观的。即使是工资铁律被转换成"生活标准"的理论或"工资金律"〔吉德(Gide)〕——这种变化也决不符合李嘉图的思路。

很难理解为什么要将工资基金理论从其他理论中单独拿出来描述为悲观的。如果我们假设"被除数"或基金足够大,除数(职工人数)足够小,那么商(人均工资),可以是任何数量级,至少第一眼看上去是这样。我心甘情愿地承认,工资基金理论的古典形式中通常将基金视为一年期是完全错误的。正如我们已经说过的,它甚至使李嘉图得出了显然错误的结论,而且以这种形式,它不幸地成为反对缩短工作日斗争的一种武器。它的延伸形式似乎在庞巴维克的掌握中,可以很容易地从一个纯理论的角度为它辩护,但是我们已经说过,从实用的角度来看,它存在一个严重的缺点。不考虑完全无法控制的时间周期,特别耐用的资本品不能适用于这样的基金。然而,对于较短的时间段而言,这些耐用资本品具有和土地同样的经济状态;他们是"Rentengüter",它们在产品中的份额(或它们自己的份额)仅仅根据边际效用或边际生产率原则确定,至少在稳定状态下是这样的。但是,将工资基金和边际生产率理论结合是不可能的。否则人们可以①抛弃工资基金的全部概念或生活基金的整体概念,而代之以采用庞巴维克的明智建议。资本化的生产是第一位的、资本本身是第二位的想法,是在《资本实证论》的第二册中提出的,当然,庞巴维克本人没有将其全部完成。如果这样,就意味着适用于作为生产要素的土地、劳动和时间(等待或资本投资的期间)的边际原则主宰一切。

值得注意的是,在本章中卡塞尔教授仍然拒绝边际生产率是确定工资的基础;他特别指出它没有提供"工资依赖于工人的努力和能力的说明"。这是令人费解的。对个体情况而言,工资当然与工人的效率成正比——在议价系统中的所有情况。如果劳动效率一直提高,这个理论将促使我们得出工资相对下降(或可能绝对)的结论,但这个不幸的结果不能归因于该理论的错误!卡塞尔补充说,他恐怕效率和边际生产率会被混淆,而为了支持这一观点,他引用了塞利格曼(Seligman)教授的一段话,而这段话没有显著的洞察力,尽管塞利格曼教授在许多方面是个杰出的思想家,但我们无论从哪个方面都不能说他是现代经济学的一个典型代表。

那么卡塞尔教授自己对工资理论的观点是什么?这个很难说。他首先回到供给和需求原则,如果别无其他,无论如何它总是

---

① 就我个人而言,我已经作了尝试。

一个出发点。但是在阐述时,他与以往不同,以相当宽松的措辞表达观点,就好像他担心某些不可避免的结论。他谨慎地称赞韦伯(Webb)夫妇所描述的"开放工厂"的政策,然而,完全没有关联到他自己。"韦伯夫妇的学说有一个很大的功绩,它将劳动的供给研究从单纯的数学计算转变为检视决定劳动供给的经济和社会进程"——这听起来就像一组华丽的词藻。作为第二组华丽的词藻,我作如下引用(第333页):"劳动供给越接近需求,总体上劳动者越处于最有利的位置,即如果不同种类劳动的价格仅仅是他们不可避免的天然稀缺性的表现。"难道不用仔细检视那些挣最低工资的人的情况就可以应用这个理论吗?卡塞尔不止一次地谈起"改善"这些不幸的工资条件或"市场"的必要性,并且更为经常地,他警告我们注意任何在作这样的改善时的"误导式"尝试,但他从来没有告诉我们他所希望的改善如何引入[①]。

当他讨论(第334页)"劳动总供给的限制"的问题时,他表达得如此含糊,以至于我们无法分辨他正在考虑的是缩短工作时间还是减少工人的数量(这个多少有些符合上下文),这当然构成了

---

① 毫无疑问,他的方法的基本错误在于,他在这里,正如他对寄生虫(parasitic occupations)等的论述,总是从隐藏的假设出发,即工资必然足以支付劳动者的生活费。无论是在理论上还是在实践上这一假设都不合理。由于科学理论必须是普遍有效的,也许可以举出一个"有说服力"的例子。我们将假设在平衡状态时,大多数工人工资大大低于维持生计的水平,但是在同一时间,总的产品是如此之大,经过差异分配,完全可以满足所有人的需求。据我看来,按卡塞尔教授的观点,改善这种情况下劳动条件的问题,是绝对无法解决的问题。因为这样的工资无法提高,至少无法安全地提高,除非人口减少到劳动的边际生产率大大提高的程度。但这样的减少是一个缓慢的,而且在大多数情况下是一个痛苦的过程,此外,在此特定情况下,按照我们的假设,它将是完全没有必要的,因此要否定。唯一的出路就是提供补贴,其后果卡塞尔是如此害怕。如果有必要,他们当然必须采取一种对任何人都没有羞辱的形式。

巨大的差别。在349页,他说上层阶级和工薪阶层中上层部分的相对出生率太低"也许导致合格的工人相对稀缺,尤其是在关键的岗位"。这反过来会容易形成下层阶级在市场特别不利的地位,从而迫使他们的工资显著下降。毫无疑问这样一连串的事件是可以想象的,但在任何情况下,很难举出这种类型的历史实例。出生率的普遍下降是一种仅限于比较近代的现象。

作为对北美工人高工资的解释,我们看到的理论(就人们可以从不严密的措辞中得出的结论而言)是(第339页)欧洲对农产品的需求阻止了美国国内价格下降它本应该下降的那么多。如果这是他的真实看法,这是错误的。这种需求(正如这之后他自己承认了的),与租金的产生有关,而且就此而言与美国的工资(以玉米计的)下降有关。这种不利是否已经被欧洲廉价的工业产品所抵消了是值得怀疑的。

本章的结尾是对"社会主义国家工资"的几个反思,正像他此前关于此问题的言论一样,也已经到了吹毛求疵的地步。他特别声称,许多、也许是大部分"有闲阶级"的收入,在重新分配之后,不会增加社会主义国家的消费福利,因为"可能"它"将不得不满足资本积累的需要"。这是以巨大的、不断增加的人口为前提的,而这从长远来看是不可想象的,无论是在社会主义国家还是在当今社会。

总的来看,尽管很多内容在细节方面很有趣,但卡塞尔教授对工资理论的研究太缺乏严密性——或者说太缺乏支撑,以至于不能为富有成效的社会研究提供基础,尽管他恰恰重点地强调一个著名的专著需要做到这样(为社会研究提供基础)。

III

第三本书是关于货币的本质,在一定程度上是关于实际的货币体系。即使在这里,笔者的理论也不是严谨和连续的。人们可以看出,他依然完全依赖于"货币数量论",例如第 43 章关于"自由标准"。他对"黄金货币"理论所做的唯一让步,体现在预期未来将纸币转换成黄金会在一定程度上影响其价值。事实上,这与货币数量论并不相悖;一些银行票据被囤积起来,用于未来转换,在当前不参加流通。此外,还有一些记录表明有时纸币的价值高于它最初所代表的黄金价值。

但是,在"银行票据"的章节中,我们突然发现了下面一段话,这可能是从 Jacob Riesser 战前的一部著作中选出的。在目前的情况下,任何人都不会怀疑,这些著作在战争期间对德国的货币体系造成了恶劣的影响。我全文引用这一段:

"还有另外一种连续增加支付手段的可能性,只要对银行将票据兑现和让存款不受干扰的能力有信心。但是,正如我们从经验中所得知的,这种信心无法维持,除非银行储备相对于每日到期的债务特别是它的票据足够大。在这方面,国际上已经出现了对适当储备的要求,要求中尚不包括固定的比例,没有严重扰乱国内外维持外汇汇率的信心。因此,我们发现通常对银行票据保有一个实际上从不使用的最低准备金(!)。这个最低准备金即使在非常必要性的情况也将保持不变,例如在战时也不会动用。而且,正是在这种情况下,正如最近的经验所表明的,该准备金会被更加努力地保护,甚至通过废除票据兑现的契约①等各种手段来强化这一保护。"

我们可能会问,卡塞尔教授的真实想法是什么? 难道是最终随着银行的利率政策而来的"银行票据短缺"决定了货币的价值? 或者是对于银行票据和黄金存款兑换的信心——一种可以说是很敏感的、必须使其对象(即黄金)是可见的,但同时又是如此坚不可摧,以至于当它被银行无限期推迟兑换而明显地受到欺骗时,也不会动摇的信心? 当然人们只能接受这些意见之一,而排除所有其他的。至少对我来说,哪一个会被支持是毫无疑问的。就这个情况来说,卡塞尔教授应该倾向于前者——正如他自己承认的那样,战争带来的经验,肯定会朝此方向影响他②。

当他解释利率对商品价格的影响时,我们看到了同样令人遗憾的半心半意和不确定。通过他的许多言辞来看,他显然知道根本因素一定是利率与借款人希望从贷款中获得回报的相对大小,即实际利率。尽管如此,他却说③,"除了市场利率以外,任何其他意义上的实际利率都不存在"。真是奇怪! 所谓开放市场的利率,例如头等票据的贴现,这实际上构成了优等汇票和单纯的现金之

---

① 这段话,出现在德文版第一版的第366页,在英文版第二版时已大幅修改。

② 在关键时刻,他又回归到他所确信的、至少看上去是这样。例如,在去年春初(1919),他意外地支持瑞典银行降低利率。此后,通过报纸上的文章来看,他又认为,银行利率(虽然只是贷款利率)应维持不变。这是一个要单独考虑的问题。

③ 见德文版第一版,第382页;英文版第一版,第418页。在英文版第二版,这段话已被修改,内容如下(第439页):"……一个真正的利率,在某种意义上不是市场利率,是银行利率政策的一个非常不可靠的指标,因为市场,正如已经表明的那样,会直接并且强有力地被银行利率所影响。"

间的中介,与平均资本收益率的关系要比银行利率松散。而且,就这个收益率(即实际利率)而言,它实际上并没有在交易所以外被观察到,或许,它会对股票价格产生间接影响。当然,它不能严格地在数字上确定,但是它并不会因此而不存在和不发挥其对经济现象的全面影响。正如没有温度计温度仍然存在,即使我们不知道如何通过一个电流计来测量,电流依然存在一样。

我自己的观点,即一个持久过高或过低的货币利率对商品价格水平的影响一定是累积的,被卡塞尔称其"一个悖论,只有当我们忽略了不合理的低利率对资本市场的影响时才有可能"。①

但是只要它存在就会朝一个方向起作用的事实怎么可以被称为悖论? 显然,我的理论与李嘉图关于黄金连续进入银行的影响的理论不谋而合。另一方面,我们必须承认,一些力量作为一种反应而起作用。卡塞尔教授本人对这些影响(前一页)的表述似乎并不特别明晰。毫无疑问,当价格突然剧烈上涨时,那些收入固定或者收入没有显著增加的人,会被迫削减消费。这个过程等同于资本的实际积累,且到那种程度时应该降低实际利率。但是,在正常条件下,这样的反应应该只是次要的。否则,如李嘉图所说,银行是"事实上的强有力引擎",它们将能够任意决定利率的高低,除了引起商品价格水平的上升或下降外,不承担任何风险。卡塞尔教授以前是不会率先坚称银行是没有这个权力的。

在我看来,卡塞尔教授阐述货币理论的方式,倾向于使其可以为他感兴趣的一些实际目标所用,这是一个更严重的缺陷。他特别强调当前私人银行的高利润率是特别有益的,必须不受干扰。

---

① 见英文版第一版,第479页。

因此,他试图使利率对储蓄量的影响通常不值一提这样的理论可信。当然,他不能证明这一观点。因此,他在前言(第412页)中关于"Bank Money"的章节中解释说:"在探究货币的本质时,这是非常清楚的,我们必须把注意力从代表资本投资的所有存款上转移开,而只谈在经常账户中交托给银行的现金。"这并非偶然,这是他彻底地否认存款利率在确定货币价值方面重要性的先兆。在重要的第47章"Cover on Bank Money and its Reflux",卡塞尔为简单起见假设了"存在银行的长期或者永久的资本 *保持不变*"①,关于这个假设后面从未被讨论过。但他本人必须承认(第438页),如果"借出的金钱总额大于银行的钱"(银行券或经常账户),贴现率的上升只会对"资金供应"有足够强大的影响,换言之即有息存款的钱(与银行的自有资金一样多)是全部债务中很大的一部分。存款利率对快速调控银行钞票(或一般的银行货币)发行的重要性是非常清晰的;同时它也是允许央行接受存款以换取利息支付的现代需求的基础,正如英格兰银行在战争期间所做的那样,至少像对私人银行(支付利息)所做的那样。

虽然他在其他地方"按照原则"地限定在封闭经济!卡塞尔教授在这里还是涉及了国际收支和外汇市场。典型的是,他开始于"自由独立的标准"。这确实是一个非常困难和复杂的问题;无论如何,在我看来他的理论都不是很完善的。他声称,一个国家实行高汇率——例如德国,会刺激从国外短期借款和证券的出口,因为在这两种情况下都是"较高的汇率会有利润"(第512页)。很可能是这样的,但这样的结论是一定的吗?从国外贷款的人终有一天

---

① 斜体字是我加上去的。

要偿还贷款。如果汇率保持不变，他会一无所获，可能还要支付期间高昂的利息。同样，如果马克相对克朗贬值，外国（如瑞典）证券在德国的价格一定会上涨，而德国证券在瑞典价格下跌；那么从德国出口到瑞典又如何能盈利呢？

解释一定是下面这样的：在德国买证券要卖到瑞典的人，如卡塞尔所言，并非是字面意义上的投机者，而仅仅是在进行套利操作，如果有获利的话，他可以直接计算出来。实际的投机者是这些证券的最终买家或卖家。瑞典证券的德国持有人在出售时，希望马克汇率上升时他能够回购获利。因此，他能够以略低于汇率上升后所对应的价格卖出它们，否则他这样做不会获益。出于同样的理由，瑞典买家期待德国汇率未来的增长可以为对应于当前汇率的德国证券提供更多的收益。这同样适用于瑞典从德国的进口。如果规定用瑞典货币支付，且对瑞典的汇率上升时，如果必要的话，德国买家会以支付更高的利率来获得一个其支付上的延期，因为他期望未来的汇率下跌。如果是用德国货币支付，正是由于这个原因，使瑞典债权人要求德国人暂缓支付，而不是以目前较低的利率落袋为安。

如果一个没有国外利息债权的国家能够进口大于出口，则下面的两个条件之一是必需的。即或者国家通过提高贴现率向其债权人提供较高的利率，或者其外汇汇率显著下降至足以吸引对其未来增长的投机[1]。

---

[1] 参见我的文章 Ekonomisk Tidskrift on "The Riddle of the Exchanges"。从 *Sv. Export* No.17, 1913 上的文章判断，卡塞尔现在似乎已经接受了这个看法。

当然在两个相互交易的国家,只要商品的交换可以自由地进行,商品价格水平和汇率总是趋向于在相同的方向移动,但这种移动既可以从汇率一方开始,也可以从价格水平一方开始。当汇率较高时,出口和进口商品的价格都会上涨,如果银行不是适当地通过提高贴现率作出反应,而是让银行钞票和信贷流出,则价格上升会迅速扩散到所有的商品。因此银行的信贷政策——特别是中央银行的信贷政策,是主导因素。

我们惊讶地发现卡塞尔教授未经进一步的严格验证就在这本书中反复提及他关于整个19世纪的黄金数量与商品价格之间关系的著名猜测(与其说是可信赖的不如说是难以置信)。没有人否认这样的联系必定存在,但是为了证实这种关系应该进行详细的说明,所有起作用的因素自然都必须要考虑到,而他完全忽视了这一点。我们都听过这样一个传闻,大约是在禁酒运动的伟大的日子里,一位美国的幽默大师曾经作了一次以"牛奶"为奇怪标题的晚间讲座,在讲座开始时他承诺再也不会提到牛奶这个词。他轻而易举地成功了。卡塞尔教授为我们解决了非常复杂的、关于1800年以来黄金生产和价格水平之间联系的数据分析问题,而又能做到未在哪怕一个场合提到白银。我绝不是第一个注意到这种遗漏的,这之前已经被人多次注意到过,十多年前,瑞典的Brock就注意到了。但它仍旧完全被忽略;他继续用他的黄金曲线"变戏法"。这样别出心裁是为了什么? 它们越成功,这种方法就越可疑,当正确使用该方法时,它将必然显示出与论点的分歧,至少19世纪时是这样,当时世界上主要的金属货币是银。如果他将其曲线延伸至整个18世纪,那么,据我所见,它们与事实的不相符(更不要说它的荒谬)会立刻显现。

IV

我的评论已经太长了,否则我愿意更详细地说说第四本书 *Trade Cycles*,以弥补我前面许多负面的批评。正如我已经说过的,这部分在我看来是他著作中无可比拟的、最好的部分。卡塞尔教授在这里充分显现了其基于事实和数字进行具体描述的伟大天赋。此外,这本书其他部分的那些多少有些令人厌烦的、超凡的无所不知完全消失了;他再也没有声称对危机有什么新的渊博的理论,而是乐于冷静、客观地接受关于危机的旧的解释,并接受最合理的部分。同时,他用有趣的统计图表说明了与经济周期相关的所有现象。

考虑到这个问题超乎寻常的难度(我自己远未充分了解它),我当然不能确定他结论的正确性,但整体上它们看上去非常合理,有充分根据。

当然也可以对其提出一些异议;关于对大多数理论来说都是薄弱点的萧条期的描述,卡塞尔也没有能说得更清楚。相比于他以前的文章(Ekonomisk Tidskrift,1904 年),这次是一个很大的进步,他认为即使是在萧条期的资本积累主要也是以固定资本的形式。他试图通过对铁路建设的统计表明(除了其他的以外),即使是在经济周期的下行阶段固定资本的增加也没有停滞不前;因此在萧条期的末期社会固定资产量比期初多。他忘记了这一切都必须相对地进行判断。固定资本的提供必须始终随着人口不断增长的需求而增长。如果它的增长实际上是在繁荣期开始加速,在萧条期减速,则从这个角度来看,后者不能作为"随后的上升阶段的起始",除了负面地造成一个必须填补的相对真空。从逻辑上来说,卡塞尔教授所说的必须限定于流通资本——商品存货。不幸的是,不能确定实际上所发生的事情是归因于缺乏统计数据。卡塞尔教授并不完全否认这种可能性,但他一般倾向于使它不易被注意到。

农业的情况在这一点上特别相符。如果像他所坚持的那样,农业在繁荣期时放任一些劳动者转向工业,它一定是为随后的萧条期做一些准备工作,这将有助于为下一个工业繁荣期的人口提供食物。因为在萧条期,一些工业劳动力返回农业,这也可以部分吸收劳动人口的增加。卡塞尔教授认为农业与经济周期无关(这在我看来是错误的),这与 Dietzel 和 Petander 的观点不同,他们两人可能走向了另一个极端。

在其他地方,我们还能发现不一致的、不精确的判断。第 609 页的关于繁荣期时的实际工资(与货币工资不同)将上升或者下降到什么程度是一个悬而未决的问题。但是,仅仅是几页后,在没有给出任何真正明确原因的情况下,他就确信它们会上升,至少对那些最近投入的服务而言他确信是这样。Brock 持相反的观点,他所引证的统计数据值得仔细研究。卡塞尔教授在这里谈起"统计"时所持的怀疑态度与他本人将统计作为一种证明方法的大量应用很不相符。

所有这些都只是细节。人们带着兴趣和受益的心态阅读这些煞费苦心的讨论,甚至会感觉到享受。这里的语气是不同的。令人奇怪而又明显的是,恰恰在这里,他有这么多全新的、有价值的东西提供,结果是一个不武断的、平静的、科学的方法弥补了他作品前半部分中令人不愉快的攻击性。

我们有些局促不安地问:为什么他没有全部本着这一精神来写呢?当涉及整个经济学这个如此广阔的领域,无论是他还是其他人都力所不能及时,为什么卡塞尔教授没有自始至终满足于一个继承者的角色,而是要假扮成一个创新者?为什么他没有干脆地从他早期作品的不成熟想法中解脱出来,而用他天生所具有的敏锐洞察力对经济学当今的状况提出易于理解的、客观的调研?我不否认目前这部著作也具有很多优点;这是我对他的才华可以给予的最高的褒奖,但是,如果他更关心的不是他自己的自尊而是问题,那么他可以极大地改善他的作品。

Macaulay 提到詹姆斯二世(James II)有一个特点,如果他的官员敢反驳他,并谦卑地提醒他注意他直率言辞的后果时,他通常用完全相同的方式重复他所说的话,然后相信他已经充分地驳斥了所有反对意见。这种方法可能对困境中的国王是有利的,然而有例子显示,即使是对他们也有危险性。对于那些尚未成为这些课题公认的权威的外行这是决然不能推荐的。卡塞尔教授必须学习(除非那的确是太晚了)把对别人的批判才能也用在自己身上,既给出又接受(批评),否则他毕生的工作都不会摆脱被人批评。

2. 实际资本和利息[1]

(a) 古斯塔夫·阿克曼(Gustaf Akerman)博士的 *Realkapital und Kapitalzins*

对我来说重新阅读这本出版了的书是一件很高兴的事情,它的手稿曾引起我浓厚的兴趣,尤其是在阅读手稿时相当模糊的想法现在已经比较清晰了。关于这本书的不足和它的优点都是这样,但整体来说,我认为我可以心安理得地赞扬作者用罕见的精力、坚韧和洞察力完成了这项无论如何都不能说是简单的工作。该书的目标是研究生产中社会耐用资本和闲置劳动的合作。这个问题显然具有重大的现实意义,无疑远远超过了杰文斯和庞巴维克所讨论的问题。他们聚焦于生产的资本化过程,在这样的过程中劳动资源(也可能是土地资源)转化为即时消费的商品,或者是作者所说的"可变资本"。但他的问题是如此复杂,以至于包括评论者在内的大多数经济学家,几乎都因为它太难以分析而忽略它。尽管瓦尔拉斯确实触及到了这个问题的某些方面,但我们的作者并没有从他那里吸取到什么,因为瓦尔拉斯基本上将资本品视为牢不可破或者是给予一定的维护(或保险)费后就可以保持完整无缺的东西。这个过程自然简化了问题;但是另一方面,它忽略了许多非常重要的方面。因为瓦尔拉斯并没有考虑对于计划好的资本

---

[1] 这篇文章最早发表于 *Ekonomisk Tidskrift*,1923 年,第 145—180 页。

品而言,较长的耐用期或者较短的耐用期可以更有利可图,而这个问题正是阿克曼的关键所在。但正如作者自己也承认的,如果再没有其他的资料,至少他研究的真正起始点是源于苏格兰裔美国人 John Rae 长期被遗忘的工作①。

因此从一开始作者就不得不以几乎完全是他自己的方法进行研究。我们尊重他的工作还因为我们记得从数学的角度来看他的问题并不是初级的,为了处理它他只能去利用普通高中数学知识。不过也正是由于这个原因,他不得不以一种可以让只有最基础知识的人能够阅读的形式呈现他的分析。但有一个难以应付的条件——要求读者时刻集中注意力。即便我们只在精心编织的推理之网中走神一次,我们后来所读到的一切就注定是徒劳的,我们只得再次从头开始。这自然是一个缺点。笔者理应用更全面、更有针对性的解释方法减轻读者的压力,如果他有更多时间可以支配的话他本应该能够这样做。我们将举一个例子来说明读者所面对的困难,例如代表一些以单元进行使用的资本品的价值的量值,比如说一台机器的量值。这一量值 b 连同 l(工资)不断地出现在整

---

① *Statement of some New Principles of Political Economy*。不幸的是,我只是通过庞巴维克对其非常详细、主要是褒奖地描述(见 *Geschichte und Kritik der Kapitalzinstheorie*),才了解了他的著作。庞巴维克的评述实际上与他著名的对所有"生产力理论"的反对一致,在他看来,这不断混淆物理生产和价值生产。正如我在《利息、资本和租金》(*Uber Wert, Kapital and Rente*)中所试图说明的,这种混乱充其量不过是一个方法论的错误。解决生产和分配问题的第一种方法中认为商品的价格恒定(最后的分析基本上也是庞巴维克自己所做的)是允许的(即使不是最好的);以同样的方式,在解决价格问题的第一阶段,我们把产量看作常数。仅是在稍后的阶段,我们应该合并这些近似值,以获得所述问题的最终解决方案。一旦理解了这些,在我看来,庞巴维克的反对就失去了它的力量。

本书的后半部分，并以下面的方式得到。我们设想一下把这台机器在一个单位时间，比如一年内的生产性服务，不是按照这台机器，而是按照生产一台与这台机器同样好且一样有用、服务期仅为一年的机器所需要的劳动单位的数量，分成同样多个相等的部分。这个概念用字符来表示确实极其抽象。当然，其论述具有可靠的一致性，并确实带来了正确的结果，但这让可怜的读者为了牢记这个不伦不类的"b"而吃尽了苦头。只要对公式稍加修改，这本书就会在这方面更容易理解。

但是还有另一个更为严重的困难，这是我认为最难攻克的，即关于耐用资本经济现象的讨论。因为我们至少在没有进一步的分析之前，不能应用著名的原理，即资本是或者对应一定数量的"以前做过的劳动"，例如积累的储蓄，或者所投入的劳动（或土地）资源。从工厂刚刚出厂的机器无疑代表了一定量的劳动；如果这是机器唯一的生产成本，并且如果机器的用途已经知道，我们可以从理论上计算在生命期内的设备在被偿付的同时，应以什么样的利率为生产成本计息。但是如果机器已经使用了一年或数年，但仍然是"年度使用"中的一部分，则为简单起见，作者假定"年度使用"的大小和技术价值是恒定的。那么，显然人们无法确定之前投入的劳动资源中有多少仍继续"储存"在资本品中。其实这个问题已经没有任何意义。因为一年年地连续使用构成了一种联合供给（借用马歇尔的术语），所以探究所投入的劳动是这一年用了还是下一年用了就如同试图找出哪部分牧草变成羊毛、哪一部分变成了羊肉一样荒谬。只有在边际生产时，这些数量可以区分出来并具有一定的意义。

一开始作者相信这个问题能够有这样或那样的解决方案。他全部复杂的术语证明着这个信念。除了投资资本和"真正的价值资本"这两个各自有着完美的真正意义的概念外,阿克曼还使用了所谓的摊销资本(德语中的 Beteiligungskapital)、临时性资金、维修资金、具体的实际资本等等。"投资资本",即制造一台机器的劳动成本,首先分成多个部分,即所谓的 i 系列。该系列的第一项对应于机器使用一年所需要的劳动量,接下来的对应于再使用一年所需的量,以此类推。这个想法来自于 Rae,虽然很抽象,但是比较科学;但它只有在用一台可以使用 10 年的机器来交换一台在其他方面同样好但可以多使用一年的机器的边际生产情况时才具有实际意义。然而除此之外,作者认为,附加在机器上的资本在一段时间内按以下顺序减资或摊销(在稳定状态再投资)。第一年,我们认为机器偿还投资资本的一部分,以及这部分一年期的利息。第二年,它偿还另一部分、略少一点的初始投资成本,以及这部分两年期的利息,以此类推,直到这台机器最后变为毫无价值,同时终于被偿还。这些摊销配额,或者说它们所代表的劳动量,形成 u 系列,它当然与 i 系列完全不同,虽然它们的总和是相等的。(同样,如果我们在计算中使用即时利率,平衡状态时两者的最后一期在边际生产时相等。)但是在书的第一部分,u 系列和 i 系列常常有着千丝万缕的、令人非常困惑的联系。作者认为,这种 u 系列又被称为"抽象摊销系统",具有真正的科学意义,或者至少可以说是对论述的目的有很大的益处。我不会刻意去否定后者,但本质上它只是众多可信的摊销系统之一。它也不具有让机器所有者的资金状况完好无损的优势,因为如果摊销金额在另一个摊销系统的基础上再投资,显然他初期增加的资金供给在之后会减少。因此,它们只是在机器存在的末期与投资资本的数量相等(假设得到的利息被消耗了)。

如果机器的所有者希望保持他的资本不变,他应该转而选择"自然"或"理论"摊销体系。据我所见,这两个系统实际上是一致的。下面的方式能够最好地说明它们。我们每年将资本品在某一个时点与下一个时点(例如年初和年末)未支付价值的差额部分报废或重新投资;这一过程确实可以被称为完美的"自然"法,但这一概念并不因此而获得任何"实质"内容——既不比"理论"法的多,也不比它少。(第四个系统,即所谓的"实用"的系统,有时也使用,按这种方法我们每年等量地将原始资本价值核销,使用它只是因为它简单,没有其他的理由。)

现在,如果生产是"交错"的(庞巴维克的术语——*durchgestaffelt*),各种不同年份生产的、使用寿命不同的机器都在同一家公司或集团企业中使用,每年最老的机器(或机器们)被新的所替换。在这种情况下,我们选择哪个摊销系统是无关紧要的,只要我们一直使用这个系统[1]。因为总体上看,通常是从机器现有的估值中冲销购买新机器所需的数额(在稳态条件下),从而保持所有的机器在数量和组成上恒定。另一方面,现有资本的账面价值不是一个无关紧要的事情,因为当我们在每台机器的"生命周期"初期核销较多、末期较少时,所有机器的总账面价值显然变得小于

---

[1] 例如,这里本应该为 i 系列选择一种摊销系统,当只有一台设备时,这自然是不可能的。

采用相反办法的情况。在这里也倾向于用"自然"系统。

所有现存机器的账面价值变成了：按照与摊销或新投资资本实际产生的利率计算的账面价值的利息，正好对应于这些机器每年的总产率。在完全均衡状态时，这个利率应该是与现行利率相同。作者说明了这一原理（在第151页），但归根结底这只是老生常谈，因为机器已经用尽的那部分未偿还的资金价值实际上正是用这个利率计算的。

看上去可能很奇怪，同样的实物资本既可以包括较大数量的劳动资源投入也可以包括较小数量的劳动资源投入。但是，如果我们记得，"静态"资本总是有一个动态的背景，悖论就得以解决。所有者的再投资越多，在不同持续时间的机器积累完成之前，不得不由外界提供的投资就越少，因此达到了完全均衡状态。如果他愿意，在固定资本现值中他可以视为投资工资（在这种意义是"资本"）的部分越少，则他可以视为已经形成但尚未消耗的利息部分就越大。如果公司被出售，他可能会以超过存货账面价值的利润形式得到这部分利息。（不过当然我们不应该认为这种形式确实产生了一种与资本账面价值和每年净收益之间关系相一致的利率，在一段时间以后，当所有人购买新机器以代替那些用坏的旧机器，并因而依次将一些未投资资本再投资时，在均衡状态再投资只会产生当前利率。）

作者坚持"具体"的资本是由投入的劳动构成，这个想法使他得出了草率的结论，我将在后面讨论。在我看来，如果他只讨论利率本身，而完全省去不同摊销系统的 i 系列和整个讨论，他将有可能为自己免掉很多不必要的麻烦。因为它们在实际解决主要问题方面,没有特殊的作用。由于无论对特定的资本品采用哪种摊销方式,实际资本每年的维护成本总是整体进行摊销和再投资的,所以它们与问题无关。这个数量显然与每年投入的劳动量成正比,同时也决定了自由的未投入劳动量。

依据这几个简单的假设,我们现在已经可以弄清并用数字描述耐用资本品经济现象中所有重要组成的关系,即年产量、工资以及劳动人口人均特定资本量的利息。作者依次分析了不同的经济情况,即资金所获得的最大报酬,足够用于 1 年期、2 年期、3 年期或一个中间阶段的投资。(显然,如果采用这种渐进方法,不同的摊销系统和由此得到的固定资本账面价值,不会起到任何决定性的作用。)

作者对生产函数的形式作了两个基本假设。第一个是关于 i 系列,即为了生产一定规模和用途的、可以使用一年、两年或者三年的资本品所需投入的劳动量;第二个是关于生产函数的形式,假设一定量的"自由"劳动和一定数量资本的(最有利)合作。这两个函数必须被视为在技术上是已知的。对于后者,阿克曼提出了一个明确的数学形式,而对于后来称为 $f(n)$ 的前者,只是凭经验根据 i 系列的递差来确定的。

如果工资 l 和机器单位使用价值 b 之间的关系已知,则可以证明,对于每一台新制造的机器,都有一个特定的"生命周期"可以得到投资资本的最大收益。作者使用了简单的工具来处理这个绝非简单的最大化问题,而且是一种特别巧妙、简单易懂的方式(第 110—114 页)。从一个纯粹说明性的角度来看,这是本书最好的段落之一。然后,他提出了一种情况,此时同时存在许多不同的机器,尽管它们都是在不同的年份生产的。因此,我们得到一个静止状态,其中存在"交错"并连续的机器和消费品生产。由于实际发生的更新或"维修",这个已经出厂的机器设备的成本和制造一个新机器时所发生的成本相同。因此,对于每一个不断生产机器的劳动者而言,都对应着一个正在使用的机器的确定数量(当然,相等数量的每日或者每年的可用"机器使用")。同样,我们可以计算出所有剩余机器的未使用部分的折现值,进而计算出它们的资本现值——"Realwertkapital"。这样我们仅仅通过应用之前假设已确定的最佳生命期和最近出产的每台机器的产量就做到了这一点。(通过采用不同的摊销系统,作者还得出了对于另外两个资本概念的结果。但我省略了这部分。)机器的最佳生命期和生产机器所用的劳动者数量已知后,机器的资本价值就由此确定了。只要我们知道前者我们也可以知道自由劳动资源的数量,因为这两个加在一起等于全部可用的劳动供给,或者社会年度劳动资源。

现在自由劳动资源与每年可用的机器单位使用结合起来了。此时,假设生产函数在理论上是已知的。在完全竞争时它一定是均匀的、线性的,即生产中的所有要素均匀增加时,产量将按相同的百分比增加,换言之,对于一个公司而言,达到某个最适宜的规模后,生产规模无论是大一点还是小一点,相对而言同样赚钱。这个函数假设了每年的国民收入,通过对它求偏导数,我们(假设)得到工资水平 l 和机器单位使用价值 b[①]。

---

① 这是唯一一处阿克曼使用了高等数学的地方——或多或少地采用了我在《国民经济学讲义》("Lectures")中的方式。但它并不会在论述这个问题时产生无法克服的困难;如果他像我在试图解决这个问题时所做的那样着手,即便是用初等数学的方式,他也会做得更好。

在均衡状态时,这些量,L 和 b,一定与其最初假设的值一致。换句话说,我们不得不确定六七个未知数,除了已经提到的三个量以外,还有资本品的存续期间、利率、现有劳动力在机器劳动者和自由劳动者之间的分配。在数学中,这六七个未知数由同样数量的联立方程式确定,这是常识。作者采用了庞巴维克所采用的构建数学表的方式,凭借经验并近似地解决了这个艰巨的问题,尽管它们本质上更复杂,并且更难以处理。

这本书最精彩、对经济学最显著的贡献是它不仅详细地阐述了这个问题(我只是简要地进行了概括),而且从经验上解决了这个问题。也许有人会反对作者使用图表,因为它不利于确定获得的结果在何种程度上是普遍有效的,或者依赖于实际选择的数学数据。

资本的增加必然带来资本品的生命期延长,从而使资本的增长不仅是在"宽度"上,而且也在"高度上"。否则,劳动的边际生产率必然比使用机器的边际生产率高。正如我将要在稍后所述的,这种考虑总会使提高机器的耐用性变得有利,这一点被作者的图表进一步地证实了,尽管这个结果由于他所作的机器生命期的延长是按一年为阶梯而不是连续的假设而有点模糊。

另一方面,当资本增加时,在宽度上会增加多少仍不太清楚。作者的表 3(第 144 页)表明,当资本本身,以及资本品的生命周期增加时,用于维护(更新)耐用资本的劳动的数量 $u = i$,持续增加,尽管增速不是特别大。我们问自己,这里的特殊情况是否仅仅是貌似如此,那么我们能否将其作为一个普遍的规律对待。看上去这是作者的主张(第 28 页),他说当资本增加时,"每年在承担耐用资本品换代性质的投资中所使用的劳动量必然比以前多,因此与现有资本品相结合的劳动会减少。但这段话可能只是一个小的疏忽，因为资本的增加不一定是阿克曼这里显示的结果。如我在后文所论述的，我们可以构建一个合适的生产函数和一个耐用资本品的扩展寿命函数〔作者的 $f(n)$ 或 i 系列〕，由于人口没有改变，当资本增加时，投入机器的劳动和自由劳动数量保持不变。在这种情况下，资本只在高度上增长，而宽度上不增长。通过适当的假设，可以使前者随着资本的增加而减少（尽管当然不是无限制的减少）。

但是表Ⅳ（第149页）显示当资本增加且利率为正时，年度产品的价值连续增加。这是一般的规律吗？它显然不是。只要延长机器寿命总是会带来相对较小的维修成本，资本家进行这样的延长看上去就符合他们的利益，即便总产量因而降低。如果资本家联合起来，他们很有可能出于自己的利益延长资本品的寿命，即便这意味着年产量下降并因而在本质上是反社会的①。这也会发生在自由竞争的情况下吗？不会。

事实上，在我阅读手稿时，这一点比其他的一切更加吸引了我的注意，它太有趣了，阿克曼本应该讨论得更详细一些。在手稿版本中，作者曾在表Ⅳ的位置放了一张表，由该表可知，每年的产量不会随着资本数量的增长而连续增长，而是最后会开始下降，甚至是在利率降到零之前开始下降。阿克曼和我就这一点进行了长时间的讨论，我们终于达成了共识：得到这个结果是由于他凭经验选取了生产力函数的这一事实，生产力函数不会满足自由竞争的先

---

① 我们在"可变资本"投资中有一个类似的例子。参见我的《利息、资本和租金》一书，第104页。

决条件,换句话说它不是齐次线性的。作者后来重做了此表,从而开始采用第 137 页提到的函数 $P = k\sqrt{cr}$,该式适用于自由竞争的情况[①]。但是,它有一个缺点,即只适用于(在我看来是不必要的)一种特殊情况,因此,产量的数字无间歇地增加。正如我在后文中证明的,这样的结果也应该是完全通用的。

同样,如果我们假设存在自由竞争并且不考虑发明的影响,工资应该在任何情况下都随着耐用资本品数量的增加而增加。但是表Ⅳ清楚地表明,它上涨的比例小于资本的增加。换句话说,虽然资本品寿命延长不能完全破坏工资的上涨,却可以抵消这样的增长反应,这已经发生了。

我应当对自 152 页起的内容抱有一种怀疑的态度,即使它是在一定的限制条件下。关于"可变资本"我在自己的著作中秉承了范杜能的观点,即利率由"最后"(投入)的资本所增加的产量决定并不适用于整个社会资本增加的情况。它仅适用于利率较低的情况,因为一部分增加的资本被增加的工资(和租金)吸收了,因此就生产而言,只有所增加资本中的剩余部分是起作用的。作者在这里说,只要我们考虑"具体"资本(即最近投入到以前增加的资本价值中的劳动数量)的增加,范杜能的理论甚至对社会资本也适用。可以这么说,只要我们能一直把这部分具体的资本考虑在内,也许能够证明这是正确的。例如,这个原则完美地适用于庞巴维克的架构(参见原书附录)。但在这里给出的数学说明中,它仅取决于

---

① 显然,如果生产要素 c 和 r 都以相同的比例增加,由于 k 是一个常数,产量 P 也以相同的比例增加。(P 是产量,c 是自由劳动,r 是与它配合的机器资本。参见阿克曼的 Realkapital,第 41 页。

一个事实,即资本品总是持续一年,不会更多,因此资本只在宽度上增长,并且因此与每年所投入的劳动量成比例。阿克曼进一步假定制造资本品需要一年时间。为了获得这一过程的整体情况,我们可以想象自由劳动的供给总是与另一个劳动的供给相配合,该供给已经投入了整整一年,现在是"成熟的"。现在的问题变得极为简单,其结果只是"利率是储存(积累)的劳动与当前(自由)劳动边际生产率之间的差异"这一原理的应用,但它实际上太简单了,很难对固定资本持续数年的情况得出任何结论。由于这里的相互关系更加复杂,正如我们已经说过的,具体资本(所谓的)在这种情况下没有适当的意义。阿克曼本人也承认,他的表格无法提供这种利息定义的任何完整的佐证。很明显,他对于他所定义的众多资本概念中哪一个应该用作他的计算基础似乎并不肯定,但他认为采用某一时刻的利率和应用"高等数学"解决问题,会得到更好的结果。由于我对这个问题相当感兴趣,我作了一些这样的研究,附在我的评论之后。它得出了一个特别有趣的结果,但是没有证实上面的论述。

庞巴维克(事实上杰文斯也是)把利息说成是由对产品最后一部分投资与所延长投资期的关系来确定的,或者换一种方式说,是由"等待的边际生产率"决定的。但令作者失望的是,他并没有能成功地表明这个定义与表格所得出的结果是一致的,尽管这个定义实际上与刚才所讨论的密切相关;这是因为他所讨论的是恒定为一年的投资期。这种差异是由于作者遗漏了一部分,我相信阿克曼口头检查时已经注意到了这部分遗漏。在他关于这个问题的公式中,他不应该采用年度产品的价值,而是应该用在这一年中所支付工资的(总)和作为除数。(如果像阿克曼的分析中那样采用单利,我们通常应该计算原始资本,而不是增加产品所累积的利息。)一旦考虑这个因素,他的表就和庞巴维克的定义一致了,虽然它并不意味着所说明的事情适用于一般情况。现在,我们来处理平均投资周期这个棘手的问题。在这种情况下,正是由于这个问题的简单特性——除了上述遗漏,作者能够处理这个概念,这时平均投资期是另一种表示那些已投入的劳动和那些没有投入的劳动之间关系的方式。但"交错"的生产不是这样,例如在庞巴维克的架构中,在成熟过程中的任一时刻的资本平均投资周期是生产周期的一半,而且这个量在公式中反复出现。但是显而易见(参见附录)所有资本的平均投资周期是生产周期的三分之一;我看不出这个量和对它的后续修正是如何与净产品中的变化简单关联起来的。也许是我误解了作者或者只是我犯了个错误——如果是这样的话我迫切希望我会被纠正。但确实在我看来,这里阿克曼是在试图解决一个无法解决的问题。为了抓住任何一根救命稻草,他说如果在某一位置对这两个量进行比较,它们同时都变为零,当然这并不证明它们通常是相同的。

其实,不一致正源于问题的本质,我们不能责怪阿克曼没有发布一个他不能令人满意地证实的结论。在书的最后,他还承诺要分析这个问题的动态方面[①],也许他会说明那些模糊和复杂的问题,而对我来说,我很难相信自己能在这点上有所作为。

---

① *Realkapital und Kapilalzins*(斯德哥尔摩,1924)的第二卷涉及了动态条件下的耐用资本品。

我们的分析当然对机器的制造是有效的。首先，不改变用途的机器会被制造得足够耐用从而在经济上有所回报；其次，如果我们考虑改变机器的寿命，那些寿命只和以前的那些一样长的机器可以从各个方面尽可能多地提供有用的特性。这些特性，阿克曼在他的前言部分提到了，他把它们统称为"自动性"。众所周知，机器技术专家根据机器节省劳动量的多少将机器的自动能力称为100%或50%。作者因为对普通的日常用语中如此含糊的想法给出了科学的精确度而值得大家称赞。然而，如果有可能在这方面实现绝妙的清晰的话，他对问题的阐述似乎并未像人们所期望的那样清晰和明确。他说（第27—28页）："任何耐用资本品，在生产它的过程中投入了劳动，从而获得了一定程度的自动性，因此后面需要一定数量的配合劳动，该数量既不多也不少，如果每个协作操作工人的最大效率是已知的"。他继续说，可以根据本台机器达到每单位合作劳动的最大回报时，要求配合的劳动与最初所投入的劳动之比的大小来说自动性的高或低。

至少可以说，这种描述不是很清晰。如果斜体字（由作者本人设置）表示的是与机器配合的自由劳动资源，那么按照上下文所示，这个陈述是不正确的。因为如果是每单位劳动的产量而不是其他项应尽可能的大，那么谁会受益呢？但即使是借助"配合工作"，我们理解了既包括自由劳动，也包括所投入劳动的全部协作劳动的供给，阿克曼的论点仍然不正确，除非利率已经下降到了几乎没有。在均衡状态，现有劳动供给在自由的和已投入的劳动之间的分配一定是：资本家获得与当前工资率相匹配的最大利益，而劳动者作为一个整体，获得与当前利率相匹配的最高工资。但在这种情况下"自动性"变成整个生产问题的一部分,不能从中单独地分离出来。也不能获得一个独立的意义。另一方面,从理论上阐述这个问题应该没有什么特别的困难,我们先从根据潜在用途处于完全相同种类的所有机器的一种经济惯性状态开始。

这本书也不是没有缺点和不足,但在我看来,实际存在的问题比阐述这个异常困难、令人筋疲力尽的课题所能预期的问题要少,而且无关紧要。普通读者无法想象在进行这些计算时所能遇到的实际困难。数学表格的不现实性已经很惊人了;例如,人们不禁注意到,当资本比较适度地增加时,利率突然大幅下降。还有,根据表Ⅳ,当社会的资本增加时总资本收益不停下降——在这方面,这种情况是令资本家非常沮丧的。这一结果主要是由于阿克曼实际选择的 i 系列的项是使一台机器使用寿命更长所新增的劳动力。如果它们是对应于现实世界的情况,那么应该从一开始它们下降的速度就超过了他所设置的情况。为了方便阐述,不可能采用这种方法,因为在作者看来,所选择的 i 系列不能违背这样的原则:一般来说一些资本品的寿命在延长至一定限度后,不再有利。因此,它不足以使这个系列的项在这一点或那一点停止下降,但是,正如作者在反对 Rae 时(第 22 页和第 118 页)所主张的,它们的平均值(生命期中的每年)停止下降也是有必要的。如果他想获得更接近于现实世界中的数据,首先,他本应该大大地扩展 i 系列。其次,那样表格将变得太大,从而有必要使用某一时刻利率的高次方,计算将变得非常烦琐和困难[1]。这些障碍可能需要使用更强

---

[1] 所用的系列都是经常出现的,因此可以减少到几项——事实上作者可能对此并不熟悉,除了在几何级数的情况。

大的数学工具来克服,但是这应当留在以后去做。就其本身而言,大部分列的数据在各种情况下都达到了说明现象最重要方面的作用。

在我看来,这本书中更关键的部分证明了阿克曼博学而稳健的判断[①]。我深信,总体上说作者对资本理论作出了真正卓著的贡献,我带着极大的兴趣期待他的后续工作。只是我要提醒他在新的论著中应记住,当代读者,即使是从事科学工作的人,也很少会有人对他的表述方式有无限的时间和耐心。

2. 实际资本和利率(续)

(b) 对阿克曼博士问题的数学分析

在下面几页,我们尝试用数学的方法解决我们刚才讨论的问题。我们首先假定生产是连续的,而且资本化是以一段时间的利率为基础进行的。既然机器事实上是整体的、不能分割成无限小,因此我们的结论只能是近似正确值。但是通过其他方法也不能更

---

① 我顺便说一下,第135页从我的书《利息、资本和租金》中引用的段落几乎是一致的。在前面的段落中,我阐述了短期和长期投资之间的对比。阿克曼并不清楚这一点。我认为,算术平均值在处理短期投资时仍有一些用处。我并没有说这种方法是精确的,因为如果是这样的话,它们也将适用于长期投资。我要对他认可我的工作表达感激之情。他希望将我对工资基金的论述与庞巴维克有良好基础的工资基金理论联系起来。事实上,我对庞巴维克数学论述比较严格的数学分析只是从中衍生的,其本身没有什么价值。

接近正确值了。

用一些劳动者(或一组劳动者) a 生产一个资本货物,例如一把斧子,它可以即刻投入使用。如果正常使用,斧子可以使用 n 年,在这之后斧子将没用任何价值,我们假设斧子太小了(或生产它的劳动者数量太多),因此用于生产它的时间与它的使用寿命相比微不足道。我们的计算因而简化,同时并没有失去有效性。当然,这并不意味 a 是一个可以忽略的数值[①]。如果以一个劳动者工作一年(或一组劳动才工作一年)作为工作时间的单位,a 就会非常小,而它的倒数 $1/a$ 非常大。

斧子对于购买者或使用者的交换价值,取决于它的使用效用。我们再假设这个价值是已知的,估计为每年 b(先令),因此 b 是斧子一年期使用价值的未折现值的总和。假定斧子在一年(或几年)内是均匀使用的。如果 Δt 是一段时间,那么斧子在这段时间内的使用价值是 $b\Delta t$,如果我们把斧子使用 t 年的值折为现值,以 r 为利率,我们用除以二项式 $(1+r)$ 的 t 次方,得到现值,即:

$$\frac{b \cdot \Delta t}{(1+r)^t} \tag{1}$$

令 $1+r=e^\rho$,$e=2.718$ 是自然对数的底,ρ 是 $1+r$ 的自然对数值,即其对数值除以 0.434 的结果。它也可以用 r 的对数级

---

① 例如,在现代的房地产业,房子所有的不同部件和附属件在打地基的同时开始生产,因此即使整幢房子实际需要的工时是 10 年,也可以在几个月,甚至是几个星期内完成,即与房子自身的使用寿命相比,建房的时间可以忽略。

数表示，$\rho = \log e(1+r) = r - \frac{r^2}{2} + \frac{r^3}{3} - \cdots$，当 $r \leqslant 1$ 时是收敛的。ρ 是在某一个时刻的瞬时利率，德语里称为"Vgerzinsungsenergie"，当 r 较小时，ρ 和 r 相差不大，且比 r 略小（如果 r 为 5%，$\rho = 4.88\%$，如果 ρ 为 5%，r 就是 5.13%）。在每种情况下，它们之间都保持一定的数学关联，假定它们完全可以互相替代是不正确的。

按这种方式代入，我们得到了每把斧子使用价值的现值：

$$b \cdot e^{-\rho t} \Delta t \tag{2}$$

既然 t 在这里被看作是连续变量，通过对上式在两个时间点 $0, n$ 之间积分，我们得到：

$$b \int_e^n e^{-\rho t} dt = b \frac{(1 - e^{-\rho n})}{\rho} \tag{3}$$

（与年金贷款计算一致）。如果 r 和 ρ 足够小，则其指数函数扩展为：

$$e^{-\rho n} = 1 - \rho n + \frac{(\rho n)^2}{1.2} - \frac{(\rho n)^3}{1.2.3} + \text{etc.}$$

我们只需要包括公式中的前两项，上面的表达式减化为 bn，换句话说，斧子总使用价值的现值与其（未折现的）总使用价值相等。如果我们包括前三项，我们得到 $bn \left[1 - \frac{\rho n}{2} \right]$，即用单利、按使用期的二分之一折现的总使用价值。

均衡状态时，斧子的使用价值与它的生产费用相等。令 l 为每个劳动者每年的工资，

则

$$b\frac{1-e^{-\rho n}}{\rho}=al \text{[①]} \tag{4}$$

这个等式中包括 a, b, l, ρ, 和 n, 它们的值由均衡条件确定。如果没有达到均衡, 则等式(4)说明了下面的情况。假定不仅 b(斧子使用一年的价值)是已知, 而且 ρ 和 r 也是已知, r 是目前货币的通用利率。现在, 如果 n 和 a 分别是斧子的生命周期和生产它所需的工时, 并且在技术上也是已知的(正如我们经常认为的那样), 则等式的右边代表斧子生产商能够接受的一把斧子的销售价格(每年的工资 l 乘以劳动力单位 a)。尽管 n 和 t 值都是未知的, 它们在技术上是相关的。通过提高生产一把斧子投入的劳动力, 可以延长斧子的耐用期, 其他条件不变; 则 n 是 a 的函数、a 也是 n(生产斧子时预计的使用期)的函数。很清楚, 两者同步增长, 但 n 的增长率一定大于 a, 否则, 无论利率低到什么程度, 劳动力都不会被投入到生产更耐用的斧子上, 而是生产更不耐用的斧子上。因此我们假设 a 随 n 的分数幂变化, 即:

$$a = kn^v \tag{5}$$

其中 k 是常数, v 是真分数。如果 $v = 1/2, a$ 按 $1, 2, 3$, 这样的比例增长, 而 n 按 $1, 4, 9, 16$ 增长。换言之, n 随 a 呈几何级数增长。当然, 这种公式的形式太特殊, 当 a 和 n 变化幅度较大时, 不能反映两者之间的实际关系, 但是如果发生的是较小的变化(情况

[①] 如果把整组工人(比如说 10 个人)的年度工作作为单位, 按这一单位的 a 的量随 l(以先令为单位)的增加而呈比例下降。

通常如此),它是和其他近似公式一样好的[1]。如果我们假定斧子的使用年限为 16 至 36 年,而 $v=1/2$,则常数 k 代表生产使用时间为 16 年的一把斧子所需劳动量的 1/4,类似地,当使用年限是 25 年时,则是所需要劳动量的 1/5。

在这一阶段,我们当然可以从等式(4)和(5)中删除 a,则仅剩 l 和 b 是未知的。但我们宁愿让两个等式保持现状。

对于劳动者或者一组劳动者而言,如果他们本身是企业主,n 的最佳值是相对投入的劳动者而言斧子的销售值达到最大——即 l 达到最大时的值[2]。既然一个变量的最大值(或最小值)可以看作常数,我们按 l 是常数对公式(4)进行微分,将得到

$$be^{-\rho n}\Delta n = l\Delta a \quad (6)$$

我们得到等式左边的形式与等式(2)相似,n 和 Δn 代替了 t 和 Δt。这暗示着当 b 达到最大值时,最后增加那部分使用价值折为现值时,与生产斧子时最后增加那部分值相关。

我们对(5)进行对数求导,

$$\frac{\Delta a}{a} = v\frac{\Delta n}{n} \quad (7)$$

代入(6)

$$be^{-\rho n}\frac{n}{v} = la \quad (8)$$

---

[1] 另一方面,没有与阿克曼的 i 系列相关联的表达式,这种情况描述的是资本货物的使用期在达到某一个点后,不会再增长。

[2] 我们可以假设他们不出售斧子,而是进行出租。这时,他们必须自己负担利率(r 或 ρ),假设结论在两种情况下一致。

[3] 对于 l 最大化的其余条件,这像下一个情况中 ρ 一样,在这里总是满足的,这一点将在稍后说明。

并与(4)合并,我们最终得到:

$$e^{\rho n} = 1 + \frac{\rho n}{v} \qquad (9)$$

这个结果比较特殊。这里乘积 ρn 是等式的根,v 是等式中唯一的变量。换言之,如果视 v 为已知,一旦我们用来表示生命周期范围的特殊函数已知,则不管 b 的值是多少,利率(连续的复利)与斧子最佳生命周期的乘积将是常数。即使对于不那么简单的函数,若 a 是 n 的函数,n 和 ρ 的之间关系也与 b 无关。(9)无疑是一个超越方程,对于较大实根,我们可以轻松地得到一个大致的结果①。(另外一个根 = 0,无论 v 的值是多少)。例如,$v = 1/2$,ρn 大约是 1.27,如果 ρ 等于 0.05(则通常利率将比 5% 略大一些),斧子的最佳寿命是 25 年左右,尽管按照每年计算,它的使用价值可能有些差别。当 v 被视为理论上已知后,这个根就是常数,我们用 $\Phi(v)$ 来表示。下面的分析很大程度上要依据这个结果。

我们已经假设利率(r 或 ρ)已知,如果我们认为投资人就是企业主,l 一定是已知的。这些投资人,在给定的工资条件下生产斧子以供将来使用,他们面临着这样的问题:需要确保斧子的使用寿命足够长,这样才能以最高的回报率收回在生产斧子上的投资。从数学的角度来看,这个问题会把我们带到前面的公式,即当达到最大值时,它成为常数,因此我们可以按照 r 和 ρ 是常数那样,对等式微分。我们得到与前面完全一致的等式,仍是与等式(9)是同样的形式。

---

① 这可以通过拉格朗日定理展开解得,去掉 $\rho n = 0$。

$$e^{\rho n} = 1 + \frac{\rho n}{v} \qquad (9)$$

这次不是 ρ 而是 l 是已知数。为求得 n,我们把从(9)中得到的 $\rho n = \Phi(v)$(即 1.27,如果 $v = 1/2$)的结果代入(8),然后用(5)消去 a,得到:

$$n^{1-v} = \frac{l}{b} kv e^{\phi(v)} \qquad (10)$$

同理,$\Phi(v)$ 是(9)的根。

$$n^{1-v} = \frac{l}{b} k [v + \phi(v)] \qquad (10+)$$

如果 $v = 1/2$, $\phi(v) = 1.27$,我们得到:

$$\sqrt{n} = \frac{l}{b} 1 \cdot 77 k$$

现在重述我们前面已经熟悉的原理,工资的增长将会延长资本货物的使用期,在这个例子中是按工资[①]的几何级数增长。这种趋势与可变实际资本(流通资本)情况下延长生产周期一致。

在进一步讨论前,我们先说一个与特定资本货物平均投资回收期相关的有趣现象。正常情况下,资本货物的年度收益将在后来和生产时的利息成本一样得到偿还。正如我们重新探讨阿克曼问题时所主张的,前者先发生还是后者先发生这样的顺序问题仅仅是出于逻辑推理上的兴趣。但是,我们可以将资本货物的平均投资周期用一个周期来表示,这样,如果所有资本货物的使用都是在同一时间发生,资本产生的收益和所有者实际得到的是一样的。假定这个期间是 m。既然在我们的例子,全部使用价值是 bn,根

---

① 我们后面将说明除了生命周期延长的情况外,这个结果还是非常普遍的。

据等式(4)，我们得到：

$$bne^{-\rho m} = b\frac{1 - e^{-\rho n}}{\rho} = al \tag{11}$$

如果 a 增加，根据公式(5)，n 将增加，m 也将增加[①]。既然 n 达到其最佳值，我们可以把 l 和 ρ 看成是常数（其中之一假设是常数，另一个已经达到其最大值），对等式(11)对数求导，我们得到下式：

$$\frac{\Delta n}{n} - \frac{\Delta a}{a} = \rho \Delta m \tag{12}$$

这表示出了 n, m, a 之间同步增长的关系。这个结果不难解释。既然 a 是生产一把斧子所需的劳动，$1/a$ 是一个劳动者能够生产斧子的数量[②]，n/a 是 $1/a$ 把斧子使用的（可能的）年限。因此 bn/a 是所有这些使用价值的总和。如果我们把这个表达式称为 P，并依然保留 b 是一个常数的假设，通过对数微分，我们得到：

$$\frac{\Delta P}{P} = \frac{\Delta n}{n} - \frac{\Delta a}{a} = \rho \Delta m$$

或者

[①] 很容易看出，如果按此原理计算平均投资期 m（例如以年金借款），则其小于"偿还期" $n/2$ 的一半。但是利率越低，其越接近于 $n/2$。因为在我们的例子中利率 ρ 的变化与 n 相反，m 必定与 n 同时增加，也许以更大的比例增加。（这里我们有另一个例子说明这一事实，即基于计算的目的，复利优于单利。对于以相同方法计算的普通年金借款，根据还款期长短和利率的高低，平均偿还期有时会小于还款期的一半以下，有时则会高于它。假如一个人在今后的 20 年，每年末都必须还款 50 英镑，当利率高于 5% 时，对其而言最好的做法是在 10 年后一次性付清所有的剩余部分，若利率低于 5%，则不是这样。

[②] 由于 a 很小，所以 $1/a$ 很大。为了使问题更容易理解，我们可以设想制造斧子的人数是如此之多，以至于这些数量的斧子可以同时制造出来，因此能够把它们共同看成是一件资本商品。

$$\rho = \frac{\frac{\Delta P}{\Delta m}}{P} \tag{13}$$

我们可能会直接从(11)得出这个结果;因此,即使 b 不是常数,而是在斧子的寿命期内按照这样或者那样比例变化,只要 ρ 或 l 达到最大值,该式也适用。因此,在处理固定资本时,我们得到一个与杰文斯原理相似的原则,即利息是"产量增长率除以总产量",或者是"等待的边际生产率",也就是根据上述原理计算的平均等待时间。在这一点上,我们必须注意,投入的劳动量被看作是固定的(= 1 劳动单位),因此平均等待时间成为资本的唯一变量。我们还应该注意这个原理对资本品的整个生命周期都适用,而不仅仅是对库存的不同年份的机器仍要保持的时间段适用。另一方面,显而易见,我们的原理与我们延长生命周期方式的假设完全无关。

我们现在要考虑固定资本存量。如果劳动者(或一组工人)继续生产斧子,他(或它)每年能生产 $1/a$ 把斧子,n 年生产 n/a 把斧子①。在此期间,使用的斧子数量显然会持续增加,但一旦超过 n,它就会停止增加,因为最旧的斧子被同样的、新制造的所取代。因此,我们这里得到了斧子构成的固定资本,在结构上是"交错"的,而且包括 n/a 把不同年龄的斧子,当然,在任何时刻可供使用的数量是相同的。因此,一年内可用的总价值(未折现)是 $\frac{bn}{a}$。而且,这些由斧子组成的、任一时刻存在的全部固定资本可能的使用

---

① 因此表达式 n/a 有双重含义:首先,它是一个单位劳动所生产的斧子的潜在价值的数量,其次它是一个劳动者在 n 年生产的总量。由于其第二层含义,在文中它同时又被描述为可以获得的价值的总量。

价值,显然为:

$$b\frac{n}{a}\frac{n}{2} = b\frac{n^2}{2a}$$

由于假设制造斧头的时间很短,斧头的年龄从 0 到 n 年持续增长。这延续了只投入单独的一个劳动者或一组劳动者生产斧子的假设。然而,如果投入 M 个劳动者或 $M/10$ 个劳动者群体(每组 10 人)生产斧子,我们所有的量自然应该乘以 M;从现在开始,我将一个劳动者工作一年作为一个劳动单位。

现在,为了找到资本本身的价值,在计算中我们采用从斧子整个寿命期来看最优化地使用一把斧子时得到的利率。一旦最终达到平衡,这个利率一定会与目前的利率一致。根据(3),使用期 n 年的一把新斧子的价值是 $b\frac{(1-e^{-n\rho})}{\rho}$。因此,已经使用 t 年斧子的残值一定是

$$\frac{b(1-e^{-(n-t)\rho})}{\rho} \qquad (14)$$

因为 Δt 是极短的时间,我们认为使用 $t + \Delta t$ 的斧子具有同样的价值。既然一个劳动者每单位时间(一年)生产 $1/a$ 把斧子,M 个劳动者因此生产 M/a 斧子;t 年前 Δt 时间生产的斧子数量是 $\Delta t M/a$,根据(14)它们全部的未偿还价值是

$$M\frac{b}{a}\frac{1-e^{-(n-t)\rho}}{\rho}\Delta t$$

综合这些值,通过在 $t=0$ 和 $t=n$ 之间积分,我们得到全部固定资产。即

$$K = M\frac{b}{a}\frac{1}{\rho}\int_0^n (1-e^{-(n-t)\rho})dt = M\frac{b}{a}\frac{\rho n - 1 + e^{-\rho n}}{\rho^2} \qquad (15)$$

这个等式对应于阿克曼分析循环系列的总和,然而它没有进行求和。可以验证它,因为如果 ρn 是如此之小,我们只需要考虑指数系列中的前三项 $e^{-\rho n} = 1 - \rho n + \frac{(\rho n)^2}{1.2} - \frac{(\rho n)^3}{1.2.3} + \cdots$,于是我们的方程减化为 $M \frac{b}{a} \cdot \frac{n^2}{a}$,对应于所有潜在使用斧子的未贴现值,正如我们已经看到的那样。即使包括第四项,乘以二项式 $(1 - \rho n/3)$ 后,我们得到相同的表达式,即所有潜在用途的价值减去该值按每把斧子使用期的 1/3 时间计算的单利——一个新的但当然不完全近似的量。$n/3$ 是三角形重心到底的距离,高度是 n,底是现存的斧子数。如果全部库存斧子的潜在价值折现到现在,并使用单利折现,事实上平均折现周期应该是 $n/3$[①]。

我们可以很容易地证明,在任何时刻全部斧子资本的净使用价值,即总值减去资本更新的费用,是同一时刻资本总值和利息。因为它符合我们刚才论述的情况,前者是 $M\left(\frac{nb}{a} - l\right)\Delta t$,代入(4),成为

---

① 如果一件资本品的寿命是 N 周,而且如果同样数量的资本品都是不同年份的,对于已经使用 T 周的资本品,剩余的时间是 $N-T$,如果使用单利,平均折现期是 $(N-T)/2$ 周。由公式我们得到全部库存的平均折现期:$\dfrac{\sum_{T=0}^{T=N-1} \frac{1}{2}(N-T)^2}{\sum_{T=0}^{T=N-1}(N-T)} =$

$\dfrac{\frac{1}{2}(N^2 + (N-1)^2 + \ldots + 9 + 4 + 1)}{N + N - 1 + N - 2 + \ldots + 3 + 2 + 1} = \dfrac{2N+1}{6}$,既然在这里 N 是一个较大的数,(结果)近似为 $N/3$。同样,依旧使用单利,我们得到了"交错可变实际资本"的平均投资期(参见我评述中的相关段落)。

$$M \frac{b}{a} \frac{\rho n - 1 + e^{-\rho n}}{\rho} \Delta t = \rho K \Delta t \tag{16}$$

(16)与事实相符,即在用斧子的剩余资本价值可以根据利率精确确定,因此可以称之为公理。

我们还没有使用我们关于"延长寿命"即方程(5)的假设。一旦将(5)考虑在内,资本数量 K 的表达更为简单,因为在这种情况下 ρn 是一个常数 $= \phi(v)$,所以我们分数的分子也成为一个常数。此外,ρ 和 a 可以简单地用 n 来表达,这样我们就可以用 M,b 和 n 表示 K。由于根据公式(10) n 与 l/b 的幂成比例,我们可以只用 l 和 b 来表示 M,但前提是 K 是 M 的倍数并且包括一个常数因子,该因子仅仅取决于 v 的值,而 v 在理论上是已知的。这种考虑的重要性之后将变得明显。

事实上无论是 l 还是 b 都不是已知的,但两者的值由商品生产中自由劳动和实际资本的协作关系最终确定。因为我们认为在自由竞争条件下工资对于所有劳动都是相同的,无论是自由劳动还是"替代劳动"(阿克曼),后者指每年投入到机器上的劳动。为了得到该经济关系和用于解决整个问题所必需的数据,我们现在必须作进一步的假设,即所有社会资本全部由一种资本品组成——在这种情况下是斧子,并且仅生产一种产品。因为我们此前一直是在其最简单的形式下讨论资本化生产,我们无疑可以作一个就其本身来说有点荒诞的假设。

设 x 是以指定形式与 y 个单位的资本(斧子)协作的自由劳动者。现在通过优化配置资源,产品或者是产品的价值,显然将是 x 和 y 的函数。我们可以预知这个函数一定是同次的、线性的,即随

着 x 和 y 均匀增加,产量增加完全相同的百分比。如果有两个工人,各有自己的斧子,他们一起工作的产量大于一个劳动者用一把斧头工作时产量的 2 倍,如果是 3 个劳动者和 3 把斧子,产量按比例甚至更多,等等,那么显然我们就应该让工人采用共同工作的方式以达到最大效率。但是,一旦达到最大值,劳动者和斧子的进一步增加,即增加这类群体的数量,只会带来产量的部分增加。总之,我们可以因此认为如果供给每个劳动者的斧子数量恒定,产量增长与劳动者的数量成比例,但如果斧子的供应量增加或减少,劳动者数量保持不变,产量肯定会在某种程度上增加或减少,尽管小于斧子数量变化的比例。换言之,我们用 $F(X, Y)$ 所表示的生产力函数,一定是这样的形式:

$$F(x, y) = x\Phi\left(\frac{y}{x}\right)$$

其中 Φ 是一个单变量函数,即 y/x 比值的函数。Φ 将随它的变量同步增加或减少,但程度较轻。因为如果它以相同的比例增加,整个表达式就可以减化为 $cx\frac{y}{x} = cy$,其中 c 是常数;换句话说,我们将得到一个可笑的结果,即产量仅取决于斧子的数量,而与工人数量无关。如果函数 Φ 的增长比例超过其变量,我们将得到一个更可笑的结果。

既然我们主要关注的是以尽可能方便我们计算的方式表示这种关系,我们可以简单地让 Φ 函数随变量的根变化,即我们可以让

$$F(x, y) = cx\left(\frac{y}{x}\right)\beta = cx^{\alpha}y^{\beta}$$

其中 α 和 β 都是正分数,其和等于 1。P 为某一时刻的产品价值[①],则:

$$P = F(x, y) = cx^\alpha y^\beta \tag{17}$$

如果把这个等式对 x 和 y 求偏导数,我们得到:

$$\frac{\partial P}{\partial x} = c\alpha x^{\alpha-1} y^\beta = \alpha \frac{P}{x}$$

和

$$\frac{\partial P}{\partial y} = c\beta x^\alpha y^{\beta-1} = \beta \frac{P}{y}$$

我们假设一个静止的状态,其中雇主和劳动者之间是完全竞争。一旦达到均衡时,第一个偏导数必然等于每人每年的工资 l,而第二个偏导数是每年使用一个斧头所支付的费用 b。因此

$$l = \alpha \frac{P}{x} \text{ 和 } b = \beta \frac{P}{y} \tag{18}$$

和其他一样,它符合:

$$xl + yb = (\alpha + \beta)P = P, \text{ 因为 } \alpha + \beta = 1$$

换句话说,这样确定地向劳动者和斧子的主人所支付的费用将会耗尽全部产品价值,这是不言而喻的。类似地,假设生产函数连续,我们得到 b 与 l 的简单比率

$$\frac{b}{l} = \frac{\beta x}{\alpha y} \tag{19}$$

令 A 等于劳动者总数量或每年可以提供的劳动数量。如果 M 是用于生产斧子以更新或保持由斧子所构成的固定资产的一

---

① 我们也可以将其用于计算极短时间,即在等式两边乘以 Δt。但是一旦将生产看作是静态的,这种方式将不会有任何不同。

直被雇用的劳动者数量,则自由劳动的数量是 $A-M$。因此,此时在用斧子的数量是 Mn/a,而且在均衡状态时,这也正是每一个公司自由劳动与所投入的斧子之间的比例,这是循环供给和需求的结果;否则一些劳动和斧子将不被使用。因此我们可以用前面公式中的 x 和 y 来代替 $A-M$ 和 Mn/a,并用 π 代替全部社会产品的价值 P。于是我们得到:

$$\pi = c(A-M)^{\alpha} M\beta \left(\frac{n}{a}\beta\right) \tag{17+}$$

和

$$l = \alpha \frac{\pi}{A-M} \text{ 和 } b = \beta \frac{\pi}{M} \frac{a}{n} \tag{18+}$$

以及

$$\frac{b}{l} = \frac{\beta}{\alpha} \frac{A-M}{M} \frac{\alpha}{n} \tag{19+}$$

通过对(8)进行简单改变,并与(9)合并后,则如果对每把斧子有利润最大的寿命,则:

$$\frac{b}{l} = v e^{\rho n} \frac{a}{n}$$

$$= v e^{\phi(v)} \frac{a}{n}$$

$$= (v + \phi(v))\frac{a}{n} \tag{8+}$$

其中 $\Phi(v)$ 是(9)的根。

最后,我们得到:

$$\frac{A-M}{M} = \frac{\alpha}{\beta}(v + \phi(v)) \tag{20}$$

这一计算结果会让人感到惊讶。等式右侧中所有的量都是与社会资本量无关的常量。这些常量反映了我们所作的假设(1)生产我们资本品的技术条件,以及(2)在生产消费品时,它们与自由劳动的协作。因此我们的假设已经表明,无论资本本身的量变化多大,现有劳动供给在与资本品协作的自由劳动以及投入到维护或更新资本品本身[1]的劳动之间的分配不变。然而仅在一定限度内是这样的,因为我们的函数形式太特别,超过一定变化限度后无效,即使它包含一个人为设定的常量[2]。然而,在这些限度内,资本增长时,它仅在高度方向增长,而不是在宽度上。注意:当资本率先增长并随后对均衡产生了干扰时,资本也将(或者只是)在宽度方向增长,因为开始增加的新资本品与已经存在的那些是同样类型的。另一方面,如果每一刻投入的劳动量临时增加,而自由的劳动量减少,工资将上升而资本(斧子)的使用价值下降,或多或少按照这个顺序。而且,根据公式(10),现在所生产的新的资本品将被制造成可以持续更长的时间,因为这种投资的方法已经变得最有利润。但是,当再次达到均衡时,自由劳动量和投入到资本替代的劳动量恢复原来的比例(同时劳动者失去一部分而不是全部他们最近增加的工资,而资本品重新获得部分的、但不是全部它们刚刚失去的价值)。应用这个有趣的结果,我们可能认为生产力函数和我们所选择的"延长寿命"的函数,即

$$a = f(n) = kn^v$$

---

[1] 在稳态时,这些量本身将是常量。
[2] 这两个系数 k 和 c 指的只是单位的价值,因此在其他方面不会变化。

和 $P = F(x, y) = cx^{\alpha}y^{\beta} (\alpha + \beta = 1)$
是典型的正态函数,把它们作为问题最简单的元素,我们必须开始分析现实社会中更复杂的现象。

由于这些常量,M 和 A 的值简单地变为

$$M = \frac{\beta A}{\alpha(v + \phi(v)) + \beta} \text{ 和 } A - M = \frac{\alpha(v + \phi(v))A}{\alpha(v + \phi(v)) + \beta}$$

(20+)

令 $v = 1/2$,则 $\Phi(v) = 1.27$,进而令 $\alpha = \beta = 1/2$[①],则:

$$M = \frac{A}{2.77}, \quad A - M = \frac{1.77}{2.77}A$$

因而应当把现有劳动供给中略多于三分之一的人投入到斧子生产中,剩余的约三分之二的人员使用现有的斧子砍木头。我们得到这样的结果没有考虑斧子资本,因为,以斧子形式供给的资金数额较小,只要我们的假设成立,它们一定会被制造成持续一个相对较短的周期,因此经常需要更新。

M 确定后,解决整个问题再没有什么困难。剩余的未知数是(1)以产品或货币为单位表示的资本金额(因为大宗市场产品的价格可视为固定的),(2)以相同单位表示的每年的产量,(3)资本品(斧子)的持续时间或寿命,(4)每年的工资,(5)一把斧子的年度使用价值,以及(6)在均衡状态和现行经济形势下的利率。其中哪一个被取为独立变量无关紧要,因为在任何情况下,所有其他的量都作为该参数的某次幂而变化,每一个都乘以它自身的恒定系数。

---

① 它符合第二个假设,即在生产中资本和劳动同样重要,因此其中一个要素的百分比增加具有和另一个要素等量增加的效应,这当然只有在一个特殊的情况下是可能的。

如果我们选择 n 作为我们的独立变量,也就是说,如果我们设想一种均衡情况下资本品的总期限是 n 年,令 C_1, C_2 等等作为常系数,我们得到:

$$K = C_1 n^{1+\beta(1-v)}, \quad \pi = C_2 n^{\beta(1-v)},$$
$$l = C_3 n^{\beta(1-v)}, \quad b = C_4 n^{-\alpha(1-v)}$$

而且,和之前一样

$$\rho = \phi(v) n^{-1}$$

由此得出,指数仅取决于 v 和 $\beta(=1-\alpha)$。系数取决于 k 和 c,其中的含义是很好理解的。另外,前两个系数 C_1 和 C_2 包含作为因子的 A;因为通过除以 A,我们得到人均(劳动者)的资本和产量。

因此,通过我们所选择的简化假设现在问题已经得到了解决。但是,在根据上述评论所得出的结果推断出一般的结论时,我们当然必须非常小心(不包括一旦我们的量往逆向运动,他们就不再适用的情况,因为在特殊情况下无效的结论在普遍情况下也无效)。但是有一些观察数据仍是可以用的。

因为 $v<1$ 时,资本 K 显然与 n 同时增加,反之 n 也随着 K 增加。由于我们在评论中提到的原因,这种关系是普遍适用的。同样,π 随 n(和 K)增加,但比后者要少得多,因为指数比一个整体小[1]。固定资本增加造成年度产品增加的结论也普遍适用,这与我们特定的假设无关,我们将立即设法证明。

同样,l 随 n 和 K 增加,而当 n 和 K 增加时 b 减小。这一结

---

[1] 如果 $v=1/2, \beta=1/2$,则 K 与 $\sqrt[4]{n^5}$ 成比例,而 π 与 $\sqrt[4]{n}$ 成比例。

论的有效性也应该是普遍的,我们将很快证明。

因为 n 和 l 的指数表达式相同,所以比值率 π/l 保持恒定,换言之,随着资本增加,在增加的产量中工资的份额保持不变,这是我们假设的必然结果。鉴于我们特定的生产力函数,在每一个公司和整个行业中的自由劳动工资总额在产品中的份额不变,这可以从(18)和(18+)中得出。除此之外,按照我们"延长寿命"的函数,自由工人的总数 $A-M$ 保持不变,当资本增加时,每一个自由劳动者收到的国民收入不变(当然劳动者现在的投入是用现在已经存在的消费品支付,而不是用他们正在帮助制造的消费品支付)。自然地,这个结论不能通用。

如果劳动者在全部国民总所得中的份额是恒定的,那么资本家的份额也是恒定的。但是,正如我们一直主张的,这一结果适用于所讨论问题中所有资本的利息,如果利率是 ρ。

因此 $\rho \dfrac{K\Delta t}{\pi \Delta t}$ 一定是个常数。这个结果是正确的,因为 $\rho \dfrac{K}{\pi} = \phi(v)\dfrac{C_1}{C_2}$,$n$ 次幂消掉了。

此外,同时使用的资本品(斧子)的数量,在上述的分析中有:

$$M\dfrac{n}{a} = M\dfrac{1}{k}n^{1-v}$$

它必定随 n 以及 k 增加,虽然是以比两者都小的比例,因为 $1+\beta(1-v)=1-\alpha(1-v)+1-v>1-v$。这一结果是普遍适用的,即使是在当 M 随 K 的增加而减少的特殊情况下也适用,我们将很快证明这一点。

让我们从一个均衡过渡到另一个均衡。现在可以根据我们对阿克曼提出公式的改进形式发现利率与资本边际生产的密切相关程度,这个命题最早是由范杜能提出的。通过对数微分,我们直接得到:

$$\frac{\Delta K}{K} = (1 + \beta(1-v))\frac{\Delta n}{n} \text{ 和 } \frac{\Delta \pi}{\pi} = \beta(1-v)\frac{\Delta n}{n}$$

因此

$$\frac{\Delta \pi}{\Delta K} = \frac{\beta(1-v)}{1+\beta(1-v)}\frac{\pi}{K}$$

我们可以很容易地表示出 π/k 的比值,而不需费心于比较复杂的常数 C_1 和 C_2。因为资本在产品中的份额等于利息在资本中的份额 $= \rho k$(消掉 Δt)。显然,它一定是 $\pi - Al$,或者,如果我们把(18+)和(20+)考虑进来,则它

$$= \pi \frac{\beta(v + \phi(v) - 1)}{v + \phi(v)}$$

于是我们得到

$$\frac{\pi}{K} = \frac{v + \phi(v)}{\beta(v + \phi(v) - 1)}\rho$$

最后

$$\frac{\Delta \pi}{\Delta K} = \frac{1-v}{1+\beta(1-v)}\frac{v+\phi(v)}{v+\phi(v)-1}\rho \tag{22}$$

我们的比值与 ρ 成比例,但不等于 ρ。如果 $v = 1/2$,$\Phi(v) = 1.27$,而 $\beta = \alpha = 1/2$,则其约等于 0.92ρ,小于 ρ。这种差异是意料之中的,当资本增长时,一部分被由此带来的工资增长吸收,而只有一部分有效地提高生产。但是,由于这种解释在这里不成立,我们可以推断这个原理不是普遍的。如果 β 相当小,即如果资本品与自由劳动相比在生产中的作用较小,则只要 $v = 1/2$,第一部

分非常接近于 $1-v=1/2$,而另一部分总是 $1.77/0.77$,即大于 2。奇怪的是,这个比值大于 ρ。

在这种情况下,显然不能验证范杜能的理论,即使是在阿克曼重新改进的形式下也不能。在他 152 页的分析中,阿克曼开始用 $\Delta k - k\Delta l/l$ 代替 Δk 作除数,因此减去了由于工资上升所吸收的资本增加的那部分。这种方法用于庞巴维克的问题是无可非议的(参见我的评论),简单看一下我《价值、资本和地租》一书在第 113 页等的公式[①]就可以知道。但是在这个特殊的情况下,它不太适用。

我们很容易就可以得到

$$\Delta K - K\frac{\Delta l}{l} = K\left(\frac{\Delta K}{K} - \frac{\Delta l}{l}\right) = K\frac{\Delta n}{n}$$

且如果用这个表达式除以 $\Delta \pi$,新的比值可以写为

$$\left(\frac{\Delta \pi}{\pi} \div \frac{\Delta n}{n}\right)\frac{\pi}{K} = \beta(1-v)\frac{\pi}{K} = \frac{(1-v)(v+\phi(v))}{v+\phi(v)-1}\rho \quad (23)$$

新的比值与旧的相比,仅在一个方面有差异,即分母中与 β 相关的因素没有了。因为在此情况下其总是大于 1,$\frac{\Delta \pi}{\Delta K}$ 的新值总是大于旧值,但它不等于 ρ。相反,我们可以证明它一定总是大于 ρ,除了在两个限制情况下:或者 v 非常小,因此 $n\rho$ 非常大;或者 v 趋于 1,而 $\Phi(v)$ 趋于 0。在这两种情况下,等式的右侧都减化为 ρ

[①] 如果在第 113 页(见前面引用的书名)底部公式中用 $\Delta k - k\Delta l/l$ 代替 Δk,

$$\frac{Ap'dt}{dK} = \frac{2p'dt}{ldt+tdl} = \frac{2p'}{l-t^2p''}$$

t^2p 从等式最右侧的分母中消失,减化为 $2p'/l = z$(利率)。

的值；对于第一种情况这是不言而喻的，而用极限的方法很容易证明第二种情况也是这样[1]。我现在不能解释这个令人疑惑的公式，它可能属于"动态"理论的范畴，那样的话我们就不能把自己局限于两种不同均衡的对比，而必须研究从一个均衡向另一个均衡的过渡。

最后，我要来处理真正构成整个这一零碎文章起点的问题。即资本增加（用产量单位衡量或者产量的值保持不变）通常一定会带来产量增加这个原则的有效性。我们已经看到，它在我们的假设中是有效的。

但是，即使这一结论现在在我看来比我以前相信的还要更复杂。我要提出的证据基于这样的假设，即相对于机器使用价值的工资增加，即 l/b 的增加，总会带来机器寿命的延长，只要这样的延长是获利的（换言之，如果把所有的数据视为连续变量）。根据(10)和(10+)，n 简单地随 l/b 的正指数变化，反之亦然，但是这个结论是从 $a = kn^v$，即我们的延长寿命函数中得出的。如果我们代之以一个更常用的函数，$a = f(n)$，假定当 n 是 0 时，它变为 0，而且它增加幅度小于 n，则结论不再是不言自明的。简言之，用 x 代替 l/b。我们可以得到 x 和 n 的变化关系，通过对(4)和(6)求导，同时 $x = l/b$，当 ρ 达到最大值时，则：

---

[1] 令 $v = 1 - \varepsilon$，ε 是一个非常小的正分数，则 $\Phi(v)$ 的值约等于 2ε，因此分母的值变为 $+\varepsilon$。分母不会在 $v = 0$ 和 $v = 1$ 的范围内改变正负号，因为它是在此范围内的最小值，很容易证明不会改变符号。因此它总是正值。现在我们也可能证明 $v + \Phi(v) - 1$ 的值总是和 ρ 为常数时 l 对 n 的二阶导数，以及 l 为常数时，对 ρ 的二级导数符号相反，此时它们的一阶导数为 0。因此，上面得到的 l 和 ρ 的值总是一个真正的最大值。这不需要限制在一般情况中（参见下文）。

$$\frac{1-e^{-\rho n}}{\rho} = \frac{l}{b}f(n) = xf(n) \qquad (4+)$$

并且

$$e^{-\rho n} = xf'(n) \qquad (6+)$$

这里的 $f'(n)$ 是 $f(n)$ 的一阶导数。这个表达式应分别对 n, x, 和 ρ 求导,因为它涉及它们最大点的变化。令 $f''(n)$ 为 $f(n)$ 的二阶导数,令 $f'(n)/f(n) = p$,$f''(n)/f'(n) = q$,消去 $\Delta \rho$,我们得到

$$\frac{\Delta x}{\Delta n} = x\left(\frac{1}{n} - p\right)\frac{\rho + q}{\rho + p - \frac{1}{n}} \qquad (24)$$

很显然,按照我们的假设〔当 $n = 0$ 时,$f(n) = 0$,而且当 n 增加时,$f'(n)$ 减少〕,p 一定小于 $1/n$,且 $q < 0$。因此表达式 $(1/n) - p$ 总是正值,而且在下一个分数的分子和分母中,q 和 $p - (1/n)$ 都是负值。但是未经进一步分析,我们不能假设它们同时小于或者同时大于 ρ①。因此 Δx 和 Δn 不可能具有相反的符号并不是一个先验。让我们回到函数 $a = f(n) = kn^v$。则显然 $p = v/n$,而

---

① 但是很容易证明分母 $\rho + p - (1/n)$ 总是大于 0。从 (6bis) 和 (4bis) 我们发现它总是有下面的值

$$\frac{e^{-\rho n} + \rho n - 1}{n(1 - e^{-\rho n})}$$

这个分数的分母当然大于 0,分子也是,因为当 $\rho n = 0$ 时,它的值为 0,随后连续增加时,它的导数 $-e^{-\rho n} + 1$ 总是大于 0。

在不清楚 $p + q$ 的情况下,不可能再作进一步推断。我们可以很容易地证明不等于 $p + q > 0$〔$f(n) = kn^v$,变为 $\Phi(v) + v - 1 > 0$〕,构成通常情况下 l 或 ρ 出现最大值的第二个条件。这个条件不需要全程满足。就我所见,如果 l/b 已知,且 n 增加,则没有什么会阻止出现这样的序列,即 ρ 先出现最大值,然后最小值,然后又是最大值,等等。很快就会提到这个现象的一个有趣的结果。

$q = -(1-v)/n$。因此,在这里分子和分母一样〔如果乘以 n,它们均变为 $\rho n + v - 1 = v + \Phi(v) - 1$〕,我们的等式因此简化为:

$$\Delta x/\Delta n = (1-v)x/n$$

该式通过对(10)求对数微分可以直接得到。既然 $f(n)$ 无论其实际形式如何,都与我们的特殊函数具有相同的形式,我们现在可以推测 x 和 n 以大致相同的程度变化。但是,它们有时会在不同的方向变化也不是不可能,由此显然可见 $x(l/b)$ 和 n 并不是唯一由彼此确定的,且对一个 n,x 可以有两个(或更多的)值,反之,对 x 的同一个值,可以有不同的 n 值。

事实上,上一个可能性常常出现,但并不会因此而陷入任何严重的困境。它所具有的唯一的现实意义就是所增加的资本有时在两种不同的投资之间分配——在两种耐久性类型(虽然其他方面相同)不同的机器之间,两者都得到相同的最大资本回报。我们已将不同投资数量限定为两个,因为由于技术原因,生产持续时间非常短的资本品通常不合算[1]。

如果对于同一个 n 值可以对应两个不同的 $x = l/b$ 的值,它将会对以下的证明产生非常重要的影响。但幸运的是这永远不会发生。如果它可以发生,那么对于同一个 n 值,可以有两个不同

---

[1] 如果对于 l/b 的较小值,ρ 有两个最大值(以区别于最小值),机器的生产商自然会选择较大的一个,我们假定其对应着较小的 n 值。

如果资本和 l/b 增加,对于较大 n 值的最大值会变得更大。现在当 ρ 有两个相同的最大值(对于不同的 n 值)时,一定会有一个类似于我《国民经济学讲义》一书中所描述的过渡期。在一段时间内,资本增长在两个不同的投资之间分配,其中 l 和 b,以及它们的比值 l/b 不会有任何变化。因为资本中不断增加的一部分持续转移到较长的投资期,M 减少而 $A - M$ 增加,因此自由劳动与可以得到的机器使用之间的比例保持不变。但是我还没有完成对这一有趣问题的详细研究。

的 x 值,x_1 和 x_2,以及不同的 ρ 值,ρ_1 和 ρ_2($\rho_1 > \rho_2$)同时满足等式(4+)和(6+)的条件。换句话说,我们将同时首先得到 $\dfrac{1-e^{-\rho_1 n}}{\rho_1} = x_1 f(n)$ 和 $e^{-\rho_1 n} = x_1 f'(n)$,并接下来得到 $\dfrac{1-e^{-\rho_2 n}}{\rho_2} = x_2 f(n)$ 和 $e^{-\rho_2 n} = x_2 f'(n)$,由此我们得到

$$\frac{e^{\rho_1 n} - 1}{\rho_1} = \frac{e^{\rho_2 n} - 1}{\rho_2}$$

或者

$$\frac{\rho_1 - \rho_2}{2} + \frac{\rho_1^2 - \rho_2^2}{6} n + \frac{\rho_1^3 - \rho_2^3}{24} n^2 + \cdots = 0$$

如果 n 和 ρ 的值是正的,系列中所有项也都是正值,我们的假设将因此很荒谬。

因此,我们可以继续假设 l/b 的增加总是造成资本品寿命的延长,即使这种延长并非总是连续发生;有时它可能跳跃式发生(或更确切地说是以这样的方式:资本在盈利相同而持续时间不同的资本品之间分配)。

基于这种假设,我们之前提出的论题的证据或多或少是以下的形式。

当实际资本增加时,其"高度"必然总是增加,只要在技术上延长机器的耐用性是可行的。因为如果只是"宽度"增加,一旦已经达到均衡,则唯一的结果将是旧型机器的数量增加,永久地投入到机器维护的劳动将显然增加。因此,它将导致资本品数量增加的同时,自由劳动的数量减少。这一定会导致 l/b 的上升,在这种情况下,我们一定会从我们刚刚证实了具有普遍有效性的结论中推断出延长资本品的寿命变得有盈利。另一方面,根据我们在上

文所述,资本在"宽度"维度的增加则不是绝对必然的。根据我们的公式,当资本增加时更新资本所需要的劳动一般应保持不变。因此,我们可以简单地假设,资本的增加很可能伴随着宽度方面的下降。但即使在这种情况下,同时存在的资本品数量也会增加,因为如果它减少了,由于自由劳动的数量已经增加,l/b 将向下移动,我们无法描述这种其中 n 具有一个新和且更大的值作为均衡位置的情况。因此,将会出现既有更多数量的机器同时又有更大的自由劳动供给的情况,这显然会导致总产量的增加①。

我们现在考虑最普遍的情况,即机器资本在宽度和高度上同时增加,那么自由的劳动量将减少。我们可以设想这种变化在两个(或更多)阶段发生。让资本在宽度方向的增长在高度方向的增长之后才开始,换句话说,我们首先增加 M, n 保持不变,然后再增加 n(M 保持不变)。

这个过程的第一部分很快会得到解释。因为机器资本的组成保持不变,整个过程可以看作在每种情况下投入 M 个单位的劳动以一定的方式与 $A-M$ 的自由劳动协作。如果 M 增加一个单位,而 $A-M$ 减少一个单位,然后,忽略高阶无限小的量,总产量增加了,已投入劳动的和自由劳动的边际生产率之间有一个差值。这个差值一定是正的,因为我们一直认为生产率函数是齐次线性的(或者在已经发生变化后它再次变成这样),每一组的边际生产率必然与其工资相吻合。显然已投入劳动的(边际生产率)比自由

---

① 类似地,如果我们从技术发现中概括,即改变基本函数 $f(n)$ 和 $F(x,y)$ 本身,工资一定会随资本数量的相对增加而增加。生产力函数的一般特征包括这样的结果:l 和 b 总是向相反方向变化,如果 l 增加,n 一定增加。

劳动的更大,因为前者的工资还包括一些利息。现在让相同数量的资本品的寿命增加,M 保持恒定。那么现存机器的数量必然增加(因为机器数量与在机器上工作的劳动者的比值是 $n/a = n^{1-v}/k$),如果自由劳动是恒定的,总产量必然增加得更多。如果机器资本的增加方式是如同我们分析中的第一部分那样利息不仅下降,而且会在某一点变为 0,我们停留在这一点上,并让 n 增加,直到利率达到最大值(因此变为 >0),并使用该点作为我们的起点,再次开始相同的过程。

因此,最终结果为只要资本的增长是有利润的,它总是伴随着总产量的增加。因此,持续的储蓄和资本积累会导致国民总所得下降的悖论并不适用于完全自由竞争,但是不能排除它在资本家联合起来时有效的可能性。

到目前为止,我们在讨论资本品的寿命时就好像它是与其他特性(阿克曼称之为"自动性")完全分离一样。其实,这些特性几乎从不独立,更持久耐用通常与在其他方面提高效率是一体的。我们应该能够在数学上表达这一点,这样 a 函数实际上不是简单的 $f(n)$ 形式,而是还包含了客观反映所讨论资本品效率的变量 g。因此,举例来说,如果 g 从 g_1 增加至 g_2,而 $g_2 = 2g_1$,如果其他条件不变,我们得到一个新类型的机器,它在各方面可以代替两个旧机器。要获得对应于该变量的新方程,我们只需要在方程式(4+)中用 $f(n,g)$ 代替 $f(n)$,并对 n 和 g 求偏导数。但是我就不在这里讨论了,我已经占用了太多的篇幅。

汉译世界学术名著丛书

国民经济学讲义

下 卷

货币

〔瑞典〕克努特·维克塞尔 著

解革 刘海琳 译

商务印书馆
The Commercial Press

目　　录

第一章　货币的概念和功能 …………………………………… 1
  1. 货币的经济重要性 ………………………………………… 4
  2. 货币作为价值尺度和储藏手段 …………………………… 5
  3. 货币作为交换媒介；货币的交换价值和对货币的"需求"
     …………………………………………………………… 13
  4. 货币与信用的关系 ………………………………………… 22

第二章　货币 …………………………………………………… 27
  1. 贵金属作为货币——古代和中世纪关于货币的一些历史
     记录 …………………………………………………… 28
  2. 近代,特别是19世纪的货币 ……………………………… 34
  3. 瑞典货币历史及当今瑞典货币与其他国家货币之间的
     比较 …………………………………………………… 43
  4. 货币技术 …………………………………………………… 47
  5. 本位币和代币 ……………………………………………… 50
  6. 从法律角度看货币 ………………………………………… 54

第三章　货币流通速度:银行业和信用 ……………………… 58
  1. 一般流通速度:现金平衡和信用 ………………………… 59
  2. 虚拟流通速度 ……………………………………………… 66

3. 信用的形式 …………………………………………… 70
4. 银行业:关于银行业起源的一些历史记录…………… 72
5. 现代银行业 …………………………………………… 79
6. "理想的银行"及其实现的障碍 ……………………… 87

第四章 货币的交换价值 …………………………… 126
1. 通过货币的交换价值能了解什么?货币的价值和商品价格 ………………………………………………… 127
2. 平均物价水平及其度量 ……………………………… 131
3. 货币价值的不同理论:数量理论 …………………… 141
4. 生产费用理论 ………………………………………… 146
5. 现代理论 ……………………………………………… 154
6. 数量理论的缺陷:对理性理论的一个尝试 ………… 159
7. 信用对商品价格的影响:通货学派与银行学派之间的争论 ………………………………………………… 169
8. 对李嘉图和图克学说的批评 ………………………… 176
9. 积极的解决方案 ……………………………………… 190
10. 结论:货币的实际组织 ……………………………… 214

第一章　货币的概念和功能

参考文献：关于货币问题的文献非常之多。据卡尔·门格尔估计（收录于 Handwörterbuch 的文章"Geld"中），全部文献大约能填满 300 多页八开纸。然而它们的重要性与数量并不相称；当然，不同国家和不同时代关于货币的专题论文自有其价值，但是能够使我们增加货币的本质和规律知识的优秀作品相对较少。关于货币的一般理论，亚当·斯密，特别是李嘉图和穆勒（《政治经济学及赋税原理》，第三册，7-13 章和 19-24 章）的著作代表了古典学派的观点。不过，穆勒的观点由于他试图融合两个根本对立的观点而受到了损害。

关于对现代货币和货币理论史的综述，我们推荐参考 E. Nasse 的优秀论文，其收录于勋伯格手册（Schönberg 的 Handbuch）中（由 W. Lexis，以及 Handwörterbuch 中收录的卡尔·门格尔的文章进行了增补，后者更偏重理论）。杰文斯的《货币与交换机制》(Money and the Mechanism of Exchange)（有多语种译本），尽管并非独具匠心，但是内容充实，可读性很强。卡尔·赫弗里希（Karl Helfferich）的 Das Geld 是一本全新的、详尽的，并且在各方面有价值的著作，其收录于 Frankenstein 的合集 Hand- und lehrbuch der staatswissesschaften。G. F. Knapp 在他的 Staatliche Theorie des Geldes（1905）中对术语方面做出了一些显著的贡献，文字引人入胜，只是有点片面。

T. H. Aschehoug 的 Socialökonomik 中关于货币的章节（58章及以下章节）对斯堪的纳维亚的读者特别有吸引力。

更详细的参考文献将在各节中列出。

我在上卷的前言中已经介绍了这些讲义的布局和安排。在那个方案中交换媒介理论、货币和信用理论，放在了一般原理或理论部分分册的第五部分和最后一部分，在上卷中已经对这三项进行了论述[①]。本卷中同样主要是理论性的叙述。

但是，为了保持连续性，我们也会顺便讨论一下某些与通货和信用有关的技术问题。尽管严格来说，这些都属于下一节，即关于应用经济学的内容。同时，需要注意的是，我们在这里只涉及众多信用领域中的一部分或一个阶段；即与货币不可分割的那部分，关于信用的形式，通常的说法是对现金的替代（或者，用我们更愿意使用的表达方式来说，是加快货币真实或虚拟流通速度的一种手段。因为，就目前来说，我们所说的货币仅指金属货币）。信贷的其他方面更适合在应用经济学的不同部分中进行讨论——例如在农业和工业部分（农业和工业信贷），尤其是在贸易部分；因为在贸易中不但经常用到信用，而且它还有一个由信用贸易构成的特殊分支：股票交易、股票发行系统以及证券交易，这些都与银行业有很大关联。

[①] 需要注意，关于人口的部分在上卷中被删掉了。——编者

第一章 货币的概念和功能

以这种方式限定的货币理论构成了一个完整的整体,这很明显地属于经济科学领域。在经济领域的所有其他方面,其他的条件,如技术、自然条件、个人或社会差异所发挥的作用,我们通过科学无法全面地掌握和控制。但是,关于货币理论,所有的事情都是由人类自己来确定的,例如政治家和(如果向他们咨询)经济学家;对价值尺度、货币体系、货币和信贷立法的选择权,都是掌握在"社会"的手中,而自然条件(如通货所使用的金属是稀缺的还是丰富的,以及它们的化学性质等)是相对次要的。因此在这些方面,社会的统治者们有机会可以展示其经济智慧或者愚蠢的一面。货币史所揭示出的事实是统治者经常表现出愚蠢的一面,因为历史记述了许多致命的错误。另一方面,如果说人类从这些错误中什么也没学习到,那就太过分了。毫无疑问,在过去的100年到150年间,我们在货币理论和实践方面进步了很多。但同时在这些领域也仍然存在着一些黑暗的地方,它们必须被照亮;自从包含货币和信用的交易日益取代了旧式的物物交易系统以来,人们在重要问题上仍然有不同的甚至是截然相反的意见,这很令人遗憾。因此现在即使是小错误也可能产生严重的后果,因为每一次紊乱的影响都比从前程度更高,范围也更大。

出于种种原因,我在这里不可能陈述所有关于货币的不同意见。即使是对它们的总结评述,我这样做恐怕也会让大多数读者感觉到迷茫和无助。因此,我将仅主要介绍在我看来最正确的观点。只完整而详尽地去说明一些特别重要的、其相互对立的理论之间的矛盾一直是划时代的,并且是具有全球重要性的问题。

1. 货币的经济重要性

到目前为止,我们在考虑生产、分配以及交换时,就仿佛它们是在没有货币的协助之下完成的;换言之,好像劳动者、土地拥有者以及资本家得到了实物产品的分配——而且对于前两类来说,是来自一个已经存在的相似产品的存量或供给中的预先分配——然后在他们之间相互交换这样所获得的产品。在这种情况下,除了商品之间的相对价格以外,我们并不关注任何其他的价格。利息被认为是实际资本本身的边际生产率的直接表达;或者储存的劳动和土地与当前的(目前的)劳动和土地的边际生产率之间的差异;或者更准确地说,是"等待"的边际生产率,在这里,生产资本的拥有者是其本人被视为企业家还是他被视为已经把资本借给了其他企业家的人都无关紧要。原则上,我们不考虑所谓严格意义上的企业家的利润,而是假设只要生产区域足够大,允许企业家之间完全和自由竞争,它将趋向于是零。这种对问题的简化在着手处理经济现象时是绝对必要的,因为实际的经济生活往往过于复杂,直接对其进行研究不可能有任何成功的机会。作为一种近似处理,这样做是允许的,因为毫无疑问,在许多情况下,可以把在货币的协助下进行的交易设想成是在没有货币的介入下进行的。在很多用来说明货币的本质和功能的比喻中将其描述为机器的润滑剂,从很多个角度上来看,这是非常合适的。润滑剂不是机器的组成部分:它既不是原动力,也不是精加工工具,而且是一个绝对完美的机器仅需要最小量的润滑剂。但是,我们的简化当然只是暂时的。经济学家常常走得太远,他们认为自己从易货贸易的假设中推断出来的经济规律可以无条件地应用到现实情况中,而在现实情况中货币实际影响着几乎所有的交换、投资或者资本转移。可以无摩擦运行,因此不需要润滑剂的理想机器,还没有被发明出来,尽管也许人类已经在经济领域比在机械领域表现得更接近完美。事实上,使用或者滥用货币会非常剧烈地影响实际交换和资本交易。用货币(例如用国家纸币)有可能(这确实已经屡次发生过)破坏大量的实际资本,并使整个社会的经济生活陷入无望的混乱。另一方面,通过合理地使用货币,通常能够积极地促进实际资本的积累以及生产的发展。资金或信贷都不是实际资本的替代品,也不能真正的取代它;但借助其帮助,能够促进甚至强制执行储蓄过程、限制当前消费,而这是实际资本积累的源泉——绝没有无条件的获取。信贷,就其最广泛的意义而言,有助于实现最大可能的资本生产率。一般来说,对货币及其功能的仔细研究会揭示一些令人意想不到的关系,无论在生产领域,还是在消费领域,皆是如此。并且,只要是货币(至少是金属形式的货币),就可以被造得过剩,只有通过研究其规律,才能够确定必要的条件。

2. 货币作为价值尺度和储藏手段

货币的概念涉及到它的功能,而通常其功能分为以下三个:作为价值尺度、作为价值储藏手段以及作为交换媒介。有时候,多少有些不同的变化,例如在此基础上增加储蓄的媒介、贷款媒介、支付媒介(后者指单方支付,如税收等)。在这三大主要功能中,只有最后一个是真正意义上的货币特征；作为价值尺度，任何商品都可以充当货币。事实上，与其他两种相比，这根本不是一个真正的功能，因为它与事物本身或者任何其外部物理性能都没有任何关系。对于作为价值衡量尺度的商品而言，唯一必不可少的品质是它应该尽一切可能地具有恒定的价值：这意味着什么我们将在后面研究。无论用作交换媒介的商品应该具有恒定的价值这一点可能有多么重要，这都不是必不可少的，更不是交换媒介的概念所固有的。在过去的很长一段时间内，有一类商品——贵金属，一直被用作交换的媒介，而另一类，如粮食，被用作价值衡量的尺度，尤其是在工资和税收的确定中。（直到不久以前瑞典农村神职人员的薪俸中还有一部分是用粮食计算的，尽管只是按照所谓市价向他们支付货币；现在的自由田租也是如此。）最近被提出的一项应对货币价值波动的措施是涉及将来较长期限的协议中的价值尺度（价值单位）应该是货币以外的东西，例如一些商品的平均价格（即所谓的平均价格标准）。但是，显然用作交换媒介的商品自然也会被用作同时或接近同时发生的商品和服务交易的价值衡量尺度；而且由于规定任何固定的限度很困难，或者不理想，货币已经逐渐转化成为普遍的价值尺度，甚至是对相隔很长一段时间的产品的定价。价值易于剧烈波动的商品因此被证明不适合作为交换媒介，无论它们在哪里曾经被用做过交换媒介。建立更具稳定性，如果有可能的话绝对稳定的货币价值因而成为国民经济中最重要的有实际价值的目标。但不幸的是，到目前为止，对这个问题的解决进展甚微。

同样，作为价值储藏的功能也不是货币的本质特征。人们甚至可能会说，从社会的角度来看，货币从来没有这个功能，仅仅是从个体或私营企业的角度来看它才有。社会作为一个整体只需要保留有用的东西，某些对未来有用之物。贵金属如果被细心保存的话几乎是不会损毁的，这是事实，因为它们可以不被空气中的酸破坏。因此它们作为装饰品，或者用于某些技术目的，可以无限期保存。但是，这类用途太有限、太专业化。那些囤积货币的人从未考虑（那些囤积饰品的人很少考虑）这种效用，他们的目标几乎总是在未来的时间可以用它获得别的东西。换言之，所期望保存的是它的交换价值；被囤积的是作为未来交换媒介的货币。进一步思考会发现，只有在某些明确的假设下这才是可能的或者有效的。只要当从我的囤积中取出一部分时，别人恰好同时也囤积了相同的一笔，对于立即作为交换媒介的用途而言，货币的流通量和大概的价格水平仍将大致相同。从个体的经济角度看，储蓄达到了它的目的，因为储蓄的人将在未来消费他现在放弃的且别人未来将要放弃的消费。从社会的角度来看，唯一的结果将是一部分货币供给会习惯性地从流通中被提取出来，或者如我们所乐于表达的，全部现有货币的流通速度会减慢。而且，如果每个人都同时采用相同的步骤，这样的结果将无法实现。只要储蓄持续，商品的价格就会下降，如果每个人都一样地储蓄，每个人都将继续用他剩余的收入获得同样多的商品，就好像他们没有储蓄，且实际上也没有被迫去限制他们的消费。然而，一旦如此积攒的货币返回流通，所有商品的价格都会上涨，且没有人能够增加自己的消费。因此，储蓄将不会涉及任何牺牲，并且将不会有任何结果。因此，曾经如此普遍的具体货币储蓄，可能是用来（例如说）保护自己的孩子，或者使一个人的晚年免受贫困的一个好方法（至少在没有更好的方法被发现时是这样的）。与这些一心想储蓄的年龄阶层比较起来，当然也有其他的阶层不得不使用已经存在的储蓄。但另一方面，在抵御饥荒这样的大灾难时，这显然是没有用的，尤其是在古代当谷物不能轻易地从一个国家运到另一个国家时。在不太发达的国家，比如印度，这种囤积货币（金钱本身）的习俗仍然存在。即使是最贫穷的人们，他们床下的土里也埋了银子，或者把银子作为装饰品穿在身上。他们这样做主要的目的是为经常出现的农作物歉收做储备。如果只是本地歉收而邻近地区有好收成，这种手段是很好并有效的；但是，如果歉收是普遍存在的，发生在更广阔的领域，这些积攒下来的钱其实没有多大用处（在印度建设铁路之前更是这样），并且只会将食品价格推至极高的地步。

麦考莱(Macaulay)的《英国史》(History of England)提醒我们这种囤积在世界各地是多么地普遍，即使在比较现代的时期。一个叫蒲柏(Pope)的伦敦商人，一位著名诗人的父亲，在17世纪末退休回到他的农庄时，携带了总计20,000英镑的金币和银币，这是一笔可观的钱，尤其是在那些日子里。在他的有生之年，他常常从这笔储蓄中取出一些用于他自己及其家人的生活费。

在法国，保存大量现款的习俗一直保持到了今天。1887年，一个人告诉英国黄金和白银委员会，他曾与法国南部的一家旅馆老板聊过，老板的年营业额达到了一百万法郎以上。当被问及他与银行的联系时，据记载他指着房间角落的一个保险箱说，"那就是我的银行"。

在更早的时期君王们经常所做的这种囤积，主要目的是为未

第一章 货币的概念和功能

来的战争进行储备,有一些不同的特点。在和平时期只要个人收入的减少可以或多或少地被更便宜的商品价格所抵消,为累积这些储备而征的税负可能不会很沉重。当战争爆发时,国家战争财富强行进入流通,随后的价格上涨迫使所有人限制他们的消费,从而产生了对军队非生产性消费的供给,因此呈现出变相战争税的特征。在18、19世纪的战争时期各国普遍发行的纸币,具有基本相同的效果,但是由于它们可以无限扩大而比较危险;也正是由于这个原因,在未来回笼这种纸币的承诺极少被兑现。

同样,从个人角度来看使用货币作为在较长时间以后的未来的支付标准是不理想和不完善的,因为所节省的资金没有投入生产,因此通常不产生任何利息。由于信贷的发展,在比较先进的国家,私人囤积几乎萎缩至完全没有了,并且已经被更经济的储藏方法所取代。所储存的货币资金通常通过银行和储蓄银行等媒介,被尽可能迅速贷出并由此返回到流通环节中。从个体的角度来看,这意味着不生息资本向有银行保证利息的有收益资本的转化。即使是货币没有得到任何利息,也还有个人不用再为看守其积蓄而感到焦虑的好处。

另一方面,人们可能会问这种安排的总体经济优势,从广义上说是否非常可观。初看起来,好像是它仅限于使所有现存的货币存量可以流通。当然,对于任何一个国家来说,那都将是一个很大的优势,因为流通中不需要的货币可以被(其实是自动地)送往国外,以换取货物或者附息贷款。但是,这也只是个体的经济优势。在一个封闭的经济体中,结果也许可以被认为是(如果我们可以预先假设)货币量的增加会带来商品价格的水涨船高。不会有什么直接的收益，因为较大的资金量和较高的价格与较小的资金量和较低的价格效果是一样的。然而，只要生产贵金属的利润减少，因此投入到这一基本上是非生产活动的劳动和资本会被使用到更多有用的用途中去，那么即使在这种情况下也会有最终的收益。

然而，在现实中，从囤积变化为现代形式的储蓄和（私有的）资本积累的经济意义比这更深远。任何人，只要他可以节省他的一部分收入并保存起来，因而从流通中撤出它，实际上也就实施了降低物价的影响，尽管作为个体看来，每个人是那么微小。其他的个人因而可以用他们的货币获得更多东西。换句话说，他们在其各自之间分配那些储蓄的人所放弃的那部分消费。这些储蓄在以后的使用，比如说在年老时的使用，牵涉分享他人的消费。总效应就好比是那些储蓄的人向他们同时代的人提供了一笔消费贷款，并且随后他们向同辈人或下一代索要资本（虽然不计利息）。

通过现代意义上的储蓄，人们可以把他们的积蓄委托给银行，银行尽快将其贷给一些能够以一种或者另一种方式高效地使用它们的企业。因此，就算有的话，货币也只是暂时从流通中撤出。因此价格不一定上涨。储蓄者所放弃消费的商品，在一个恰当有序的系统中根本不会被生产，因为本该用于生产它们的劳动和自然资源现在会被用于准备未来的产品。除了一些不可避免的经济摩擦外，在储蓄时其他的一切将维持不变，但生产将变得更加资本化，即更直接地面向未来，因此，通常更富有成效。在未来的某个时刻，当储蓄者要求收回资本时，他将因此获得一笔利息形式的额外收入，而这可以而且常常是在储蓄的期间内支付的。他并没有从下一代那里剥夺什么，而是总体上帮助提高了他们的实际收入和消费,因为更密集的资本化生产会带来工资和租金的提高。

储蓄立即与其所放弃的消费相称地给其他人增加提供生活资料,这种观点非常频繁地被穆勒等古典经济学家表述,然而,对于现代储蓄来说这是不适用的,这一点古典经济学家们也这样认为。储蓄所给予的益处仅在未来可见,那时由于这些节约行为,社会生产增加了。

如果我们设想一种循序渐进的资本积累和扩大生产,向生产中的原始生产要素支付的工资和租金无疑会从一开始增加,当然所增加的量一定不会等于新的储蓄。

再回到我们上卷中贮藏葡萄酒的那个高度简化的例子,如果我们把最初的3.14亿先令的资本额提高,则葡萄酒的价格V_0(此前的价格是每升67先令)将会立刻上涨,工资(和租金)也会与其一起上涨;而与此同时,利息(仍然假设是四年贮存期)将下降,直至V_0等于68.30先令,而利息下降到10%,由于这个原因五年贮存期和四年贮存期的获利一样。同时,无论新旧资本,在V_0不变的情况下(或者更确切地说,是在葡萄汁的价格微量上涨的压力下),都将会越来越多地被转向五年贮存,直至全部投入到五年期,随之V_0将再次开始上涨,且利息开始下降,等等。

或者,如果我们假定生产逐渐扩张,工资当然会随着资本的增长而不间断地提高。在上面提到的高度简化的葡萄酒贮藏的例子中,我们还发现,由于新的储蓄从3.14亿先令涨到4.22亿先令所增加的资本,或者说增加了的1.08亿先令,产生的租金和工资年增长仅为300万先令。因此,工人们远远没有"分享到储蓄者所放弃的消费"。

老一代经济学家所犯的主要错误在于他们经常把生产视为发生在一年内，而忽视了对生产周期延长的考虑。在当前的例子中，新的资本主要是被将葡萄酒贮存到下一年所吸收，这其中无须额外的劳动，而只是需要将四年葡萄酒的销售期再延长一年。

在马克思《资本论》的第二部分，正确地指出了古典经济学家的这个错误。然而，马克思在那里援引的、后来又被 Tugan-Baranowsky 以及其他人所引用的数字是不合适的，问题在于他们假定不仅资本增加，而且所有的三个生产要素，即劳动、资本和自然资源，也同时增加。

另外从囤积到现代式储蓄的过渡还带来了特有的现象。如果银行被开设在一个以前没有银行、大部分货币都藏在"保险箱和金库"中的地区，则这些货币投入流通后，其结果除了企业的增加外，或多或少还会有显著的价格上涨。事实上，后者是前者的必要条件，因为正是它所造成的普遍降低的消费造成了实际资本的积累，而这是更高程度的资本化生产所不可缺少的前提。换句话说，更多的企业从当前商品的生产中抽出一些劳动力和自然资源，以把他们投入到对未来生产的准备中，从长远来看，如果当前的消费没有被限制在相同的程度，这将是不可能的。正如我们稍后会看到的，银行可以在没有得到对现有货币存量控制权的情况下，通过提高信贷量，独自实现同样的结果。

众所周知，在我们这个时代经济最发达的国家中，唯一大量的货币积累是银行的金属现金储备；虽然在那些仍然主要使用金属货币的国家中，这并不妨碍公众所持有的小数额的总额（在某些情况下远远）超过银行所持有的贵金属数量。后一种情况在判断银行的货币和利率政策时确实非常重要。在这些国家中,银行的主要功能是控制对当前需求的金属货币供给或者防止发生过剩,从而调节价格和货币的价值。这些储备几乎无法被称为是未来的支付标准,因为在现实中,它们既没有为社会带来也没有带走任何实际价值。

同时,众所周知,银行的金属储备构成了对国际支付的储备,从这个意义上讲,它们无疑被视为未来支付的标准。但是,在考虑任何国家的这类货币的供给时,相比其他国家,这个国家在一定程度上是一个单独的个体,从世界和国际货币的角度上看,基本上具有一种自有的或个体的经济特征。近来,为使这一旧式囤积的最后剩余部分不再成为必要,人们已经做了很多努力,并提出了一些建议。我们将在另外的章节来讨论它能得以成功实现的条件。

3. 货币作为交换媒介; 货币的交换价值和对货币的"需求"

正如已经说过的,货币还有作为支付媒介或者支付手段的功能,其中包括短期价值储藏——即在出售和随后的购买之间的一段时期,或者更广泛地说,是在收到付款或预付款与收款人付款之间的时间间隔。何谓交换媒介?它指的是一种用于交换的物品,不是因为它本身的原因,即不是被购买者消费或者在技术生产中使用,而是在一个或长或短的时间内用于交换别的东西。商人的商品也是这样,但在那种情况下,它是持续生产的问题,因为贸易和分配可以被看作是生产的一部分,作为生产过程中的最后阶段;

或者，在交易原材料或半成品以及机器或工具的情况下，作为过程的中间环节。因此，从根本上说，这些商品是生产资料，而不只是单纯的交换媒介。但即使在这种限制下我们的定义仍然太宽泛，还是不能准确地描述货币。必须补充更多的东西，即通用或常规的特性。我们将通过示例的方式说明后一种特性的重要性，进而发现货币的本质。

为此，我们将回到上卷所描述的事例中，其中有三种或更多种货物如 A，B，C，等，它们在同一个市场上被相互进行交换。在这里我们还是忽略时间因素，虽然实际上它参与每一个交换交易。如果市场上有两种商品，它们可以不借助任何交换媒介直接进行相互交换，那么在这些假设下，使用这样的媒介不会带来任何好处，尽管它仍然充当（且实际上在实物交换中充当）价值度衡量的尺度。另一方面，如果有两种以上的商品，正如瓦尔拉斯所说过的，只要货物的所有者被限制为彼此直接交换他们的供应物，就不会存在市场上的一般均衡。的确，即使在这样的条件下，市场的供给和需求的影响也会带来某种平衡：一个单位的 A 将可以交换很多个单位或者几分之一个单位的 B；类似地，一个单位的 B 也可以这样交换 C，等等。但是这些价格通常是不相关的。而在通常的价格形成中，A 对 C 而言的价格一定总是与 A 对 B 的价格和 B 对 C 的价格的乘积相同，或者也可以说，是分别用 B 的价格所表示的 A 和 C 的价格之商，在这里却通常不是这样，而是 A 相对于 C 的交换价值可能大于或者小于所说的乘积或商。例如，如果 1 镑 A 可以交换 3 镑的 B，1 镑的 B 换 2 镑的 C，但可能会发生 1 镑 A 换不来 6 镑的 C，而是比如说换来 5 镑或 7 镑的 C，具体视情况而定。

　　如果这种情况确实发生了,在国际货币和外汇市场上被称为套利的操作必然会在市场上出现;这或多或少是中间人的功能。例如,如果 A 对 C 而言的价格比上面所说的乘积或商更高,则将会对 C 的所有者有利,可以很容易地看到,它可以通过首先用 C 得到 B,再用 B 得到 A 的间接方式得到 A。换句话说,在这样的情况下,总会在或大或小的程度上,从直接交换发展成间接交换;也只有通过这种方式才可以建立总体的市场平衡,通过这个均衡一个交换关系总是可以通过两种或更多种商品的商或乘积来表示,所有的价格都这样关联起来。这种关系在极端情况下变得最为明显,这在上面提到的段落中也有描述。例如 A 的所有者不需要 C,只想要 B,而 B 的所有者只想要 C,而不需要 A,而 C 的所有者只想要 A 而不是 B。在这个例子中,假设 A 代表林业产品,B 代表鱼,而 C 代表玉米,而所有者是三个斯堪的纳维亚国家的人。在这样的情况下,虽然可能有间接交换,但直接交换自然是不可能的。例如,A 的所有者,即瑞典的人们,可能会用他们的主要商品(木材)换来一定数量的 C,即丹麦的玉米,但不是为了自己消费,而是为了交换 B,即挪威的鱼,并以这种方式来获得所需要的这后一种商品。

　　在这个交易中,商品 C 显然扮演着交换媒介的角色,而且,相对于用于进一步生产或者一般意义上的贸易商品而言,是真正意义上的交换媒介。该过程的唯一目的是就为了促成交换,否则即使所需要的商品就在消费者附近,这一交换也是不可能的。但它不是通常的交换媒介;它只是中间过程的媒介,对于生产者和最终消费者而言，仍像任何其他东西一样还是一个商品。由于这个原因，整个操作非常笨拙和不完善。它必须要获得并且运输与被提供或被要求的商品总价值等量的交换媒介——对于易损和易碎的物品来说，完全没必要进行这种二次运输。

如果我们有通用的交换媒介，即一种商品被任何人习惯性地、并且毫不迟疑地在交换任何商品时采用，特别是当它同时很耐用、易于运输、相对于体积具有较高的价值时，情况则完全不同。一个A的所有者拥有一些这种商品，我们称之为P，他用其(P)交换他所需数量的商品B。商品B的所有者转而用它从C的所有者那里交换来一些C，而C的所有者又用它来换取一些A。这样它又一次到了A的一个所有者手中。后者通常与第一个将交换介质投入流通的人不是同一个人。最后一个卖方，在交换媒介的帮助下，现在完成了对B的购买，而B的新卖家购买了C，等等，直到商品P(交换媒介，或货币)经过大大小小一圈又一圈的流转后，返回到原来的起始点。它现在所帮助完成了的商品A，B，和C的交换量等于它的交换价值乘以它流通的次数。由于这个特性，即结束一项购买或出售后它可以立即开始一个新的交易，并且在或长或短的一段时间后，返回到起始点，使得货币被从其他商品中区分开来，即使后者有时候在转口贸易中偶尔也被作为(特殊的)交换媒介。

在现实生活中，至少在较大的社区，一枚花出去的硬币很少回到它最初的所有者手中，这是事实；而且，很自然，更不太可能在他需要做出新的支付之前返回。但是，迟早，他会代之以得到大小和价值相同的另一枚硬币，因此就他而言，货币在这种情况下完成了流转。货币具有最高程度的可替代性（res fungibilis），这是它最重要的特征之一。正如经常被指出的那样，货币流转的方式与血液的循环有相同之处，虽然只是表面上的相同。从广义上讲，全部血液不间断地在血管内循环，但同一滴血两次经过同一个毛细血管很罕见，至少连续两次这样是罕见的。

然而，从货币角度上来看，这构成了一个缺陷，而且从逻辑上讲也没有什么会妨碍在一个国家或者整个世界的现金交易用一便士且同一枚便士硬币来实现（如果我们不考虑购买和支付所需的时间因素的话）。如果我们还记得事实上至少大部分的国际贸易在进行支付时根本不用货币，那么察觉这一想法中的悖论就会比较容易了。

有人说，其他被视为商品而不是作为交换媒介的货物，进入市场只是为了再离开它。它们通常以一种简单的路径移动，很容易地从生产者到消费者，即使有中间媒介，数量也很少；由于这个原因，有时候所使用的"货物流通"的说法是非常脱离实际的。另一方面，货币总是留在市场上，虽然在不同的人手中。著名的荷兰经济学家 N.G. 皮尔逊（N. G. Pierson），曾经很开心地将货币比作火车站的调车火车头：在某一时刻它拉着一列货车，在另外一个时刻它推着另一列货车；它的功能是把每一节货车带到正确的铁轨上，以便它能够抵达其目的地。但调车车头却从不离开车站。

这些观察可能看上去简单，甚至微不足道，即使在分析货币时十有八九它们也会被遗忘。但它们带来的一个影响是当货币被用作交换媒介时，其商品的特性（它的具体属性）被迫越来越多地走入幕后。商品的特性可能会再次出现，但只有当它不再是货币而成为一个普通商品的时候。因此货币被转换成抽象符号，仅仅是价值的数量。甚至罗马法学家保罗也知道货币发挥其作用是"依靠其价值，而不是依赖其数量"(non tam ex substantia quam ex quantitate)。或许可以更确切地说，从经济上来说，货币是两个维度的量，即一方面是价值数量，另一方面是周转或流通的速度。这两个维度相乘得到一定时间过程(例如一个消费年)内货币的效率(赫弗里希)或者促进商品周转的能力。从群体的角度来看，更快的流通速度和更多的数量所得到的结果相同，或者是从社会的角度来看得到完全相同的结果，即更有价值的货币财产；反之亦然。因此，确定货币交换价值的规律，或者从另一角度上看与之完全相同的控制具体商品一般价格水平和交换的规律，与确定商品本身交换价值的规律完全不同。忘记这一点、而把通常地适用于一般商品以及商品之间相互关系的情况，想象成也可以无条件适用于"商品货币"和它与商品之间的关系，这是个很大的，而且遗憾的是，也是个普遍的错误。这之所以不正确，只是因为货币不是像其他商品那样的商品。

当我们考虑货币的交换价值或商品价格的实际水平时，上卷中我们曾努力表述的价格形成规律的公式和商品之间交换价值的公式，变得毫无意义。的确，用货币实现的商品交换主要受这些规律控制：在均衡状态，对每一种商品的供给和需求必须一致。对于每一个消费者而言，商品的边际效用仍保持与其价格成比例。但是货币本身没有边际效用，因为它不用于消费，无论是直接消费或是在任何可确定的未来时间的消费。也许，它有间接的边际效用，相当于我们在用它交换时可以得到的商品,但是这反过来取决于货币本身的交换价值或购买能力,因此它本身不能调节后者。类似地,"供给"和"需求",这个可以如此方便地用于几乎世界上所有东西的表述,当实际应用到货币上时,变得模糊和毫无意义。事实上,以一定的价格提供其货物的单个卖家,确实可以被说成是"需要"数额等于销售价格的货币;而需要商品的买方可以被说成是提供或"供给"相应金额的货币。但这些个体的供给或需求组合起来只构成一个抽象的价值,而不是对于*明确地确定了货币数量*的社会总的需求或供给;因为同一笔钱,从一天到下一天,可以在几次销售和采购中发挥作用,因此既构成了供应,也构成了需求的对象。因此,在这个意义上,对货币的需求,既不能超过也不能少于供给。无论货币的数量多么小,它都可以在给定的时间内实现任何数目、任何价格的交易,只要它能够以足够的速度流通;另一方面,货物的年成交额所需要的货币数量可以是任何大小的,只要它流通得足够慢。

谋求对"流动的资金"和"手中的资金"进行区分是很常见的,因为后者会被闲置更长的时间。卡尔·门格尔在 *Handwörterbuch der Staatswissenschaften* 中关于"货币"的文章里就这样做了。他说只有第一类货币影响价格。但这种观点是不科学的,在任何情况下,都不太可能把流通货币和非流通货币区分开。一笔资金为履行其职能,必须数量很大以致永远不会枯竭,而且只是在很少见的情况下降至某个最低限度的数额以下。出于这个原因,一些钱可能常常多年原封不动地作为备用金,尽管在那种情况下,它并没有停止充当流通的手段。如果愿意,我们可以不时地用其他的货币来替代它,因此最后每一枚硬币和其他硬币将有相同的流通速度,即全部货币的平均速度,一切都取决于这一平均速度。

严格意义上所说的囤积,在文明国家中变得越来越少见,当然有人可能会说某些货币从这个国家的流通中被撤出了,但即使这也是没有必要的;在任何情况下,把一个国家的整体货币存量包括在一般货币流通速度的概念中都不存在异议。如果商品价格的改变大到对于购买耐用品(如房地产)成了有利的时机,我们将很快看到所囤积的资金成为有效地调整流通速度、进而调节商品价格的自动调节器。

人们有时尝试通过仅考虑那些在某些约定或法定日期的付款,如在月末或季度末等,以使货币需求的定义更加精确。但是并没有什么收获,因为对于那些必须在这些日期支付的人们而言,很多人,很可能是大部分人,肯定会把事情安排成让他们的货币以付款或贷款的形式在这些日期到期。由于这个原因,在这样的固定支付日期,流通速度比在介于中间的时期要大得多。

总之,在这样的交换行为中,没有什么可以确定货币的价值或者具体的商品价格。因为在本质上,被相互交换的只是货物,因此这就更加明显了。对于个体而言,如果他不得不为他所需要的商品支付平时交易的 3 倍或 4 倍的货币,那么只要他对自己的商品所收到的付款也是以相同比例的价格,则他支付多少是无关紧要的;因为和以前一样,结果将是交易实施后,货币会回到他那里。如果我们不考虑交换交易所需的时间,这种情况会发生在任何情况下。对于社会整体而言,这件事的重要性更小。至少在内部贸易的范围内,什么事情都比一个国家的货币多点或少点,或者其价值大些或小些更重要。货币数量、流通速度以及商品价格总是以所有货币都准备用于流通的方式来进行自我调整,也就是说,国内所有的货币将用来交换进行交易的全部商品。

但是,我们已经假设了最终以货币为媒介互相交换的商品是*同时*在市场上的,就广义而言,这个词所表示的就是同时交付。严格地说,在这样的情况下,对货币的流通速度没有其他限制,因此,对于特定交易量和特定价格水平下的货币需求,除了由实际支付或运输需要的时间所确定的之外,没有其他的最小限度。就相距遥远的地区之间的支付而言,后者(运输)也并非不重要,但在现代的交通条件下,这样的运输往往用不了几天。此外,货币的虚拟流通,尤其在国际支付中,由于常见的信贷抵消过程而大大加快了。

然而,上述假设在实践中很少适用。在现实中,卖方很少转换为买方;相反他始终是一个卖家,不买任何东西就离开市场。因此他所获得的货币留在他手里既可以作为在可预见的未来进行购买或支付的备用金,也可以作为对不可预见情况的储备。他的货币也因此成为他的价值储藏手段(但通常只有较短的时间)、他的潜在购买力或者未来交换媒介。换句话说,它成为一种未来柜台式服务的质押或保证(*事实上的而不是法律上的*),而这些是通过他所提供的服务获得的经济上的授权。而且,由于他所拥有的这些货币不能同时用作向别人付款和交换的媒介,因而在任何特定的时刻,可以在这里找到对*货币流通速度的真正限制*。正是全部个体*现金余额*的总量调节和限制对货币的需求,并因此改变货币的价值。在这个意义上可以说,货币绝没有耗尽其作为价值储藏的功能,但后者仍是至关重要的,特别是作为一个影响交换价值或购买力的因素而言。在使用金属货币尤其是在银行业技术发展不完善的国家使用时,这些私人储备,尽管个体很小,总和却相当大。它们往往会随着人口的增长和货币体系的发展而增加。此外,如果贵金属的生产跟不上对现金不断增加的需求,则不可避免的后果一定是货币增值以及对商品价格的压力增大。

另一方面,人们在做一个持续的,并且在许多情况下非常成功的努力,即用信贷取代货币作为储值手段这一最后残留的古老功能。从理论上讲,这个过程可能会进行到任何所需的程度,因为一个对支付的承诺(如果有妥善的担保并可随时兑现)是与提供交换媒介一样好的质押或储备。因此,在这种情况下,对流通速度的限制和对货币的需求初看起来也是非常不确定且多变的,对它们的细致检验需要全面彻底的研究。

4. 货币与信用的关系

显然,货币和信用之间有着密切的联系,信用是提高流通速度并从而减少货币需求的最佳杠杆。但是,这种联系还有另外一个非常重要的方面,即信用的提供或资本的转移本身经常是以货币的形式实现的,这也是资本积累或储蓄的进行方式。人们常说货币构成了*储蓄和资本转移(贷款)的一个手段*。这里所说的资本仅指生产(包括贸易)中所使用的实际资本,而且正如我们已经说明过的,它总是可以回溯至一种或全部两种要素:累积的劳动和累积的自然资源。可以想象的最简单的资本积累和资本化生产形式

第一章　货币的概念和功能

应该是劳动和自然资源的拥有者亲自使用它们来创造用于未来生产和消费的对象。但是，特别是对于劳动而言，实际上永远不会如此。通常劳动者构成一个组，而把他们投入生产的企业家构成了另外一个组。第三个组由那些积累资金（储蓄者）、自愿推迟当前他们在经济上有能力享受的消费、从而使未来生产成为可能的人构成。资本积累和转移几乎总是通过货币手段实现的，通常是按照下面这个简单的模式进行的。

一个地主省下一部分收入购买了附近正在建设铁路的股票或债券。铁路董事会把这样得到的钱支付给一些工人，这些工人则为自己提供了来自地主土地上的牛奶和其他食品。地主把流回到他那里的货币按比例地再投资于股票或者债券；诸如此类。如果地主愿意的话，他可以直接消费这种劳动的产品，例如，他雇用同一批工人在狩猎中助猎。与之相反，现在劳动以一种贮存起来的形式被使用，以使未来的铁路交通成为可能。这就是*实际资本的积累*。如果我们加入举例用的马匹，在一种情况下它们可以被用于狩猎，在另一种情况下，地主可以把它们作为建设铁路的役畜出租而获得现金支付，我们将因此包括了资本中的另一个要素，即*贮存的自然资源*，只要我们把牧草、干草、燕麦等用来喂养这些马的饲料视为本质上代表土地租金。即使是形式最复杂的资本积累和转移，以及现有资本的转化，都或许可以用相同的方式来进行分析。在这里也一样，正如我们已经看到的，货币交易仅代表现实经济现象的形式；任何数量的货币，无论多少，显然足以实现任何金额的资本积累和资本转移。换言之，一个国家的货币数量和资本数量相互之间并没有必然的关系。

在这一点上,丹麦著名经济学家 W. Scharling 持相反的意见。在他看来,货币除了充当交换媒介外,也"代表资本"。"人们常常认为,"他说(*Bankpolitik*),"每次黄金产量的增加都会相应地提高流通中的货币量,但在现实中只有一部分金属进入流通领域,往往只是极其微小的一部分,只要资本供给的不断增加需要货币、资本等的不断增加。"为了支持这一观点,Scharling 引证了从 1873 年至 1886 年间,大金属银行的总金属持有量从 3,329 百万德国马克增加为 6,044 百万德国马克,而同期基于这个金属储备所发行的纸币量从 11,328 百万降至 10,389 百万的事实。由于纸币的量总是超过金属准备金的量,坚持后者的一部分已经"从流通中撤出"几乎是不可能的。Scharling 似乎也忽略了几乎同时大量增加的支票使用,在大多数情况下,它和纸币或金属货币发挥的作用完全相同;因此,可以说"闲置资金"一直在流通,就好像基于它发行了相应的纸币一样。

一个看上去支持 Scharling 观点的事实是,在大萧条时期,金属货币通常堆积在银行,而在同时大量库存的货物堆积在厂商手中(积累的实际资本)。当形势好转时货币进入流通,而库存的货物开始被劳动者和其他的固定资本生产者消费;换句话说,一些流通资本转变成固定资本。但是这种关系比实际所表现出来的更加明显。通常是初期的失业、低工资和减少的消费,以及价格的下降,降低了对金属货币的需求,而形势好转了的情况恰恰与之相反。

而且,Scharling 曾经多次表示央行的金属准备金过于庞大,而如果要求它来代表积累中的更大量的巨额实际资本,情况很可能不是这样的①。

但是,由于信用的不同阶段,无论是构成资本转移那一类还是取代货币成为价值储藏手段进而提高流通速度的那一类,一直重叠在一起,且无法完全区分,因而货币市场和资本市场(信贷市场)总是(无论在流行的观点和言论中,还是很大程度上在现实中)同一个;或者更准确地说,它们会互相影响,因此轮番占据主导地位。特别是在理论上应该只是一种形式的货币贷款利息,它是生产中所使用的实际资本的自然利率的市场体现,可能会偏离后者较长或较短的时间,特别是在信贷机构的协助下。随之而来的有两个后果。首先,正如我们所指出的那样,金融机构可能产生相当大的影响,无论是通过刺激或延缓经济生活。其次,也是更重要的是,自然利率和市场利率之间关系的变化一定会对信用使用的程度施以决定性的影响,从而最终对调节货币价值或者其购买力的因素产生决定性的影响。

我们在下面几页中的目标是更仔细地检验货币的基本性质和功能。因此我们的问题会自然地分为三个部分:(1)货币自身(通货)的理论,为简单起见,除非另有声明,否则我们所说的货币指金属货币。(2)广义上的货币流通理论;或者说是信贷和银行理论,两者完全是一回事,至少我们将考虑这个问题。(3)货币的价值或者它对商品或服务的购买力的理论,以及该理论的实际应用,即在空间和时间上保持货币稳定性的方法,以及建立交换媒介,同时尽

---

① 在 *Geldzinsund Güterpreise*(耶拿,1898 年)一书中,我已经提出对 Scharling 的反对意见(第 106 页)。K. Helfferich 随后从相同的角度批评了它们。

可能地使其具有价值支付的稳定贮值功能的方法。

  这个问题的三个部分当然不能完全分开,特别是把第三个和前两个分开。事实上,正如我们已经对货币价值变化的原因提出了一些初步的意见一样,在以下几页中,我们也将不得不这样做。迄今为止非常遗憾地被经济学家们所忽略了的对整个货币价值理论的一个连贯的介绍,将构成我们研究中最后的、最困难的、同时也是最重要的一部分。

第二章 货币

参考文献：上文中所提到的 Nasse-Lexis 的著作，特别是赫弗里希的著作。*Handwörterbuch* 中关于货币、货币联盟、贵金属、金、银、复本位制和平行本位制等的文章及其中所提及的著作。当代对贵金属生产的叙述见 *Statistisk Arsbok*；另外参见 Davidson 的"Guldproduktion och Varuprisen"(*Ekonomisk Tidskrift*, 1901, 525页, 以及作者在同一个杂志后续期刊的论文)。

在距现今已经有些遥远的单本位制论者与复本位制论者之间的热烈辩论中，我们可以引述的后者的代表人物有：Wolowski, Cernuschi, O. Arendt, Laveleye, Ad. Wagner 和其他的一些人，单(金)本位制论的代表人物包括 Soetbeer, Roscher, Knies, Bamberger, Nasse 和其他的一些人，以及近代的卡尔·赫弗里希。

Babelon 在其 *Les Origines de la Monnaye* 中 (亦参见 Ridgeway 的 *Metallic Currency and Weight Standards*) 以一种明了且有趣的方式探讨了古代和中世纪前期货币的一些难题。关于早期的瑞典货币和货币体系，参见 H. Hildebrand 所著 *Svenska Medeltiden* 中的相关章节，以及 C. E. Ljungberg 在 *Statsekonomisk statistic överSverige* 上的论文。关于瑞典金本位制的采用，参见 1870 年 8 月 13 日的 *Kommittébetänkande*, 1873 年提交给

银行和法律委员会的 *Handlingar*，以及该委员会的报告，还有同年的瑞典国会议记录。

1. 贵金属作为货币——古代和中世纪关于货币的一些历史记录

关于货币使用的开始我们没有确切的了解。Karl Bücher 在其 *Wirtschaft der Naturvölken* 中提出的推测似乎得到了很多赞同，即在某个地方的某个部落中，一种商品本身并非生产目标，而只是与其他部落交换得来的，一旦其特性被证明适合这种用途，就会一直具有货币的特征。在交换中使用这种商品、储存这种商品直到下一次大篷车或货船抵达的这种习惯本身，就会导致在这个地方该商品或多或少地被接受为交换媒介。必须记住，一旦在足够大的范围开始使用，这种使用就将会被保持并发展。不过人们已经知道，在地球上的文明种族之间，贵金属（金和银）很早就被用作交换的媒介，并逐渐取代了其他媒介。使它们特别适合这一目的的特性并不难发现。那就是它们的美丽与光华，其耐用性、相对稀少以及由此所产生的价值（它们被作为货币使用后价值进一步增加），因此大量价值可以很容易地进行运输或囤积。此外还有它们的同质性，这是贵金属的一种优点，货币作为可替代物（res fungibilis）的基本性质基于这一点得到高度应用，它们的延展性以及可以被无限分割或者合并成更大一块的特性，例如，白金就不具有这种特性，宝石则更不具有这种特性。最后，它们还具有一种在一开始时没有被理解，而是受到了怀疑的性质，即价值稳定的性质，

第二章 货币

由于除了作为货币外，它们几乎只被用作装饰品，所以很少会受到磨损，而且磨损的量通常也只是总存量的一小部分。除了贝壳以外[①]，其他曾经被以及仍旧在被原始民族用作交换媒介东西中，全都不具备这种特性，比如毛皮、盐饼、茶、可可豆以及牛等。在这些情况下，我们所讨论的是不断被消耗，而且其存量不容易与正常生产和消费的数量成比例的商品。如果生产和消费不吻合，必然带来交换媒介的过剩或不足，随之而来的是价值的改变，以及其他商品价格的上涨或下降。在金属中，铜是这样，铁更是这样，两者以前都曾经被广泛地用作交换媒介（希腊语中的 obolos 原意是小铁棍，drachme = 6 obolos，即手里可以拿多少小铁棍，我们应该记得，在古代，铁是一种比较罕见的金属）。至于铜，也是古罗马最初的铸币金属，很多现今的表达还能使我们联想到它的重要性，aerarium（古罗马的国库）= treasury（国库），estimare（价值）= 用铜表示的价值（aes）。这种金属在瑞典的历史中也发挥了决定性的作用，甚至一直到了 18 世纪；在俄罗斯也是这样。但是，我们也知道铜板和铜圆价值的剧烈波动，加之它们比较重，使它们特别不适合于铸币。铜或铜与锌及锡的合金（青铜）在很多国家仍作为代币使用的事实，则完全是另一回事，因为在这种情况下，我们将很快看到，金属的内在价值是相当次要的。事实上，铜钱的真正价值仅仅是其法定价值的一小部分。

在古典时期的鼎盛阶段，银和金都曾被作为重要的交换媒介

---

① 玛瑙贝壳在较近代的时期，在亚洲南部的许多地区（半岛和岛屿）以及南非被用作货币。据 Laughlin 说，贝壳串珠（另一种贝壳）在马萨诸塞州一直被用到 17 世纪。

和价值标准,更早的时候,还有"埃雷克特鲁"(electron)——它应该是一种金和银的天然合金。现在,我们对它们的数量感到非常惊讶,特别是对存在于马其顿统治者统治下的希腊和恺撒所统治下的罗马的黄金;如果权威人士是正确的,这个数量甚至可以与这些金属的现代存量相比。由于古代的人口比现代少很多,即使按人口比例,其交易量也无法与当今社会相比,因此很难理解这么大量的贵金属有什么用处。而且,我们应该注意,那时人们还不知道提高货币流通速度的现代方法,因此特别是那种囤积,即便是为了作为自己财富和炫耀的形式,也达到了我们当代人所无法理解的程度。

在中世纪期间,这些积蓄中的大部分流失了,知名的矿枯竭了;贵金属的稀缺是一种普遍现象,根据各种迹象判断,在中世纪晚期它们的价值似乎已经大幅上升,直到发现了波希米亚、蒂罗尔,尤其是发现了南美洲和中美洲,关于矿藏所引起的变化我们将在后面更多地讲到。

硬币或铸币的起源同样是模糊的,并且仍然是一个有争议的问题。在早期硬币的特别形式中发现了一些物品的图像,如鱼、牛、家庭器皿等,它们在以前曾被用作交换媒介,或者至少被用来度量和储藏价值。但是或许那时铸造货币的目的是通过固定贵金属的重量及成色来使交换更容易。然而,在整个古代,这种用重量为贵金属估值的做法一直与铸币相伴的持续着,就如同人们在东亚所做的那样。很多古老的名称如"talent(天才)"、"mines(矿)"、"shekels(谢克尔)"等最初都是一定重量的金或银的名字。圣经上的文字显示,这种做法在希伯来人中间也很普遍。《但以理

第二章 货币

书》(*Book of Daniel*)中众所周知的神秘文字"Mene, tekel, upharsin",根据一种解释,无非是三种重量和三个硬币的名称;"mene"不过是希腊语中的"mena"或"mina","tekel"是"shekel"等。因此,可以把这些词不拘泥于文字地翻译为磅、先令和便士。

当国家发展起来以后其政府接手了铸币,当人们用这样的铸币支付税赋时,这种付款方式可能与按金属重量支付一起占据了优势。这种方式当然大大促进了贸易,虽然它有一种使货币贬值的强烈诱惑,这种贬值的做法从罗马古代(在 Septimus Severus 和他的继任者统治之下)开始就不断地在货币史上出现,一直到最近的现代。因此,最初的货币重量名称渐渐变成了纯粹的虚名,毫无意义。在这里要特别强调货币持续贬值的一个原因,因为它是金属货币所固有的本质。在金属由于贬值而无法用作交换媒介之前,用很容易通过外部形式识别其量的金属作为交换媒介,而不必每次交易都不得不带着天平和检验石,有很大的优点,以至于通常可以允许货币在重量或组成上的一些不均等。更早的时候,在通过合金的手段使贵金属更耐用以及通过艺术设计保护硬币免予不适当的弄残缺和刮擦的技艺出现之前,货币比现在更容易被磨损和受到损坏。如果一个国家的硬货币由这些残币组成,那么试图通过铸造新的足值硬通货来复原它是徒劳的。这些可以和旧残币一样廉价地获得的新货币,被囤积者急切地收集起来或者被熔化并送往国外。这就是所说的劣币驱逐良币。这一法则被称为格雷欣法则(Gresham's Law),在古代众所周知。因此,政府只有两条可行之路,或者将全部货币收回,熔化并重铸,这是代价非常高的;或者是以更低的价值铸造新币,这是迈向货币贬值的第一步,并很快就开始被效仿。

最后,关于黄金价值和白银价值之间的关系以及这些金属用商品来衡量的交换价值,出现了一些非常困难的问题。

在古亚述帝国,以及小亚细亚和波斯,在很多个世纪中黄金和白银之间的关系据说曾经是 $13\frac{1}{3}:1$。究其原因似乎是埃雷克特鲁这种金银天然合金的价值被计为银的10倍,而纯金的价值还要高出 $\frac{1}{3}$。金和银的不同重量单位被应用了相同的名字(talent,mines,states,等)。但后者比前者重 $\frac{1}{3}$,且价值为前者的 $\frac{1}{10}$。在发现了色雷斯和马其顿的金矿以及亚历山大大帝散布了在东方得到的黄金储备之后,这个比价无法再被维持了,黄金和白银的"mine"或"talent"被赋予了相同的重量,因此价值之比成为10:1。

在黄金和白银铸币起步较晚的罗马,这两种金属之间似乎没有发展出固定的价值比率。在皇帝的统治下,黄金这种通常按重量接受的金属逐渐成为真正的货币金属,而银由于连续不断地贬值,沦为代币。最终连国家都拒绝接受它,并要求用黄金缴纳税款。然而这种金属日益稀少,所以其价值比率逐渐上升,在尤里乌斯·恺撒时期为9:1,到查士丁尼法典(Justinian's Code)时是14.4:1。在中世纪,价值比率向相反的方向运动:黄金和白银,尤其是后者,变得越来越稀缺,所以,在16世纪初,价值比率为10.3:1。

很难说早期在固定这两种货币金属之间的法定比价上所做的努力在何种程度上是真正成功的。从严格的现代意义上来说,复本位制几乎没有任何问题,有问题的是在过去很长时间里以及当代所存在的类似我们称之为平行本位制的东西。两种货币金属甚至是相同金属的不同货币形式,各有其用场,而且彼此一起使用,根据情况要求使用一种或另一种金属或者不同类型的货币进行支付。但是另一方面,不能断言法定比价只是形式上的,对实际交换比价或两种金属相互之间的定价没有影响。显而易见,在许多经济学者看来会使固定两种均作为标准币的金属之间的比价成为不可能的格雷欣法则,在两个不同的国家之间是头等重要的。如果在两个邻国的边界上存在着活跃的商业往来,而且两国所设立的足值金币和银币之间的比价不同,则每种金属都迟早会流向其价值相对较高的国家,这是不可避免的。在古代有这种例子。但是在法定比价占主导的更大或者更孤立的领土上,更有可能的是它会真正决定交换关系,甚至个体之间的交换关系,尽管如果两种金属中的一种或另一种变得过于丰富,则也许这种情况最终是不可能的。

对于在早期时候货币相对于其他商品的购买力及其变化的原因这个极其晦涩的问题,可以给出类似的答案。毫无疑问,风俗习惯在这方面也发挥了重要的作用。在一个更先进的经济体系中,各种商品相对于彼此之间或者相对于货币的价格确定很容易受市场的影响,而在一个原始系统中,这是一个极其困难和复杂的问题,如果这些价格由官方清单所确定,就像直到比较近代才经常发生的那样,人们通常会感到很欣慰,因为它对应着一个实际的需要。然而,在抽象的理论中单独控制价格形成的经济力量总会表现出一种趋势,当压力变得强大时,它们能够克服惯性形成新的价格,而新的价格反过来又会获得风俗习惯的力量。实际上,可以从古代引证到非常清晰的这种例子。同样,如果对古代和中世纪晚期进行比较,我们将发现,在前一时间段有大量的贵金属,而在后者时期贵金属稀缺,价格水平也反映了时代特色,例如,据猜测在安冬尼时代,物价曾和当前一样高;而在中世纪,至少在斯堪的纳维亚半岛,那些可能拿来进行比较的生活必需品的价格只是现在价格的一小部分。

2. 近代,特别是19世纪的货币

中世纪末期,在蒂罗尔州(Tyrol)和波西米亚〔约赫姆塔尔(Joachimsthal)在北波西米亚,单词"thaler(泰勒——德国银圆)"和"dollar(美元)"由此而来〕发现了新的银矿;发现美洲后,西班牙人拥有了大量的黄金和白银储备,以及在玻利维亚极其丰富的波托西银矿。此外,在18世纪,用水银从矿石中提取银的技术取得了巨大进步。结果,在16世纪的后半叶和整个17世纪,所有商品的价格都逐步上升,尤其是白银对黄金的价格从16世纪中叶的1:11下跌到了17世纪末期的1:15。即使是以价值计算,白银的产量也占据了主导地位,这种情况一直持续到19世纪中叶;当时它大约占到了$\frac{2}{3}$到$\frac{3}{4}$的年度生产总值,相比之下在18世纪中叶时则大约占到$\frac{3}{5}$。在中世纪的最后一个世纪,情况正好相反。全球的货币供应因此变为以白银为主导。在18世纪,只有英国在流通中保留了一定量的黄金,其原因我们稍后再介绍;而且由于其银币已经磨损和贬值,它事实上在18世纪末(正式说是1816年)转为了金本位。从17世纪中叶一直到整个18世纪,黄金和白银之间的价值比率仅在 $13\frac{3}{4}:1$ 和 $15\frac{1}{4}:1$ 之间变化,而在19世纪上半期在 $15\frac{1}{2}:1$ 和 $15\frac{3}{4}:1$ 之间变化。

1848年和1851年在美国加州和澳大利亚发现了金矿,之后在新西兰和科罗拉多州等也发现了类似的金矿。黄金产量因此突然增加了10倍;这25年的产量和在此之前250年的产量差不多,这二三十年中的黄金年产量在价值上是每年所产白银的3倍,重量上是其 $\frac{1}{3}$。从统计数据上可以看出,贵金属存量的增加对商品价格并非没有影响,尽管1857年金融危机延缓了价格水平上涨。另一方面,人们本来期望白银对黄金的价格大幅上涨;但是,奇怪的是,这并没有发生。尽管影响黄金和白银生产的条件发生了重大变化,它们的相对价值仍然又保持了20年(直至19世纪70年代)——与已经盛行了200年的价格相似,即 $15\frac{1}{2}:1$ 或略低一些。这种状况无疑为复本位制论者提供了有利的证据,他们主张可以通过法律(尽管是在一定的限度内)在两种金属之间有效地建立稳定的关系,因此两者均可作为自由铸币的标准和完全法定货币。事实上,欧洲两个最重要的商业国家,早在18世纪初就已经建立了黄金和白银铸币之间的法定比率。如果在这两个国家的比率相同,则市场价值极有可能与此相关联,且这两个国家的流通媒介也极有可能是由黄金货币和银货币共同组成。然而,这种情况并没有发生。在英国所建立的比率为15.2∶1,高于同时期黄金相对白银的市场价值。法国的比率为 $14\frac{5}{8}:1$,较低一些。如果更确切一些,也许应该说市场价值在这两个范围之间波动。结果是金币从法国流向了英国,而足值的英国货币从英国消失了,只剩下了残币,完全符合格雷欣法则。这也是为什么英国没有为了用足值货币取代残币而收回并熔化残银币,而是恢复了金本位,并且为了达到这一目的而禁止了白银自由铸币的原因之一,结果银价下跌,这时再收回并熔化残币就变得合算了。然而,就在这之前不久,法国将其比价提高到了15∶1(随后被称之为复本位平价),于是成功地使一定量的黄金与白银一起处于流通之中保持了一段时间(直到大约1820年)。随着1848年生产条件的革命性变化,产生了以下结果:黄金和白银之间的市场比率跌到了 $15\frac{1}{2}:1$ 以下——这是法国货币法所确立的比率。因此黄金开始流入并独占了流通,而多余的银被熔化并出售给了其他国家——很大一部分流向了印度和东方。疲软的白银成了黄金的保护伞,防止了将会发生的价值下降。确实,当时除了复本位制的国家,也有银本位和金本位制的国家愿意吸收任何已经变得过剩的金属。但如果大多数国家都推出了与法国有相同比率的复本位制,则结果即使不是更有利的,也可能是与之完全相同的。

贵金属在市场上的这些动向成为了1865年法国、比利时、瑞士和意大利之间所谓的拉丁货币联盟的直接原因。所有这些国家都采用了法国的货币体系,而且银币和金币可以在几国之间非常自由地流通,尽管货币的国名不同。当白银开始流失时,人们开始

第二章 货币

担心它会全部消失,为了确保足够的小面额支付,有人提议将低面额的银币(2法郎和1法郎及以下的)转换为代币,并按这种方式铸币。各国政府之间由此达成了一项协议,在一定条件下,保证接受贬值的银币。5法郎依然是足值的,可以自由铸造;事实上,在拉丁货币联盟内它们仍然保持着其作为法定货币支付任何款项的地位。

然而,在19世纪70年代初所发生的一件事情完全打乱了黄金和白银之间200年来的稳定,并给欧洲的货币体系以及几个欧洲以外国家的货币体系赋予了全新的形式。在那个时候,其他欧洲国家,有的是银本位,如德国和斯堪的纳维亚半岛〔瑞典也铸造金币(ducat和carolina),但它们以不同的比价被接受,而且几乎很少流通〕,有的是贬值的纸币,如在奥地利和俄罗斯。如果这些国家当时也逐渐加入了拉丁货币联盟,按照依法设定的比率铸造银币和金币,则黄金和白银之间的传统比价有可能被保留下来。事实上,在1870年战争爆发前不久,德国曾经考虑过加入拉丁货币联盟,但是由于战争,这个计划没有实现。相反,德国选择了采用金本位制并卖掉它们不再需要用作代币的所有白银;1873—1875年,斯堪的纳维亚国家立即效仿了德国。毫无疑问,一个怪诞的想法是这件事情的一个促成因素,即英国的经济霸主地位在某些方面与它的金本位制有关。但这件事的过程却令人不安。事实上,德国并没有成功地卖掉它所有的白银,其中一些一直延续到了1907年,而且仍以"泰勒(thaler)"这种不被看作代币而是如金币一样的法定货币的形式存在。大量的白银被抛到在市场上。由于新矿和新方法的发现(炉子和后来的电解过程取代汞合金处理),白银产量急剧增加;而黄金的产量,尽管仍比1850年以前大很多,却开始减少。与此同时,在拉丁货币联盟内,白银再次开始流入,而黄金开始流出。这些不想失去黄金的国家别无选择,只能首先通过共同的协议限制,随后(1878年11月)完全暂停了银币(5法郎)的自由铸造。

早些时候,俄罗斯就已经采取了同样的措施,接下来的是奥地利。这两个国家仍然有不能兑换成硬币的纸币,但是由于银价下降,纸币现在已经涨到了票面价值,甚至超过了票面金额;由于这个原因,个人自由铸币又开始变得划算起来。但是,由于现在想用纸币交换的是金币,而不是银币,即采用金本位制,因而这时候铸银币将会压低纸币和银币相对于金币的价值,故而不合时宜。

因此,旧的双币制,无论是严格意义上的复本位制,还是仅仅是平行本位制,在欧洲都不再存在了。白银已经退化成一种普通的商品,并且其市场价格一降再降。美国徒劳地试图通过著名的布兰德法案和谢尔曼法案(Bland and Sherman Bills)去维持白银的价值,作为一个白银出产国这时维持白银价格符合其利益。在南北战争之前,在美国有法定的复本位制,但自从比率被定为(自1834年)高达16∶1之后,事实上当时只有黄金仍在流通。因为战争,无法兑换成硬币而且很快就大幅贬值的政府纸币——即著名的绿背美元,一直存在于市场上。一直到1879年,他们才成功地使这些纸币恢复到票面价值,然后开始赎回它们。有人认为允许自由铸造银币太危险,但此前不久颁布的布兰德法案规定政府应每年购买一定数量的白银并铸成用以作为发行一种记名票据的准备金,即所谓的银证书,这个数量大致相当于美国本国的产量。

第二章 货币

谢尔曼法案提高了这个数量,根据这个法案,使用不可兑换的中期国库券进行支付。然而,由于白银持续贬值,这些措施的不足变得很明显,并且随着黄金开始流出该国就更是如此。驱动欧洲国家恢复白银自由铸币的所有尝试都失败了。存在有序货币的重要国家中仅有印度依然允许自由铸币,其银本位一直保持到了1893年。但英国和印度货币价值之间日益扩大的差距造成了诸多问题;当这些问题越来越明显后,英印政府决定(1893年)停止卢比的自由铸造。随即美国也放弃了白银,除了代币,并从此把全部精力投入到黄金交易的维护中。

曾经在19世纪80年代初表现出明显减少迹象的黄金产量,近年来由于在科罗拉多州、德兰士瓦省和克仑代克所发现的新矿藏而迅速提高;以至于在本世纪初,黄金产量不但恢复到了五六十年代的产量,而且增长到了当时产量的3倍之多。同时,白银的产量也有所增加,尽管它的价值急剧下跌,可是看上去在1893年至1907年开始变得稳定。不过,即使是按照银原来的价值计算,黄金产出还是显著地高于白银,但这时白银的产量大约是1860年产量的五倍。然而现在黄金的价值比白银高出35倍之多,甚至一度达到40倍,而在1873年之前这个比价从未高于15.5∶1或16∶1,即使在黄金产量仅为白银产量的很小一部分(以价值计算)的时候也是这样。

在英格兰,金属银的价值通常用每盎司多少便士表示。在英格兰,纯度为$\frac{11}{12}$的黄金按照每盎司(约31克)3英镑17先令10.5便士(=934.5便士)的比率铸造;因此如果两种金属的成色相同,为了确定金银之间的价值比价,只需要使用便士表示的银价除以该数字。所谓的英国铸银、标准银(不要与现在英国银代币的含量相混淆,目前银代币中的含量要小得多),其纯度比铸金略高一些,即 $\frac{111}{120} = \frac{37}{40}$。因而上面提到的总值必须按 $\frac{111}{120} : \frac{11}{12} = 111 : 110$ 提高,或者说是 943 便士;如果用这个数除以用便士每盎司所表示的牌价,就会得到正确的比率。因此 26 便士的银价所对应的金和银之间的价值比率是 943︰26(约等于 36.1),而复本位平价为 15.5︰1,当它仍与市场价格吻合时,每盎司标准银的价格是 943︰15.5($= 60\frac{13}{16}$便士)。

很少有人怀疑银价下跌的主要原因是货币政策的改变。如果在文明世界中白银再次和黄金一起被用作标准币,并且可以自由铸造,那么它的市场价值肯定会大幅上涨,不大可能是原来的 1︰15.5,如果后者被保留为法定比价的话。目前,似乎没有什么实际的理由来进行这样的尝试,因为世界黄金产量看上去很充足,而且储量(现在主要通过采矿获得,而不是像从前那样在旧河床里淘金)足够满足欧洲国家和美国的需求,甚至可以支持欧洲以外的国家也采用金本位制。然而,这是权宜手段[①]的问题,不会影响复本位制的理论基础,这个理论基础基本保持不变,如我们稍后将指出的,即使它引领我们超越了它的拥护者从中所得出的结论。

然而,目前在任何实行货币管制的国家都不存在白银的自由

---

① 由于世界大战后向金本位制的回归,人们已经开始担心在不久的将来会出现黄金稀缺的威胁。

第二章 货币

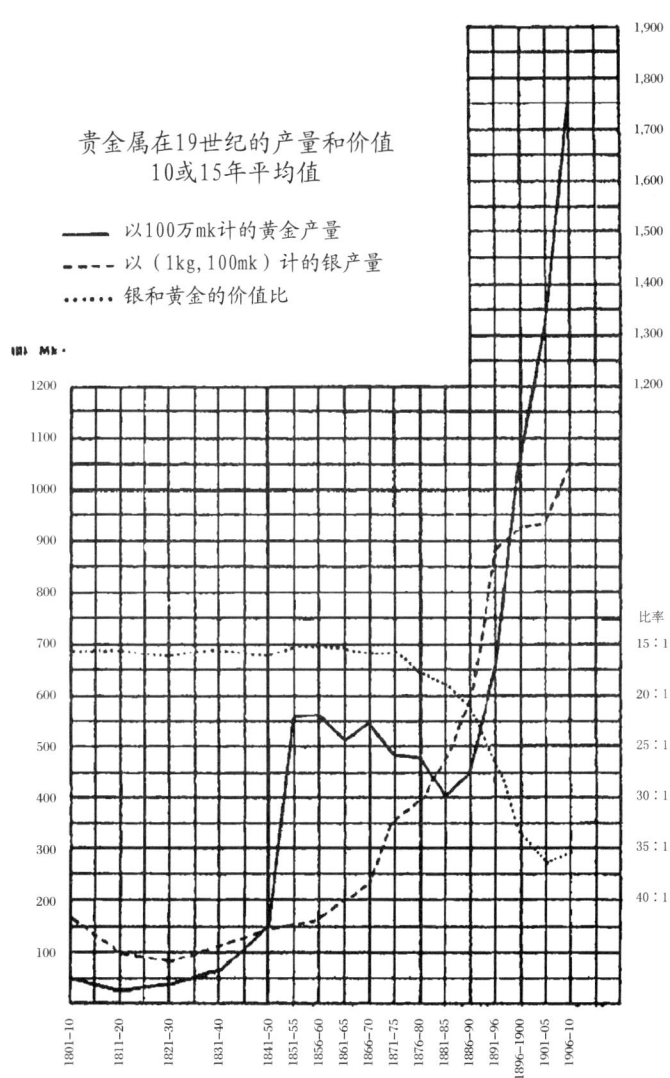

图 1

铸币。存在于1915年的货币体系可以划为下面几类:(1)采用完全的金本位,白银仅作为代币并且只在一定限额内是合法货币;(2)采用所谓"跛行"金本位,这种情况下两种金属均为法定货币,但只有一种金属——黄金,可以自由铸造;最后,(3)纸币本位,货币由不可兑换的纸币或国家为其自身原因铸造的金属(银)货币所组成。英格兰和它的大部分殖民地、葡萄牙、德国和斯堪的纳维亚国家(1873—1875年的斯堪的纳维亚货币联盟)、芬兰、美国,过去的几年中还有俄罗斯和日本,属于第1类。拉丁货币联盟和荷兰属于第2类。南美洲以及欧洲的奥地利(这里金本位尚未完全采用)、西班牙、希腊和巴尔干国家属于第3类,另外还有印度,在这里卢比(银)仍然是本位货币但只有国家可以有限度地铸造。在后者(印度)的情况中,已经出现了的结果是尽管近年来银价持续下降,但卢比已经开始升值,而且已经升至1893年的货币法所规定的最高值,即等于16便士的黄金。(其金属含量按照现在的银价相当于10便士;按照原来的平价,1卢比值22.6便士)。在上述价格下,英印政府承诺依据黄金不限量地发行卢比。此外,自1899年以来,英国金镑的法定货币价值已经达到1英镑 = 15卢比。这种方法并没有使金本位制完全地被引入;因为那将需要以相同的价格对卢比无限制地供应黄金,这个条件当时还未制定为法律,不过在事实上被遵守着。1915年,墨西哥和中国开始计划向类似印度这种形式的金本位制过渡。

3. 瑞典货币历史及当今瑞典货币与其他国家货币之间的比较

最古老的瑞典硬币似乎是在 Olof Sköta 或 Anund 国王时代铸造的。这些被称为芬尼(penningar)的硬币,那时还是重量单位的等分,8 欧尔(öre)(1 öre 是 3 örtug)是 1"马克"(大概 210 克,不到瑞典镑的一半)的纯银,在上瑞典(Upper Sweden)每 örtug 值 8 芬尼(更早时可能是 4 芬尼)。因此 1 马克(Mark)芬尼最初大约是现代货币中的 32 克朗(Crown 或 Kronor),1 欧尔(öre)是 4 克朗。然而,渐渐地,货币开始贬值,无论是在含量上还是在尺寸上;所以,早在省级法律(provincial laws)的时候,已经区分了"vägen"和"räknad",或者"karlgell"和"kopgell"马克。这种贬值一直持续到了 15 世纪中叶,当时芬尼马克(penningmark)已经降到其原始价值的 $\frac{1}{8}$,即大约 4 克朗;正如我们所看到的,在整个中世纪芬尼的购买力比现在大得多。这时,开始了更高面值硬币的铸造——首先是 örtug,然后是欧尔,等等。在 16 世纪,货币继续贬值,因此在古斯塔夫一世的统治末期,马克只相当于现代货币的 1 克朗。因此它只是大硬币泰勒的四分之一,泰勒(Joachimsthal)于本世纪初首先在德国被铸造,后来在瑞典开始铸造。结果是一个 daler〔从一开始,它就同"thaler"或一枚"riksthaler(里格斯塔勒)"相同〕被计算为 4 马克或 32 欧尔,并且在后来的贬值中一直保持着这样的对应关系。而硬币"里格斯塔勒",作为一种国际硬币，重量和成色几乎维持不变，而最初的等价物"svenska daler（瑞典泰勒）"贬值越来越多。一直到1830年，我们的货币历史几乎就是连续贬值和破产的历史。

在古斯塔夫、阿道弗斯和克里斯蒂娜统治时期以及后来，除了短暂的中断外，货币金属是铜，它不仅被铸造为代币，而且还有作为标准货币的大块铜板。铜泰勒原本应该是和银泰勒等值的，但是这个从一开始就没有与铜币的金属价值相对应的比率无法被维持。铜泰勒的价值逐渐下降，最初降到一个银泰勒的 $\frac{1}{2}$，后来是一个银泰勒的 $\frac{1}{3}$；其最终稳定在了后者这一比率。同时，银泰勒（=4个银马克），有时候是按实铸造而有时候仅仅是所铸造铜板的名字，其价值降低到了1956年的 $\frac{2}{3}$，然后降到了 $\frac{1}{2}$，因此在查理十一世统治的末期，1个里格斯塔勒与2个银泰勒或者6个铜泰勒或者24个铜马克等值。

在查理十二世时（除了后来的紧急货币之外，那只不过是替代物罢了）发生了一种新的贬值，6泰勒的铜板被重新模压为9泰勒的面值；结果，一个里格斯塔勒硬币很快就等值于3个银泰勒，9个铜泰勒，或者36个铜马克，这也是在Friheststid时期的比价。在后者期间所有的金属货币都从流通中消失了，而自1745年开始不可兑换货币的瑞典央行钞票，是国内唯一的支付手段。由于发行得过多，特别是在波美拉尼亚战争期间，这些钞票对白银贬值了；或者换一种说法，硬币里格斯塔勒和等值的汉堡银行里格斯塔勒（大多数外国汇票根据它开具）对泰勒和马克钞票升值了。1776

年,这些钞票以1里格斯塔勒硬币 = 72马克铜币的比价兑换白银,即票面价值的一半。1个银泰勒 = $\frac{1}{3}$ 里格斯塔勒硬币的旧比价,在法律文件和评估国家收入时继续使用。相当于96欧尔或48先令的银里格斯塔勒(硬币),成了这时全国的货币单位。

在古斯塔夫三世时期与俄国的战争之后,由财政部发行的国库券(开始有利息,后来变为不可兑换的纸币)成为了国家主要交换媒介,与格雷欣法则一致,它把金属货币和不可兑换瑞典央行纸币从流通中逐出。自1903年起,财政部的纸币按照法令可以在银行按其面值的 $\frac{2}{3}$ 进行兑换。(为此设立了一个基金,一部分源于一般所得税,即所谓的"所得贡献",另一部分源于对维斯马镇的"抵押")。然而,在芬兰战争结束后,对于银行来说用现金兑换它自己的纸币或者财政部的纸币已经是不可能的事情了,于是两者在保持其相对价值不变的情况下都逐渐贬值(换句话说,白银和外币升值),一直到其1834年的"变现",这时它们被按照面值的 $\frac{3}{8}$ 进行了兑换,国库券因而被按照原值的 $\frac{1}{4}$($\frac{3}{8}$ 的 $\frac{2}{3}$)进行兑换。

银泰勒及其辅币马克和欧尔仍然在原来的合法交易中使用,并按 $\frac{1}{3}$ 银里格斯塔勒 = 50欧尔计算。

根据1830年的货币法,里格斯塔勒硬币中银的含量被降低了 $\frac{3}{4}$,即从25.69克降至25.5克,而铸造的成本,以前是单独支付的,现在则"加在"了硬币中。1855年的法律,没有其他改变,只是

将 $\frac{1}{4}$ 个里格斯塔勒硬币命名为 riksdaler riksmynt 并作为计算单位,在 1934 年的货币兑现后,它正好对应一个国库单位的里格斯塔勒,可以分割为 100 欧尔。1873 年的货币变化是基于以 1 克朗(价值上等于 1 riksdaler riksmynt)为单位,金银之间的比价被固定为 15.5∶1(15.81∶1)。因此,我们可以说,以前单位中的银的重量被均衡了,所以 4 克朗被认为等于 25 克纯银、或者说 160 克朗对 1 千克纯银。对于这种虚构的银币,金币被按照 1∶$15\frac{1}{2}$ 的重量比率进行铸造。

结果就是 1 千克黄金铸造成 $15\frac{1}{2}$∶160 = 2,480 克朗,正如上面的情况。

德国的过渡经历了相同的路线。当时 1 千克纯银价值 180 帝国马克,于是 1 公斤纯金铸造 2,790 马克;因此 8 克朗价值大约 9 马克。

同样,在法国,银币和金币也与重量有一个简单的对应关系,尽管这是与其毛重相对应,而不是与其净重。1 千克纯度为 $\frac{9}{10}$ 的白银铸造为 $15\frac{1}{2} \times 200 = 3,100$ 法郎。所以,8 克朗 = $\frac{10}{9} \times 10$ 法郎,或者说 72 克朗 = 100 法郎。这同样也适用于那些采用了法国货币体系的其他不同国家。俄国的货币也具有一个与千克的相似对应关系,因此与瑞典货币也有对应关系。一银卢布与 4 法郎含有相同数量的银,但金币,即以前的 10 卢布帝俄币,是按 1.15 的重量比铸造的,因此价值高于 40 法郎。在计划向金本位制过渡的

1886年，这二者相等了，因此新的帝俄币相当于40法郎。其目的是将贬值的卢布纸币逐步提高至原来的为4法郎的平价。但是，因为这样做耗时太长，因此1897年决定以卢布纸币的现行兑换价值为兑换基础，同时帝俄币和半帝俄币固定为15和$7\frac{1}{2}$法郎，或1.92克朗。所铸造的俄国金币为10沙皇卢布和5沙皇卢布。另一方面，银币一直保持未变，由于这个原因，俄罗斯黄金与白银的价值比率与西欧的完全不同，是23∶1，而不是$15\frac{1}{2}$∶1。

我们将忽略其余国家的货币，因为它们与瑞典货币没有任何简单的定量对应关系，虽然在奥地利、匈牙利和荷兰是相同的重量单位，即千克黄金，构成了货币的基础。我们只是列出在实际中：

1 英镑　　　＝18.16 克朗

1 荷兰盾　　＝1.5 克朗

1 奥地利克朗＝0.76 克朗

1 美元　　　＝3.73 克朗

1 印度卢比　＝1.21 克朗

1 日元　　　＝1.86 克朗

4. 货币技术

我们已经说过，铸币的目的是国家对金属的重量和纯度进行担保，因为如果每次交易时都要对金属进行称重和检验，会给贸易造成太多不便。黄金和白银标准币的纯度现在通常都是$\frac{9}{10}$（其余部分为铜);但在英格兰黄金的标准纯度是$\frac{11}{12}$。所谓"标准",我们通常指标准币中金属的净重,或者也可以说是由一单位重量的贵金属所铸成的铸币的个数,两者是一回事。在现代,标准这个词也经常用来表示是用哪种金属来铸造标准币:就是我们说到的金本位、银本位或复本位等。

即使用最佳的现代方法铸币,也不可能实现重量和纯度上的绝对精确。因此,在这两方面,允许有轻微的偏差("补位"),而这在现代的铸币方法条件下还远未被充分利用。在斯堪的纳维亚国家,20 克朗硬币的偏差是 0.0015,10 克朗硬币是 0.002,两者的纯度偏差都是 0.0015。此外,10 公斤新铸造的金币不能偏离标准重量 5 克以上,即 0.0005 以上。但是,硬币的价值会由于流通中的磨损而降低,尽管其磨损量是微不足道的。据估计正常流通时每年标准币的磨损是万分之二至万分之二点五。发行纸币的目的是为了避免磨损这个被普遍认可的观点是不正确的,因为纸币的保养成本实际上超过了金属货币。无担保纸币所节省的是投入到货币中的资本的利息。尽管现在硬币的形式和设计使其不易产生磨损,但年深日久之后还是可能有相当大的磨损,在实际生活中,撞击、刮擦和出汗可能占了磨损的较大部分。由于这个原因对硬币设置了最低限制,低于这个限度的硬币就不再是个体之间的法定货币。在瑞典,和德国一样,限度是低于标准重量的千分之五,在英格兰几乎是百分之一。法国在国内没有限制,但在拉美货币联盟中各国之间是千分之五。然而,建立最低限制并不足以防止磨损货币的流通,因为个人不会费心去检验重量,并且如果他们意外地收到一个磨损严重的硬币,自然不愿意自己承受损失。因此,国家必须兑换这枚货币,即使其重量已经低于了最低限度。这就是在德国和斯堪的纳维亚所发生的情况,在这里设了一个为20%的最高国家责任;这在实际中并不重要。而在英国,当硬币磨损超过了限度后,它们就不再是法定货币,即使对国家而言也不再是。其后果是足重的货币被支付给了州、央行或者英格兰,而重量不足的货币继续流通,特别是在乡下。

由于货币的铸造成本很高,所以国家通常会向个人收费。这种费用被称为"铸币税"——这个名字的由来是因为在较早的时期所收的费用比铸造的实际成本要稍高一些,因此它是国家的一个收入来源。这一实际情况,以及另外一个实际情况,即个人支付一笔多少不等的可观费用去将其所持有的贵金属铸成硬币是合算的,是由于作为法定货币的铸币金属在国内比非铸币金属更值钱:经验表明,这种差异可能是极大的,如果国家在收取高额铸币税的同时,并不增加由其自己所铸造的货币供给,则在任何情况下差异都会非常大。然而,国家应该避免采用这种办法来获取收益,因为这种铸币有很多与不可兑换纸币相同的缺点。国家可能迟早会经历收支逆差,例如由于收成不好的缘故,那时一部分货币必然会被卖到国外用于支付货物。但是,在国外,其他国家的货币很少会有比其所含的金属更高的价值,因为在国外铸币通常必须经过回炉并重新铸造。结果,国内铸币失去其人工价值,而其汇率(它与外币的关系)——将以相同的程度贬值。如果国内不存在主要用于出口的非铸币金属,则这样的情况无论如何都会发生;要不然就需要有可以用于开汇票的国外资产或信用。但是在一定程度上一直会是这种情况。因此,将铸币税限制在铸币的实际成本上是明智的,在这种情况下,金属价值的偏差和随后的汇率波动会相对轻微。在英格兰,名义上没有这样的费用——铸币是"免费和无偿的"。但是,即使在英格兰这也是不必要的,而且没有实际意义。

现代银行的发展和国际收支机制,已经使为个人的直接铸币几乎完全消失了。相反,央行接受个人用贵金属换取法定数额以内的铸币或纸币。在英国,正如人们所说的,任何拥有金条的人都可以到造币厂免费铸币,但是这不仅需要时间,而且还损失利息。因此黄金进口商宁愿把金条存在英伦银行,它们按每盎司(约合31克)3英镑17先令9便士存入,约比铸币厂所给的(3英镑17先令 $10\frac{1}{2}$ 便士)少 $1\frac{1}{2}$ 便士,这相当于一个0.15%的收费。(在瑞典的收费是对20克朗为0.25%,对10克朗为0.33%。在德国和其他地方也大致相同)。银行根据情况处理黄金;他们用它铸币或者以金锭的形式保存。同样,银行以通常与平价差异很小,甚至有时是高于平价的价格接受外国货币。这样的硬币往往不是被回炉,而是用于需要交运的场合:即当国际收支逆差很大、黄金必须出口时,以稍高的价格再出售给进口商。因此也可以说,无论是有还是根本没有自由铸造和适度的铸币税,铸币都会有与金条大致相同的价值,准确地说是略高一点。

5. 本位币和代币

一个国家的无限法偿货币(所以普通债务可以通过以货币的

第二章　货币

面值进行合法清偿)称为本位币或该国的通行货币。

如果有两种或两种以上的金属按法定价值比率作为本位币,是双本位制或三本位制。而如果只有一种金属铸造成标准货币则为单本位制。在前者的情况中,如果两种金属都被允许自由铸币,则在现实和理论意义上是双本位的。另一方面,如果,一种金属(银)对私人的铸造已经停止,但这种货币仍是无限法偿货币,则是通常所说的有限双本位,或有限铸币的复本位制。

即使在单本位制体系下,其他金属也不是完全不能作为铸币材料。银币,更不要说铜币和镍币,用于大额的支付太不方便了,而金币,由于它薄而且尺寸小,在清偿几先令的债务时不够方便。在本位币为银的国家,金币即使必须以不同的比价被接受,也常被用作交易货币。这种现象在早期比现在更常见,因为纸币已投入使用了。另一方面,在被当今越来越多的国家所采取的以黄金作为本位币的地方,银必须被保留作为小额支付的手段,除非使用了小面额的纸币。出于同样的原因,紫铜、青铜或者镍(如在德国)用于最小额度的支付。这样的货币被称为代币,其与交易货币的不同在于它是以面值为法定货币,而不是根据不同的比价。与标准货币相比,代币作为法定货币的功能仅限于一定的法定额度,超出额度后任何人在收款时都不必接受(在瑞典是 2 克朗和 1 克朗的代币可以支付 20 克朗,更小面值的代币可以支付的额度更小)。对私人的代币自由铸造也是全面被禁止的,虽然对于标准货币也可以是这样,就像不久前在奥地利、俄罗斯、荷兰,以及目前在印度那样。在拉丁联盟,5 法郎硬币仍然被视为标准货币,这在一定程度上也是如此。

如果放弃双本位制,而且政府不采取任何措施平稳白银和黄金的相对市场价值,情况必然会变得不稳定;因此,银代币和其他代币铸造时必须要低于其价值,即其贵金属含量低于面值所对应的根据银的平均市场价格确定的含量。如果它是足值的,其金属价值有时会超过其面值;换句话说,即硬币中所含重量的银在市场上的价值比其面值和法定价值所代表的相应重量的黄金值钱。在这种情况下,将代币融化并销售或出口是有利可图的,因此会出现代币短缺的情形,无论国家花钱铸造了多少。这就是为什么英国在1816年、后来拉丁联盟在1865年以及德国和斯堪的纳维亚在1873年,实际所铸的银代币中银含量较低的原因。

例如在瑞典,如已经指出的那样,由于仍然保持着双本位比价,1千克纯银本应该价值 $2,480 : 15\frac{1}{2} = 160$ 克朗。然而实际上一个克朗硬币仅含有6克纯银,所以凑足1千克纯银需要167个银克朗。

不过,从这些数字上看,像黄金与白银之间的那种相当大的变动似乎是不会发生的。但实际上,银价的下降使所有的预防措施都失效了;即使是所谓的足值银币,如5法郎硬币,现在的金属价值甚至也还不足其面值的一半。如果回炉一个1克朗的硬币,现在价值约为40欧尔。伪造银币,或者更确切地说,非法铸造正常含量的银币,因而将是一个有利润的生意。但是,货币的形式和设计防止了小规模的伪造。大规模的伪造很难不会引起人们的注意,因为"铸币厂相当嘈杂"。

而另一方面,不用担心代币会逐出标准货币,因为国家有能力将前者的铸造严格限制在必需的范围内——这是为了保证国家的整个货币系统不受到危害所必须采取的措施。使代币仅为有限法偿货币,就像英国货币法所做的那样,尽管限制了过量铸币,但如果(在瑞典)国家免费用金币兑换代币,而中央银行被迫以纸币置换它,则其本质上并不重要。

总之,如果我们努力地去考察上文中所概述的发展,就会很清楚地看到,在解决保持货币在时间和空间上的一致性的那部分货币问题方面,已经取得了巨大的成功。不再像以前那样存在大量磨损和减值的货币——以前为了补救它们有时需要收回全部金属货币,我们现在已经有了几种易于检验的货币,通过它们,在关于最小重量以及兑换责任的现代法规的帮助下,有可能完全自动地替代货币回收。因此,早期不可抗拒的贬值诱因不复存在。通过收取小额费用或干脆不收费用特许标准货币自由铸币,保持了铸币和非铸币金属之间的基本价值对等;这极其有助于国际收支。而且,因为一种金属(黄金)已经在几乎所有国家成为本位货币,最后的障碍已经被铲除,人们几乎可以说,在现代社会拥有金属货币的所有国家都有同样的货币。牺牲银的自由铸币是不是不必要和有害是另外一个问题,我们不打算在这里讨论。

到目前为止,在解决关于货币最困难的问题上——即对货物和服务保持连续和稳定的价值,我们还没有取得进展。即使是最仔细地关注保持货币足值的所有事情,当贵金属的生产显著增加或者信用的发展使得现有供给过大时,也不会避免货币贬值。反之,如果发生了使用信贷手段提高流通速度也不会对其有所改善的贵金属短缺,小心地保持足值货币将阻止而不是促进货币价值的稳定。因此,我们的下一项任务是仔细研究这些因素对货币的影响,也就是流通速度的加快或减缓,特别是通过信贷和银行操作。我们先从法律角度看一下这个问题,然后再来处理这项任务。

6. 从法律角度看货币

像大多数其他形式的财富一样,货币也可能是法律纠纷的对象。事实上,这些都是家常便饭,因为大部分对财产的主张都是以金钱的形式呈现。另一方面,货币本身,它的本质、交换价值等,很少是这种法律纠纷的真正主题。在一个有序的货币体系中,几乎只有一种情况下会发生这样的事情,即从一种标准货币过渡到另一种标准货币,采用新的标准货币或破除旧的货币标准。于是就成了这样一个问题,即在这种变化之前已经存在的商务协议、债务形式以及其他的法律事务,会被它们影响到什么程度,特别是上述法规在行为上对于这些之前存在的法律义务可溯及既往的程度。

政府在货币法中频频提出的这种追溯操作是用"强制兑换"的表达来体现的,这通常意味着那些有货币债权的人必须满足于接受按照其票面价值多少有些贬值的纸币。但这并不意味着这样的过程总是公平或公正的;而在对这一问题缺乏明确规定时应该如何判定则更不清楚。

这种事情的一个有趣的例子发生在1873年,这是德国从银本位向金本位的过渡时期。某个奥地利铁路公司在德国发行了信用债券,可以用奥地利盾和德国泰勒支付(都是银币),它们的金属含量比为2∶3。在向金本位过渡时,德国货币法规定1个10马克

第二章　货币

金币相当于 $3\frac{1}{2}$ 泰勒,这与金和银当时的市场价值一致。然而,1873年以后白银对黄金的价值迅速下降,于是难题出现了,即奥地利债务人是否有义务以黄金向他们的德国债权人进行支付。该合同在德国产生过渡到金本位的想法之前就已经订立了,其中也没有关于以银以外的任何金属货币进行最终支付的条款,或者是否债务应仅被视为在合同签订时具体数量的奥地利盾和德国泰勒中所含的银的数量。债权人主张前者,而债务人自然主张后者。在随后的诉讼中,奥地利法官全部裁决为赞成奥地利人的主张,而德国法官除一个人外,都支持他们同胞的主张。赫弗里希本人是一个德国人,他联合了法庭上的大部分法官,他表示,一个国家的法定货币不应该与其金属含量混淆,即使由于自由铸币这两者在价值上几乎相同。他极力主张一个国家的货币或者货币单位是由当局决定的,那些签订了合同却没有确切地规定使用哪一种货币进行支付的人,必须服从本位币的改变。这就好像两个人签订了合同,却由第三方来确定某些条款。这种说法在我看来有点似是而非,因为除了其他事项外,这种情况下的第三方似乎不能被认为是完全不受约束的。毫无疑问,债务国可以很容易地通过将标准币贬值一半来影响支付,同时对一个有大量国外债权的国家来讲,也可以很容易地要求用两倍价值的货币来支付。另一方面,纯金属的理论不能一直被秉承,例如债务签订时正值该国货币由贬值的纸币所构成的时候。在任何情况下都可以肯定的是,这一理论以及赫弗里希所辩称的,可能会非常不公平地对一方有利而损失另一方的利益。在奥地利和德国的情况中可能就是这样,因为可以表明白银已经贬值而黄金对商品的价值保持不变。因此,不可避免地,我们被带回到了每一个货币合约订立背后的前提,即对货币价值稳定性的推定。如果缺乏这个,并且如果法院不能(它几乎总是这样)确定货币的交换价值在任何时期的变化程度,那么它在这类事情上的裁决必然总是会显得有些武断。

虽然斯堪的纳维亚国家从银本位向金本位的转换与德国大约是同一时间,据我所知,除了1878年瑞典与转换为金本位之前的芬兰的分歧外,没有出现过任何类似的冲突。这可能是由于这样的事实,即两国都没有对银本位制国家的债权,而且两国也都不认为拒绝以一个与先前所接受的不同的兑换率来履行其债务是可取的。

最后,可能出现的问题是国家对于已经收回且不再是法定货币的那些货币的责任;尤其是在联盟解散时,货币联盟合同方的内部义务。在国家收回货币时,要求其兑换这些货币是合理的,虽然在贬值纸币的情况中,不必以超过兑换当时或者紧接下来的几年中货币在流通中实际存在的价值来兑换它①。

至于国家内部义务,人们必须仔细区分它是属于一开始就按

---

① 以面值兑换将会使随机的纸币持有人得到不劳而获的利润。然而,在我看来,原则上包括国家纸币债务在内的所有债务,都应该按合同签订之日的价值兑换。

在德文版附加的"勘误补充表"(Errate and Additions)中,维克塞尔详尽阐述了这个他在一战期间的演讲及著作中所押卫和坚持的原则,即瑞典在1914年和1929年之间货币价值的变化,必须在公共及私人债务人和债权人之间得到彻底的补偿;因此,比如一个人在1914年初借出了1,000克朗,并在1919年开始得到偿还,此时克朗的购买力已大大降低了,他们应该按照克朗降低的购买力比例得到补偿,(即如同当时借出的是3,000克朗硬币);而在1919年借出1,000克朗的人应将其债务按货币增值的比例下调(比如说,调至500克朗)(瑞典版编者按)。

第二章 货币

降低的价值铸造的情况,即国家的原因;还是允许个人自由铸币的情况。在前一种情况下,规避每个国家兑换其自己硬币的责任几乎没有可能,而且,据我们所知,实际上未曾有人提出过其他的方法,尽管这样的补偿可能是涉及不可预见性损失的金属价值下降的后果。货币从一开始就是自由铸造的情况则有所不同。例如,在拉丁联盟内5法郎硬币一直是自由铸造的,直到银价的下跌使得必须限制自由铸币为止。同时,由于各种不同的情况,联盟内各国所铸造的货币数量截然不同。瑞士没有铸造这样的货币,而比利时铸造了远远超过了其人口所需要的数量。不过,由于比利时国家造币厂只是使公众受益,且任何人,无论其是否是比利时国籍,都可以铸造这样的钱币,所以看起来几乎没有理由要求比利时按面值兑换所有它所铸造的5法郎硬币。拉丁联盟内曾对这个问题进行了充分的辩论,并决定:倘若联盟解体,每个国家应负责它自己所铸造的货币。和赫弗里希一样,我们认为这个决定是一个不完全符合货币原则的解决办法。至于其他的,包括这一点以及一般而言的货币的法律方面,我们建议读者去参考赫弗里希的详尽并且在很多方面都正确的解释。

很显然,所有涉及货币的法律纠纷,其原因都在于无法预见的货币交换价值变化。因此,我们比以前更加清楚地看到,货币的长期稳定性至关重要,尽管只要金属被作为价值标准并且允许私人自由铸造本位币,确保这种稳定的一切努力似乎都是徒劳的。

第三章 货币流通速度：
银行业和信用

参考文献：由于下文的论述主要是理论方面的，所以我们有必要提到那些几乎详尽无遗地描述了货币市场实际活动特别是当今货币市场活动的著作。在斯堪的纳维亚语的著作中，我们必须注意W. Scharling 写得非常好的 *Bankpolitik*；上文已经引用过的 Aschehoug 的著作中 62 章以及后面的章节；J. Leffler 的"Krediten och Bankväsendet"（发表于 *Ekonomiska Samhällslivet*）；Davidson 的"Central—banker"及其在 *Ekonomisk Tidskrift* 上发表的文章；Goschen 的 *Foreign Exchanges*。在很多关于这一主题的外文著作中，在内容的丰富性和处理的简洁上，英国人的作品很引人注目。英国的货币市场现在依然是其他国家的典范。我们在这里只提一下 Clare 所著的较小篇幅的教科书 *A Key to the Money Market*、*Money Market Primer* 以及 *The ABC of the Foreign Exchanges*；Withers 所著的 *The Meaning of Money*，*Stocks, Shares and Debentures* 和 *Money Changing*，另外特别是 Bagehot 所著的 *Lombard Street*，它虽然不是最新的，但从阐述的角度来说是无与伦比的。

关于银行实务和证券交易问题的更深层研究，在 Conrad 的

Handwörterbuch 中有众多相关的文章，它对该主题的文献给出了索引。

1. 一般流通速度：现金平衡和信用

商品随着每一次的购买和出售，一步一步地沿着从生产者到消费者的道路上行进，而且通常在交易完成后离开市场，货币与之不同，它仍然*留在*市场中。然而，正如我们所指出的，这并不是完全属实的，除非已经收到了钱的卖家仍然待在那里，并转过来成为一名购买者。如果他退出了市场或者只是作为一个卖家留在那里，那么货币的购买力和交换功能将是潜在的；它将暂时终止作为交易媒介的功能，但仍然是安全的价值储存手段。在一次出售和随后的购买之间，任何货币平均存在保险箱中的时间，可以被称为平均闲置期；用一个单位来表示这一时间段（比如说一年），则其倒数是平均流通速度。也就是说，如果一块钱平均每次放在那里一个月不动，那么它每年流通（变换所有者）12 次。它的闲置期是 $\frac{1}{12}$（年）时流通速度为 12（次每年）。当然货币的流通也包括资金以贷款或预付款的方式从一个人转移到另一人处。然而在处理某些问题的时候，有必要把交易与贷款业务分开来处理，而且比较狭义地只考虑与前者相关的货币流通。如无特别指出，这种做法将是下文中的规则。

因此，流通速度在理论上是一个非常简单的概念。但在实际中对它的研究是经济学中最难的问题之一，因为除了其他方面之外,对于一个国家的每一部分货币存量,流通速度差别非常之大;甚至对每一枚硬币都很不一样。遗憾的是,很多的经济学家,包括在其他方面值得称赞的詹姆斯·穆勒和约翰·穆勒,都倾向于通过声称时间与货币流通速度无关来掩盖这一问题,即它是由完成一定商品交易额而必须易手的一定量的货币次数构成的。但是在这个论点之下,整个概念消失了:为了确定这个意义上的流通速度,我们必须知道商品的实际价格(或者货币的交换价值,两者其实是一回事);这样平均流通速度将只是它的另一个名称。另一方面,如果我们从上面所描述的含义来看流通速度,它实际上变成了商品价格调控中一个重要的独立因素。那么不难看出,流通速度确实具有或者至少可以具有完全独立的意义。如果由于技术原因,购买和出售只能由同一个人每半年实施一次,例如,如果农产品仅在秋天出售,城市的产品和殖民地的产品只在春天售卖,且信用还不为人所知,那么显然货币将会每次闲置半年的时间。这样的话就必须要有数量相当于一年中所出售商品总价值一半的足够货币,并且或者是商品价格,或者是可用及必要的货币数量,或者是相对于实物交易的货币交易程度,或者三者同时,将不得不依照这一实际情况来调控。货币的流通速度在当前的情况下是变化的,这是另一回事。但是它当然不会破坏这一构想,虽然它会影响流通速度作为一个价值确定因素的作用。

很显然,货币在使用之前闲置的平均时间越长,相对于年交易额的现金持有量就越多。甚至可以说现金持有量的大小与年交易总额之比和平均货币流通速度呈反比。另一方面,每个个体所必需的现金绝对数量显然取决于个人交易额的大小。对于整体经济,绝对现金持有总量将与国家的货币数量相同,所以如果后者数量不发生变化,则绝对现金持有总量是恒定的。

示例:北部海港的一个批发商每年购买咖啡、香料、谷物、鲱鱼、美式培根等,然后把它们以小包装出售给零售商。每年平均下来,他的现金持有量(或者更确切地说是在现金业务中的现金持有量)将是其销售额的一半左右。此外,大概每个月进一次货的零售商,最多只需要自己销售额$\frac{1}{12}$的现金持有量——如果销售是平缓的,则平均来说只需要销售额的$\frac{1}{24}$。同样道理,一个一次性发运其全年产品,而且按星期向工人发放工资的锯木厂主,将需要(假设是现金交易)其年销售额一半左右的平均现金持有量;而那些工人们通常会在几天之内花光他们的工资,因而一般来说相对于他们的年度总花销,他们只有很少的现金持有量。如果我们为了简单起见假设这两个生意是收支相抵的:批发商买下木材出口商的全部外国汇票,而工人们从零售商那里进行购买,那么很容易看出,在一年之中,全部的货币都被转手了四次,因而平均而言在每两次交易之间被闲置一个季度。流通中的全部货币,我们把它称为 a,一部分对应全部出口木材的价值,一部分对应总工资额,一部分对应进口的商品,但是当被购买和出售两次时,总销售额将是 4a。通过更为精确的计算很容易看出,根据我们的假设批发商在 12 个营业月中的现金持有量是连续的,$0,\frac{1}{12}a,\frac{2}{12}a,\frac{3}{12}a$,最后一个月是$\frac{11}{12}a$,或者平均为$\frac{11}{24}a$,零售商的是$\frac{1}{24}a$,类似地,锯木厂主的是

$\frac{51}{104}a$，工人们合并起来是$\frac{1}{104}a$，相应的他们持有货币的平均闲置期为：对于批发商是$(11+10+9+\cdots+2+1)\div 12=5\frac{1}{2}$个月（$\frac{11}{12}$年），对于零售商是$\frac{1}{2}$个月，对于锯木厂主是$25\frac{1}{2}$星期，对于工人们是$\frac{1}{2}$星期。总的现金持有量不变（$=a$），且总闲置期为1年，因而这四个组的平均值是$\frac{1}{4}$年。

如果木材出口商鉴于进口商可以从零售商处收到付款，把他的汇票借给进口商而收取按星期的付款，而零售商在收到了工人的付款时向进口商付款，那么流通速度可能会增加。假如那样，必需的货币量可能会减少至$\frac{1}{52}a$，并且由于总销售额仍然是相同的（$4a$），流通速度会是208（次每年）。因而平均流通时间现在变为$\frac{1}{4}$个星期。这是正确的，因为在这些条件下，货币会在一星期内从木材生产商转到他的工人们手中，再从他们那里转到零售商，从零售商（通过对所交付商品的付款）转到批发商，然后再通过偿还贷款而回到木材生产商那里。

所以，如果其他条件不变，个体在减少他所必需的现金持有量上做得越成功，则他对于增加货币流通速度的贡献越大，而他为自己的交易额所需要的那部分货币存量就越少。如果其他很多人效仿他，整个国家的货币需求将会减少至一个相应的水平。从个人的角度上来说，每一步都涉及资本和利息的双重节省，而对于特定

第三章 货币流通速度：银行业和信用

的国家而言，在与其他国家相比较时也是这样。对于全世界来讲，这种货币节省的主要优势是现在占用了人类不少劳动和资本的贵金属生产或许可以得到限制，从而这部分生产力可以解放出来并投入到更有用之处。

在上面的例子中，木材制造商被迫以商品或货币的形式提高其年产量的总价值 a，而进口商被迫以商品或货币的形式向生意中投入达到 a 数量的资本。通过上面所提到的信贷操作，这些资本的总量减少了一半。木材制造商的生意现在所需要的最低且必需的资本量 $=\frac{1}{2}a$（对应于每次雇用劳动力和售出全部商品之间的平均时间）。在对方支付利息的条件下，他把余下的资本转给进口商，进口商对资本的最小需求实际上也仅为 $\frac{1}{2}a$（对应于在收获或进口商品和它们售出之间的平均时间），而现在他不需要自己准备资本了。双方的收获是全部货币 a 的利息，现在可以把它（除了微不足道的部分）投到境外，而它是曾一度被进口到国内以防止最终为了价值 a 而牺牲资本货物的。

在某种程度上，流通速度的变化毋庸置疑是完全自动的，是货币过剩或短缺的结果，存货通过它来适应变化的贸易需求。每个碰巧缺少资金的人都会尽可能地把他的购买推迟到他有了钱的时候（而且他必须这样做，除非他可以获得信贷），否则可能他就不得不出售自己的商品或其他财产去获得货币。他可能会去找顾客，而不是等着顾客来找他。在后一种情况下，流通速度会立即增加。在前一种情况下，由于他延迟购买，他本该已经购买了的商品的拥有者现在也将变得缺少资金，从而也必须推迟他们自己的购买。

最后,如果这个链条上相互依赖的人们中有一个人得到了一些钱,那么一连串地,A 会从 B 那里购买,B 从 C 处购买,C 从 D 处购买,依此类推。货币的流通明显地加快了。如果货币变得过多,并趋向于以持有现金的形式放置的时间比通常更长了,则会出现相反的情况。但是很显然尽管这种货币流通速度的自动调节有弹性,但却是有限的。对每个必需品或希望到手商品的延迟购买都会引起一些不便或者损失;每一个仓促的或者过早的出售都会带来价格上的压力,这种压力源于购买者对商品需求的迫切性较低,这一价格压力当然是卖家试图去避免的。

对货币短缺的一个不完全的补救(应用这个词的真正含义而不是通常所说的缺乏办法的同义词)在早期曾经是安排较大数量的买家和卖家碰头,特别是在集市和市场上,在这些地方货币的流通自动地被刺激了;还有就是应用信用。一个有购买欲望可是当时没有钱的人,可以请求延期付款,正如该词所表达的意思,通过信用购买。或者他借钱购买以免于延期购买,尤其是为了能够保住自己的商品直至找到一个合适的购买者。通过这种方式,社会中的各个点上不断形成了大规模或者小规模的信用网络:A 从 B 处赊购了,B 从 C,C 从 D,依此类推。如果 A 通过出售商品或者以预付款的方式从第三人处得到货币,该网络就很快解体。A 付给 B,B 付给 C,C 付给 D,等等,所有这些都带来相同的结果:流通速度的增加。所以正如我们已经几次说过了的,信用是非常强大的,事实上是最强大的加快货币流通的手段。这一事实可能还没有得到经济学家的足够重视。通常他们只考虑信用作为一个支付媒介传递付款和债务收据而使得货币过剩的极端情况。再者,

第三章 货币流通速度：银行业和信用

在信用债务被现金支付解除的很多情况中，人们常说信用并不减少对货币的需要，而只是把货币的使用推迟到了以后。可是一般来说那与减少货币需要是一回事。只要信用债务还持续，对货币的需要实际上就比本来所需要的要少，因为如果购买是以现金进行的，在其他条件都相同的情况下，卖家会把他的钱放在保险箱中直到他自己想要进行购买；而现在相同数量的钱可以在别处流通。我们在后面会很快回到那些应用信用使得现金很过剩的情况。

即使我们现在认为各种形式的信用只是被用作交易媒介偶尔出现短缺时的改善方法，流通速度的改变实际上也是必然的、自动调节的，并且常常会抵消一个国家中由于这样或那样的原因而可能产生的货币量波动（绝对或者相对于交易额要求）。广义而言的可支配货币量，即数量乘以流通速度将是恒定的。或者，更确切地说，它将随着交易量成比例地变化，所以价格将不会因此而发生任何变化。但是，众所周知，这并不会发生。个人和社会从交易媒介的节省或未来付款中所得到的收益促进了各种形式信用的发明和习惯性应用，而这最终成为了贸易机制的一个组成部分。因而在商业进步的每一个阶段，我们都注意到一个新的而且通常是更高的交易媒介平均流通速度，而它在之后并不下降，并且不能轻而易举地提高。就货币需要和货币交换价值而言，实际的后果被抵消，部分由于经济进步伴随着总交易额的增加，部分由于人口和财富的增加，特别是因为*自然贸易*越来越多地被基于交换和劳动分工的贸易所替代了。

我们不需要讨论下面观点的真实性，即各种形式的信用应用在货币短缺时比其他时候更加显著，并且因此它对于维持已经存在的现有价格水平比将其提高更为有效。最终的结果不一定差别很大，因为短缺的时期和过剩的时期通常交替出现，如果说在这里，就像在其他地方那样，需要是发明之母的话，那么一旦在货币短缺时期发展出了信用系统，随后的货币过剩使其恢复到较原始的现金支付系统几乎是没有可能的。较高的生活水平本身是否会产生一个维持更大现金储备的趋势完全是另外一回事。赫弗里希坚持认为法国就是这样——众所周知其货币存量是巨大的，并且在那里金银和钞票（对钞票有全额金属保证金保存在银行里）与汇票、信用证、支票簿以及在其他国家有正常银行保证金的钞票发挥着相同的作用。在一定程度上可能是这样有，但是可能我们在这儿涉及了一些国家特性，这些特性可能被该国家过去频繁出现的银行业与信用领域的不幸经历所强化了。

除了向着货币流通更快方向的稳定发展外，也发生过由于信用被滥用而引起的周期性波动，以及随之而来的被称之为信用危机或货币危机的反应，这是因为个体之间缺乏信心，导致了即使普通的信用工具都很难应用或者无法应用。尽管这些偶尔的失调有时候是严重的，也一定不要让它们分散了我们对于信用应用的逐渐发展和金属货币减省的注意力。

2. 虚拟流通速度

我们已经通过介绍的方式指出了在所有情况下信用对货币的影响都可以被认为是加快货币流通。应该清楚地记住这一观点，因为它使一个可能会有些复杂的问题在很大程度上简单化了。那

第三章 货币流通速度：银行业和信用

些信用实际上替代了货币并使货币过剩的情况或许可以被简单地认为是通常的加快流通的特殊情况；因为我们有一个虚拟的，即仅仅是虚构的或可能的转移，而不是一个完全有形的货币转移，但是却有同样的效果。我们将通过一些例子来说明这一点。

假设一个人购买价值达到 10 先令的商品，并用一张 10 先令的钞票支付。这时候人们说（而且颇为恰当）这张钞票代替货币起了支付工具的作用，这里的货币我们仅指金属现金。然而这并不是这张钞票在这里的唯一功能，甚至也不是其最重要的功能。实际支付也许本来是用金属现金完成的，但这张钞票可能还是可以找到用处，比如，双方都去了发行银行，购买者把他的钞票换成了价值半镑的金币并用金币支付了卖者，然后卖者在银行柜台付了金币并换到了同一张钞票。不管这一过程看上去如何不方便并且没有必要，这实际上就是纸钞最早的用法。并且更为重要的是，纸钞恰恰是以这种方式履行它们如今在节省金属现金上的作用；在上面两种情况中，在购买与出售的间歇它们都是待在钱包或保险箱里作为现金储备或者作为替代金属现金的价值储藏手段。只是离开了银行钱柜一会儿工夫的那个价值半镑的金币，可能马上就又在柜台上流通起来。这样它就有了由下面几个部分组成的极快的实际流通：(1)银行按钞票面值履行支付义务；(2)购买者与出售者之间履行商品支付义务；(3)银行里对应于见票即付还义务的一笔新保证金。于是在银行之外的钞票流通可以被视为一个虚拟的，即想象的但不管怎样在物理上，或至少在逻辑上是处于银行持有之下的一个或多个金属货币的可能的流通。

在银行的一个往来账户同等重要，支付是通过在银行转移存款而实施的。银行账上的转移,是交易的唯一可见记录,其实也可能伴随货币的实际流通,也就是从银行中取出金属现金,随后用现金清偿债务,然后在银行再存款。这种过程并未实际发生是次要的。货币的真正节省在于银行里的业务循环,所以,我们很快就会看到,它的金属现金可以大幅度地少于其债务上的数量。

还是让我们来看一个普通的三个月商业汇票,它不是在银行贴现,而是作为商人之间的支付媒介流通;这种做法在过去要比在当今更为普遍。如果汇票或者是某种相应的信用工具不存在,那么很显然它所代表的那些数量的货币就要被放在其后续持有人的保险箱里总共三个月时间。现在这不必要了。换句话说,如果没有汇票的存在,那么现在对于那三个月中的总流通够用的货币量就不够用了。而实际支付可能还是用金属现金进行的,并且汇票还是发挥和现在相同的作用。比如我们可以想象,汇票的提取和背书(在支付进行之前,并不绝对地免责)构成的并不是所有权的转移,而是对到期日时进行现金支付的承诺。结果可能是到这个日期时,承兑人已经支付了出票人,后者是第一个背书人,而他是第二个背书人,因此现金仍然在最后的持有者手中——就像在实际中所发生的那样。在这三个月里所节省的货币,以及汇票作为有价证券和现金储备的重要性,在两种情况中是同样大的。

最后,我们可以以上面所提到的、购买者与卖者在不同的地点或者不同国家的情况为例。这里支付(以现金)需要相当长的时间,并且除了实际运送的风险和麻烦之外,还需要从流通中在一个相应的时段内提取一笔钱。信用在这里的真正作用是建立可以从一个地点转移到另一个地点而不受空间距离限制的无形的权利。

第三章 货币流通速度：银行业和信用

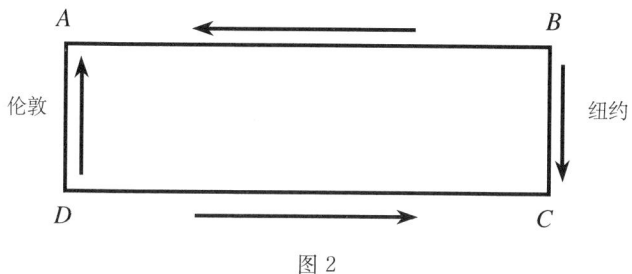

图 2

例如在伦敦的 A 对在纽约的 B 有一个 1,000 镑的索款权,而在纽约的 C 对于在伦敦的 D 有对于同样数量的索款权。不是让两笔同样数量的支付分别跨越大西洋,而是在经 B 和 D 同意后,让 A 和 C 交换他们的索款权利,因此这些钱只需要穿过伦敦的两个商行之间一个很短的距离;并且在纽约也是这样。众所周知,在现实生活中这是通过汇票实现的。B 购买一张 C 开给 D 并得到支付的汇票——然后 B 把这张汇票支付给 A,A 在到期日从 D 处收回付款。在这里也可以说由于两个较长的距离被两个较短的距离代替了,因而流通速度无形中加快了。

所有的这些情况都与一系列可以由相关各方自己度量的,并且可以由一个或多个更简单的处理所代替的支付责任相关,就像在力学上一个力多边形或者相应的一系列空间转移被多边形的对角线所代替一样。这也就是在力学上通常所说的虚拟转移;并且正如当虚拟转移产生了一个零合力时达到力学平衡一样,当两个人之间或者一个群组中的借方和贷方收支相抵时,可以说存在了经济平衡,从而抵消了索款权的货币会回归到其起始点。如果在这种情况中现款的应用变得相当没有必要,而同时金属货币此时仍然是支付的价值尺度,则可以依照式子 $0 \times \infty$（零乘以无穷大）将其视为是极小数量的货币以无限大的速度在流通,该式可以根据情况表示任何量。

3. 信用的形式

现在我们要来考虑信用的各种形式以及它们对于货币的重要性。很显然,个人之间替代货币的简单信用对于加快流通速度的影响非常有限。这其中的索款权或债务解除以及索款权的交换或转移只是例外而已。个人之间的商品赊购当然很常见,但是这伴随着困难和风险,特别是在时间较长的时候。最终,正如我们要表明的,个人之间的货币借贷绝不会达到使现金持有量过剩的那种程度。持有现金的作用,正如已经指出了的,是双重的:(1)字面意义上的现金、现款,用于可预见、但不是即刻的支出,以及(2)为无法预见的开支所做的储备。后者中可能还包括省下来准备用于有回报的投资的钱。显然如果我确定当我预期需要这笔钱时能够适时收回它们的话,我只能把前者对外出借。但是这个时间通常都很短,因而不能对借款人有什么益处。更何况,除非我对于自己在有需要时能以同样或更好的条件借到钱的能力有信心,我才会借出我的储备。此外还有我可能根本收不回自己投资的风险,这是一个不能用数学概率规律来度量的风险。对于一个财产很少的人,1,000 克朗的损失无疑要比 10 克朗的损失大不止一百倍。前者可能会把他带入悲惨的境地,甚至毁了他的经济状况。因此利息形式的补偿即使在客观上能完全弥补他所承担的风险或者他所认为的风险,在主观上却不是这样。因为这些缘故,在那些系统化信用、银行业及证券交易工具相对不发达的国家,必要的现金持有量要大很多倍,流通需要大量的货币。

在文明国家,情况尤其如此。在法国,P. Leroy-Beaulieu 几年前估计法国的总金属货币量是 85 亿法郎,而与年度商品及服务消耗总价值相对应的同期国民总收入估计是 250 亿法郎。即使我们按照 Leroy-Beaulieu 的估计假定这些价值(即由收入所代表的必需品,包括原材料和折旧)周转了三、四次,这在我看来已经很多了,货币的平均流通速度都几乎没有超过每枚硬币每月一次的购买和出售。在大不列颠货币的数量要少得多,肯定不到法国的一半(虽然英国银行最近保留了比以往惯例多很多的黄金储备),而商业总量也更大,所以由于高度发达的系统化信用,流通速度高了很多。

*系统化信用*通过把风险分散到广泛的领域而降低风险;由于相比于处于风险中的数量,承担保证的财富是巨大的,风险的主观因素相应地消失了,因此只剩下极小的风险。这种方式,另外加上信贷工具的集中化,使得借贷交易安全而且便捷。正是这种票据形式的信贷交易文件,它们向他人的转移以及最终转化成索款权,在每一个持有人的手中有效,创建了一个历经千年才发展出来的强大体制。每一个这种信用票据的接收者通常在接收票据的同时也承担了不付款的风险,尽管可能只是很短的时间段,因为他期望尽早地将其索款权传递给下一个人。部分地由于更加快速的执行,部分地由于每个新的背书、每个汇票上的新名字通常来说都是汇票定期承兑的一个新的担保这一事实,使普通商业交易中的安

全，及其作为一种信用手段的应用范围被增加了。这样不仅汇票接收者的风险减少了，而且还让他能够在任何时候处理掉它或者获得货币。换句话说，汇票如果有好名声的话，几乎与实际的金属现金发挥一样的现金储备作用。以这种方式，特别是在早期的时候，大商行之间为商业交易所开出的汇票在这个还不是很成熟的时期被当作一种常见的支付媒介用在了更大的范围内，同时不断地被覆盖上众多的名字，以至于常常出现汇票背面空间不够的情况，而这些名字也成了最后的持有人，不论他是谁且不论承兑人那里发生了什么，一定会拿到他的钱的保证。

4. 银行业：关于银行业起源的一些历史记录

然而，信用机构的最高形式是证券交易和银行系统，尤其是后者。此处我们将只是偶尔提起证券交易活动。证券交易所真正涉及的是长期信用、固定资产投资、政府债券、股份等等，然而与作为交易媒介的货币直接相关联的信用是短期信用，这是银行所最关注的。但应该注意的是两者的界线是变动的。正如银行的功能是合并短期信用，换句话说，是用许多个短期信用创建一个似乎是长期的信用，所以另一方面，证券交易投机的功能是通过建立一个用于长期资本投资的持久市场使固定资本流动起来，并且像其他信用机构一样，是以集中和保险的双重模式，而这常常被误解。当今的银行和证券交易活动越来越多地相互融合成交易和支付的媒介，特别是在国际结算中。

所以，我们必须把更多的注意力放在银行上，它实际上是现代货币制度的核心。

人们对于银行的起源没有很确切的了解。我们或许可以理所当然地认为在人类的早期就有富人开始进行了银行业务，即借入钱和借出钱的组合。从经常被人们所引用的德摩斯梯尼(Demosthenes)的一个演说中看起来，在雅典，富人们已经开始了这样的银行业务。相似地，我们在普劳图斯(Plautus)的 The Captive 中读道："subducam ratiunculam quantillum argenti mihi apud trapezitam siet。""trapezita"(trapeza = table)是指一个收到存款的人，尽管在文中看不出他是否要对其支付利息。在中世纪，这种货币的流动往往与货币兑换商的作用相关联，汇票(bill of exchange)一词就是由此（货币兑换商）而来的。在伦敦，金匠们是最早的银行家，他们在英格兰银行创立的时候大量地交易货币。但是在中世纪的意大利以及 17 世纪初期的北欧（在威尼斯、热那亚、阿姆斯特丹以及汉堡）出现的大银行，至少在其初期，与现代银行在作用上有很大的不同。它们的首要任务是提供金属含量能得到保证的足值货币，换言之就是提供交换的媒介。因此对于汉堡银行(1609－1873)，汉堡马克 banco 是一种理想的硬币，它由一定重量的纯银制成，它不流通，个人将其存在银行，银行保证会以相同的纯度和重量归还。大汉堡地区商人们的销售条件是所有给他们的付款都应以这种货币进行支付，并且他们通过在银行划拨存款的方法在相互之间清偿债务。这样的银行被称为汇兑银行(giro bank)(giro = circle 即圈子，在他们的情况中是一个顾客圈)，但是由于它并不向外出借这些存款（至少在初始形式时是这样),因而不能支付利息,相反还针对存款收取一点费用。所以这些业务并没有引起金属现金使用上的任何节约。如上文所述,这些银行的唯一作用是保持货币的价值;而这在货币持续贬值的时候是相当困难的,尤其是在像德国这样每个邦都宣称有自主铸币权的联邦国家的情况中就更是如此。其他那些早期的汇兑银行也以同样的方式运作。这种体制的后果之一是大量的货币被无用地闲置起来了。这种情况频繁发生,故而政府在财政困难的时候通过从银行借出它们来利用这些资产,从而以与在银行中的实际存款并不相符的*标的物*或者银行存单的形式,使这些货币返回到流通中。事实上,与原始的计划相反,银行变成了信贷机构,成了增加交换媒介供给的工具,或者使全部货币存量的流通速度在实际或虚拟上增加的工具。虽然没有了与全部银行存单总额相一致的实际货币存量,汇兑银行像以前一样继续。然而,只要人们继续相信银行中货币的存在是兑换银行存单的必要条件,就不得不对这些借款严格保密。如果它们被发现了,银行就会失去公信并破产,尤其是如果这些秘密是在政府无力提前还款的情况下被发现的话。

在这方面阿姆斯特丹银行的历史很引人注目。该银行成立于1609年,成立的初衷是做一个纯粹的汇兑银行,而无权出借任何存款。可是渐渐地,亚当·斯密所提到的奇怪的习惯做法出现了,即银行对收到的金属货币或金块基于其能够收回的钱数发放收据,以及证明其在银行的信用文件,即所谓的银行货币,它可以用于对银行的所有支付,因此在全国范围内作为一种支付手段在个人之间流通起来。另外该收据必须每六个月更新一次,并支付所规定的佣金，否则它们即失效而存入银行的货币就变为银行的财产。但另一方面，"银行货币"保持其作为银行债务的性质，并因而继续在全国流通。结果很多商人出售了他们的存款收据或者让它们失效，而自己依旧继续使用这些"银行货币"。只有必须以金属货币进行支付时，例如向外国支付，才会迫使他们去获取有效的存款收据，这样的收据通常可以在市场中买到，其价格随供需而变动。银行则把这些失效的货币视为自己的财产，并认为自己可以不受任何限制地将其自由地借出。但是这样就使得相应数量的"银行货币"被转化成了没有任何金属保证金的纯粹的信用票据。看起来造成其于1795年垮台的正是这种做法的晦涩模糊，特别是关于银行对超出了至今仍然有效的存款收据数量的那些"银行货币"的赎回责任的不确定性，而不是其真的无力偿还债务，当时由于政治事件的缘故该银行的情况首次为人们所知。

　　保证见票即付的存款可以在不影响机构清偿能力的情况下被部分用于借贷，这一发现带来了银行业技术的一个重大进步，而其反过来又导致了信用货币的产生。因为这就像接收存款并签发存单，然后把存款借给其他人一样，存单同时仍可以被所有者用作信用票据并转让给其他人，所以这样的存单也可以具有足够担保而被发放给在银行里没有任何存款的人；只要借款人的偿付能力及其信用状况在两种情况中相同，那么对于银行和公众而言，两种情况的结果是相同的。然而在现实中后一种方法可以算作是一种进步。例如，如果经验表明一半数量的对应存款或者其他由银行所签发的见票即付信贷凭证就足以保证它们的话，那么用第一种方法，存在银行的1,000万克朗（比方说）中，可以借出去500万克朗，因而虚拟流通速度会按照 $1:1\frac{1}{2}$ 的比例增加。而用第二种方法，银行可以对全部 1,000 万克朗的现金储蓄发出信用票据，而这 1,000 万克朗的现金还在银行，且根据我们的假设足够支付那 1,000 万克朗的存单以及 1,000 万克朗的信用票据，也就是说流通速度会按照 1:2 的比例增加。实际上，增加甚至会更大，因为在其他条件不变的情况下，相对于银行业务和顾客群的增长比例，对银行扩大的要求相对小一些。

有时候人们认为是斯德哥尔摩的帕穆斯丘奇银行（Palmstruch bank）于 1656 年首次使用了信用货币（其实信用货币的使用可能更早），它后来成为了瑞典中央银行[①]。该银行的创立是出于需要对笨重的铜进行替代，除了在查尔斯十一世统治末期至查尔斯十二世统治初期的一段时期内，铜一直是该国的标准货币。铜板被存放在银行以换取存单，一开始的时候存单只有由存户本人提交银行时才有效，但随后可由持有人背书后转让给其他人——即所谓的汇票。将铜本身向外借出的难度可能直接导致了银行发行替代的信用货币，即没有相应存款的存单。如果只是在有偿还责任的条件下发给了富裕的个体，可能不会出现什么麻烦，但是因为国家总是向银行借钱却不偿还，所以困难出现了，即使这与该银行建立几年之后就破产无关，但随后的"自由时代"时期也引发了免除银行兑现票据债务的必要性，银行兑换一直被暂停到 1776 年，然后它们被按照面值的一半进行了兑现。

---

① 关于此处及下文，参见 SverigesRiksbank，I-ii（1918）——编者注。

第三章 货币流通速度:银行业和信用

若干年后英格兰银行才成立。它于 1694 年向国家借出了其全部的 1,200,000 英镑财产而开启了它的事业。作为交换,它得到了特权,即作为第一家股份制有限责任公司经营货币生意的权利。在多次向国家贷款之后,作为一个有六个分支的公司,它又被授予了发行钞票的权利。当时在英国小公司和个人已经拥有了这样的权利。这些给国家的贷款一直也没有被偿还,但是该银行在这方面的债权仍然构成其资本的很大一部分。从严格意义上说该银行从未资不抵债,但是在英法战争的初期其金属货币储备下跌至很低,以至于政府在 1779 年认为应该禁止将其钞票兑换成现金。这就是限制期的开始,并一直持续到了 1821 年,然后银行才恢复以全额兑换其钞票。

另一方面,在奥尔良公爵摄政时期,根据法国著名的斯科特(Scot)和约翰·劳(John Law)的那个奇妙原则于 1716 年所建立的银行机构,在很长时间里使得各种银行企业在该国名誉扫地,迅速地垮掉了。

如英国银行一样,约翰·劳通过向法国政府大规模地发放贷款而得到了这一特权,但是当银行资金不足时,他竭力地通过在此时建立大商行来获得更多资金,其中首先建立的是一个对密西比地区殖民化的贸易公司。国家债券可以按票面价格购买该公司股票或者按比实际买卖利率高出 6% 的利率计息。然后这些债券被交给财政部注销。就这样,该公司几乎完全没有任何运营资本,并被驱使进一步增发股票,而对这些股票的支付是通过银行股票贷款并发行贷款总量的新钞票而实现的。很显然这样的行为必然很快就会有一个糟糕的结局,因为虽然一个国家流通的金属货币可以由纸币来替代,然而运营真正的工商企业就必须要有通过实际存款所得到的实际资本。但其崩溃的主要原因与当时其他国家(尤其是瑞典)的情况一样,在于政府对于金钱无节制的欲望及其对正常商业道德的藐视。

汉堡汇兑银行是唯一免遭厄运、并持续经营的银行。Leroy-Beaulieu 对其给予了高度赞扬,并谴责了 Bismarck 在 1873 年对其进行的查封。然而在我们看来这个赞扬并不是完全恰当的。依据这种原则行事的银行完全不可能作为一个现代的中央银行,因为它完全缺乏弹性。这一点被 1857 年那场世界危机以一种毁灭性的方式证明了,此次危机严重影响了汉堡汇兑银行。在这场危机中银行里堆满了金属货币,由于当时普遍缺乏信心,大家都不敢把钱借出去,因而每个拥有货币或者得到了货币的人都赶紧把它们存入银行。可是按照银行的章程,他们也没有办法把钱借出去来帮助低迷的商业世界走出困境[①]。

总而言之,银行的早期历史就是模糊的自由主义原则的历史,有时过于狭隘,有时又极其荒谬,但是银行史教给我们的惨痛教训没有白费。如今我们在若干看法上达成了共识,尽管不是全部观点,而且我们理解了这些重要的尽管有时是危险的机构的真正作用。

---

① 银行的确发放了一些贷款,但就我所知,它们只限于贵金属证券的抵押贷款,实际上是一种变相的汇划交易。

5. 现代银行业

我在这里无意详细地讲述不同国家现代银行业的技术和特殊形式，这些方面的内容请读者参阅相关的文献。我的目的是尝试阐述目前仍然被政治经济学家极大地忽视了的货币理论，以及在变化无常的货币现象背后的重要原理。我们在这里也关注银行业和信用体系，但只限于它们对货币现象的影响、流通速度、对货币的需求以及价格水平等的范畴内。除此之外，关于在很大程度上影响了整个工业周期的银行对于信贷的促进作用，我们将只是顺带提及。

我们已经说过，汉堡和阿姆斯特丹旧式的汇兑银行起初不提供信贷。贷款业务那时是由私人资本家或者小型公司经营的，他们为了盈利接收他人的资金。在发展的过程中，存款银行或者叫汇兑银行也开始向外贷出存款，并且私人银行家在法律允许范围内联合成更大的团体。这两种情况都发展出了现代型的银行，而现代型银行的最典型特征就是它既接受随时还款的储蓄（随时可以收回的借款、账户、活期存款，等等），又接受通知还款的储蓄，同时在符合安全要求的情况下贷出这些储蓄中的很大一部分，有的时候还同时发行他们自己的纸币，但也有的时候不同时发行纸币。

另一个重要的特征是银行存款和银行贷款几乎总是短期的，例如三到六个月。长期贷款不应该是银行活动的一部分——瓦格纳说，"银行应当只给出与其所接受的为同一类的信用"；法律往往禁止其进行长期投资。不过这仍然是一个很有争议的问题，但是若不涉及实际问题,也许有人会说银行最重要的功能之一恰恰是延长信贷,也就是集合那些本质上短期或者不确定期限的信贷,然后根据大数定律,把它们转化成对借款人和生产商有利的更稳定的信贷。银行借入随时可以要求偿还的款项,但是通常来说他们出借时不会按照这样的条款。如果他们这样做的话,就像英国的股份制银行那样,他们也只会对一类特殊的信贷中间人这样做,这类特殊的信贷中间人也就是票据中间人,他们自己也经营某种银行业务,并且他们在需要的时候可以求助于中央银行,即英格兰银行,把他们的票据再贴现。另外,虽然大部分贷款一般都是短期的,但是票据贴现,实际上可以通过票据延期或者对同一个人的新票据贴现使信用关系更加稳定。毕竟,银行只有在不得已的时候才会拒绝一个它认为应该得到信用的顾客。另一方面,如果出借人真的能够较长时间地借出资金,那么他不需要银行同样程度的协助。借款人与出借人有更好的机会相互认识,并且出借人尤其可以了解借款人在业务方面的情况,因而降低了风险,或者至少更易于评估风险。更长期限的贷款,尤其是数额很大的贷款,可能需要中间人,就像发行国家公债的时候(虽然它可能是并且经常是通过直接认购来实施的)或者就像当一个或大或小的地区内的土地所有者们相互结合以担保各自的贷款并因此获得比较优惠的条件(抵押协会和抵押银行),再或者像在某个工业行业必须要得到大量尤其是来自国外的资金的时候,例如城市建设规划等。但更狭义地来说,所有的这些都不涉及银行业。然而常常发生的是,通过银行的短期借入和借出形成了个人之间稳定的信用关系,它在之后的维持中不用银行的协助。例如,一个建筑商在银行贷款的帮助下,可以建一所房子并在日后将其出售或者抵押以偿还贷款。购买了房子或获得了抵押贷款的人或许之前在同一个银行也存了短期储蓄。在这样的情况下他们可以被看作这一交易中以银行为中介的出借人或者共有人。信贷关系于是与银行分离开来并成为一个独立关系。这里应该提一下与银行投资相关的储蓄银行的发展。储蓄银行的确在某种程度上充当了一个现金账户,但是其主要目的是积累那些不适合单独投资到盈利企业、国家公债(邮政储蓄银行)、土地或建筑物抵押等的小额存款。

不管这些不同形式的信用有多么重要,或许比实际银行系统更重要,但它们对货币的影响与银行系统相比却相去甚远。有没有信贷机构的介入都可以产生信贷,并且之后它可能可以保持数十年。完成一项业务所用的钱,如果确实是通过现金实施的,很长时间以后才会重新回到流通环节中,但短期贷款不是这样的。在那时候一个只能把钱放出去几个月的人通常找不到合适的借款人,更不要说调查他的可靠度了。风险,特别是主观风险,变得太大,因而贷款条款会过于烦琐。在没有系统性信贷管控的情况下,这些钱就只会处于闲置中。这时候一个最有安全保障的、随时可以向其借钱,并且同时随时接收存款的中央组织就成了极大的优势。这样一来所有的钱就都可以在很短的时间内结束闲置状态并引入信贷关系(或多或少地间接通过银行作为中介)。例如,商人A需要商品但在三个月之内没有钱付款,三个月后零售商向其付款时他才会有钱。B是一个制造商,他拥有商品,但是立刻就需要钱来支付他的工人们。第三个人C,拥有钱但在三个月之内他的这些钱没有什么用途。那么A将用一个三个月的票据来从B那里进行赊购；而同时 C 把他的钱在银行存三个月。B 在银行把票据贴现并得到 C 存在银行的货币，而 B 以前可能从未见过或者听说过 C。B 把这些钱作为工资分发给他的工人，而工人渐渐地开始从零售商那里购买东西，零售商则在三个月后付款给 A。然后 A 付款给银行，接着银行付还给 C。如果银行这时候不存在的话，那么 A 和 B 都会被迫保留这一数量的货币，而 C 手中同样数量的货币则会处于闲置状态。当这部分保存起来用于意外情况或者经常性支出的现金储备被集中在银行的时候，如果可能的话，通货的节省甚至会更大。在我们的例子中 B 很可能并不取出其汇票上的全部金额，而是在账户上留下一些，这样银行借给他的期限为三个月的钱中的一部分，也在流通中起了作用。

初看起来我们可能会觉得去借那些可能会而且经常会被随时要求偿还的钱有些毫无意义。人们会问，银行能做什么呢？然而经验表明，（尽管历经了几个世纪这个经验才被获得并得到诠释）如果众多个人的金属现金被集中在了银行的金库中，它很大程度上会闲置在那里无所用，除非银行把它们借出去或者用于其他用途。对这一明显悖论的解释由两部分组成。首先是存在着大数定律。即便银行的顾客相互之间是完全独立的，他们全部的人或者其中的大多数人，同时到银行来支取他们的存款也会是极其稀有的事件。通常是除了季节性的波动外，每天支取与存入大体上是平衡的，并且基于同一个定律，随着银行业务的数量变得更大，与其营业额相比，在（支取与存入）两者之间，即使绝对差值变大，其相对差异也会变得越来越小。

让我们从一个无法证明但是在众多不同的领域由经验证实了

的简单假设开始,用一个数学定律理解全部这些现象已经成为可能,这一数学定律即大数定律,它断言某些纯偶然性变量很可能趋于平均(例如在一个连续的"猜单双"中相同数量的奇数和偶数),当然实验进行的次数越多则变量绝对值会越大,但其相对于实验次数的相对值会减小,所以当实验数量以 1,4,9,16,25,……的级数增加时,变量只是以 1,2,3,4,5,……的级数增加,即以实验次数的平方根增加。即使进行 100 次这样的实验时偶数数字不超过 53 个或不少于 47 个的机率是相同的,在进行 1,000 次实验时,它们不会超过或者少于 500±34 也存在相同的机率。

因此,如果实验表明商人必须在手中持有一定数量的货币以合理地确保他的储备金不会在一年之内用光,那么如果 100 个独立的商人在银行各有一个账户,则后一种情况时为达到确保不在一年内用光储备相同的概率只需要在手中保持总存款的 $\frac{1}{10}$。如果银行为了更高的安全性,保持两倍、三倍或者四倍于此的量,即总存款的 $\frac{1}{5}$—$\frac{2}{5}$,则计算表明用不光的几率迅速地大幅度增加了,并且经验也完全验证了这一点。例如,如果持有一定量的现金在一年中不会用尽与会用尽的可能性是均等的,则在相同的条件下,持有量达到该数量的两倍时可以确信用不尽与用尽的可能性会达到 $4\frac{1}{2}$:1 以上,持有量达到四倍大时会达到 142:1。因而在后一种情况下,一个世纪中也不会发生一次。

其次,如果有可能达到一个更大的程度,则运营中存在着这样的事实,即一个银行的顾客之间常常有直接或者间接的业务往来,所以他们中的一个人支取货币用以购买商品必然地带来在出售后的短时间内另外一个人来存款。如果顾客们之间有直接业务联系，那么货币根本就不需要离开银行，付款可以简单地通过从一个账户转账到另一个账户来实现。如果我们为了简单起见，假定所有这样的业务都集中于一个在全国各处商业中心都有分支机构的单一银行，并且在银行开设账户已经变得很普遍，比如在苏格兰正快速实现的那种情形，多年来那里至少五分之一的成年人已经拥有了银行账户，那么货币市场的局面将会是下面这样的：即该国家的全部货币存量都会被收集在银行的金库之中，并且从内部周转和业务活动的角度来考虑的话，全部货币存量是绝对闲置的。所有的付款都将由付款人银行账户上开出的支票来完成，但是这些支票永远不会造成从银行中提取货币，而仅仅是在银行的账本上转到收款人的账户上。另一方面，银行不会在实质上借出去存在它那里的一文钱，因为它只要一被使用，就会以存款的形式又流回到银行来。银行的放款业务将是在其账本上的一笔与贷款数额相同的虚拟存款，借款人可以从中提取，而实际的文件，例如已贴现票据，将被添加到银行的证券中；这就是所谓的英国系统。或者可以是对实物担保或担保人的直接抵免，借款人可以在最高限额内任意开支票（苏格兰系统，在瑞典也很常见）。所以在两种情况中，付款都是通过借款人基于其在银行的信用连续地开支票而实现的，每一张这样的支票都必定自然而然地导致与另外一个人的（卖方的）账户之间的信贷，或者是以支付存款的形式，或者是以债务偿还的形式。因此银行对公众的债务仍然超过持有全部这些现金所构成的所有权减去银行的自有资本。诚然，银行对公众的债务中很大一部分只需要付很少的利息或不付利息,因为否则的话这些货币就会被闲置在那里,但是出于对自身利益的考虑,银行会被驱使着去寻找有价值、有收益地使用这些年复一年闲置在那里的货币。然而这些无法在国内实现,除了在黄金行业有可能,关于黄金行业的这一点我们在后面再讲,不过我们可以假定银行成功地将其剩余部分在有利息的条件下借到了国外。如果该银行是一个政府机构,这种自然会使公众受益的利息,当然会成为整个交易唯一的真正经济收益。随后,如果由于人口增长和生产扩大以及货币使用更加广泛的原因,需要更多的交换媒介,那么一般来说银行可以简单地通过增加其票据贴现或者借贷量来实现,而这样做时相应数量的存款会自动地流入。虚拟流通速度以这样的方式增加至无限大,很少量的货币就会满足非常大的营业额需要。

为了避免产生误解,这里必须要注意到的是上文这些论述仅仅适用于一个承接了国内全部货币交易的银行或者银行协作系统。而且即便如此也仅适用于国内营业额。另一方面,如果这些银行之间或多或少地分隔着,如同现实中的情况一样,那么每个银行都必须非常谨慎,不能把其信贷过大地延伸。即使在这个国家中的每一笔付款都是通过从银行账户提取来完成的,一个银行的顾客通常也会与其他银行的顾客有业务往来。他们所开出的支票于是会被很快地传送到其他银行的手中,并被用黄金进行支付,或者,与从其贷款中得到的利息相比,该银行至少会在与其他银行的往来账户上得到相同的或者更高的利息。但同时其他的银行会因此有过量的需求并且恣意地进一步扩展其对公众的信贷。相对于外币市场而言,一个国家的整个银行系统的情况也很相似,这一点我们很快就会看到。

E. Jaffe 在其著作 Das Englische Bankwesen（第二版）中，尖锐地抨击了英国作家 Withers 关于银行中的绝大多数存款都是由于银行所发放的贷款而产生的这一陈述，在 Jaffe 看来这一观点表明了对"作为交易媒介的货币"与"作为资本的货币"的混淆不清。然而看上去 Withers 的观点可以很容易地站住脚。即使所谓的虚拟存款也是真正的存款；借款人得到了提取全部贷款的权利，而如果他把其中的一部分留在银行，则很清楚，这部分显然就相当于由第三人来银行存了一样多的存款。如果借款人将其尽数提取，比如用于购买商品，而该商品的出售者已经把钱存在了他的往来账户中，则每个人都会认为这一存款是"真实的"，虽然事实上这两笔钱没有区别。此外，总的来说，银行存款与银行贷款必须总是一起增加。它们中的哪一个在时间上先发生不重要，因为时间上的差别只是几个小时，或者至多几天而已。

另一方面，基于积蓄因而可以用于长期资本化的存款，与那些由银行临时的信贷盈余所组成的存款之间的差别是很大的。即使在前一种情况中这些积蓄只是短暂地存在银行以便随时进行更长久的投资，它们也在相应程度上减少了当前对贷款的需求，即所对应部分的银行债权最终被支付了（就像前面说到的建筑商的情况，他现在可以出售他的房子或者用它来获得抵押贷款），所以货币会像从流通中撤出了一样躺在银行里，并且因而不会影响价格，除非银行自身决定用这部分增加的现金作为进一步贷款的基金。在另外的两个情况中，临时的存款会促进更快的周转，货币的虚拟流通会提高，国内的价格将上涨到对贸易和外汇之间的平衡造成不利影响的程度,以至银行可能会发现它们不得不自己提高利率以防止黄金出境。

这一过程将在下面的各页中解释清楚。

6. "理想的银行"及其实现的障碍

上文所勾画出的理想银行系统在当代以"普遍相容"的名义吸引了很多作者的注意,他们提出了种种实现它的建议。这一发展方向是很明确的。这一点我们只需要去看看英国、德国和美国的银行票据交换所,以及奥地利邮政储蓄银行遍及全国的大量支票业务等等。这个假想的系统在理论上极其有趣,它对影响货币价值的因素提供了一个非常重要的评价方法,而这也是我们将在本书下面的主要部分中所关注的。在现实中阻碍它的实现,并且在现有条件下必将继续阻碍下去的困难,并不是实施集中化的困难,因为这些困难可能会被逐渐地克服,它们是下面这三种情况:(1)对工资、零售业等小额支付的特殊需要;(2)国际收支;以及(3)到目前为止我们给予了很少关注的一个情况,即贵金属除了用于货币之外,也是某些工业的原材料。这个在目前无关紧要的功能,或许会随着金属停止用于货币,而相应地成为最重要的功能并处于主导地位,结果造成贵金属,特别是黄金,变得不适合作为价值的度量。我们将在后续的几页中分别来考虑这几点。

A. 小额支付:纸钞

并不是所有的支付都可以用支票来完成。有一些支付金额太小了,对于它们代币通常就足够了,所以它们不影响本位货币的问题。更为重要的是,即使我们假定该系统已经高度发达到甚至连最穷的人也有了银行账户的程度,大多数购买者也没有足够的信誉,或者卖方对他们不够了解而不能不经调查就接受他们的支票。如果支票存在的形式是其本身就带有在银行中实际存有这一数量的钱的保证,那么这个困难可能会被克服。出于这一目的,它们应该以相当的数额由银行来发行并且应该被设计得难以被仿制或伪造。实际上,这种支票已经存在了 250 多年。它们被叫做纸钞。事实上一张纸钞不过就是一张支票,一个在银行中有某个数额存款的证明。至于是真正的存款还是虚拟的,换句话说,至于钞票开始时是用于交换金属现金还是像支票那样以预付款的形式发行给顾客,是无关紧要的,因为在两种情况中都是由银行来负责支付或者兑换该钞票,通常就接受人来说这就足够了。事实上,通常这是绰绰有余的,因为其他人接受以钞票付款的确定性是非常高的。纸钞是不是凭指示也不重要,因为保证就在于钞票本身。在一些国家,例如英格兰,人们非常习惯于在提供钞票时通过在上面背书名字而给予进一步的保证。当支付的钞票被接受并仍然为接受者所有时,其意义在于我们前文中已经说过的虚拟性,即它具有与他本人在银行中存有钞票所对应数额的货币同样的效力,或者更准确地说是他自己把这笔钱留在那里而没有立即提现。

支票与纸钞本质上相同这 事实最近已经被几个货币方面的作者注意到了,并且他们不无道理地指出了近期一些国家对其钞票问题所做的众多限制的前后不一致,另一方面,这些国家并没有采取任何特殊措施来保证通货中支票的立即付款。

我们必须承认,的确,支票和钞票存在着并非无足轻重的差别。钞票,尤其是那些小面额的钞票,无限期地保持流通,并且大部分处于那些无法去查询银行偿付能力或者流动性的人手中;就此而言公众比对支票更为谨慎地对待钞票的可兑换性是很自然的。但是这两种情况在立法上的差别的主要原因是由历史造成的。钞票问题的严重性被视为是对早期灾难性地滥用钞票的反应,国家本身几乎总是应该对造成这些滥用负主要责任,尤其是在我们自己的国家。另一方面,应该说支票,或者更确切地说是那些产生了支票的存款("根据要求随时付还"),比纸钞更危险,至少如果后者是由国家担保的话。因为如果一个银行倒闭了,在银行存款的所有人会发现自己陷入了困境,至少不能立即使用他们的存款了。然而纸钞可以成为强制通货,即它可以被宣布为是法定货币,我们自己的瑞典央行纸钞就是法定货币,不论它们是否可以由银行兑换,并且经验表明它们至少保有其价值的一部分,而且往往是保有全部价值。比如1870-1874年间在法国就发生了这样的事,当时法国纸钞被确立为法定货币。此外支票的使用是以个人之间有一定的信任为前提的,实际已经证明由于这个原因,在信任缺失的时候,比如在危机时,对于支付媒介的要求相比于平时会转向金属现金和纸钞。

如果不进一步深入讨论我们在这里所提到的关于银行业务的问题,或许可以说,在一个像我们这样的国家,一个发行较低面额钞票的国家,一个因此本位货币(黄金)在普通业务中几乎根本不流通、银行的金属库存被专门用作对国外最终付款的储备的国家,对交换媒介的正常需求,或许会被肆无忌惮地限制到一个所期望的小数额之内。

在较低面额的钞票被法律明令禁止的地方情况却大不相同,比如在英格兰、法国和德国(除了数量有限的一些德国帝国国库券外)[1]。这不仅迫使在普通业务中不得不使用大量的金属现金(黄金),而且也使得银行储备被支取出来去满足内需。如果商品价格上涨,或者货币交易额增加了,那么国内结算就需要更多的金属现金,这一定是首先通过支取存款来满足的,而这时没有相应的付款由其他来源进入银行。而且私人的现金储量虽然小,但汇总起来的量却是在银行里现金的许多倍,所以即使是公众对于金属现金小百分比的需求增加都会导致相对大很多的银行金属储备量的上涨。然而除此以外,在这样的时期不但需要更多的金属现金,一般来说也需要更多的钞票和更多的交换媒介。因而不管对于钞票兑换的法规有多么严格,它们都不会有多大用处。真正重要的是银行应该在需要的时候有足够的交换媒介储备可用,正如我们稍后将证明的那样。在专家圈子里越来越多的人开始持有这样的观点,即不同的钞票兑换系统仅仅在它们对于这样一个储备的强制维持方面是有价值的。如果准许较低面额的钞票,那么对于所有的国内需要,这种储备完全由钞票、也就是未使用的银行信贷构成可能不会有任何风险,然而在上文提到的国家中它当然必须由金属现金构成。英格兰银行"业务部"的纸币准备可以于任何时间在"发行部"兑换为黄金。在上世纪中期以来的关于货币的著作中,

---

[1] 然而德国国家银行获得了发行 20 马克钞票的权利。〔要记得 Wicksell(维克塞尔)所写的是战前的状况。——编者注〕

我们时常发现大量金属现金必须处于流通之中被当做健全通货的一个条件,可是这一推论的基础却很难让人理解。或许可以更确切地说在目前的条件下这是软弱和不安的来源,并且人们几乎不会怀疑如果一个国家具有一定数量的黄金货币供其支配,那么把这些金子聚集到银行的金库里比把它们散布到个人中间会令流通更加稳妥。因为在前者的情况下它无可比拟地更易得到和使用,例如在必须向国外付款的时候。①

现在让我们来继续讨论上文中提到的通货中没有金属货币的第二个障碍,即在国际清算中对贵金属的需要,以及保持一个所有国家共同的价值标准。

B. 国际收支:贸易差额和国际收支差额

在任何特定的时间,一个国家中总有一些人拥有国外的债权,一些人有国外的债务。虽然这些通常表现为个人的商业交易,所以对该国家整体的影响并不比在国内进行同样数量的业务往来更大,然而它们有时候影响该国的通货,并且在一定程度上它们的影响就像是该国家作为一个整体拥有这些国外的债权或债务一样。全部债权与全部所欠债务两者之间的关系,在某个特定的时刻或者在一个特定的时期内,被称为*国际收支差额*。如果债权超过债务称为顺差,而相反的情况则是逆差。当然,这些债权或者债务中的大多数是由贸易、由商品的进口或者出口产生的。由于这个原

---

① 无疑,正是对这一事实的认识,诱使德国国家银行去发行较低面额的钞票,正如在前一个注释中所提到过的。

因，人们长久以来习惯于把由当前国际贸易所产生的国家对外关系以贸易差额的名义作为一个整体，并按照出口价值超过进口价值或者反之，称其为顺差或者逆差。然而在考虑所涉及的实际问题时，我们必须记得贸易差额仅仅构成国际收支差额的一部分，虽然常常是其最重要的部分。确实，通常在设定它时甚至没有包括直接产生于那个贸易的某些义务，特别是运输收入。进口商品因为运费而变得更贵，而出口在一个国家的统计中通常是按其在装运港的价值（或者叫 FOB）来计算的，尽管对方国家当然必须要支付它们的运费。于是，如果一个国家用自己的船运载其进出口量的一半，而另一半用外国的船，那么该国商品账户上的国外总债务与该国进口的申报价值会相差货物运费的一半①；相反地，由于商品出口而得到的对外国的债权与那些出口商品的申报价值相比，会超出运费的一半。这就引出了那个明显的、经常被批评的悖论，即所有国家的出口合计起来在价值上远远超过合计的进口；因为即使一个国家在商品账目上的国外债权和国外债务实际上是平衡的，表面上该国的债权也会以该国出境航运总毛利的数额超过其债务。

1912 年在瑞典这一差额达到了 10,600 万克朗，其中 4,000 万克朗来自外国港口之间的货运。同年的进口量和出口量分别是 78,300 万克朗和 76,000 万克朗。因而那一年我们在贸易差额中本应该是一个真正的顺差。此外，我们一定不能忘记尽管已经改

---

① 但是在美国的贸易统计中，出口通常是按照 CIF 来计算的，即保险和运费被计入了货物的费用中。在美国的贸易统计中进口是按照 FOB 价值来计算的，即国外起运港的价格。这种差别使得美国的贸易差额看起来相比其他国家有更大的顺差。

进了很多,但贸易统计本身仍然还很不完善。特别是对于出口统计,出于很明显的原因,还有许多待改进之处,并且通常来说在价值上可能被低估了。

事实上,关于我们与挪威的贸易额就是这样一种严重的误解,这一误解就是狂热地主张并最终造成了所谓的国际法被废除的那些人争辩的原因,因此它对于联盟解体的影响比其他任何事情都大。

但除此之外,编制一个完整的收支平衡表还有许多其他的必要项目,它们中有一些在借方,有一些在贷方,这些我们在这里只能稍带的提一下而已。如果一个国家在国外有大量的资本投资,例如外国政府证券、债券、股份或者其他直接资本投资,那么所获得的年息自然是来自国外的贷方项,而且那个国家可以在多年里继续让进口远远超过出口,而不会损害其相对于外国的关系。就作为一个债务国可以有显而易见的贸易顺差而且年复一年变得负债更多而言(大不列颠帝国就是或者说至少曾经是一个明显的例子),它甚至可以进一步地增加。如果像通常所发生的那样,贵金属或者金属货币的运输不包括在贸易差额中,则后者注定会有些使人容易被误导。一个生产并出口黄金的国家通常是有明显贸易逆差的,因为一般来说它所出口的其他商品少于其进口的商品。相反,由于这个原因通常大多数进口黄金的国家平均而言总是有相对的贸易顺差,因为必须要用商品年复一年地支付黄金,所以大量的商品流出,黄金流入。最后我们还应该把旅行者随身携带的金额或者汇往国外并在国外花费的金额包括在内,反之亦然。特殊的一类是移民们取出来寄回家乡的钱(在瑞典这不是一个小数目),以及遗产和遗嘱遗赠,还有贷给外国和从外国借贷来的钱。

诺贝尔遗产对于我们的贸易差额的影响就好比我们在那一年从国外借了大约3,000万克朗。现在这笔基金的奖项每年颁发一次,大多数授予了外国人,这与这样一笔借款的年息是相似的。

所有的这些项目合计起来构成了对外国的收支平衡。如果它是逆差,那么或者(1)多出来的这些外国债权必须要被延长或短或长的一段时间,这相当于缩减对另一个国家的债务,或者(2)必须马上发运相应数量的货物,这样做的目的是可以使用贵金属已积累的存量。纸币也可以用来作为支付的工具,而且事实上在有不可兑换纸币的国家中已经在大规模地使用了(在柏林众所周知的卢布交易就是一个例子,现在已经被废除了),但是,不管是否可兑换,它们都不能以其面值足额被接受,因为它们在那里不是法定货币,外国收款人一定是作为投机来接受它们,直到它们可以被用来支付从其发行国进口的商品;同时它们没有利息。

这种未清偿贸易债务的延期或合并每天都在以各种不同的形式发生,通常是在银行的协助之下。当今的银行在所有国际贸易中起着带头的作用,而且它们正在越来越多地这样做。如果缺少合适的钞票,一些银行将向商品进口商出售其在外国银行账户上的汇票或者支票,而当它们在那里的账户用尽后,它们会通过借入或者向国外销售债券进行补充,所有的这些,从整个国家的角度上来看,与新的国外债务是相同的,是未偿付债务与当前对外国债权之间差额的增加。或者可以商洽直接的国外贷款,这经常是在不从事国际贸易的团体之间进行的,比如国家、抵押银行等,而且最终是为了非常不同的目的,但直接结果是就付款到期而言获得了

第三章 货币流通速度:银行业和信用

喘息的机会,直到出口得到增加或者进口减少。例如,瑞典的咖啡进口商囤积了大量的咖啡,但是由于时机不好、木材价格低等缘故,咖啡的消费量低于以往的水平。大概在同时,国家从国外筹集了一笔铁路借款;由国家支付工资的铁路工人们从邻近的村庄购买牛奶、面包、土豆等,也购买咖啡。于是农村人口得到了购买咖啡的货币,咖啡进口商现在可以在银行的协助下,得到相当于国家由于贷款而赊欠外国的数额的汇票,也就是还没有偿还的那部分借款。这样做的真正结果是其他国家以咖啡的方式给了我们信贷,而我们把这些咖啡用于生产性的目的,即用在了直接(或者间接)支付铁路工人。当铁路建设完成后,内地的居民开始能够向国外出售黄油,出口会增加,而与此同时咖啡经销商或许也已经谨慎地降低了他们的进口,所以一切都会再次好起来。

只有当这样的外部债务延期不能被适当、快速地实现时,金属货币的运输才成为值得讨论的问题。为了评估形势以及这种行动的过程和效果,记住以下这些很重要。对应于从国外进口的商品,总是有另外的一个消费者,他为了拥有该商品,会提供一个等值的交换物,也就是可供直接或间接出售给其他国家的具有相同交换价值的商品。进一步继续我们的例子:咖啡进口商销售给农产品经销商,后者则销售给农民,农民为了有钱购买咖啡而把奶油出售给乳品厂,随之乳品厂再把黄油出售给黄油代理商或出口商。

促成所有这些交易的货币接连不断地在全国范围内流通。咖啡进口商定期地把他从农产品经销商那里收来的钱交给一个或多个银行以换取汇票或钞票;同样地,银行从黄油出口商那里得到外国汇票,黄油出口商作为交换收到与他们所支付给乳品厂的相等

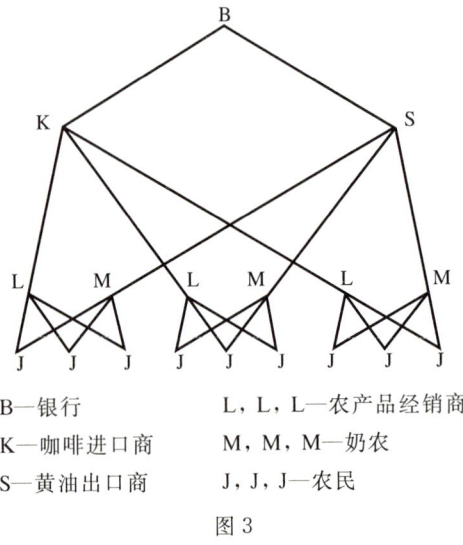

B—银行　　　　　L,L,L—农产品经销商
K—咖啡进口商　　M,M,M—奶农
S—黄油出口商　　J,J,J—农民

图 3

值的钱。对汉堡的咖啡欠款一直是通过伦敦或者纽卡斯尔开出的黄油汇票来支付的,而这些汇票也因此被用于德国与英格兰之间的付款。

由于通常人们总是努力地改善或者至少维持其经济地位,因此多出来的债务或者未解决的债权只能被设想成下列假设之一。可供出售给国外的商品相比以前数量减少或价格降低,或者通常的进口商品价格大幅上涨,由此造成了公共灾难或不良危机,就像最近在煤炭上所发生的那样,再或者,像谷物这样通常由国内生产的消费品,由于收成不好或者其他情况而必须在很大程度上进口。于是,最简单且最明显的结果将是:在前面两种情况中,对于外国商品的消费量降低,继而其进口量会相应地降低,或者是在最后一种情况中,对于谷物所必需的额外进口将会由其他商品进口量的减少而抵消。例如,由于持续干旱,牛奶的产量比平时低,乳品厂的黄油产量减少了,农民得到的可以用来购买咖啡的钱因而变少;或者木材价格下跌,随之而来的是木材工人的工资也降低,他们因而不得不相比平时减少对产自国内其他地方的农产品的消费,并且可能会以更低的价格得到它们,农民们的结果也是完全一样的:他们购买其日常消费品的能力降低,包括咖啡。如果农产品经销商和咖啡进口商能够预见到这些结果的话,那么他们的咖啡进口量就会与减弱了的用于咖啡进口的汇款需求相平衡了。但是恰巧他们已经为近期储备了存货;结果是需要另外一种向国外支付的方式,且必须要以某种方式找到它。但是到第二年的时候这些差异已经自动地自我纠正了,过多的存货造成进口减少,而同时在有利的环境之下,黄油的出口恢复到了正常水平,或者是木材卖到了正常价格。因而在正常的汇票供应下,第二年对于汇款的需求会减少,相对于外国的状态会改善,向国外的贵金属运输,如果已经开始的话,将会终止,并且反过来开始输入金属货币,一切都恢复正常。确实也可能发生下面的情况,即对于外国商品(例如谷物)的需求在一个荒年太大了,以至于限制使用其他进口商品也不能弥补该差额。在这样的意外情况中,当然个人必须得到用于消费目的的信贷,在这个例子中这与他们仿佛消费了自己的资本有相同的效果。大型信贷机构直接或间接地满足了对信贷需求的增长,并且由于如此借出的钱又很快返回到银行,准备用来兑换成外国货币,相对于外国的状态将是不变的,即逆差。但是即使是用于消费目的的信贷也必然是短期的。个人经营情况的恶化必须被改善,而改善一部分是由于消费的减少,另一部分无疑也由于不久以后更大的工作强度,尤其是如果国家或其他大公司能够把他们的海外信贷用于未来工业利益,且同时协助纠正消费需求的增加以及国际收支,情况就更是如此。

在这里我们的目的只是要指出那个经常被忘记的事实,即对外贸易逆差或者国际收支逆差在大部分情况下毋庸置疑地会通过个体消费者和生产者所采取的措施而自动地自我纠正,而这不会使价格或信贷结构有任何严重的波动,或者对货币有任何实际的影响,这充其量不过是暂时地运出一部分黄金储备而已。提高银行利率只会趋向于加速一个虽然较慢但不管怎样都会自动发生的过程。

但是国际收支逆差也会在银行对货币市场实施必要的直接影响以恢复平衡的情况下形成,因为货币市场中的异常情况已经造成了干扰。这特别可能发生于有过大的投机以及大规模生产性资本投资的时期,而这是与当今生产性资本几乎总是以货币的形式通过金融机构来转移这个特殊状况联系在一起的。正如在上册中所表明的那样,实际上所有的生产除了需要劳动和土地之外,还需要资本,而资本确实大大地节省了劳动和自然资源。如果资本化生产增加,或者生产的资本主义特征增强了,归根到底这意味着有另外一些数量的劳动和土地被从当前的直接消费中撤出来,以便投入到或多或少在较远以后时期消费的生产中。但是如果实际资本的累积,即实际的节省以及对当前消费的限制,与对用于未来消费的劳动和土地增加的需求一起出现,则不会有对于生产资料的供给与需求关系的直接干扰,更不会发生外国收支差额中逆差增大。否则,在国内不能被足量获取的资本就必须要在国外获得。这经常是直接完成的。想要建立一个资本主义企业的人先从国外借款,这意味着实际上他用信用从国外得到了部分工具、机器和原材料,以及某些直接或间接地转到该企业所雇佣的工人和企业所需土地的所有者那里的必需品。例如,国家筹集了一笔国外贷款用于铁路建设,或者一个私营的铁路公司做同样的事情,或者这样一个公司从国家那里得到了一笔贷款,而它本身在国外发行债券,或者附近的土地拥有者们认购该企业的股份并通过抵押得到所必需的财产,我们假定其最终来自于国外。如果这样做,就不会有立即到期的国外债务,因此在企业完工之前对国际收支的平衡没有干扰。如果它没有达到预期,后果要么是破产,这种情况时外国将不得不将其债权勾销;要么是国内的一些私人,比如对国家纳税的人们,将不得不节省开支以获得支付贷款利息和分期偿还所需的钱财。因而即便在那种情况下,也不一定就会有贸易逆差或国际收支逆差。

但是也许该企业在开始时只用了银行贷款而没有其他手段;创办人或许提交了一个债券贷款,国内银行为了自己发行这些债券而以某个价格接受了它们,尽管这时候他们还没有成功地实现这个发行。或者,股东们已经通过从银行贷款而获得了用于认购股票的钱,或者为了转换成新企业的股份或债券而提取了银行中的存款,这些存款是银行留存的并基于它们来向其他人发放贷款,这与前者其实是一回事。换句话说,用于实现必需资本转移的货币或信用进入了流通,并在没有任何相对应的实际资本积累的情况下行使了购买力。比平时更大的一部分可用的土地和劳动被用于未来的生产，而比平常小的一部分仍然用于满足当前对必需品的需求，虽然对它们的需求已经增加了而不是下降了，因为创办人对于土地和劳动的需求增加可能已经导致了工资和地租的升高。如果该国家是孤立的，那么，正如我们在后面要证明的，尽管所有必需品的价格多少会有明显地上涨，但最终会实现经济均衡。企业家们将不得不为其原材料、机器以及工具等支付更多的钱，并且他们对于生产资料未来产量的预期会低于在一开始他们得到了钱的时候，当时这些钱的购买力所带给他们的产量预期。但是与此同时所有消费品的价格也都会大幅上涨，全部收入所能买到的东西会少于平时，并且每个人不管其收入多少都会被迫对消费进行限制，而这种被迫的限制实际上构成了资本的真正积累，如果用于未来消费的生产资料总额增加，则不论在何种情况下这一积累必定会实现。然而事实上，过程并不完全是这样的，而是过剩的货币购买力转向国外，这是由国内市场价格的轻微上涨所引导的。原材料、机器以及日常消费必需品从国外进入；但是由于其他来自国外的正常进口没有同时发生减少并且向外国的出口没有增加，所以除非有什么事情是相反的，否则贸易差额必然会很快地转为对本国不利。

即便如此，也不一定必然会出现很大的麻烦。银行也许能够以优惠的条款从国外借到资金或者吸引外国人把他们的资金存在这里。如果外国的利率比国内的利率低很多，那么就需要设法取得外国信贷，而这几乎总是自动进行的。那么国际收支就暂时达到了均衡，尽管是贸易逆差。其作用是好还是坏，取决于需要增加资本的企业是否盈利，而这只有在将来才会显现。

但是相比于自己从国外的借款,如果国内的银行以同样的甚至更低的利率也贷出了钱,结果贸易顺差的债务延长变得经济上不可能或不利,那么通过我们现在要开始研究的机制,货币、金银必然开始向国外流出,并且假如那样的话它们是不会自行返回的,因为对公众来说不存在任何直接的原因限制消费。逆转这种黄金外流需要那些控制该国家货币的人以及那些由于他们轻率的信用政策导致了这一切发生的人采取特别的措施。

C. 外汇[①]

黄金外流的征兆首先是对外国汇率的上升。绝大多数的国际采购和销售都是以长期或短期信用来进行的,只要由它们所引起的债权相互平衡,国际收支就直接或间接地通过抵消债权来实现。更详细地说国外付款可以通过两种方式之一来进行。要么债务人允许债权人签发汇票,后者随后可以用该汇票在我们的市场上支付款项,虽然他通常会在外国市场中把它卖给在瑞典有债务要偿还的人并由此拿到钱。或者买方可以向国外的卖方承诺发送相对应的等价物,或者是黄金,或者是在债权人的国家中可支付的汇票,这些汇票因而在那里有一个固定的价值,至少一直到它们到期之前。前者被称为承兑付款而后者被称为汇拨支付。还有第三种方法,它实际上是前两种方法的结合,这种方法大多在远距离支付中使用,这种方法即索偿或间接承兑。一个身在瑞典的人想要从阿根廷购买商品,他与伦敦的一家银行或大商行安排让阿根廷商

---

① 关于有纸币的国家之间的外汇,参见 *Ekon Tiddkr*,1919,第 21、87 页。

人按他的债权给银行签发汇票；在汇票到期之前瑞典的购买者必须偿还承兑人，例如用他在瑞典所购买的英格兰的应付汇票。这样也就产生了银行家的介入，并且这种介入在相邻国家之间的商品交换中介入程度稳步增加。例如，如果一个在国外没有存款的人在那里订了货物，一般是通过向这里的付款银行寄送发票和提单进行支付，在购买者向银行存入了议定数额之后，银行会发给卖方一个以其在国外存款签发的汇票。

承兑与汇付之间的本质区别很明显，前一种方式中买方只是保证在本国以本国货币付款，而卖方承担运送货币的风险和麻烦。而对于汇付，购买者承担用卖方货币向国外付款的义务，现在运送的费用和风险落在购买者一方。当然，有的时候，汇票是以其他国家的货币签发的，但在这种情况中从承兑人的角度上通常会把它看作是一个汇款的承诺。根据瑞典外汇法第35章，他必须按照当前的汇率以瑞典货币支付，这和说他必须购买议定量的外国汇票是一样的。

如果一个国家在国外的债权和债务是均衡的，这种承兑与汇付之间的差别是无关紧要的。例如，如果一个国家中的商人习惯于对其全部的国外应付债务用承兑，而对其全部的债权用汇付（英格兰在很大程度上就是这样），那么国外的债权人只需把他们的承兑权出售给那些需要向该国付款的人；这就是通常在教科书中所规定的国际汇票交易程序。如果在两方国家中都有一些债权产生了汇票，也都有一些债务产生了汇款承诺，程序是相同的。但是如果两个国家中的全部或者较大部分的债务都通过汇票支付，那么在两个国家中都会因此有许多汇票的出售者，但是没有或者最多只有少数人购买,因为大多数买方已经承诺到期日在本国他们自己的办公室或者国内银行里支付自己的承兑;因而他们不需要购买汇票。尽管这并不会引起汇率的下降,但是这种安排方式使得一些销售者为了得到钱而把他们的汇票送到国外用于支付,或者,如果它们还没有到期,则到银行将其贴现。这样汇票的供给与需求很快达到平衡。另一方面,如果两个国家中的全部或者大多数债务人都承诺用汇付来进行支付,这可能很容易发生在刚刚相互建立起商业关系的国家之间,这时商人之间的相互了解和信用还不够充分,那么直接的效应将是在两国中都会出现许多汇票的购买者;而卖者这时无汇票出售,因为他们已承诺在国内用本国货币付款。但是在这种情况下这里的债务人(一个进口商)可以找一个国外的朋友对他或对一个这里的银行开汇票(所谓的通融汇票),该汇票将由他来偿付。届时这样的汇票在国外会受到欢迎,并将被获利出售。原来国外的债权人将会按销售价格收到付款,而当国内的债务人支付了他的通融汇票或者偿付了银行后,无疑他就解除了债务。

如果我们的市场中出现了汇票的过剩或短缺,而与此同时在国外向我们所开具的汇票也有过剩或短缺,这不会影响汇率,因为纠正措施非常简单。如果过剩,我们可以把国外的汇票兑现并购买对瑞典开的汇票。如果短缺,我们可以开通融汇票或者偿付。但是如果在一个地方出现短缺,比如说在瑞典,而在外国出现过剩,这个问题就变得更加严重了;因为有了真正的赤字,不仅正式的信用业务无济于事了,而且这时如果不能马上通过担保一个长期的国外贷款,即延期债务来偿付,后果必然是国内对汇票的需求会超过供给，并且相反地，在国外对一个国家开的汇票的供给会超过需求；在国内对外国汇票的汇率会上升而在国外对我们汇票的汇率会同时下降，并且当这种情况达到了一定的程度时，对于瑞典的债务人来说，获取黄金并将其运至国外，然后以高汇率购买汇票会变得更有利；而我们的外国债权人不是以低于面值的价格出售他们的汇票，而是会把它们送到国内进行兑现或贴现并将收益以黄金的形式运出，这是因为在我们的市场中购买外国汇票价格昂贵。这样黄金就会开始从国内流出。黄金会被频繁地运给那些按所运送数量给外国签发汇票然后将其在国内市场出售，并以此作为职业的人。

据说面临这种命运的国家有出现国际收支逆差的危险。在进一步继续之前我们应该思考一下这个经常被误解的词的含义。很显然高汇率在现实中只对那些在国外有债务要偿还的人不利，而且是仅在他们已经订约用汇付来进行支付的情况下。但是如果他们已经允许国外对他们自己开票，那么汇率波动基本上不会对他们有多大影响。同样的汇率对于那些目前打算从国外进行购买的人也是不利的，因为卖方考虑到在境外处理我们国家开具的汇票的困难性，一定会要求通过汇付来付款或者对其商品报一个更高的价格。另一方面，同样的汇率显然是对卖方有利的，尤其是如果他们自己已经向外国开了汇票，因为他们现在可以在国内市场方便地把它们转让。但是如果他们已经约定了用汇付进行支付则也会受到汇率波动的影响。所以这样的汇率也对那些目前打算向外国出售其商品的人有利，因为他会在其开给外国买家的汇票中收到更多的钱。在以往，汇率的波动比现在大很多，现今即使在具有不同标准币（金银本位或纸币本位）的国家之间，上述情况也往往构成了恢复国际收支平衡的重要纠正机制。另一方面，在具有相同金属本位币的国家之间，现在汇率的波动只有不到1%，因而其所起的作用微不足道。但是不管怎么样增益或损失都仅仅落在个体买卖合同双方身上，而整个国家不受影响。

如果，如同经常发生的那样，承兑付款和汇付的分布情况是外国汇票在国内的接受者足够多，则情况至少是上面这样的。另一方面，如果像前面所述的两种情况中其中一种那样，所有的销售者都向外国开了票并且所有的购买者都允许外国卖方向他们开票，那么很明显后者不会因为汇率的上升而有任何损失，因为他们只是承诺在自己的国家以自己的货币进行支付。另外向国外销售的前者所处的环境会有利于把他们的汇票送到外国兑现以便全部买下对本国所开的汇票，而与此同时本国的汇率下降。他们因此而获得与在国内的任何损失都不相对应的利益，所以后者作为一个整体通过本应是不利的汇率而获利，并且由此减少了其最终的国外债务。在完全相反的情况中，即所有的卖方都规定以汇付支付且所有的购买者都承诺进行汇付时，如果出现了国际收支逆差和不利的汇率，显然购买者将遭受损失。我们已经说过的那些必须找朋友向他们开具以履行付款的通融汇票，将在国外被亏本出售。但是销售者们既不会获利也不会有所损失，因为他们只要在到期日时在家里等着收以其本国货币所支付的付款就行了。故而国家作为一个整体将遭受全部损失，以至于国际收支赤字会进一步扩大。古诺（Cournot）把前一种情况作为整个外汇理论的基础，他认为外汇的调节方式是如果在开始的时候贷方和借方的差别不是很大，则它们会相互抵消。然而这一假说完全没有根据，并且它假定了一个在现实中可能不会发生的支付条件组合。

至于较高汇率的后果，也就是金属货币的外流，并不一定被视为对该国不利。在一个黄金出产国，正如我们已经看到了的，其贸易差额，以及由此造成的汇率变动，通常是不利的，因为一个出口贵金属的国家很自然地会进口更多的其他商品，因此总是相对缺乏国外可支付汇票。这一短缺会被金属的出口补偿，但是在汇率上升到使金属出口达到商业盈利的程度之前，这一点无法实现。但即使在本身不生产而是进口黄金的国家里，在确实需要清偿国外债务的时候，也总是会有意地积累黄金储备。有的时候必须使用这些储备，当这种情况发生时，本质上不应将其再视为是不幸的事情，这就像一个人为了获取必需品而花钱一样。"对外贸易逆差"和"国际收支差额"这些措辞实际上传承自重商主义学派，以及众所周知的相对于商品本身，其对货币本身的过高估计。尽管如此，高汇率以及随之而来的黄金外流对一个国家来说总是一件重大的事情，因为如果其过于严重，正如我们将很快谈到的，银行会被迫对提供信贷进行限制，这可能会造成对整个国家经济生活的干扰。

D. 外汇平价和黄金输送点

在正常条件下，当对外国的债务与债权人致相等时，用于付款的到期外国汇票的价格将大致符合本国与外国货币含金量之间的关系。在瑞典 900 令(Rm)的见票即付汇票或者到期汇票的价格是 8,000 克朗，1,000 法郎汇票的价格是 720 克朗，100 英镑汇票的价格是1,816克朗。

根据供需的变化，汇率可能会并且确实会围绕平价在一个方向或另一个方向上波动，但是现今它只在很窄的限度内波动。任何购买汇票用以结清国外债务的人首先节省了货币运送的费用，这可能是远距离运送的费用，尽管它从来都不是很高，因为它实际上只不过是保险费用或者在运输中的特殊保护上的花销。此外，如果黄金要被转换成在外国可被接受的货币，还要加上将其熔化及重新铸造的费用，或者把黄金换成硬币或纸币时中央银行所做的相应扣减。但是还有个额外的情况，那就是国内的货币可能而且是经常被磨损到了法定的最低限度。任何到银行拿纸钞付款的人，或者提取所储存的黄金的人，都会因此而不能得到与硬币的面值含金量所对应的足值黄金。因为所有的这些原因，汇款人会有意地支付比汇票的票面价值更高的价格（因为汇票可以邮寄传送，挂号信或平信都可以），他多付的部分甚至可以达到上面提到的三种费用所达到的限度。

在对外国汇票的汇率中，能够使购买汇票与运送黄金一样便宜的汇率被称为黄金输送点，或者更准确地说，黄金输送点上限。

另一方面希望在这里收到黄金的外国汇票持有人也必须接受相同的扣减；因而他更愿意将汇票在这里出售，如果有必要低于平价的话，下限是在扣减了费用后，将汇票送到国外支付并在这里收到黄金还对他有利的额度。这一低于平价且可能最低的汇率，被称为"黄金输送点下限"。当超过这一点时，黄金就开始流入国内。

这些都是主要因素，在这里我们无法顾及到那些影响汇率和黄金输送点的次要因素。在这方面请读者参考专门文献，例如

Goschen 的著作。这些因素之一是银行经常以高于外国硬币金属含量的价值（扣除铸币费用后）兑换它们，因为他们迟早可以把它们用于对该国的付款，所以汇率的极限在两个方向上都有所减少。另外也可以看出，即使理论上在现行汇率下并不需要去做黄金运送，也不完全排除黄金运送进入和流出一个国家。例如，当一个国家的货币破损严重，必须重新铸造时，或者当一个国家即将采取金本位时，那么不管怎么样它都必须设法取得所必需的黄金，而且有时候不得不从国外采购，即便从商业角度上讲出口黄金可能是赚钱的。当然，通常来说这种活动都会被推迟到汇率有利、黄金自行流入或者是可以用尽可能低的成本得到黄金的时候。

E. 黄金流出时中央银行的贴现政策

如果一个国家的汇率达到了黄金输送点上限，或者该国在外国的汇率跌到了黄金输送点以下，这两者是一回事而且实际上通常同时发生，以至于向外国流出黄金开始了，那么这个国家应该做些什么呢？最简单的应该是让这个问题自我纠正，并在它们迟早会自己返回的预期下允许硬币流出——不管是否将其熔掉，除非实际数量对于国内周转和必要的储备来说过剩了，在那样的情况下该国则并不希望它们返回。我们已经尝试着表明在很多事实上是在大多数的情况中，这样的返回自动发生，这只是因为一年或两年的过度进口必定会导致在随后几年进口减少。按照古典学派的说法，在任何情况下这都会发生，因为国内现金供给的减少会导致所有国内市场价格的下降，这往往会抑制进口、刺激出口。在我看来这一论点的理论真实性不可否认，但是其实际意义，特别是现代商业条件下的实际意义,并不是很大。一个国家商品价格水平的下跌就其本身而言是不利的,除非先前的价格水平异常的高,这可能是贸易逆差的原因,虽然不一定必然是基于这个原因。由于我们的出口价格大跌,尽管销售量更大了,但总收入可能比以前更少了,因而抵消了这些效果,这是有可能的。因而有人可能会说黄金储备的功能主要是尽可能地预防商品价格水平的扰动;然而为了达到这个目的,要么储备必须非常庞大,要么一旦它开始要被消耗殆尽时就必须采取措施对其进行替代。我们国家的年进口量大约相当于瑞典央行铸币及非铸币形式黄金储备的八倍。所以如果差额必须以金属现金来补足的话,进口额的一个不大的百分比增长都势必会明显地影响到我们的黄金储备。

此外,因为很难在事先确定贸易差额的变化到何种程度才会通过消费减少而快速自我纠正,或者反之继续下去并引起黄金的持续外流,所以黄金运送的迹象一出现,银行就应该寻求手段来防止其发生并逆转其变化也就不奇怪了。

最简单的被公认为最有效的办法是当这种迹象出现时,由银行在提高存款利率的同时提高贴现率和其他贷款利率。黄金储备的每一次减少都会使银行的金属储备与见票即付债务之间的关系更加不利,并且,如果黄金储备的减少是通过提供纸币发生的(为了黄金交运),那么这也减少了公众手中交易媒介的量,从而增加了对贷款的需求;结果,只要银行有义务一经要求即兑换纸钞并以黄金支付存款,在这些情况下贷款条件的收紧就几乎是自然发生的。另外,如果贸易逆差实际上是由于过度廉价的信贷造成的,即由过低的贷款利率造成的,那么就需要立即提高贷款利率,并且较高的利率必须一直维持到生产条件及资本市场的状况已经改变了的时候。但即使贸易逆差具有暂时性的性质,临时提高利率仍然可能是一种理想的延缓手段,并且可能避免引起商界的动荡及信心缺失,而在现行的银行法下,当现金储备下降时,这种信心缺失总是存在的。

较高的贷款利率改善贸易差额和汇率以及逆转黄金流动方向的方式有很多,但都出自同一个原因,即它们延迟了我们对外国未结清债务的支付,或者在一个或长或短的时期内促进了我们收回在外国的存款的效率。当国内的利率更高时,外国人会更加乐于把钱借给我们(除非利率的激增本身破坏了信心,就像1866年在英格兰的危机中所发生的那样),不论他们采用的形式是开信用证还是在我们的银行存款,或者在国内购买由于高利率而价值下降了的有价证券(尽管其价值在国外并未下降),我们所得到的第一个结果总是有了更大数量的外来存款可以用来开汇票,以致汇率会下降且黄金交运变得不再有必要,甚至进口黄金可能更有利可图。从国外收回投资于外国证券的本国资本也会带来同样的结果,这必定也是因国内市场较高的贷款利率而来的。一种特殊的延长国家未结清债务期限的方法与长期和短期汇票之间的差别有关。多数的商业汇票都是开成相对长期的,比如两个月、三个月甚至六个月。其他的汇票,尤其是银行汇票,期限仅仅是短期的几天,或者见票即付。当然,一般说来,由于贴现率的关系,只能在一段时间之后到期时再支付的汇票要比相同面额的见票即付汇票价值低些,贴现率首先决定了价值有差异,其次是如果汇票持有人想在银行得到钱,贴现率决定了必须要支付多少。这样它就成了在该国开具汇票所基于的利率。但是,对这一规则有一些重要的限制条件。例如,如果贴现率是每年4%,那么一张对国外开的三个月到期的100英镑的汇票按票面计将价值99英镑(或等值的外币)。如果英格兰的贸易差额成了逆差,那么对于见票即付汇票和长期汇票的汇率都将下降,但两者之间的差异依旧相同,即1英镑。然而,如果英国市场提高了其贴现率,比如说提高到了6%,那么如果长期汇票现在用于向英国支付,其价值会少10先令。因此,高利率的直接效果是长期汇票在兑换中价值下跌更多。对于持有这种汇票又不是马上需要钱的人,这个原因会使得他在汇票到期之前一直持有,而不是立即将其卖掉,因为以后它的价值将达到其全部面值,至少在英格兰是这样。出于同样的原因,银行和其他金融机构发现把市场中的这种汇票全部买下是有利可图的,因为用这种办法他们得到的利益比从别的地方得到的更高。故此长期汇票贴现率或多或少地上升到其最低值以上,即如果只是上面所提到的因素单独起作用的话,它的下降并不完全像其应该下降得那么多,并且,由于这样的汇票显然变得对汇付无用了,所以对它们的整个需求被转向了短期汇票或见票即付汇票,这两种汇票的汇率也开始上升,可能升至与黄金输送点上限一样高,以至于向英国出口黄金而不是从英国进口会变得有利可图。另一方面在英格兰,由于外汇上升的缘故,那些本来将一直保留至到期日的、由银行或个人作为资本投资手段持有的长期对外汇票,会立即流入汇票市场,结果英格兰对国外的支付工具储备会增加而其他国家对英格兰的支付工具储备将减少。

可是很显然,所有这些措施本身都仅仅是缓和剂而已。一旦英国利率恢复到原来的水平,外国资本就又将撤出,并且外国市场上英国汇票的正常供给将加入那些由于上述原因而被一直保留至到期的汇票,所以形势会再次变坏。但与此同时,贸易差额本身可能会转为对英格兰更有利,所以不需要采取什么措施去防止黄金交运。

然而,高贴现率,特别是已经持续了一段时间因而已经开始影响长期贷款利率的高贴现率,还有其他的一些性质更为严重的后果,尽管这些后果更难证实因而非常有争议。高利率会促进储蓄,而储蓄,我们还记得,等于减少当前的消费。另一方面高利率阻碍需要新资本的新企业成立和老企业扩建,以至于国内的生产力与以前相比被更大程度地用于生产即期消费的商品。另外借款困难会引起被迫出售现有的存货,等等。换句话说,对商品和服务的需求下降而供给增加;价格下跌,进口被抑制,而出口被刺激。但是价格下跌对于一个国家来说并非是有利无弊,不到万不得已不应采用。一般说来,这种下跌不会发生,因为短期提高的贴现率在开始对商品价格产生影响之前足以逆转黄金流动的方向。如果由于这样或那样的原因,它们相对于国外价格提高了太多,降低它们以恢复均衡就绝对必要了;换句话说,较高的贴现率必须持续得比本应合适的时间长一些。其中一个重要的因素是尽管按惯例当高利率的特殊吸引力消失后,增加的外国信贷就会撤出,即使当利率已经恢复到了先前的水平,由高贴现率所引起的价格下跌也会保持,这一点我们将在下一章中说明。但是如果以前的利率已经过低,以至于它本身就是国内价格持续升高的起因(当然这将不适用)。在短期内利率将没有必要恢复到较低水平,新的较高的利率会成为适宜的正常值。我们将在后面再来推究何谓正常利率。

上面所述的仅仅直接适用于那些只是偶尔利用外国资本的贸易大国。由于它们只是偶尔利用外国资本,因此在这些国家里利息通常与周边的国家一样低,甚至更低。在像瑞典这样的资本相对稀缺、必须从国外大量地借入资本,且国内的利率一般高于那些大国的国家中,情况或许不太一样。为了让外国人在我们需要的时候把钱借给我们,把利率升高到使他们愿意来投资的程度或许不是什么问题,尽管利率已经很高了。如果可以通过用国家、抵押银行等更好的信用方式替代个人信用来实现这一点,那么或许有可能在没有进一步提高利率的情况下实现外国资本的流入以及随之而来的贸易差额及汇率的改善。如果借款总能够找到生产性的应用,那这一切就再好不过了。如果它只是为了短暂的需要并且增加了应当由现代人来承担的未来的负担,那么就应该拒绝它。另外,对该国新增储蓄起刺激作用的高利率,从长远来看是否更合适是不确定的。

在 Goschen 所著的 *Theory of the Foreign Exchanges* 瑞典语译本的附录中,赫克歇尔提出了瑞典银行提高利率是否在某种程度上不会造成外国资本流出的问题。他认为每当英格兰的汇率出奇的高的时候,我们就可能通过提高我们的贴现率来成功地吸引英国资本家把资金存入瑞典的银行。由于这种资金会通过英格兰签发的汇票进行转移,所以直接后果就是英格兰的汇率会下跌。但是,赫克歇尔说:"一旦英国货币的汇率跌至相当于此时以德国货币计的英币汇票的价值以下时,汉堡银行就会开始成为英币的买家;那么一方面对英币的需求将增加,并且可能在这个国家中的部分德国资本将以对德国开的英国汇票的形式离开该国。这些因素又将引起英币汇率升高，并将使该国丧失一定数量的外国货币，从而抵消了高利率的影响"。

只要德国汇票的汇率没有同时下跌，此时汉堡的金融家利用较低的汇率在套现业务中盈利是很自然的事情。但是我们市场的形势并没有恶化，因为对于离开市场的每一张英国汇票都产生了一个相对应的我们在德国的信用。另一方面德国资本家在低利率时把他们的钱留在这里、却在利率升高后取走似乎是矛盾的。确实，此时低汇率本身可能促进和加速了外资的撤离，正如此时它阻碍了外国投资一样；但是如果汇率下降本身是由贴现率的升高引起的，虽然不能完全抵消，但是也可能对高利率产生的对外资的自然吸引起到一定的反作用。

赫克歇尔自己也承认一直较低的利率可能对贸易平衡以及汇票贴现率有不利影响，就通常被保留至到期日的国外向瑞典签发的长期汇票而言，经常在到期之前就被拿出。但是这可能并不太重要，因为我们的利率低于国外的利率或者与它们一样低。

F. 小面额硬币、黄金溢价、中央银行的贷款政策

如果提高贷款利率是改善国家支付平衡、降低汇率的一种不可或缺的方式，它也并非由于这个缘故就是一个特别令人愉快的手段。高利率给商业世界带来困难，与其说是高利率本身造成这种情况，不如说是能够产生确定收益的证券和其他财产形式往往在国内贷款利率升高的时候贬值。特别是抵押给银行贷款的证券往往因此而不足以偿还贷款，如果借款人无法再提供另外的证券，

他会被拒绝贷款而且可能不得不停止偿还。因此持续的银行高贴现率是艰难地维持不欠债的企业行将破产的一个信号。如果利率的上升是由经济状况的根本改变所引起的，比如说过高的商品价格水平或者真正流通资本的相对短缺，那么这样的灾难是不可避免的。在某种情况下具有一定资本价值的财富形式在不同的条件下不能保持价值不变，但如果银行黄金储备的外流已经比较随意，那么反之，高利率会产生原本可以避免的困难。所以近几年人们已经把注意力转向了某些其他措施，比如使用小面额硬币，一些中央银行在面临黄金外流的威胁时使用它，特别是法国和英国银行的黄金溢价政策。在法国，银币（5法郎的）是总额不受限的法定货币（虽然它已经不允许自由铸造了），并且法国银行不必无条件地以黄金兑现它们的钞票，而可以用银兑换。银行在黄金大量外流即将来临时特别是从外国账户中外流时利用这一特权；它拒绝交付自己的金币，而对于储备中的黄金和外国金币在票面价值之上要求一笔或多或少的附加费（对自己的金币要求这样的附加费是法律所禁止的）。因为通常来说只有黄金、而不是价值较低的银币可以被用于国外支付，结果将是只要普通流通所需数量的黄金无法得到，法国的黄金输送点上限——它也是法国汇率的最高点，将会改变；因为黄金输出的费用将增加（就法国黄金而言），增加的数额为被强加的附加费。这种汇率的额外增加此刻将会与利率的增加产生同样的作用，它将使进口更加困难，而刺激出口，并引起对外国信贷的需求，所有的这些都将改善国际收支平衡。但是同时，正如人们所说的，它不会影响国内的商业；较高汇率所带来的不便只影响那些因过度进口而危及国家黄金储备的人。然而这项措施的益处从国家的角度来看是有些令人怀疑的。从国外进口商品就其本身而言是一种值得称赞且有用的业务，但如果做过了头，则进口商们将不可避免地因不得不低价出售商品而受苦。阻止他们按照通常的条件得到国外接受的支付工具会使其处境更糟，这看起来是不明智的，并且从长远来看必然会制约我们的出口贸易。至于刺激出口，这当然会使出口商们得益，但是对于作为一个整体的国家而言这种强制地向外国销售商品实际上并不总是有益的，甚至常常是适得其反的。从长远来说进口和出口应该相互平衡是正确的，但是如果银行没有对黄金要求溢价这也会发生。当这样的措施对于国家整体不利时，阻止强制出口或对于进口过度限制的是在如果需要时的黄金交运或者其他对外付款工具的可能性，而不是商品。

英格兰银行也偶尔以两种方式使用黄金溢价。第一，在当外国对黄金有强烈需求时，银行对金条和外国金币采取一个高于平时的价格，不过是在很窄的范围内，因为黄金价格受限于英国硬币的法定最低重量，或者其允许磨损程度。因为英格兰银行有别于法国银行，它不能拒绝以黄金兑换纸币或者支付存款。第二，当英格兰银行需要黄金时，对未铸币的黄金支付溢价。其法定买入价是每盎司铸币黄金3英镑17先令9便士，但是有时候它支付3英镑17先令10个半便士的全额铸币价格，甚至支付3英镑18先令或更多。在这种情况下，显然其限度也是由英国金币的磨损程度所决定的。

在这两个方法中后者是前者的自然结果，但在操作上它好像是由英格兰银行自己支付的存款利率。在高黄金价格的影响下，不断地从那些黄金出产国流入到欧洲的金条,被引向了英格兰银行,它们留在那里,直到溢价解除而使得把它们取出并送到别处时有利可图为止。因此溢价起到了一个小幅度利率的作用。这把我们带到了另一个虽然还没有在关于货币的文献中被讨论过但是却值得关注的问题上,即中央银行本身所具有的在某种情况下准许存款利率的优势。正如我们所知,这往往是变相地完成的。例如,当英格兰银行被迫提高贴现率,但却不能诱导其他银行和贴现行(所谓的公开市场)也这样做时,它通过出售一些其大量持有的英国政府债券和长期债券来努力减少公开市场中的贷款供给。这通常是在所谓的终端市场进行的。英格兰银行出售证券换取现金,但同时按略高一点的价格,以(比如说)一个月为交付期再回购它们。这种操作实际上只不过是相当于将长期债券以卖出和再买入之间价格差的利率借出去。但在我看来如果英格兰银行和其他央行在希望吸引资金[1]的时候对存款直接给利息也会收到同样或者是更好的结果。反对这一点的那些理由在我看来是不足以令人信服的,央行不应该与其他银行竞争可能是正确的也可能是不正确的,因为所有银行业务活动的本质就是集中[2],并且一个国家的所有银行由于其票据交换系统的安全性确实构成了一个相比于大多数其他商业分支更为统一的系统。但是如果那些中央银行在把贴

---

[1] 在这一点上,对照 Emil Sommarin 在 *Ekon Tidskr*, 20, 97-131 页(1919)上发表的文章"Om rätt for Riksbanken att gottgöra ränta å depositioner,"。在 1920 年的瑞典国会上,瑞典中央银行得到了准许对存款有利息的许可。

[2] 维克塞尔在 *Ekon Tidskr* 21, ii(1919)上发表的一篇文章中进一步阐述了这种观点。

现率提高到正常水平以上并且涉及引导其他银行为了公众的利益而限制他们的贷款业务时,也限制自己准许存款利息,那么就几乎谈不到有错误的或不正当的竞争了。在我看来这样或许可以在一定程度上避免当前贴现率的剧烈波动,正如存款利率和贷款利率的更加接近会被证实是银行集中和控制整个国家货币系统的最好工具,虽然对它们而言这可能不如现有系统那样赚钱。

G. 不使用黄金的国际收支调节

以上阐述的大部分是与众所周知的事情相关的。不过我不觉得应该省略它们,因为它们是为回答一个我们在这里非常关注的问题所做的必要准备,该问题即:从现代银行业发展的角度来看,维持大量的黄金储备用于境外付款在何种程度上可以被认为是不可避免的?看来似乎对这一问题给出的答案应该是否定的。人们正在尝试尽可能地放弃不必要的国际黄金转运,并且避免它们采用的方式从根本上说是相同的,这些尝试正在不断取得成功;当普通商业票据信贷不足时,则采用大型金融机构和国家之间的相互信贷(因为作为支付手段的政府债券的出口只不过是国家信贷的应用而已)。的确,每一年都有更多数量的黄金从一个国家转到其他国家,但是它们主要是由从黄金出产国按各国对黄金的需要或者吸收能力而向它们转移必要的、新生产的黄金所构成的。也许这是由于某些国家即将从不可兑换纸币本位制或银本位制转到金本位制,因而它们想要吸收大量的黄金。由于黄金运输的实际费用非常低,因此所需的供应是否来自于生产国并不重要。频繁的贸易关系以及外汇的状况可能使从周边国家直接获取黄金更便宜，这些周边国家会再从其他国家或直接从黄金出产地区获得补充。因此这些黄金的转移是维持庞大黄金储备的结果而不是其原因。再者，就借助于黄金来调节贸易平衡而言，为了放弃那些完全多余的、毫无意义地进出各中央银行的成箱的黄金运输，想必只需要国际银行业务在已经取得的发展之上再小幅进步即可。所需要的就是那些银行之间达成协议向公众出售彼此都见票即付汇票，而不考虑任何汇率上的差别，即按票面价值付款。更激进的一个措施是中央银行同意按平价把彼此的纸币（以及它们各自国家的黄金货币，尽管这不会经常是必要的），兑换成它们自己国家的纸币和通货。如果这样做了，在同样面值的长期汇票和短期汇票（或见票即付汇票）之间当然还是会存在价值差异，但是后者会始终保持在平价或者非常接近，因为否则就可能用挂号邮寄来购买银行汇票或者发送钞票了。除非接收人由于某种原因想要黄金并愿意付运费，即用于工业用途或者银行在被迫增加其黄金储备供自己用时，否则这种情况下的黄金运输是绝不会盈利的。即使是现在，也很难坚持认为这种协议是不可能的。它在斯堪的纳维亚的中央银行之间一直存在到了1905年。在1885年，他们同意在相互之间出售无任何汇率差额的见票即付汇票，按照前面提到的赫克歇尔的观点，这一措施"极大地促进了三个国家之间外国汇票汇率的总体稳定性；它对汇票采购和销售市场的扩展有利于批发贸易，并且间接地对消费者有利，不过或许对银行家们不利，因为他们失去了赚钱的套汇交易机会"。若干年以后这个协议由另一个协议进行了补充，即三个北欧国家的央行明确地承诺免费兑付相互的纸币，这样一来斯堪的纳维亚各国之间私人原因的黄金汇兑再也没有必要了。如果这样的一个协议变成了世界性的,那么当然,这些纸币的兑换和相互之间提款数量的结算将可以成为银行的事务,并由经常被提议的那种共同"世界票据交换所"协助完成。

显然在这种情况下,各国银行尤其是各国中央银行必须保持在彼此账户上的总量将会大大超过现在的总量,但不管怎样,与现在各国之间所存在的各种类型信贷的巨大金额相比就微不足道了。以黄金进行这种往来账目的结算无疑将变得几乎没有必要。可是既然只要它们达到了一定的规模就自然会产生利息,那么显然对于每个国家的银行而言,在国际收支一旦变得不利时为了恢复均衡而提高国内利率的需求与现在将是相同的;不过提高利率相比现在经常出现的情况,会少很多干扰和骚动。然而,值得一提的是,对于现今利率的剧烈波动,正如赫弗里希在其 *Zur Erneuerung des deutschen Bankgesetzes* 中所指出的,往往是由国内市场对支付手段尤其是对处于流通中的黄金的需求波动所引起的,而不是因为由于外国原因所产生的对黄金的需求引起的。

H. 纯粹信用体系的最终障碍和克服它们的可能性

如果我们总结上述部分的结论,结果将是:至少在理论上,对于国内需求以及任何数量的国际支付,黄金都可以很容易地被信用所替代,而且辛苦积累的、数量庞大且日益增长的铸币形式的黄金储备是无用和多余的。这不仅适用于一般正常情况,即使作为突发情况的安全储备,这些黄金储备也是完全不必要的。以前在动荡时期常常出现的对于钞票即使是中央银行的那些钞票的不信任,现在已经完全消失了,特别是从在隐秘氛围中的银行业务变成了对其状况的定期公开报告,并且令人遗憾的国家财政与货币政策的混淆不清已经成为了过去之后。在如今的危机之时,商业界担心的是银行的信贷能力枯竭所导致的信贷紧缩,而不是它们的信用工具将失去价值和购买力。如今我们再未听说过公众抢兑黄金的风潮,但是经常听说商人和证券经纪人到中央银行抢着贴现汇票,以便应对银行准备金或者法定纸币发行中的未动用部分跌至异常低因而私人银行开始限制信贷发放的风险。1907 年在美国发生的那场著名的大恐慌显然与该国独特的银行业状况有关,由于美国银行系统已经在更为合理的基础上进行了改组,所以那样的恐慌不大可能再重复发生了。在政治动荡时期,比如战争爆发,情况或许会有所不同。但是即便是实际资本在生活必需品、马匹、武器等的供应方面直接起最重要的作用,它也间接地通过总体财富以及基于此的政府信贷起到更大程度上的作用。那种认为没有信贷而拥有数以亿计黄金的现代国家可以成功地发动战争的想法过于天真了。著名的施潘道区尤利乌斯博物馆内价值 1,200 万马克的德国战争囤积主要是古董珍宝,即使在 1913 年被增加后也是这样。它对于当今德国的战争动员来说只不过九牛之一毛而已。

那么我们就证明了黄金作为支付工具和价值尺度可以完全地或部分地被省去,货币作为一个整体可以单独地建立在信用之上吗?如果真的是这样的话,这时国家财政又将是极大的节约。全部的铸币黄金储备,总计超过 4,000 万瑞典克朗,就可以任由工业使用,目前所生产的黄金中只有大约 $\frac{1}{4}$ 可以被用于工业用途,而今后生产的黄金就可以全部都用于这一用途,更确切地说,生产黄金所使用的巨额资本和大量劳动的$\frac{3}{4}$将可以被用于其他更加有用的用途。在早期以及近期都有一些作者倾向于这一观点,这其中就有瓦格纳,他在其名著 *Geld und Kredittheorie der Peelschen Bankacte* 中表达了纯粹"银行准备金"的观点,即以银行资产组合中所持汇票和证券作为纸币发行和支票的唯一依据将会是最理想的,不仅从节省的角度来说是这样,而且从维持货币价值稳定的角度来说也是这样[①]。

但是这个结论在目前的情况下还为时过早甚至是不正确的。只要黄金还是价值尺度,也就是说只要对私人的黄金自由铸造是货币体系的基础,那么大量黄金储备的持有,无论从其他方面来说是多么无效,都是虽然令人不快但必要的。这应当是显而易见的,而且如果我们试着去想像如何在现有的情况下实现向纯粹信用体系的转换,就更是如此。通过发行更小面额的纸币,小到日常使用中所可能的最小金币的面额,甚至更小,就像在瑞典那样,或者通过相应地发展支票和往来账户的使用,金币无疑将会被完全从使用中挤出,但是首先要有黄金被存在银行,而银行的储备将因此而增大。在相同的价格水平下,银行应付这些新增黄金或者阻止由于黄金的不断生产所带来的存量连续增加实际上已经不可能了。因为如果他们试图以当前的铸币价格出售黄金,换取如证券或者其他形式的财富,他们在哪里能找到购买者呢?只要银行自己必

---

① 瓦格纳在其后期作品中似乎已经放弃了这一观点,并且以我看来在强调黄金作为纸币发行和银行信贷的基础。

第三章 货币流通速度：银行业和信用

须以铸币价格或者稍低一点的价格购买所有可以提供给它们的黄金，低于铸币价格出售黄金同样不可能。事实上，只要允许为私人自由铸币就不可能。即使银行想要出售黄金，最后也不会成功地把它们处理掉，因为其中的大部分会很快地以钞票兑换或者其他形式的存款返回到它们那里。

只有通过运用大幅度提高价格的权力（我们假定它们拥有这种权力，并将在下一节进行探讨），通过降低利率并同时降低黄金铸币和非铸币黄金相对于商品和服务的交换价值或购买力，银行才能达到目的。这种价格上涨将对黄金生产起到阻碍作用，黄金的生产费用会因此而增加，并且会刺激黄金在工业上的使用，当工业消费量达到或者超过了黄金产量时，银行储备将会因被取出用于工业应用而逐渐用尽。但与此同时也播下了未来货币价值波动的种子，因为随着银行的供给不断地被工业需要所耗尽，它们迟早要去考虑如何补充它们（因为银行仍然被迫要为它们的可兑换纸币或者提取黄金的存款人提供黄金），而这样他们就只能通过强行使价格再次下降以抑制黄金的工业应用，并同时使黄金生产能更为盈利。黄金储备越萎缩那些价格波动就会越剧烈和频繁。总之，货币的交换价值会受制于价格波动，价格波动与铜或铁为本位币时普遍存在的情况相似，不过或许程度没有那样大。

另一方面大硬币存量的存在并不能保证货币价值的稳定。它们确实会对偶尔引起产量或者工业消费量扰动的变化起到缓冲器作用，但是所累积的存量对于这些范围内的持续和重大的变化，比如新发现了大型金矿或者现有金矿枯竭，是完全无济于事的。如果过去 70 年的经验似乎还不能把这一点证实到人们所预期的程度,那完全是由于19世纪后半叶金矿和银矿的大发现与多数国家的人口大增长,以及从易物贸易向货币贸易的转换是同时发生的这一事实,尽管信用系统有了快速的发展,但是人口的增长和贸易的转换使得对黄金的需求大幅增加。另外,更重要的是,这些发现伴随着在几乎全世界范围内对金本位制或同类的本位制的采用,而银成了单纯的商品。然而,这些因素或多或少都具有偶发的性质,并且它们并不总是组合在一起出现在所期望的方向上,正如1893年至1913年的10年间非常高的价格水平清楚地表明了的。因而我们当今货币系统的优越性在很大程度上是一个假象,而且把我们的整个经济系统建立在像发现某些贵金属这样的变化无常的东西之上的危险性,迟早会显露出来。事实上,我们的现代货币系统具有缺陷和内在矛盾。发展信用旨在使现金储备的持有变得不那么必要,然而那些现金储备是货币价值稳定的必要保证,尽管远不是足够的保证。此外,我们还必须考虑到总体物价水平频繁的大幅度变动,这种变动的直接原因是信贷在景气和不景气时期的扩张和收缩。

只有将货币的价值从金属或者至少从其商品功能中完全脱离出来,废除所有的自由铸币,让铸币和纸币彻底或者更普遍地成为信贷机构所使用的单元,无论是对于交换媒介还是价值度量。只有这样才能克服矛盾并弥补缺陷。只有这样,才可能有一个逻辑严谨、结合了货币媒介经济性和价值尺度稳定性的信用系统。

在这一点上我们所直接面对的问题是:归根到底,货币的交换价值到底取决于什么?假设是在一个理想的银行系统和纯粹的资本主义中,这一价值在时间和空间上能被如何调节呢?在目前现金和信用业务混合的系统中它实际上是如何调节的呢？我们现在应该关注这些问题。从前面已经谈到过的可以清楚地看到，它们不但在理论上极其重要，而且在实践中也是这样的。

第四章 货币的交换价值

参考文献:鉴于货币的交换价值及其波动问题在货币理论中的极端重要性,可以说在关于这个问题的文献中它们被论述的不够深入。关于该问题的那些最重要的著作可以追溯到19世纪上半叶,特别是李嘉图著名的小册子 *High Price of Bullion*、*Reply to Mr Bosanquet* 等,在一定程度上讲还有 Senior 的 *Lectures on the Cost of Obtaining Money and on the Value of Money*,以及由比尔(Peel)的《英国兰银行条例(1844)》所引起的辩论,尤其是图克的 *Enquiry into the Currency Principle*(还有 Newmarch 的 *History of Prices*)以及 Fullarton 的 *On the Regulation of Currencies*,它们都是针对比尔的。比尔本人及其追随者们的作品科学意义不大。Wagner 最值得一读的作品 *Geld und Kredittheorie der Peelschen Bankakte* 中很好地记述了全部的辩论。在该问题的解决上近代时期几乎没有什么进展。相反地,这个问题的那些已知的困难使得大多数作者们都尽其可能地去规避它,并且产生了一些最离奇和最无用的解释。近代关于这个问题最有趣的作品或许是"the Report of the Gold and Silver Commission,1887(3 卷本)"。

另一方面,在用综合指数衡量货币价值变化的统计学方面也出现了大量良莠不齐的作品，C. M. Walsh 详尽的著作 The Measurement of General Exchange-Value（New York 1901, p. 580）中介绍了所有的衡量方法，并列出了完整的参考文献。

Subercaseaux 在他的 El papel moneda（Santiago de Chile, 1912）中，以一种引人入胜并且全面详尽的方式阐述了不可兑换货币的历史，这对于正确评价货币价值的各种理论极其重要。最后我们要提到 Irving Fisher 所著的 The Purchasing Power of Money（1912）和"A Compensated Dollar"（Quarterly Journal of Economics, 1913）。前者是从统计学上证实数量理论的一个有趣尝试。后者则记述了作者关于货币价值调节的一些有过很多讨论的建议，但以我个人的观点看来这些建议缺乏充分的根据。

1. 通过货币的交换价值能了解什么？货币的价值和商品价格

一旦货币成为普遍的价值尺度并被定为法定货币，避免一切剧烈、意外的价值波动就变得极为重要。实质上正是"价值尺度"这个术语表达了这一需要，因为如果这个定义要具有真正的意义或者要与其他的物理计量单位有相似之处，那么我们一定要假定这个去测量其他东西的尺度本身必须保持恒定。但这并不等于说价值的度量一定是像长度、面积或者容积那样的简单机械过程。即使是在自然科学的世界中，我们也不得不经常满足于纯粹的推测测量，直到更为精确的测量方法被发现。例如，在用温度计测量热量时，并不能由此断定水银柱上的每一个刻度上升都表示热量本身成比例的增加,后者必须通过专门且详尽的研究去确定。但我们还是需要一个在已知条件下一直指示一个确定温度的好温度计,例如当水结冰时显示 0℃ 而在水沸腾时显示 100℃。

所有切实可行的关于货币体系改进的提议实际上都是从保证这个价值的稳定性上出发的,虽然或多或少是有意而为之的。当人们说政府或者银行应当设法提供充足的足值货币,或者一个稳固同时又灵活的货币系统时,所有这一切真正指的是应当对货币的价值进行保护使其免受剧烈的波动,使其既不以货币贬值的形式向下波动,也不以商品价格下跌的形式向上波动:这包含了在空间上保持货币价值稳定性的需要,即把一个国家的货币单位保持在与另一个国家相同的水平上。

有时候,我们确实听到有人说货币价值的某些变化,特别是商品价格的逐步下降或逐渐上升,在某些情况下或许比绝对的稳定更可取。价格上涨会对企业家起到刺激作用,而货币价值的下降会减轻债务人因草率而招致的债务负担。然而这种看法显然是幼稚的。只需看到下面这一点就能知道原因,即如果这个货币价值的下降是我们自己深思熟虑的政策,或者确实是可以被预期和预见的,那么所料想的那些有益的影响将永远不会发生,因为即将到来的价格上涨在所有的交易中都会被那些聪明的人考虑在内。因此,需要去仔细考虑的是无法预见的价格上涨。看起来结果是我们应该袖手旁观,不去破坏自然的有益运作。但是自然并非总是会保证价格上涨,价格下跌也会发生。

合理地调节货币价值的第一步,显然一定是对货币价值波动的规律和原因进行深入彻底的研究。然而,在这项研究中,我们不

第四章 货币的交换价值

但面临理论上的严重困难，还面临实践上的严重困境。首先且最困难的是确定我们所说的恒定货币价值到底指什么。对我们自己而言，我们所说的货币价值与货币交换价值是完全相同的，是一回事，即其对商品和服务的购买力。因而对于我们来说，货币的价值与价格水平是同义词，或者更确切地说，是相互关联的概念。当我们谈到货币的内在价值时我们所指的仅仅是未铸币金属的交换价值，就像在代币或者标准货币有限制铸造的情况中那样，它实质上不同于铸造货币的名义价值。在真正的意义上，任何人们认为用来比较和度量商品固有价值的货币内在价值都并不存在。货币的主观价值，即其边际效用，正如我们已经在前言中所指出了的，主要取决于其客观价值，即其购买力。当然，如同其他的消费客体一样，用于工业用途的金属本身有它的用处和边际效用，但是在目前的情况下这只发挥次要作用，而且是处于其自然可变的因素中，并且经济上的重要性极低，所以不应该决定货币的价值。

在近代，已经有人尝试要把货币交换价值的某个方面作为稳定性的标准，即其对于劳动的购买力。在这种情况下，通过使以货币计的普通简单劳动的工资保持恒定的方式来调节货币价值。事实上这是亚当·斯密—李嘉图思想的延续，后来又被卡尔·马克思所用，即劳动本身是衡量一切交换价值的尺度。按照李嘉图的说法，恒定数量的劳动所生产的一些商品应当一直具有相同的价值，即便它实际上因劳动生产率的提高而增加了也是这样。如果劳动者的工资，即劳动的货币价格保持不变，那么我们可以说价值的真正内在要素，即那个本质上始终相同并且对于我们具有相同的个人意义的要素，保持不变。这个观点的片面性几乎不需要证明：劳动只是多个生产要素之一，因此只是价值的多个来源中的一个。即使它是正确的，我们又能从中得出什么实际结论呢？能坚持说一个实际上借了一定数量商品的人在应当归还的时候，比方说10年后，依法必须还双倍的数量，因为在这10年里他的劳动产出变成了原来的两倍？换句话说，如果商品价格保持不变，而同时劳动力的工资增加了一倍，那他应该在利息之外必须支付双倍的钱吗？这里可能有一些公正的成分，但绝不是完全的公正，因为从变化中收获整个收益的将是债权人，而现在是债务人。

此外，这样的一个体系在实际中几乎是没有可行性的。不但各种劳动相互之间处于持续不断的变化关系之中，而且同一种工作的实际工资和货币工资在不同的国家实际上是不同的，甚至在一个国家内的不同地点也不尽相同。如果我们不理会这一点，而是努力地在各个不同的地方施行相同的货币工资，那只能使商品的价格差别更大，并且不通过关税是无法将其实现的，因为在两个互免关税的国家中一个同样的商品应该有不同的价格是荒谬的。另一方面，工资应当对平均物价水平施加一定的影响是无可争辩的，因为直接的消费性服务，比如家政劳动，在消费中与其他必需品发挥相同的作用。但这却完全是另一回事。实际上，所有这些关于相对于劳动的一个稳定货币价值的可取之处的说法，只不过是金本位制论者在找不到更好理由的情况下力图回避复本位制论者的反对意见的争辩而已，复本位制论者的反对意见认为限制银的铸币会造成（到19世纪的中期，这时已经增加了的黄金产量开始发挥作用，实际上它确实造成了）商品价格的下降，也就是通常意义上的货币稳定性缺失；而工资当然没有下降，它反而提高了。

第四章　货币的交换价值

从目前独立、客观的角度上来看,在这段时期内实际工资增加、尽管商品价格下降但货币工资却基本保持不变的特殊情况,也被作为对立的观点提了出来。因为有人说,作为主要考虑因素,货币价值从对人力劳动的购买力的意义上来说,保持不变。

正如埃奇沃思所强调的,对货币价值唯一真正科学的衡量尺度是其间接边际效用,即如果我们在一段时期内的收入(例如周工资或日工资)增加了一个货币单位的数量,比如说一先令,我们能够得到的福祉上的增加。不幸的是这个量对于两个不同的人总是不同的,而对于属于不同收入阶层的人来说就更加不同。因此这样的一个衡量尺度对于现实中的货币价值调节是没有用处的。但是毋庸置疑的是大多数人在思考货币的交换价值是上升了还是下降了的时候所想的都是它。

2. 平均物价水平及其度量

让我们把这些推测扔到一边,只考虑通常意义上的即对商品和服务而言的,稳定的货币购买力所需要的条件。在解决这个问题时,我们将遇到同样巨大的困难,其中的一些困难是难以逾越的。如果所有东西的价格都升高(或降低)了相同的比例,那么我们或许可以断定货币的购买力也下降(或上升)了相同的比例。情况确实会如此,至少大致上是这样,例如,如果整个社会生产力的其他方面保持不变,但是高产量金矿区的发现使得它的所有者每年都可以比以往运出更多数量的黄金——始终假定货币价值上的变化没有引起其他商品相对价格的任何变化,这在某种程度上就是这种情况。然而，实际上，商品的内在交换价值会反复地发生变化，这种变化将通过货币价格的波动直接表现出来。因此如果我们在两个时间点上进行比较，各种商品价格的上涨程度或许有很大不同，可能其中一些商品的价格上涨了，而其他商品的价格下降了。在这种情况下我们如何来确定货币的购买力事实上是下降了还是上升了，或者以何种程度下降或上升了呢？这是构成价格统计基础的最重要的问题之一。在通过所谓的物价指数来计算平均价格水平以解决这一问题方面，已经有了一些尝试。当然不可能简单地对任意时刻的商品报价进行平均，因为这些价格涉及各种完全不同的数量，对一种商品是 1 公斤，对另一种商品是 1 吨，而再一种可能是 1 格令（英美制最小重量单位，相当于 0.0648 克——译者注）。有时候数量是以重量来计量，而有时候则是以件数来计量。由于这个原因，通常采用从一个日期到另外一个日期之间这些价格百分比变化的平均值。在特定的时间一个单位的价格用同样的数字来表示，例如 100，而在所有其他时间的相应价格通常略高于或低于 100，它们被称为各种不同商品的物价指数，它表示在这期间其价格上涨或者下降的百分比。所有这些指数的平均值（通常是算术平均值）被称为总指数。于是它与 100 的偏离则表示一般价格水平的变化。如果这个数字与 100 相同或者很接近，则一般价格水平不会发生变化并且货币将保持它对于商品的平均购买力，不过个体商品的价格在这一时期内可能已经发生了变化。

很容易就能看出这种方法也不是很完善的；它没有考虑到在一般经济活动中一些商品具有很大的重要性而其他一些商品的重

要性极小这一实际情况。被大量消费的商品价格提高10%,例如谷物、肉类、棉花、皮革、煤炭、木材、铁,等等,并不能被一些染料或者香辛料的价格下降所抵消。不足还表现为在某些情况下,该方法可能带来绝对矛盾的结果。例如,假定我们只涉及两种商品,咖啡和糖,其中之一的价格在某段时间内增加了一倍,而另外一个在同一段时间内价格下跌到了原来价格的一半。此外,我们把这段时间内的第一年作为我们的起始点,这时两种商品在这一年的价格都用100来表示,其平均值,即算术平均数,当然也还是100。在这一时期的最后一年,假定是咖啡的价格增长了一倍,那么咖啡的指数将为200,而相应的糖的指数将是50。两个数字的算术平均数是125,这表示咖啡和糖的价格,在合并考虑之下,上升了25%,或者说货币就这两种商品的平均购买力下降了20%,这两种说法是一回事。

但是我们可以同样地用该时期的最后一年作为我们的始点。那样的话我们会用100来表示那一年的商品价格,而对于该时期的第一年咖啡的指数会是50,糖的指数则为200,且它们的总指数,即两个数字的算术平均值,是125。这一数字清楚地表示出两种商品合并考虑之下价格下跌了20%,所以货币就这两种商品的购买力上升了25%。

我认为英国人斯坦利·杰文斯是第一个指出了这个矛盾的人,他建议为了避免这一问题,应该采用指数的几何平均数,而不是算术平均数,那样的话结果就会是相同的,不论基准年是第一年还是最后一年。在当前的例子中,几何平均值是两个指数100的乘积的平方根,计算后它却显示两种商品的平均价格根本没有发生变化。这几乎谈不上是方法上的改进;该错误实际上并不在于选择了这样的算术平均值,而是在于如果不把商品被消费的实际数量考虑在内,那么任何平均值计算必然是没有意义的。如果在上面的例子中我们替换上具体的条件,它会表明在该期间的第一年,比如说 1900 年,一定数量的咖啡,比如说 1 公斤,价格是 100 欧尔(译者注:货币单位,100 欧尔 = 1 丹麦克朗),而一定数量的糖,比如说 1 公斤,价格也是 100 欧尔,则两者共计 200 欧尔。晚些时候,比如说 1910 年,1 公斤咖啡的价格是 200 欧尔,而糖的价格跌到了 50 欧尔。这样 1 公斤咖啡和 1 公斤糖合计起来的价格是 250 欧尔,如果我们假设该国当时的总消费量,比如说是该数量的一千万倍,那么毋庸置疑在 1910 年该国在咖啡和糖上的花费要比早些时候(1900 年)多出 25%。另一方面,如果我们想把后期的咖啡或者糖的价格设定在 100 欧尔,没有什么可以阻止我们这样做,但是在这种情况下咖啡的数量单位将是 $\frac{1}{2}$ 公斤,而糖的数量单位是 2 公斤,这样尽管 $\frac{1}{2}$ 公斤咖啡+2 公斤糖的组合(或者这些数量的数百万倍)价格下跌了,而 1 公斤咖啡+1 公斤糖的组合价格上涨了,它们也不矛盾。而选择几何平均值的方法排除了对计算给出具体含义的可能性,因而尽管在形式上摆脱了矛盾,却在实际上产生了毫无意义的结果。

唯一正确的做法无疑是把消费的数量包括在计算中,或者,用专业术语来讲,遵循价格的加权平均值。对这种做法已经有了一些尝试并取得了一些成功(由 Palgrave 及其他的一些人),尽管它涉及目前商业统计状况中的各种困难。在通常所发表的指数中,

诸如 *The Economist* 和英国统计学家 Sauerbeck 所发表的，以及由 Soetbeer 在德国开始并在 Conrad 的 *Jahrbücher* 中延续了的那些指数，尝试了一些通过把最重要的那些商品的各种数量或者等级包括在内的方法以满足这种要求，以至于实际上它们在计算中被计算了几次。

然而，在进行比较的时间内各种不同商品的消费一旦发生了明显的*相对变化*——也就是未以相同的比例增加或减少，该方法就进入了迷途，甚至在其最符合要求的理论形态中也是如此。事实上几乎总是这样，而这本身是商品相对价格或交换价值变化的结果。人们已经做了各种努力试图去弥补这种缺陷。特别是很热门的、表面上非常复杂、而实际上却相当简单的，由德国经济学家 J. Lehr 所提出的方法（所谓的单位消费计算）[①]。但是无论是他的尝试还是所有其他的类似尝试都不值得我们去特别关注，因为该问题的真正解决在现在和将来都仍然是不可能的，如果我们做出某种商品已经完全被另一种商品所取代的极端假设，例如用于面包的黑麦和燕麦被小麦所取代、木头作为燃料被煤炭所取代以及木材作为建筑材料被砖和钢材所取代、油被石蜡或煤气所取代，等等，那么就可以非常容易地看出这一点。在这种情况下不管要建立什么样的比较，我们都必须首先了解这样的两种替代商品在何种程度上可以满足同一个人类需要，即它们各自的营养价值、热量、拉伸力量和耐久性、亮度，等等，还有更多的在消费中也很重要

---

① 参见我的作品 *Geldzins und Güterpreise*，第 10 页。

的辅助性质，比如更好的味道、更加便于使用，等等①。

实践中最简单而且如果可以实现的话将是完全令人满意的方法是下面的这一个。如果在两个不同的时间点，我们知道一个国家或者全世界生产和消费的所有种类的商品的数量，那么我们可以在其中的一个时间点记录这些数量，并首先将它们分别乘以相同时间点下当时的价格，然后再乘以在另一个时间点的时价。这样所得到的总数一方面清楚地表示了所花费的货币数量，或者，如果所生产和消费了的商品数量相同的话，则至少在价值上与在这两个时间点的那些商品相一致。这两笔款项之间的关系毫无疑问地构成了一种在该期间内价格上升和下降的度量，而且如果实际上的消费没有变化或者仅仅发生了完全成比例的增加或减少的话，它将会构成一个精确的度量。如果我们用 $m_1, m_2, m_3, \cdots\cdots$ 来表示所消费商品的数量，会得到等式：

$$m_1 p_1 + m_2 p_2 + m_3 p_3 + \cdots : (m_1 p_{11} + m_2 p_{22} + m_2 p_{33} + \cdots)$$
$$= 100 : (100 + x)$$

式中 x 的值表示增加的平均百分比，或者，如果 x 是负值，则表示在两个时间点之间下降的平均百分比。

然后可以对后一个日期所涉及商品的数量执行同样的步骤。如果我们把这些数量叫做 m_{11}, m_{22}, m_{33}, 等等，我们会得到下面的等式：

$$m_{11} p_1 + m_{22} p_2 + m_{33} p_3 + \cdots : (m_{11} p_{11} + m_{22} p_{22} + m_{33} p_{33} + \cdots)$$
$$= 100 : (100 + y)$$

---

① 参见上一节中的结论。

这样所获得的 y 的值显而易见地构成了一个正确的，且本身可信的对价格在过去的上升和下降的度量。那么如果这两个计算产生了相同或者近似相同的结果（如果这两个被选取的时间点间隔不是特别长，这种情况经常发生），x 将与 y 相等，而且我们完全可以认为这个相同的结果是肯定正确的。另一方面，如果 x 和 y 的值不相同，那么我们应当将其理解为一般价格水平在一种意义上来说升高了，而在另一种意义上来说降低了，或者在一个方面比另一个方面上升得更多。出于实用的目的，我们可以取这两个不同数值的平均值，但是它仅仅具有常规显著性。从道理上来讲，不可能再进一步了。

但只要我们清楚地认识到要用总指数来给出答案这一问题的本质，这就没有什么好奇怪的了。实际上我们想得到的是这样的一个价格平均值：如果它保持稳定的话，不管商品价格相对变化有多大，对社会都具有不变的经济意义。但这样的平均值是不存在的，或者更确切地说，计算这样的一个数字需要完全不同的知识，以及比不同日期的消耗量和价格更基础的数据。很显然它的含义对于不同的个人和社会阶层是不会相同的；这是属于所有平均值的缺陷而且是无法避免的。

所有这种统计都固有的另外一个难题是一般来说哪种商品或者效用应该被包括在这种计算中：是否只包括制成消费品，还是也包括原材料；是否只是严格意义上的商品，还是也包括耐用品服务，比如房屋租赁，特别是工资水平是否应该参与这样的计算。几乎没有办法对这个问题给出一个完整的答案。如果人们只想知道"生活费用"在多大程度上变得更昂贵或者便宜了，那么最明显的是要把所有能够直接消费的物质的、非物质的商品都包括在内，并且仅包括这些：因而只有能够直接影响被直接消费的个人服务价格的工资被包括进来。如果从其他的角度来考虑这个问题则会大不相同。在一个主要产品由原材料构成并把这些原材料运往国外以换取制成商品的国家，前者（原材料）的价格与所有制成品的合并价格起着同样重要的作用。再或者，就像一些作者所做的那样，只考虑世界贸易中的主要大宗商品，因为只有这些价格在商业生活中是头等重要的，但这似乎有些片面：对价格水平感兴趣的并不仅仅是狭义上的商人。

最常见的指数，譬如 The Economist 上的那些，还有另外一个缺陷；它们只是取了在港口关栈中的价格，即不含关税或税金的商品价格，然而消费者必须要为商品支付附加的关税、其他税款，以及在国内的运输费用。但是，举例来说，如果在其他条件都相同的情况下，一些国家征收高额进口税，那么，至少从货币数量理论的观点来看，是否免税对最终所消费商品的平均价格不会造成区别，因为货币的数量以及交易量仍旧是相同的。于是结果似乎是仍然处于关栈中的商品的价格下跌，尽管事实上它们并不会变得更便宜。必须要问一个问题：70年代末在多数欧洲国家开始的这种保护性关税的大幅增加是否正是众所周知的从那时开始的大宗商品价格下降的原因之一。然而应该看到，在价格上的这一变化只是表面上的，并且除去关税之外的商品相对交换价值保持不变。所以不应该把它与大国在有的时候通过对进口商品征收进口税的方式在价格上施加的真正压力相混淆。

同样，如果关税保持不变，国际商品交易的增加也会具有相同

第四章 货币的交换价值

的效力。为了简单起见,让我们假定两个国家相互对彼此的产品征收等同于产品原始价值的关税,其中一国(或者两国都)从另一国进口其$\frac{1}{10}$的消费品。如果货币价值没有变化,那么(总是假定那个现在缴纳关税的商品生产商对它的利润小于那些其产品在这个国家内生产并被在这个国家内消费因而不需要支付关税的生产商感到不满意),那么结果将是所有在这个国家内生产的产品和那些在这个国家关栈中尚未支付关税的产品的价格将下跌10%,而那些理应完税商品的价格将上升90%;因为只有这样国内物价水平才可能保持不变。如果进口税不变,进口量增加到该国总消费量的$\frac{2}{10}$,那么结果一定是所有国内商品以及不需要缴纳关税的外国商品的价格再下降10%,从而按照上述方法计算出的指数也下降10%。

虽然这个例子很不真实,并且对于很多重要的因素都没有考虑,不过它说明被广泛讨论的1878年至1893年期间(或者1873-1895年期间)的价格下跌在某种程度上只是表面现象,而其随后的上涨很可能比指数所显示的大。这也解释了为什么采用以实际支付的市场价格为基础的指数的计算显示出,实行贸易保护主义的国家比实行自由贸易的国家有更大幅度的上升。在我看来,国际商品交易的任何大幅增加都必定会有上面所指出的后果。

但是从认识到所有的这些缺陷到摒弃所有关于度量货币购买力变化的尝试是很大的一步,因为这会涉及更决然地摒弃稳定这种购买力的全部努力。某些变化,比如那些由在其他方面不变的经济条件下贵金属的连续、大规模生产所引起的变化,相反则太过明显而不会被任何人忽视或者存在普遍的争议。此外，一定不要忘记当前作为指数基础的编制价格统计数据的方法肯定还可以在很大程度上进行改善，这些改善一定会对任何调节货币价值的实践尝试大有益处；现在这些计算大体上还停留在理论兴趣的阶段。已经在英国和其他一些地方发布的价格统计数字当然绝非是没有价值的；对于包含了不同类别商品的统计而言，它们彼此的一致性很高，远高于人们的预期。并且 Palgrave 和其他的一些人对现有指数所做的以生产和消费的商品数量作为指数基础的修正努力也已经表明在这方面只涉及细节上的修改，而不是对先前计算价格水平总体方法的根本重建。平均值的计算必然总是附带上一些人为因素是不可避免的，特别是在它们要同时适用于所有国家的时候。但是就将价格统计数据作为货币价值调节的基础而言，除非我们想要牺牲当前体系的最重要优势，否则就有必要有一个全世界共同的价值尺度。另外，没有什么事情能够阻止每个国家编制自己的价格统计数据、并且用一个总指数恰当地表达其价格水平，这个总指数对于一系列国内问题，比如工资、税收等，都有极大的用处。为了评估货币价值上的一般性波动并且建立最终调节它的首要条件，就有必要根据各个国家的总指数，以一个大家都接受的准则逐年编制世界范围的或者通用的指数。

但是即使有了对货币价值及其波动的一个如此完美的度量，这个问题也仅仅被解决了一半，而且是理论上比较容易的那一半。关于这些变化的原因及其预防措施的难题仍然存在。

3. 货币价值的不同理论：数量理论

　　唯一一个针对货币价值的理论，并且可能是唯一的一个可以被冠以具有真正科学重要性的理论，是数量理论，根据这个理论，货币的价值或者购买力与其数量成反比，所以在其他条件不变的情况下，货币数量的增加或者减少会导致其对于其他商品的购买力成比例地减少或者增加，并因而导致所有商品价格的相应上涨或下跌。所有其他的理论（这样的理论数量并不多）实际上都不过是一般价值理论在货币上应用的归纳；因此，就这一程度而言，即使它们是站得住脚的，它们也不能被称之为是*专门理论*。

　　然而，由于对所有商品来说本身供给的增加都常常导致其交换价值的下降，所以就这点而论，数量理论并没有什么不寻常的，在货币方面也没有什么特殊内容。数量理论独特性在于货币的数量和商品价格之间所要求的比例性。尽管在有其他商品的情况下，供给减少可能使商品的交换价值按照不同的需求弹性，时而产生一个剧烈的波动，时而产生轻微的、几乎不可察觉的波动，然而只有在涉及货币的情况时这两个因素才始终处于这种简单的相互关系。把供给作为我们曲线的横坐标，并把它们对于其他商品交换价值的平均值作为纵坐标。那么在需求稳定的前提下，对于一般商品，这条曲线有时候会向着 x 轴缓慢下降，有时候会向着 x 轴快速下降，而该曲线的其余部分则一般说来只能按假想的来表示。而对于货币，我们应该得到一条确定的数学曲线，一条形式为向两轴渐近的直角双曲线。

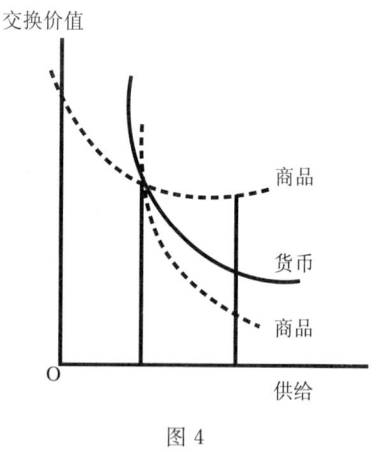

图 4

正是在这里我们发现了货币的纯粹形式特性,其执行单一社会功能的特性,即交换媒介和价值储藏手段的功能:因为我们可以把这两个概念视为同一个功能的两个不同方面。货币显然只在其具有交换价值的意义上履行这个功能,并且由于一般性的经济原理无疑倾向于对每个经济因素都实现最大可能的运用和效率,所以我们必须假定(至少是出于数量理论的目的)货币数量过小所带来的麻烦会逐渐地通过货币获得相对更高的购买力而像是自动的一样被克服,而货币数量过大所带来的麻烦则以同样的方式通过货币价值的相应下降而被中和掉,因为一部分货币会闲置在个人手中。

当然,我们不能认为货币数量的突然增加或者减少会立即引起商品价格同样程度的上涨或者下跌。首先后者的高低想必依然和以前一样,并且整个变化将以货币流通速度的减缓或者加快而引人注意,也可以说是以个人平均现金持有量的增加或者减少而变得显而易见。持有量过度或者不足只能逐渐地引起对商品需求的增加(和供给的减少),反之亦然。

同样清楚的是该理论在其纯形式上只能应用于货币本身,而且,(如果只使用金属货币或者仅把金属货币视为货币)仅仅只适用于铸币金属。然而,在自由铸币的情况下,铸币金属和未铸币金属之间的界限是非常模糊并且变化无常的。因而人们很容易把这个理论应用于现有的全部黄金存量。但是假如那样的话就必须对其进行某种程度的变更,因为黄金有两种功能,一种是用作货币,另一种是用作工业的原料:即使满足了对于数量理论正确性的全部假设,我们的曲线还是会或多或少地与一个简单的双曲线形式有所偏离,因为迄今为止在黄金的工业需求与黄金价值的相关性及其对可用于铸币用途的黄金数量的影响方面,已经研究出的规律还很少。

当然,在现实中建立这个理论所要求的精确数学关系的可能性极其微小。因此数量理论的支持者和反对者们都满足于坚持或者否认货币相对数量的增加或者减少会引起商品价格水平的相应变化以及货币价值的反向变化。这看起来可能很奇怪,即使是以其改进后的形式,这个理论也处于争议之中,因为它毕竟只是陈述了对所有其他商品都适用的事情,即商品本身供给的增加或者减少能够产生随之而来的价格下跌或者上涨。然而,供给与需求的概念对于货币还没有直接应用,那些认为流通速度或者信用手段是货币的替代品、能够按照对流通手段的需求自动调节的人,必定*自始*就会自然且顺理成章地否定数量理论的结论。很容易就可以看出，全部的争论最终都是针对最后这一点：对于货币体系来说，货币流通速度是有自主重要性，还是仅仅有从属重要性；因为货币的数量乘以流通速度（后者以该术语的广义意义用在此处）一定总是与在一定的时间段内变换为货币的商品和服务的总价值相符，这根本不是一个理论学说，这是一个公理。

通常认为数量理论的提出者是生活在 16 世纪的意大利作家 Davanzatti。但是该理论通过洛克（Locke）和休谟（Hume）的作品开始广为人知。从后者开始，它被古典经济学家所接受。但是其实可能在古代世界就能追溯到它的踪迹；至少当人们开始观察到（就像在罗马帝国中必定已经被经常做了的那样）专门为国家铸造的货币可以在很长时期内保持比其所含的金属高出很多的价值、但在铸造数量过大的时候价值却下跌时，这粒种子就已经被播下了。在近代，数量理论更多的是为了反对重商理论而出现的，该理论把货币本身看作是财富的实质而非仅仅是其外在表现形式，而这必然地归因于其独立于交换功能之外的内在价值。与此正相反的观点是货币就其本身而言没有价值；它只有在充当交换媒介时才获得全部价值，且其刚好获得满足发挥这种功能所必需的价值。数量理论就这样以其成熟的形式出现了。

对这个理论进行实证检验的困难在于，正如同所有经济原则一样，它的那些构成要素脱离具体实际。事实上，货币数量的增加（或者有时发生的数量减少）总是与很多倾向于抵消或者掩盖其对价格水平及货币价值影响的其他经济变化同时发生。技术进步带来人口增长和生产扩大，所以年消费商品数量的增加不是等于而是大于人口增长的程度。由于国内和国际的劳动分工以及由此而

第四章 货币的交换价值

产生的从实物交易和实物支付向基于交换和货币工资的商业活动的转换，交易额可能比产量的增长程度更高。所有的这些因素带来了这样的结果，即当货币数量的绝对增长可能伴随的是交易额的相对数量保持不变甚至减少，并且随后价格水平下降，而不是上升。

卡塞尔（Cassel）教授在其发表于 *Ekonomisk Tidskrift*（1904年，113页）上的一篇文章中，考虑到这个情况，他做了一个将19世纪的黄金供给与商品价格进行对比的有趣尝试。然而，正如 F. Brock 公正地指出了的，即便在当时全世界的商业货币主要是由银所构成的情况下，他也没有将其评论扩展至银的数量变化，这使该尝试逊色了不少。

另一方面，商业进步也在相反的方向起作用，提高实际或虚拟的流通速度，通过信用的使用实现现存货币更加密集的使用，结果把数量理论说所要求和假定的交换媒介的效率最大化提高到了一个更高的水平。如果同样的目的可以通过对较小数量货币更为频繁地使用或者提高其流通速度来实现，那么就不一定需要相对较小的货币数量为了履行和较大的货币数量相同的作为交换媒介及现金持有的功能而成比例地增加交换价值。

虽然完全不符合逻辑，但是把这些情况或者它们的实际效应引证作为反对数量理论的决定性论据是非常普遍的，而这几乎就如同把气球的上升运动说成是证明了万有引力定律的一般有效性是错误的一样不合逻辑。如果我们只是想说由于所有的这些干扰因素，数量理论不能在我们考虑当代货币体系时提供任何实践指导，那我们可能是对的（尽管过去几十年的经验无可辩驳地证明了不是这样），但是要完全地否定它则需要更多的一些东西，我们必须得证明要么保持其所基于的那些假定是不可能的，要么其逻辑结构是不可接受的。

4. 生产费用理论

然而，满足于这种完全否定或者悬而不决的判断是不够的。以数量理论被经验驳倒为借口，一些人尝试提出了其他的解释，但是所有的这些解释都有一个缺陷，那就是他们忽略了货币所特有的情况，并且基本上都只是试图把适宜于一般商品的经济规律应用到一个本质上不能应用它们的领域。由于放弃了货币具有内在价值的幼稚想法，所以就必须要去在货币之外的什么东西上发掘这种价值，而依照古典学派的理论，它应该在货币的生产费用也就是贵金属相对于其他商品的生产费用中被找到。与生产一定数量的其他商品相比，生产一定量的黄金所需要的努力和损失越少，则用于交换一个单位的这些其他商品的黄金数量就一定越大。也就是说，它们的价格上升而黄金的交换价值下降。这就是所谓的生产费用理论，或者，用更确切的表达来说，叫作货币价值比较成本理论，这是一个被西尼尔（Senior）带到了很高理论完善程度的理论。西尼尔主张在那些不大量生产银和黄金的国家中，采购的成本，即不是金属本身的生产和运输费用而是那些被用于交换所需数量的贵金属的商品的生产和运输费用，与在金银矿中的实际生产费用起同样的作用。这样，他发现了对于这个现实情况的自然解释（在通信还不发达的那个时期，这是非常显著的）：即在内陆地区的商品价格通常比沿海地区低得多。在德国人们过去经常谈到"泰勒"国家〔泰勒(thaler)为德国的旧银币名——译者注〕和"基尔德"国家〔基尔德(gulden)为荷兰货币——译者注〕,前者指德国北部,后者指德国南部和奥地利,所指的意思是尽管泰勒的银含量比基尔德高出50%到100%,但是泰勒在前者地区的购买力并不像基尔德在后者地区那样大。即使到今天我们在世界上那些还没有通铁路的地方还会遇到同样的现象。德国在非洲的内陆殖民地区,据说直到1915年工资也不过是一天几个芬尼(译者注:德国辅货单位,1马克的百分之一),这一定是与一个工人甚至是其家庭一天的日常供给费用相对应的。

著名的教科书作者Ch. Gide在讲到黄金运输的低费用使得一克黄金在任何地方对商品几乎都具有相同的购买力时,他完全忽略了这一点。这当然是一个错误的推理:不发运用于支付的商品而获得黄金是不可能的,而这些商品的运输费用通常要大得多,而这才是重要的。

正如我们很快就会看到的,贵金属的生产费用和货币的价值之间存在直接的联系或者完全对应是毫无疑问的。西尼尔也承认这一点,并提供了在价格没有显著变化的情况下贵金属的生产变得很困难甚至变得不可能的突出例子,这种情况显然是由于这种生产,特别是在早期,占货币及贵金属总存量的比例极其微小的缘故。与西尼尔相反,把古典价值理论带到了困境并且达到了荒谬地步的卡尔·马克思及其学派,坚持认为生产费用理论是货币价值的一个简单而切实的解释,并以此来反对数量理论,马克思把数量理论称为是一种错误观念,是基于"没有价格的商品和没有价值的货币进行流通的过程，由于这个原因一份谷物随后兑换一份金属的枯燥乏味的假说"。但是即使是从生产费用理论的角度也不难表明商品"进入流通过程却没有价格，而货币（即黄金）没有价值"，以及它们恰恰是通过这个流通过程而获得它们的相对交换价值。卡尔·马克思自己也不得不承认如果劳动没有生产出任何有用的东西或者超出了社会必要劳动时间的数量，那么劳动未被充分利用并且不能计算进来。我们只要对该论证延伸一步就可以认识到，劳动，或者更精确地说是结合在一起的各种生产力，会正好以其产品的市场价值得到回报；换句话说就是生产费用与价格相互控制。因此，如果生产的黄金多于市价下流通过程可以吸收的数量，那么黄金的价值会下降并且黄金的生产者们将不得不满足于较少的收入（换言之就是黄金的生产费用降低了），除非他们宁愿丢弃自己的工作。

此外，就金矿这样的采掘业来说，对于所投入的劳动量和资金而言的生产费用，不同地区的结果有很大的不同，这是因为金矿或者河床的黄金贫富程度不同，这也是黄金生产是否赚钱的条件。也有一些尝试通过用"生产的边际成本"，即在那些最不赚钱的金矿或采金区里生产一定量的黄金、在支付完工资和可能的资金利息后毫无利润可言的生产成本，替代"生产费用"一词来对该理论进行改进。但是这个边际成本本身就是极富变化的；由于对铸币的需求增加等情况带来的黄金价值的上升或者生产技术的改进，可能会使先前被认为是过于贫乏而无利润的金矿或采金区重新被开采；废矿渣堆会被再处理一遍，等等，换句话说就是生产的边际会被扩展。另一方面，金属价值的下降，比如我们在当代所见到的银在失去通货资格之后的情况，必然会造成劳动力和资金（后者可以被完全释放）从低利润的生产领域被撤出，于是生产的边际将收缩。

所以，总的来说，我们会在贵金属生产条件所引起的现有货币数量的相对增减中发现它们的影响，特别是当今黄金的生产条件对货币价值的影响（这种影响一点也不小，并且从长远来看是最主要的影响），到目前为止，更加简便的黄金生产倾向于以一个比对流通媒介不断增加的需求更快的速度增加现有的货币数量，而黄金生产难度增大往往会减缓黄金供给的增加速度。因此，生产费用理论恰好被证明是数量理论的一个要素。但仅仅是一个要素。因为即使是在最有利的情况下，黄金的年产量也只能把金币的存量增加几个百分点，产量的变化只能是逐步的，而且通常是很缓慢的发挥影响，然而由于技术进步或者更多情况下由一个或多个国家向金本位制的转变所引起的产量增加和商品流通加快，有时候可以把对交换媒介的需求增加到一个更高的程度。而且对银行中可用黄金存量更为频繁地使用，不论是通过银行券、支票、汇票、往来账户，还是通过信用与银行业的总体发展，可以使交换媒介产生比同期黄金生产更大的增长；另一方面它可以长期地抵消黄金减产的影响。如果不是这样的话，就无法解释经常发生在商业繁荣时期的商品价格上涨以及商业危机时期更剧烈的下跌了。

然而，后一种情况（数量理论被指责忽视了的货币的实际和虚拟流通速度，不过这种指责是错误的）却无法归入生产费用理论，而且事实上在其一贯支持者那里受到了冷遇。对于马克思来说货币的流通速度不过是一个自动的过程，在这个过程中现有的货币供应总是与特定商品价格水平下对流通量的需求自发地达到均衡,同时价格水平本身由商品生产和黄金生产的比较成本决定。他以确切地说是不科学的、但很生动的语言评论道"一枚钱币,可以这样说,对另一枚钱币负责;如果它提高其流通速度,它就严重地削弱了另外一个的流通速度,抑或使它从流通范围内完全消失",因为后者在当前的价格下只能吸纳一定数量的黄金。为了证明这一点,他说道:"所要做的只是把一定数量的一英镑银行券投到流通之中以便赶出同等数量的金币——这是每个银行都熟知的伎俩。"

这一言辞非常含糊。我们不需要去争辩在一定程度上货币的流通速度有时候可以自动加快或减慢,但是那种认为这总是会发生在所期望的程度上的想法导致了荒谬的结果,因为它预先假定商人和银行家会很顺从地看着其保险箱在黄金富裕时盆满钵盈,而在黄金稀缺时又入不敷出甚至可能一无所剩,而不去采取任何措施将其恢复到正常的情况。至于被逐出流通的货币,虽然马克思不可能设想它被存在了保险箱中,但他完全忘记了去告诉我们它被逐到哪里去了。

至于银行"把一定数量的一英镑银行券投到流通之中以便赶出同等数量的金币(或金属货币)"的"众所周知的伎俩",我们一定要仔细地区分两种不同的观点。如果出于某种原因,银行想要加强其黄金储备,那么当然发行小面额银行券是达到这种目的的一个有效手段,例如像前面已经说过的,德国国家银行在先前唯一发行的 100 马克银行券之外再发行 20 马克的银行券。公众像接受金属货币一样,甚至更加愿意接受这些纸币,且银行此时可以把从

第四章 货币的交换价值

日常债务支付或存款中所得到的黄金保存起来,而另一方面它们对贴现票据或者其他贷款付出银行券。然而,所有这一切都与我们目前的问题无关,因为整个过程只不过是一种交换媒介对另外一种交换媒介的替代。

增发行银行券,特别是小面额的银行券,容易把金属货币逐出流通,这一点是很肯定的,这不是因为无法吸纳更多的货币,而是由于流通工具供给的增加会引起价格上涨,以至于贸易差额变为逆差并且金属货币流出该国家——这一切与数量理论完全一致,但却与马克思想要证明的相抵触。这里我假定银行券是作为延展信用或低息贷款的结果、由银行以贷款的方式发行的,因为如果银行限制自己把银行券兑换成黄金,以便黄金聚集在它们自己手中的话,那么它们的"伎俩"将只会给它们带来损失,因为它们必须自己供给和维持银行券流通。

当然,当生产费用理论解释纯粹常规货币的交换价值时,比如代币、限制铸造的本位货币、不可兑换银行券等等,则更加明显地存在缺陷。那些不惜任何代价主张货币的"固有"价值以它的金属含量或者生产费用为其交换价值基础的人,在这种情况下不得不提出最反常和荒诞的解释。一会儿它是实际金属货币的象征,在它们被宣布为法定货币之前银行券曾经是可以兑换成它们的,公众依然记着这一点,因而在一定程度上它们保持了银行券的价值;另一会儿它是银行券未来可以兑换成金属的希望。人们在下面的事实中寻求对后一种观点的支持,即在未来某个日期恢复银行券可兑换的空洞通告,以及像引起政府信心增强的政治和军事胜利这样的外部环境,这些足以赋予银行券相当高的价值并降低兑换金属货币的贴现率,尽管银行券仍以与先前一样大的规模继续流通,并因而按照数量理论保持其价值不变。

在美国南北战争期间必须要宣布美元钞票不可兑换,于是美元的价值下跌了,所以在1863年至1864年期间,虽然钞票的发行数量只增加了16%,黄金溢价却上升了40%。在盖茨堡战役期间黄金的溢价上升到了45%,但是由于这场战斗的胜利以及威克斯堡战役,几天后它就跌回到了23.5%(Laughlin)。

然而,事实上在这样的情况下,银行券其实不再以与先前相同的数量流通了,至少不再以相同的流通速度进行流通了。人们对于银行券在不久的将来就可以按其面值进行兑换的希望对银行券的影响与提高用于支付款项的国内票据贴现率对长期汇票的影响方式是相同的:它们从支付工具转变(部分地)成了资本投资。很多人囤积银行券希望从所预期的以票面价值兑换中获利,这种获利可能相当于较高的利率。这样平均流通速度放缓了,因此在任一特定时间内处于实际流通的货币数量也减少了,于是价值的增长完全与数量理论相吻合。而且很可能出于各种原因,它对金属货币在降低对后者的溢价或银行券的贴现率上所起的作用,比在降低完全以银行券计算的商品价格上所起的作用更强,或者至少更快。但我们没有必要进一步去讨论这个问题。

在政治不稳定的时期情况将相反,这时人们会担心银行券发行量增加以及接踵而来的银行券贬值。于是没有人再去囤积银行券,而是每个人都会尽快地去把它们兑换成黄金或者其他实体财富,所以货币的流通会被加速超过正常水平。在一些极端事例中处于这种条件之中的纸币几乎可以失去其全部价值(就像在法国

第四章 货币的交换价值

大革命时代发行的纸币所发生的情况），甚至达到在各种生意中开始使用外国货币或者恢复到完全以物易物的程度。但是可以很清楚地看出，这与数量理论并没有冲突，因为在这种情况下受纸币贬值的影响，购买量也会相应减少。

*顺带地*也可以注意到，法国*纸币*（流通于1789年到1796年期间，法国大革命时代发行的可作货币流通的有价证券，但不久即变成无用的废纸——译者注）的历史为银行券或者纸币的融资理论做出了一份很有趣的贡献。为了维持这些*纸币*的价值，当时的政府接受使用它们支付对"国有资产"（没收的教会财产）的购买。如果当时以一个明确的预定价格这样做的话，比如说每英亩一个预定价格，那这个目的肯定能够达到。因为如果那时*纸币*开始贬值，则许多人就会继续持有它们以便日后去做购买国有资产的赚钱生意。这样*纸币*的价值就会几乎维持不变，而允许以纸币支付税金的政府或许就可以在没有损失的情况下把因支付所购之物而流入的*纸币*废除。

然而，实际情况是国有资产被拍卖给了出价最高的竞买人，也就是为了能够得到最大数量的纸币。于是对于纸币大幅贬值的抑制因素（原本存在的为了投机目的而对纸币进行的囤积）显然消除了；由于政府后来收到的用于支付税款的货币已经失去了其价值，所以它发现自己不但不得不把在出售国有资产中所收到的纸币再发行出去，而且还不得不另外再发行很大的数量，这就不可避免地造成了它们很快就变得毫无价值。

5. 现代理论

即使是当今那些自称是治学严谨的作者对这个问题所提出的观点,也还是不如马克思主义学说及其同类的学说更科学。尽管生产费用理论有些片面,但是它至少在对货币有直接影响的事物中找到了货币价值变化的原因。但是在对一般商品价格的现代论证中,屡见不鲜的是把货币视为是一种无定形的、无限弹性的或者可塑的东西,并且可以毫无压力地使自己适应任意价格水平,因而在与价格形成机制的关系中完全处于被动,同时后者仅由与商品本身相关的情况来调节。如果发生一场像人们在1890年以前的30年中所目睹的那种价格的全面和持续下降,至少对于世界价格,参考生产和运输技术的进展足以说明上面的这种看法:商品被更加便宜地生产出来并且运输也更加便宜,因而它们也更廉价。另一方面,如果价格上涨了,就像世界大战即将开始之前的几年那样,那么是更高的生活水平和企业的增加引起了对商品需求的增加,除非我们将这些也归结于是假想的卡特尔或者托拉斯、经纪人的贪婪、工会要求更高的工资等搞乱了物价;要不然就是在进口关税中找原因——虽然在该问题所处的时期并没有发生这种关税的增加。人们已经对把现代信用和银行系统看作是满足无论社会哪个方面对交换媒介需要的手段习惯到了如此的程度,以至于他们不能设想货币在一个方向或者另一个方向上影响价格。数量理论(以及生产费用理论)与实际情况之间很多明显的不一致使得该理论在大多数人的眼中变得不可信了。人们去寻求一些其他的解释并选择了第一个可用的解释。但事实上任何事情都没有得到解释。这个论证包含有不可接受的普遍化;一些仅在涉及相对价格时才有效的论据在未经验证的情况下被应用到了一个它们不再具有任何意义的领域,即以货币表示的商品绝对价格中。容易制造的商品价格会下跌,这在根本上是由于只要劳动和资本可以很容易地从一个生产分支转移到另一个生产分支,那么劳动和资本必定趋于在所有的生产分支中获得相同回报这一明显事实的必然结果。在相对价格对生产费用的依赖性理论中显然没有什么其他的东西。但是如果根本没有考虑生产条件或者其他影响货币的条件的话,那么试图把这个理论应用于具体价格、应用于商品与货币的关系是多么没有意义啊!

从数量理论的观点看来,提高产量会抑制价格是毫无疑问的,除非这还伴随着交换媒介的相应增加,这仅仅是因为无法随心所欲地把货币的流通速度增加到任意程度。如果我们相信这是可能的,那么显而易见没有什么东西能够阻止增加的生产力在整个上升过程中表现出来(在以货币表现的工资、地租、资本利息中),而同时整体价格保持不变甚至上涨。换句话说,某一组商品由于更容易的生产条件所造成的价格相对降低不会使其货币价格产生一个完全相等的下跌,而是会部分地由所有其他商品价格的小幅上涨构成,所以平均价格水平可能保持不变,或者说不管怎样都不会下降。

至于运输费用的下降,人们完全忘记了这是有双重作用的:由于在其他地方的需求增长,在进口国目的地价格下降,而在出口国或者生产国中价格上涨。因此总的来说是价格提高至同一水平,而不是价格下跌。依照西尼尔（Senior）的看法,较低运输价格的另一个后果是非黄金出产国可以用比以前更低的商品成本获得他们所需要的黄金,他的这种看法就现状来说是相当正确的。但是这与黄金的交换价值下降是一回事,即商品价格上涨,而不是下降。在各大洲的内陆以及边远地区,交通的改善确实已经引起了一般价格水平的大幅上涨。由于产量的大幅提高,如果货币的数量保持不变,交通改善所带来的交易和交易额总的来说确实在另一方面造成了价格降低的趋势。但是这再一次把我们带回到了数量理论。

对于其他据称是引起价格上涨的那些原因也是这样。进口关税和消费税无疑会导致被征收了这些税的商品价格更高,但绝非就可以肯定其他商品的价格会保持不变、因而总体价格水平会上升。不管怎样,没有什么东西可以阻止其他商品受到压力并且价格下跌（正如数量理论会引导我们去认为的那样）,所以平均价格水平会保持不变,除非存在一些货币方面的原因使其变化。对于关税联盟或者国际贸易的增长对于免税商品价格和最常见指数的影响,读者可以参考本章第 2 节。托拉斯和联盟,乃至中间商无疑都可以通过对一种或另一种商品的垄断来提高其价格,虽然通常来说,依照数量理论,需求会因此而减少。然而,随着托拉斯化的扩大,这个过程会变得非常没有意义,这一点可以很容易地看出来,因为托拉斯更愿意通过降低间接费用来谋求利润,这会导致价格更低,而不是更高。通常来说中间商只与社会劳动分工联系在一起,所以会协助降低这些商品的价格。当然,这个规律有一些例外,就像我们在上卷第一部分第 6 节中所说过的对于零售价格的

第四章 货币的交换价值

处理。但是即使中间商过多也不能使价格总水平上升。更可能发生的是相反的情况,因为那样商品会经过更多次的转手,同样数量的货币会产生更多次的交换。

至于工资的增长,李嘉图以及后来的约翰·斯图尔特·穆勒已经清楚地说明了一般的工资增长不可能使相同劳动生产的商品的价格升高。在这一点上,只要指出如果更高薪的劳动使所有的商品更加昂贵,它必定也会使黄金更贵,因为它也是劳动的产物,这就足够了。然而,由于黄金是价格的度量,它本身不能在价格上上涨或者下跌。因此,如果所有其他商品的生产者能够通过其产品更高的价格使他们免受工资增长的损失,而单单黄金生产者不能这样,这必定会引起黄金产量的下降。因而,货币工资的全线增加或者相当于其他两个生产要素——即土地和资本,在产品中份额的下降,而这必定会保持平均的商品价格不变;或者货币工资的总体上涨是由于更简便的黄金生产设施所引起的,在这种情况下的上涨是纯粹名义上的,而且按照数量理论或者生产费用理论,这仅与生产黄金变得更便宜时的商品价格普遍上涨有关。

但是,这并不会避免由于对劳动的(货币)需求增加而引起的工资增长——这可能是古典经济学家所忽视了的一个事实。这种工资增长反过来又引起*已经在市场上*的商品价格上涨并因而确立了一个更高的价格水平,这种高价格水平通过惯性力量甚至将持续到将来。总的说来,即使对劳动的需求增加源自黄金生产的增长,仍是如此。不过另一方面,如果它来自于扩展了的信贷措施,则需要进一步的探究,这一点我们将在后面再回过来进行。

繁荣程度的提高并不一定就引起高价格；相反繁荣所带来的福祉可能表现为在收入不变的情况下，每件东西都更加便宜。以前经常被持有的一种观点（甚至包括像李嘉图这样的作者）——即在一个国家中更高的生活水平总是与高价格水平相结合的观点是一种错觉，它很可能是从英格兰的物价通常高于其他国家（特别是在上个世纪之初）的这个事实上得出并发展来的。然而这是由于当时英格兰几乎不出口大宗原材料，而是大量进口原材料，比如粮食、木材等，但是这种情形如今在很大程度上改变了，英格兰现在出口大量的煤，所以它能够以便宜的运煤返程费用得到他们的很大一部分进口商品。可能就是由于这个原因英格兰大部分人口的福利远远好于一百年前。相比于那些贸易保护主义国家，英格兰的自由贸易也同样对降低其物价起到了作用。大致来讲两个不同的国家中相同商品的价格差别不会超出进口关税和运费很多。在富裕国家中一个必定会提高生活费用的因素是高工资水平和随之而来的全部个人服务和所有需要手工完成的工作的更高价格。但是这并不明显地影响商品价格，或者至少不影响那些进入商业统计的商品价格。

最后，至于企业创业活动的增加可能导致更高价格的说法，这经常是正确的，但只能是在我们已经指出了的以及我们将要在稍后的部分更细致地去检验的那些前提下。本质上"企业精神"的增强，即增加服务于生产的资本使用，只能产生对创建几乎所有固定资本所必需的某些原材料的需求增加，特别是钢和铁、砖、木材，等等，而这些实际上都是在所谓的"繁荣"时期一开始时价格首先上涨的商品①。但是这种价格上涨之后是否会跟随着其他商品的价格上涨或者下跌是无法预先确定的。它取决于货币市场本身是否已经参与了对企业精神的刺激。如果增加的固定资本或者其中一部分所需要的货币来自于当前储蓄的果实，那么对普通消费品的需求会相应地下降，并且这些消费品的价格会相应地下跌。但当所必需的货币资本部分地由先前的"不景气"时期所积累并闲置的金属货币储备提供或者它们产生于展延信用证时，换句话说就是产生于较快的货币流通速度时，情况就大不相同了。

6. 数量理论的缺陷：对理性理论的一个尝试

在前面的内容中我只是希望指出那种认为在两种事物（商品和货币）之间有本质关联的情况中，就像在具体商品价格的情况中，仅从其中一个所经历的变化的角度就能得到满意解释的想法是很荒唐的，这里所指的就是只针对商品而不去考虑作为另外一个事物的货币。另外也显而易见的是，如果这个观点实际上还没有像现在这样已经不仅在商业术语中，而且也在科学文献中、特别是德语文献中广泛地传播开了，那么对于这个问题进行详述将是无用的。

但是，这个观点在一个方面被证明是合理的并且对于更详细

---

① W. C. Mitchell 所著的 *Business Cycles* 中所给出的美国统计数字似乎不能完全证实这一观点，特别是对于生铁。我目前不想讨论如何解释这种不一致或者是否只是在表面上是这样。

地研究引起价格变化的原因是有用的。一种特定商品在价格上的每次上涨或下跌都意味着该商品的供给与需求之间的平衡失调，不论这个失调是实际上已经发生了的或者仅仅只是预期性的。在这个方面对每种商品单独适用的规律也必然确定无疑地整体适用于全部商品。物价的普遍上涨因而只能理解为总体需求出于某种原因变得或者预期会变得大于供给。这可能听起来似非而是，因为正如 J. B. Say 所说，我们已经使自己习惯于把商品本身看作相互构成并限制彼此的需求。并且确实*最终*它们是这样的；但是在这里我们所关心的恰恰是发生了什么，*首先*，是一种商品和另一种商品最终交换的中间环节，这种交换是通过对用来购买商品的货币的需求和对用来换取货币的商品的供给所构成的。任何名副其实的货币理论都必须能够说明在一定条件下对商品的货币或金钱需求是如何以及为何超过或达不到商品供给的。

数量理论的拥护者可能没有充分地考虑过这一点。他们通常犯了把他们的假设视为理所当然而不是去清晰地证明它们的错误。如果商品价格相对于货币数量成比例的上涨或下跌，则大量货币和少量货币*能够*同样满足流通的目的，这是一件事。而说明为什么这样的价格变化必定总是跟随着货币数量的变化而发生，并且描述发生了什么则是另一件事。这也不是那么容易的，特别是在我们现代极其复杂的货币和信用制度中。不过在下文中我们将会尝试着去做。依照上面所说过的，我们将首先描述金属货币数量相对增加或者减少的可能影响，以及与发行国家纸币或者不可兑换银行券相关联的类似现象。然后我们会去更详细地思考流通速度加快或减慢的条件，以及两者对于货币价值的影响。在这

第四章 货币的交换价值

两点上货币方面的文献虽然很多,但就详细和清晰程度来说都不尽如人意。

休谟(Hume)关于我们在一个清晨醒来后发现自己口袋里的先令和金镑数多了一倍,而任何其他的事情都没有改变的著名故事,可能看起来很合适,但是缺陷在于它不是现实的简化(这是容许的),而是涉及了一个纯粹似非而是的情况,这种情况理所当然地是永远不会发生的。而且很明显,这样的一个偶发事件绝不会造成我们立即开始对所需要的商品或者可以出售的商品付出或报出双倍的价格。现金过多只会逐渐地让我们去做提早进行购买或者把我们的商品保留地比平常更久之类的事。换言之,对商品的需求会被刺激而供给则减少,与此同时商品价格将逐渐上涨,直到它们达到与增加后的货币数量相对应的水平。但是由于整个想法中包含了一个与现实相矛盾的假设,我们或许可以补充说按照数量理论,货币供给增加所带来的价格上涨实际上不是以这种方式达到的。

如果我们考虑黄金产量突然大幅增加对世界价格状况的影响,而在我们这个时代事实上有时候的确发生过影响,事情就变得简单了。例如在一个殖民地内高产金矿或采金区的发现,立即吸引了本来已经比较稀少的人口中的一大部分或许是最大的一部分到采金区,并导致他们放弃了惯常的职业。第一个结果将是不但产出了大量额外的黄金,而且还会造成商品的短缺。现有的存货会热销并很快消耗殆尽,结果将是价格很快地上涨,经常涨到一个不可思议的高价。托马斯·图克(Thomas Tooke)和纽马奇(Newmarch)在他们所著的 *History of Price* 中叙述了在1848年至1849年加利福尼亚的淘金潮期间,每个人都不计价格地进行购买,一个鸡蛋要花1美元,一双靴子要花100美元,像鸦片这样的药品零售价卖到了60美分一滴,淘金者用来固定挡在他们小木屋墙上的布带的细铁钉,为了省事,用黄金按其重量来支付。如果这是最终的结果,那么很显然这会遏制黄金的进一步生产,乃至会使生产变得不可能。甚至这种国家中的居民对待散落在该国各处的金块的态度很快就会变得和美洲国家在首次发现黄金时一样的无动于衷。然而这个初始阶段很快就会并入到另一个阶段。有关新发现财富的传闻不仅吸引新的淘金者,而且会吸引商品从四面八方运送过来以便通过高价牟利,其结果是价格很快恢复到正常,并且可能一下子跌到低于正常水平。据作者们所说,早在1851年,成包的贵重商品在加利福尼亚几乎都值不上贮存的费用。过去所发生的事情以及可能继续发生几十年的事情具有某些显著的特点,其中最为重要的特征是下面这些:因为价格下跌是由于商品的大量涌入而引起的,所以黄金生产再次变得非常有利可图,但是由于大多数金矿逐渐变为私人所有,所以它们不再吸引无限量的劳动力,而是或多或少地以同样的规模年复一年地继续生产。大多数商品的价格维持在一个除去运输费用之外略高于非产金国的相应价格水平上,然而高得不多,所以它们在其后所经历的变化中得以保持,稍后我们将说到这些变化。因而该国的贸易差额将是被动的或者逆差,而黄金将继续流出,这种流出是很自然的并且是必要的,因为黄金的产量比该国所需要的交易额要大得多。

与此同时黄金向非产金国的不断流出导致那里的价格持续上涨,但是由于那里地域辽阔、人口众多,这种价格上涨可能在很长

第四章 货币的交换价值

的一段时间内都不是很明显,甚至可能被一些其他的原因所抵消,比如货币本位制的改变或者对黄金需求的增加。通常价格将以下面的方式上涨:商品出口商先前通过出售他们对其外国债务人所开的汇票,或者通过来自国外的对开给外国货物进口商的汇票的汇款而得到了支付的海外债权,现在将部分地以黄金进行支付,而且这部分黄金将成为那些已经掌握在公众手中了的(或存在了银行之中的)用于购买商品的黄金的一个新增部分。如果我们现在回到两种商品的简单示例中,即黄油和咖啡,其进口和出口之间处于平衡状态,即使是在那些最终生产和消费它们的人之间也是平衡的——那么基于这里所做的假定将不会再是这种情况。首先,黄金出产国对商品的需求增加和对商品的供给减少直接或间接地引起我们进口的黄油和咖啡二者的价格都上涨,但是虽然商品价格上涨,进口和出口还是平衡的。反之,如果瑞典原来进口价值四千万克朗的咖啡并出口同样数额的黄油,而现在我们的黄油出口将增加到,比如说四千两百万克朗,我们的咖啡进口将增加到四千一百万克朗,这时候余下的一百万克朗将以黄金的形式进入国内。为了把事情说得更清楚,我们假定在第一年黄油和咖啡的价格都上涨了百分之 $3\frac{3}{4}$,所以增加的黄油出口价值一部分是由出口量的增加所带来的(大约百分之 $1\frac{1}{4}$)。由于同样的原因,尽管购买价格提高了,但咖啡的进口将比以前少(也是百分之 $1\frac{1}{4}$)。总而言之,这必然会发生,因为一部分咖啡的收成现在转到了黄金生产者那里。那么,由于瑞典人口(黄油的生产者)尽管有足够的钱,但对咖啡的需要却不能全部得到满足,他们的需求会立即引起咖啡价格的进一步上涨,当这种价格上涨通过这里的进口代理商和出产国的出口代理商传到咖啡生产者那里时,会在他们中间造成对用于支付进口商品(除了那些由于与这里相同的原因而已经自然出现了的之外)的货币需求的增加。这将直接或者间接地刺激我们的黄油价格进一步上涨,而这反过来又会使咖啡价格上涨,等等,直到由于每一次这样的价格上涨而利润变得越来越低的黄金生产或者停止或者受到限制,直到产量降到恰好能够满足对新出产黄金的正常需求之时。只要黄金出产国对商品的额外需求继续存在,价格的上涨就一直不会停止,因为我们以及其他国家市场的价格均衡意味着大体上进口和出口是平衡的,而只要我们出口商品的一部分是用正常流通需求以外的黄金支付的,这个进出口平衡就绝对不会发生。如果从一开始我们就依赖黄金,例如采用金本位制来取代银本位制或者纸币,情况就会截然不同。那样的话我们将有能力向国外提供白银或者取得贷款,或者通过额外的税收来获取财富,所以国内的消费将会相应地减少。在所有这些情况下,很容易就能看出,在我们这方面不会有对高价格的刺激因素并且黄金会简单地在商业和银行业中取代白银或者纸币,然而在先前所述的情况中它持续不断地提高现有交换媒介的供给。

如果黄金生产跌落至对新产出黄金的正常需求量以下,会发生相似的现象,但是方向相反:商品价格不断地下跌,直到变得越来越有利润的黄金生产能再次满足平常的需要,或者可能直到发现新的金矿。

如果这一过程的描述是正确的,可能会改变人们普遍所持的

第四章 货币的交换价值

对于黄金产量增加或者减少的影响的看法。人们常常认为新进口的黄金在到达之后只是逐渐地引起价格上涨。与此同时，它应该是被闲置于保险箱中或者银行的金库里，而这样的正常后果应该是可用于贷款的总量将增至超出所需要的量。由于持续的进口一直使黄金保持过剩，所以结果一定是价格的上涨通常由较低的利率引起，而且只有当价格已经达到了最高限度且交易量吸收了货币的增加额时利率才会再次上升到正常值，在黄金短缺且价格下跌的情况中也是如此。

然而经验表明（并且数量理论的反对者们也毫不迟疑地指出了）情况应该是相反的：价格上涨的期间通常具有高利率的特征，而价格下跌和低利率通常是同时发生的。在下文中，当我们谈到信用对价格的影响时，我们会发现我所认为的对这种情况完全令人满意的解释。这里我们完全可以说即使价格波动仅仅是由黄金生产的变化所引起的（当然情况绝不是这样的），那么该矛盾可能也并不像它乍看起来的那样大。可以把价格上涨设想成是由于在收到用于支付出口货物的黄金之前就产生了的需求增加甚至或许是更久之前的需求增加所引起的，因为即使是为开采金矿做准备也需要大量的劳动力和资本，也就是需要那些只能在将来才能用新采出的黄金进行支付的货物，并且资本可能只有一部分产生于实际的储蓄（因而是来自于对货物需求的减少），其余的出自银行信贷的债权①。同时价格上涨可能发生并且可能首先由更自由的

---

① 由于采矿准备相当于这一部分上的实际储蓄和消费减少，就那些在金矿认购了股份的人而言，出于已经阐明了的原因，价格不需要上涨，直到新产出的黄金本身开始出现在市场上。

信贷使用所引起,另外利率会有上升、而不是下降的趋势。然后越来越多的黄金存量将充当价格运动的支持力量,防止其降低,就像不然的话它会由于信贷紧缩的缘故迟早所做的那样,即作为一个对已经开始的价格上涨在后来所引入的支持力量,而不是作为其初始原因。

在黄金产量减少的情况中,如果我们假定采金区对商品需求的减少导致了价格下跌,则会是相反的情况,因为交换媒介的现有供给可能相当充足。然后我们就会发现七八十年代吸引了如此之多注意力并且被认为无法解释的那个奇妙巧合:黄金产量减少而且商品价格下降,与此同时贷放款过多并且利率下降。

我只是把这作为一个可能的假设顺便提一下:这里所说的现象还没有经过细致的研究,因此我们不能表达明确的意见,而且如果除了黄金存量之外我们不考虑价格上涨的任何其他原因,那么无论如何情况都太不完整了。这些存量的持续大幅度增加或者减少*在其他条件不变时*必定会对价格有一个支配性影响肯定是显而易见的,并且几乎没有任何经济学家对此有质疑,否定它将导致荒谬的结果。

我们可以用极其相似的方法来解释通常由连续发行纸币所造成的货币价值的大幅下跌。例如,一个政府需要钱来满足庞大的开支,通常是军备开支,政府或者通过从中央银行贷款而得到这些钱,并授予中央银行增发其钞票的权利;或者通过让纸币自行进入流通的方式来得到这些钱,纸币或者是在开始撤出金属货币时或者是在金属货币已经被撤出后,被按强制性的比率定为法定货币。直接的后果是一些劳动力和资本被从普通消费品的生产中撤出来被投入到战争物资的生产中,或者被应征入伍的人员直接消耗了。反之,如果从高税收中得到这些钱,那么这些商品的产量减少会与纳税人对它们需求的减少相一致。那样的话价格上涨就不必发生。可是现在相对于这些商品和服务的供给减少,货币的购买力并没有减少,因此所有的价格都必然上涨。由于价格上涨的缘故,政府对货币的正常需求也将增加。如果它接着发行更多的纸币,我们就进入了纸币可能有朝一日会贬值,并一直贬值到毫无价值的无休止循环之中。

最近 Subercaseaux 描述了各个国家中有些乏味且不光彩的纸币历史,参考文献中提到了他的作品。看起来不管是在早先还是后来,发行纸币的原因几乎总是出于政府在战争时期对金钱的需要。尤其是在美国南北战争爆发时,当时政府没有充分的权限做到有成效地征收新税,也没有足够的信用能够得到真正的贷款,以不可兑换纸币形式的变相税收使纸币逐渐贬值是其唯一的出路,尽管这是极其危险的。我们最感兴趣的问题是纸币的经验在何种程度上能够证实看起来是先验的货币价值理论、即数量理论的或多或少的改进版本站得住脚。在 Subercaseaux 所准备的统计资料(*El papel moneda*,126 页)的支持下,我们可以假定,在纸币的发行被保持在合理的限度内时,阻碍其价值急剧下降并且在一定程度上正是由于这种价值下降所唤起的那些经济力量作用得非常强烈,以至于仅能觉察到轻微的纸币贬值趋势,而越是努力地把纸币用于国外支付或者获得贵金属,这个趋势就表现得越显著。随人口的增长和交易量的增加而增加的对交换媒介的需求、国家把硬通货驱逐出去并用纸币进行替代,以及怀着有朝一日纸币将可以被按其面值进行兑换的投机期望而进行的纸币囤积本身——所有这些都是趋向于抵制货币贬值的力量。

另一方面,大量、连续地发行纸币导致纸币价值相应下跌是毋庸置疑的,正如人们所预料的那样,这与数量理论的原则是完全一致的。南美洲的哥伦比亚共和国最近提供了一个引人注目的例子,该国政府于 1855 年至 1905 年,特别是在美国南北战争期间的 1899 年至 1902 年,所发行的不可兑换纸币数量不断增加,而这些纸币的价值逐渐下降。首次发行是在 1886 年,总量只有 300 多万比索(＝美元),而黄金溢价,即黄金超过同样面值的纸币的额外价值,只有 35%—40%。在接下来的几年里纸币的数量增加了,并且黄金溢价不间断地上升(唯一的例外是 1896 年),到 1899 年南北战争爆发的时候流通中的纸币总量达到了大约 5,000 万比索,而黄金溢价达到了 218%—320%。在战争期间纸币的数量增加了 10 倍,到 1903 年达到了 63,860 万比索,而且战争期间的黄金溢价上升到了 20,000%—25,000%,也就是比索纸币仅具有其黄金价值的 1/200 到 1/250。战后纸币继续发行,但是以一个比较适度的规模,结果在 1905 年时的总量是 84,720 万比索。随着和平的到来黄金溢价确实下降了一些,所以在那三年中的行情是 10,000%,即纸币比索与黄金比索之间的关系为 1∶100。如果我们不追求学究式的完全一致,那么这些事情的进展情况从各个方面都让实了数量理论的预料。

因此在这一点上,严格地说,价格上涨是主要的而信用媒介的增加是次要的,而且至少可以想像的是在这种情况下,任何真正的纸币过剩及其产生的利率下降,都绝不会发生。正如 Subercaseaux所注意到的,实际所发生的情况是各国经常出现不合时宜的现金短缺和纸币贬值,而商人纠缠着政府要求增加钞票的发行。然而我们必须要知道,商人和制造商通常是从货币贬值中获利,或者他们相信自己会从中获利,因为在货币贬值期间他们可以更便宜地买入并在其价格更贵的市场中出售。使这个问题更加复杂也是与贬值货币有关的可能有实际意义的一个实际情况是:当价格上涨开始被公众看成是一种司空见惯的现象时,其本身就变成了利率上涨的原因,尽管从根本上来说它只是一个表面的原因,因为对于每年贬值或购买力下降1%的货币来说,5%的利息与对于借款人和贷款人来说价值都恒定不变的货币的4%的利息是完全相同的。同样,在纸币被撤销或恢复之际商品价格的下跌预期也会导致(明显的)利率下降。

7. 信用对商品价格的影响:通货学派与银行学派之间的争论

到目前为止我们仅仅关注了货币实际数量的变化对货币价值或者商品价格所造成的影响(以金属货币为主但不仅限于金属货币)。然而货币正常流通速度的每次变化都必须被视为本质上以相同的方式起作用。对此最好的证据就是在商业过程中所使用的汇票、支票、纸币等各种不同的信用工具,既可以被视为真正的货币与现金竞争或替代现金,也可以仅仅作为在真正意义上提高货币流通速度(如果我们把在先前所称的虚拟流通速度也包括在这个术语中)的手段。不可兑换纸币有时也被视为一个信用工具(一个表明政府纸币债务的信用工具),不过这并不正确,因为其兑换属于不确定的未来或者常常根本不会发生,所以一般来说并不影响其交换价值。比较恰当的是将其视为像代币那样的纯粹人工货币,或者将其视为不可自由铸造的贬值银币则更恰当一些,即 G. F. Knapp 所称的"epicentric"支付媒介。另一方面,纸币和银行券密切相关,而且在银行券的可兑换性被中断或者恢复的时候,有时可以难以察觉地融合在一起。

我们现在的任务是更加仔细地考察信用作为至关重要的加快或减慢流通速度的媒介的作用,特别是去确定在何种程度上一个国家的银行或政府能够通过它或者类似的手段,即在物质上去缓和由贵金属产量变化所造成的价值波动,来调节货币的价值。这是被公认的整个货币理论中最为重要的问题之一,同时也是最难的问题之一。可以说,这个问题或多或少有意识地引起了所有关于货币理论的争论,这些争论甚至使那些经验丰富的经济学家,特别是上世纪的那些经济学家,分成了完全不同的阵营。

然而在关于诸如由政府自己发行的纸币,或者在其支配下由银行发行并与金属货币一起,或者与把后者逐出了流通或逐出了该国家的替代品一起为法定货币的纸币,可以说在这方面并不存在观点上的严重分歧,至少在那些顶尖的经济学家之间不存在。关于纸币的功能以及影响其与贵金属及他国货币相对价值的那些因素,的确有一些模糊的、有争议的观点;但是大量发行的纸币逐渐贬值并因而使得所有以纸币计算的其他商品价格上涨,已经在历史上被多次证实而无须怀疑。同样,虽然并不是很多,但也有一些连续撤回纸币、恢复其价值并导致以纸币计算的商品价格下降的例子。前一种情况中的价格上涨和后一种情况中的价格下跌同样不难解释,而且已经在前文中讨论过了。至于纸币的收回,我们只需要补充这大体上能够以两种方式实现,要么通过增加税收直接收回,借此国家的收入提高到了大于其开支,在这种情况下钞票可以在当它们被用来支付税款而流入国家国库时部分地被撤回;要么国家可以用有息债券的方式发放贷款,并把从认购者那里所收到的钞票付之一炬。前一种情况中的纳税人和后一种情况中的公债认购人的购买力会变小,从而商品的货币需求将减少,所以商品价格立即以货币供给减少的相同比例开始下降。然而不管怎样,减少的货币量将最终导致全部商品价格下跌,尽管这可能而且在很多情况中也确实是被银行及其他信用使用的增加所抵消,即实际上被较小数量纸币的实际和虚拟流通速度的增加所抵消。

最近奥地利出现了一个有趣的例子,他们通过定期发行有息国家债券——即所谓的"Salinenscheine"(因为原始证券是国家盐矿),以及相应地撤回纸币,并交替着在市场中回购"Salinenscheine",也就是重新发行撤回的纸币,使其政府纸币在数十年来被控制在了相对于黄金几乎固定的比率上。

至于严格意义上的信用工具,特别是以银行券或者虚拟存款的形式向公众发行的银行信用,其对价格构成的影响仍处于很大的争议之中。这种争论是关于银行组织最适宜形式的辩论的真正本质,这个辩论贯穿了大半个19世纪而且现在也不能说已经终止了。按照一种被叫作所谓的通货学说〔在19世纪初期李嘉图是这种学说最著名的倡导者,后来该学说在1844年的皮尔银行法案(Peel's Bank Act)中以实用的形式表达出来〕的观点,银行通过给予信用,特别是通过发行银行券而拥有了增加通货继而提高商品价格的无限权利。如果银行不必以金属兑换其银行券就更是如此,就像李嘉图时代英格兰银行的情况那样。另一方面,如果银行的这个义务存在〔这是李嘉图本人唯一没有一贯要求的一个良好银行体系的条件,其于 1819 年由第一皮尔银行法案(first Bank Act of Peel)在英格兰被建立〕,那么对银行就自然地有了一个强有力的控制措施,这只是由于这样一个国家的商品价格无法再明显地上涨至超过所有其他使用相同金属作为价值度量的那些国家中的价格水平,因为这会使该国遭受金属流出的损失,从而迫使银行限制信贷措施。但是另一方面,正如李嘉图也指出了的,它并不能阻止一些国家的银行采用相同的政策以及随着金属货币一起发行一些银行券。那么价格总水平就可能上涨到任何高度,而且由于那样的话金属货币将没有理由向一个特定的方向流动,所以银行券的可兑换性将不再是对价格上涨的约束,除非它已经涨到了对黄金的工业需求开始明显地减少银行储备的程度。就此而言,如众所周知的那样,皮尔银行法案要求所有在某一限额之上的银行券都要有足额金属准备金,这一点几乎被其他国家在银行法中原封不动地照搬了,这意味着完全采用了李嘉图的原则。

然而,这个措施作为稳定商品价格的手段在社会层面来讲当然是很不完善的,即使以此刻正在讨论的观点看来也是这样。发行银行券只是银行可以支配的增加交换媒介总量或者货币流通速度并以此来提高价格的手段之一,英格兰的例子最好地说明了当银行券的发行受到过于严格的限制时,其他手段是在何种程度上被越来越多地应用的。在英国的银行所经手的交易中,只有一小部分是用银行券或现金完成的,更大的部分是由往来账户上的支票支付所构成的。在其他的国家也出现了相同的发展,只是程度上小一些,比如德国和美国。但是,一方面由于这个原因当前的银行法无法阻止由通胀的信贷政策所造成的初始价格上涨(更不必说由硬币供给增加所产生的价格上涨),而另一方面,它在需要增发银行券以防止货物和商品的价格大幅下跌的时候对增加银行券发行加以不必要的严格限制,例如在其他信用工具由于个人之间缺乏信任而不起作用的危机中。皮尔银行法案还没有由于这个原因引起商业大灾难完全是由于银行特别是中央银行,已经越来越多地采取了预留大量未用贷款的做法,这是皮尔银行法案的原始计划中没有考虑到的一个做法,也正是由于这个原因该法案在首次执行期间不得不被暂停了好几次。

另一个观点,通常被叫做银行原则(一个本质上模糊不清的事情的含糊不清的名字),它源自于皮尔银行法案的反对者,其中最著名的是托马斯·图克(Thomas Tooke),他以其巨著《物价史》(*The History of Prices*)而闻名。我们在这里无法详细地讨论图克和富拉顿(Fullarton)对实际控制银行系统的皮尔银行法案中的偏见所做的精妙批判,特别是他们对李嘉图及其信徒所严重忽视了的银行准备金的至关重要性的强调。我们只能考虑他们关于银行信贷影响的观点,特别是发行银行券对价格的影响。这一学派,或者至少它最坚实的代表人物,只要是银行仅根据绝对可靠的抵押品用贷款的形式向公众授予信用,就否认任何这样的影响。图克说,即使银行没有被强迫以黄金兑换其银行券,他们也不能在这种情况下增加或者减少流通中的信用工具总量。不论商业交易在这方面所需要的是以何种形式,例如贷款,从银行中取出什么,也不论其所不需要的以存款或偿还贷款的形式返回到银行的是什么。这个断言可能显得有些自相矛盾,因为从理论上来说银行可以自由地收回其所有银行券或者所有贷款;但如果它们真的这样做了,它们也会拒绝满足那些合理的贷款需求——这与最初的假定是相违背的。

图克的观点基于综合性的统计数据,这些统计似乎表明银行券的大量发行实际上从来不是先于价格上涨,而总是紧随其后。按照图克的观点,这个事实就证明了交换媒介的数量从来都不是起因,恰恰相反,它每次都是结果,是价格波动和成交量对交换媒介需求的结果。图克和富拉顿都在他们的观点中着重地指出了国家纸币(包括由银行以银行券形式提供给政府的)与经常以贷款的形式所提供的严格意义上的银行券之间的本质区别。他们说,在一种情况中,银行券被发行来用于直接对商品和服务进行支付,并不返回其发行银行而是仍然掌握在公众的手中;而在另一种情况中,它们仅仅作为有严格偿还准备金的贷款进入流通,因而总是在数月后返回发行银行。然而在这方面可以注意到,如果银行连续不断地把支付回来的银行券再重新发行出去,富拉顿和许多支持他的其他经济学家如此注重的银行券的返回就不会有显著的重要性了;政府纸币也频繁地以支付税款的形式返回到发行者那里,如果它们仍然在公众手中,那是因为政府继续重新发行了其纸币以满足当前开支。再者,至于银行券以存款的形式返回到银行的情况,这在纸币上也可以发生,而且实际上是经常发生的。在两种情况中公众存款都是因为可以从所存入的钱上得到利息(或者相应的利益)。银行反过来支付这样的利息是由于它们想要在较高的利率下把银行券尽可能快地发放出去,或者尽可能发放出大部分的银行券。

图克的论点被约翰·穆勒以改进的形式得到了发展,关于约翰·穆勒,马克思带有些敌意地说,他的货币理论成功地同时包含了他父亲(詹姆斯·穆勒,他是李嘉图的朋友)的观点和与之相反的图克的观点。穆勒认为在正常稳定的时期里,当每个人都只为了业务需求而借钱,并且都只是按照自己或者合伙人同意的资金增长比例扩大业务时,图克关于银行在价格波动方面无害的观点是完全正确的。在这种情况下银行增加贷款的供给是没有用的,而且即使银行能够用较低的利率吸引借款人比往常借得更多,所借出的钱还是迟早会落入到一些不需要它们的人的手中,然后又会作为存款返回到银行。另一方面,在动乱年代,当危机来临时,那些以前通过相互贷款、汇票或者普通的赊购方式实现了人为地保持价格的商人,必定会由于失去信心后去寻求其他更安全的信用工具而转向银行贷款,以穆勒看来,银行所处的境地无疑会是太过慷慨地发行银行券或者发放贷款,以致不能维持乃至加强价格的人工上涨并从而减缓一场无可避免的且对于重建良好的商业环境所必需的危机。德国人 Nasse 和阿道夫·瓦格纳接受了穆勒所持的这种观点,并且可以说这种观点目前在德国经济学家中盛行。从这些学说中所得出的实践结论是所有对银行业务活动的限制都是真正的恶魔,或者至少可以说这些限制只能在像上面所提到的这种危机时期才能与银行业务活动关联起来。为了国际汇兑的利益当然必须要坚持银行券对现金的可兑换性,而且为此银行必须总是被提供以充足的准备金。至于严格意义上的银行券保证金、普通的银行商业票据或者其他易于变现的证券,应该是完全充分的也是最理想的,因为它们结合了安全性和弹性。在稳定时期银行也必须持有大量的黄金储备或银行券储备以备在危机来临之际满足对贷款的需求增加。

就银行系统的实际组织机构而言,这两个学派之间的差异并不是特别的重要,而且可以说目前存在的银行系统是二者折中的结果,尤其是如果我们记得在严格的管制和规定之下发行银行券的权利只是现代银行业务活动的一部分,而且在很多国家中只是很小的一部分,在其他方面它享有几乎充分的自由。但是对于我们在这里即刻所关注的问题(即货币和信贷在正常条件下对价格的影响),两个观点之间有着天壤之别,这种观点上的分歧今天依然存在,尽管对它的辩论已经持续了几乎一个世纪。

8. 对李嘉图和图克学说的批评

这个令人沮丧的结果当然是由于双方都未能洞察到所争论问题的本质或者以易于理解且没有矛盾的方式展现其观点以便通过逻辑的力量使对手哑口无言。双方都没有这样做是许多外部条件造成的。对于这个问题,我们当然期待无比智慧的李嘉图能够给予一个详尽彻底的解答,但他只是一带而过。他主要对演示未铸币黄金与不可兑换纸币之间的价值差别(实际上,即 金条的高价,也就是他著名的第一篇专题论文的名字)感兴趣,这种差别是在英国的"银行限制法案"实施后期出现的,它无可置疑地证明纸币已经贬值了，而这转而又证明了它是由发行纸币的银行尤其是英国银行过于自由的纸币发行以及过于宽松的信贷发放所造成的。在一个即使是商业领袖和政治家们都对货币单位、价值尺度、汇率等提出最不明确的概念的时代，这种说法的前一部分绝不像它在今天这样不证自明。他的反对者的观点则恰恰相反，他们认为黄金已经升值了，当然这从根本上其实相当于是一回事。李嘉图以迥异于其后期沉闷风格的新颖、直白的语言对这种冲突观点的清晰和明确的分析，永远是国民经济学著作中的瑰宝。甚至这种观点的后一部分也几乎无可争议，图克及其学派也没有对此提出异议，他们和李嘉图都强调了目前已经被普遍接受的观点，即银行在遭遇汇率下降和黄金外流的威胁、进而纸币又因此而贬值时，必须将限制信用作为处理措施。

然而李嘉图的阐述仅仅在纸币与黄金的关系——即关于它们低于其票面价值的可能性的问题上，是完全令人信服的。它们与商品的关系，或者与商品价格水平变化的关系，却未必是一回事。银行一方通过较低的贴现率造成的过于自由的信贷可能导致本国资本的外逃，而且就像我们能够清楚地预见的，继而造成黄金外流，即便这期间本国价格水平没有同时出现波动。那一时期在英格兰确实发生了商品价格的大幅上涨，无论是以黄金来表示的商品价格还是以纸币来表示的商品价格都是这样，这一点和其他的一些事情都由图克对价格的调查所充分证明了。但是这种价格上涨开始于黄金溢价出现之前，而且在那些长期战争的日子里极可能还有很多其他的原因，比如高额运费，由于英格兰当时进出口产品结构的缘故，运费构成了其国际收支中的一个非常重要的因素。

李嘉图关于这一点的证明都太单薄了，甚至有些肤浅。他想表明过量发行纸币对于商品价格的作用与黄金真正过剩所起的作用相同，并且为了这个目的，他甚至动用了英格兰银行金库中所发现的一张虚构的金矿区的画（在"Reply to Mr Bosanquet"中）。就像这样的黄金囤积，不管是以金币形式的囤积还是以金币为基础的纸币形式的囤积，都会在短时间内在公众手中流通并造成商品价格的上涨一样，他认为只要银行愿意，那么它们无限量地发行这些不可兑换纸币或者没有储备支持的纸币一定是可能的。对于其反对者的异议，即只是被贷出且必须被偿还的纸币（而且，反对者可能会补充说，与源自银行假想金矿中的金币）与从一开始就属于持有者并主要用于购买商品的真正新生产的黄金之间必定有本质的区别，李嘉图的回答是没有区别，因为即使是新生产的黄金的功能也是被借贷出去。如果黄金的所有者没有立即把它借出去，它也迟早会落到将会把它借出去的人们的手里。这个回答是不能令人满意的。从黄金出产国运到欧洲的黄金通常并不是以要被借贷出去的资本的形式而是以支付货款的形式抵达的，因而立刻发挥着和其他汇款相同的直接交换商品的功能。即使一些黄金以标的物的形式存在了一个银行中，它们也会立即将相应数量的纸币或支票投入流通，前者兑换黄金而后者用那些黄金存款兑付。因此在这里我们发现了明显且无可辩驳的更高价格的趋势，尽管不是从主要以贷款形式离开银行的货币上发现的。

和我们刚才所做的一样，李嘉图也设想了一些国家从前只有金属货币、现在授权其银行以"与英格兰银行相同的原则"发行钞票的情况，即有权发行无储备支持纸币（但见票即付）的情况。他声称,如果同时发生了这种情况,因为金属货币无处可去所以并不能被逐出,而银行因此将能够向已经充足的流通量中补充更多数量的信用工具。他接着说,如果这一点可以被接受,那么问题就解决了;如果这一点被否认了,他则反问无储备支持的钞票怎么能够产生并进入流通呢。但是这个论证也不是很有说服力。毕竟银行纸币可能是由于人口增长或者交易量增加,因而需要更多货币(除非价格下降),但是货币供给不足,才发行的。或者说它们可能是被发行给了政府,而没有任何兑换的义务,在这种情况下没有任何人会质疑它们对价格上涨的影响。值得注意的是李嘉图从未详细地研究过银行通过何种方法可以将其更大数量的货币或者纸币存量成功地投入到流通中,特别是降低贷款利率对于对信用工具的需求以及价格水平会起到何种作用。这可能是由于在他的时代利率被从法律上限定在了最高5%。一旦银行达到了这一最高限度,它们就不能再通过提高利率来限制其信贷融资,而是不得不通过直接拒绝向某些客户提供服务来实现这一目的,即使这些客户能够提供最好的担保。在18世纪,当英格兰银行被迫以黄金兑换其纸币时,在该银行的黄金储备由于某种原因可能要发生枯竭的情况中,这种办法经常被重新启用。然而兑换钞票的责任一经解除之后,该银行就不再需要拒绝向其客户提供服务了,并且原则上如果提供了足够的担保,它们也没有拒绝过。正是在这种情况下,李嘉图发现了钞票贬值的主要原因。

不过从他作品中的一个段落来看,关于利率变化对价格的影响,似乎他自己也不是完全清楚。否认过量的纸币是银行纸币贬值原因的那些人坚持认为除了其他方面以外,如果存在这种过量,则一定会通过异常的低利率显现出来。对于这一点,李嘉图理由充分地强调说只有当货币的过量没有引起相应的价格上涨时,才会发生货币利率的下降。一旦发生这种情况,相对于成交量的要求而言就不存在货币过量,因此没有理由把利率维持在低于正常水平,而这,他评论道,是由实际资本的供给和需求调节。

到目前为止,一切都很好。但是为了进一步强调不可能永久地降低利率,他试图进一步地用*反证法*来证明,但这不太有说服力。他说,如果这样持久地降低利率是可能的,"那么银行实际上将成为强大的发动机"。通过发行纸币,并以低于公开市场百分之2或3的利率将其借出,银行将同比例地减少营业利润,如果他们足够爱国而仅以支付发行费用的成本为利率借出他们的钱,利润将进一步降低。那样的话将没有一个国家能够和我们竞争,除非他们采取类似的措施,所以我们将掌握世界的全部贸易。接着他说道:"这样的理论会把我们引入多么荒谬的境地啊。资本的利润只能在与不包括交易媒介的资本(实际资本)的竞争中减少,但是由于增加纸币不会增加这种资本,因为它并没有增加我们的出口额、机器的数量或者原料的数量,所以它不能增加我们的利润或者降低利率。"

甚至这一论证的形式也是奇特的,在一开始和随后,他指的是降低企业利润,但最后他似乎指的是提高它们的可能性。然而,这可能是由于不准确的表达,但是迫使企业利润下降通常会提高一个国家的竞争能力这个观点是肤浅的,完全不符合李嘉图在后来所采用的并以其命名的著名的国际贸易理论。没有人比李嘉图更清楚,国家之间的商品交换不是由绝对生产成本调节,而是由相对

第四章 货币的交换价值

生产成本调节的。一个由于其技术或自然资源的原因可以用比其他国家更少的劳动力生产所有商品、因而在每一点上都占有技术优势的国家，仍然会在其自身技术优势相对最小的商业领域逊色。特别是就增加资本积累和由此造成的利率降低及资本利润降低的影响而言，这当然会造成那些需要特别大额资金来生产的商品降价，而且自然也会造成那些需要相对较少量资金的商品的成本增加。正如李嘉图在其他地方清楚地表明了的那样，除地租以外，资本的利润下降与提高劳动在产品中的份额——即增加工资是一样的；但是高工资使所有这些主要是手工劳动的成果并且不需要使用太多资金的商品更贵。增加资本财富造成的利率下降因而导致这两组商品的相对价格变化，但是除了增加实际商品的数量外不会对一般价格水平造成令人沮丧的影响，货币价值仍然会保持稳定，并有可能引起的货币流通放缓。但是从货币价值比较成本理论的角度来看，如果在黄金的生产中资本与劳动的比例低于其他行业，利率降低只会造成更低的物价，但是在相反的情况下它会导致物价提高。我们此刻不必考虑这些假设中的哪一个与事实符合得最好。

仅仅由于金融机构方面增加信贷措施而降低的贷款利率更不会有这样的效果。这将与李嘉图在其他地方尤其是在这些作品中所支持的货币和价格形成的整体概念相抵触。让我们以在英格兰银行内发现金山的极端事件为例。为了使增加的货币进入流通，还是要通过贷款的方式来完成，银行必须至少暂时性地需要将其贷款利率或者对票据的贴现率降至低于从前的水平，这是李嘉图承认的事实。现在，如果利率的降低能够造成生产成本的降低以及随后的价格下降,那么对信用工具的需要就将被减少而不是增加,一部分已经流通的货币会流回到银行,并经由这些银行流回到英格兰银行,这样一来,银行就不能把哪怕只是最小量的过剩黄金储备投入到公众流通中。如果要使这种观点不自相矛盾,我们必须假定银行主动地降低贷款利率(也就是说降低利率不是由实际利率的下降引起的)将造成更高的生产成本和更高的物价,因此,该国的对外出口能力将会下降,而不是增强。无论政府提高纸币发行量还是银行降低贴现率及其他贷款利率,都将导致金属货币的流出以及用它们所支付的外国商品的流入,这完全符合李嘉图的综合观点,几乎无可辩驳。但是李嘉图的观点根本没有解释为什么、如何以及在何种程度上低利率会有这样的效果,而这是整个问题的实质。李嘉图在为一个不证自明的论点提供惊人证据的热情之下,提出了一个模糊且部分错误的说法,这难免为后续问题的讨论产生了不利的影响。

当解除了对利率的限制时,正如 1833 年在英格兰所发生的情况那样,银行由于能够提高或者降低其利率,从而得到了随心所欲地增加或者减少其贷款的工具,利率对商品价格的影响问题就变得愈加惹人注目,一个对皮尔银行法案有利的主要论据正是这将迫使银行在商品价格变得过高、可能出现贸易逆差威胁时迅速地提高利率。图克确实曾用被视为是无可辩驳的统计数据表明了高企的商品价格几乎从来就不是过度发行纸币的后果,而通常是在此之前发生的。然而,这并没有真正证明什么,因为正如图克自己所解释的,大宗业务在那个时候主要是利用硬币或纸币以外的媒介。因此,如果银行过低的贷款利率是价格上涨的推手之一,那么

第四章 货币的交换价值

它们因而自己造成了对周转媒介需求的增加,而这可能最终导致对纸币的需求也增加,尤其是当价格上涨已经变得非常普遍并渗透到了那些更喜欢使用纸币的行业(在英格兰,其中包括畜牧业)的时候。

但是,图克坚决否认降低利率通常会抬高价格。像往常一样,他首先从经验现实出发,并指出商品价格的上涨通常与高位的、上涨的利率同时发生,而不是相反。这种看法的正确性是不容置疑的;后来的统计数据多次完全证实了这一事实,不过我们将在后面看到它将如何被正确地解释。但是图克更进了一步并坚持认为降低利率的效果恰恰与皮尔银行法案最初的捍卫者所设想的相反。"普遍地降低利率,"他说[1],"相当于,或者说构成,生产成本的降低;而且相当明显,尤其在那些投入更多固定资本之处是必然结果,比如制造业。但是,对于所有那些由于时间关系对资本支出的需要通常发生在商品(无论是原料还是成品)进入市场之前的情况,这也是属实的。由于生产商的竞争而造成的较低生产成本必然导致所有这些商品的价格下跌,以至于货币的利息成为成本的因素。因此,我们必须假设,"他补充说,"在过去两年中普遍存在的相当低的利率一直是我们最重要的一些工业商品价格大跌的促成因素,而工业商品的价格下跌是与利率下降同时发生的。"

如果我们强调的是"工业商品",也就是说,所讨论的商品是那些需要特别巨额资本(在这种情况下指固定资本)的商品,最后的结论可能是完全正确的。但是在一般情况下,图克的观点肯定是

---

[1] 详见 Currency Principle 第三版,81 页。

错误的；它与我们刚刚批评过的、李嘉图提出的观点恰好是一致的，两者的区别在于，在李嘉图看来，这只是一个草率的窜改，与他的普遍观点没有什么联系，而在图克看来这是他的理论基础和前沿。这个观点是基于不能接受工资和地租同时保持恒定（不是说其不可能）的假设，而在现实中降低利率相当于提高其他生产要素在生产中的份额。事实上，正如李嘉图（以及最近庞巴维克）所证明了并且经验通常所表明了的那样，在其他条件不变时，工资或地租的上涨，正是把更多的资本投入生产获利的必要条件。因此，实际资本（增加的储蓄）供应增加造成的贷款利率下降本身既不会造成平均价格水平的上升，也不会引起平均价格水平的下降。

然而，在当前的情况中，并没有增加实际资本的问题，至少在一开始没有，而只是通过银行信贷所创造的人造资本的问题，是购买力增加的问题，而与其相对应的是目前商品和劳务的数量不变：这是一种几乎不可能不引起价格普遍上涨的组合。我希望接下来的章节会使这一切更加清晰。

不过，在某种情况下，较低的贷款利率，无论是由何种原因引起的，也不是没有可能成为价格下降的理由——但不是目前的价格，而是目前计算的未来价格；这就是企业主承诺执行某些工作，如建筑物，要在一至两年内以商定的价格完成的情况。如果他计算自己的成本时假设工资和原料价格保持不变，那么较低的利率更容易驱使他以比本来能够承诺的价格更低的价格承担这项工作。但是如果在同一时间源自其他企业家的需求增加造成了人工和材料价格的上涨，就如通常所发生的那样，他就会悲伤地发现，他算错了。

图克当然对较低的银行利率是"投机的诱因"以及随之而来的较高物价的原因这一普遍质疑并不陌生，但是他试图通过下面的反对来弱化这一点，即当预期的价格上涨是如此之巨、利润可以在如此之短的时间内实现时，在保存借来的资本的基础上对商品的投机几乎不会发生作用，以至于较高或较低的利率或者贴现率是相当次要的问题。另一方面，他认为，在这种情况下，商人必须利用的购买力增加根本不需要由银行来提供。在这种条件下普通商业信用可以给投机者带来得到与他们的自有资金量明显不成比例的商品数量的机会。他从19世纪30年代末和40年代初英国的茶叶和粮食贸易中提出了一些引人注目的、经常被引用的例子。

但是，图克混淆了两种本质上不同的现象。他所举的商品投机的例子是那些由于政治事件而结果不好的例子，即价格在未来的上涨可以或多或少被确定地预见到。那么，在这种情况下，当前价格由于投机者的竞争而上涨并不奇怪，那么对于这样的投机，降低利率的吸引力当然很没有必要。相反，这样的投机者，如果他们不怕误判的风险，通常会为了获得短期贷款给出高于正常水平的利率。然而，就必然影响所有商业交易及所有资本主义生产的投机因素而言，利率对物价的影响是完全不同的问题。商人通常不会指望未来的价格上涨，而是与此相反，通常会假设目前的商品价格维持不变。不过，如果当前那些对其的支付只会在将来完成商品和服务，平均以相对于贷款水平而言较高的价格售出（这是每一笔贷款交易和每一次预付款的实质），这只是由于利息的普遍规律以及这样的事实：如果劳动和土地的成果没有被立即消耗，那么可以认为这样的方式将给它们带来比它们目前的方式更大的（边际）

生产率和更大的消耗品产量。如果银行或者出借人通常要求的更高价格恰好相当于这个价值差(=等待的边际生产力),那么将实现均衡,而且商品和服务的付现价格将一年又一年地保持不变,至少在其他条件固定的情况下是这样。而且,如果他们提供了更便宜的贷款,那么即使现有价格是其计算未来价格的基础,显然企业家也将可以在没有损失企业常规利润的情况下,为原材料、劳动和土地支付稍高的价格,并且由于他们之间的竞争,他们将多少有些不得不这样做;这样当前价格水平将被间接地提高,因而未来的价格水平也将提高。所以并不是这种多少有些投机性的企业像在贸易周期的爆发中的那样被鼓舞的问题,而是在一定方向上对经济发展的缓慢而持续的压力的问题。比如说,一家企业正准备扩大其业务,并且被可以用比平常更便宜的价格得到资本而促使其这样做;另一家企业可能正要限制其业务或者干脆关闭企业,但却由于较低的贷款利率而坚持下来了。一种增加企业、增加对商品和服务需求,且因而直接或间接地抬高物价的趋势,于是毫无疑问地构成了每一次贷款利率自发降低的基础,不管它是由货币供应量增加引起,还是仅仅由银行信贷使用的增加所引起的。

但是,当然,这还不是唯一的因素。如果与此同时预期资本收益大大增加,比如因为在生产上的技术改进或者对资本需求的增加(也就是等待的边际生产率普遍提高),则在不变甚至更高的利率时也可以见到完全相同的效果。这是由于对这种现象一直被不可调和的对立面所代表的本质上同一事情的不同阶段的复杂本质的忽视。银行总是当资金充沛时降低贷款利率,而在资金稀缺时特别是在贵金属向国外流出经常导致的贴现率提高的情况下提高利率,这显然是对李嘉图的理论支持,而对图克理论却是一个绊脚石。如果图克的看法是正确的,我们将面临奇怪的情况,这种情况甚至在他自己的时代也被作为反对他的论据,即为了提高贴现率和贸易的平衡,根据他的理论,银行将采取会导致生产成本更高、价格更高以及对已经非常有限的出口进一步限制的措施。图克对此的答复是在这种情况下提高贴现率通常持续时间太短,以至于无法影响产品的生产成本;而且,另一方面,它产生了一种直接的信用紧缩,带来倒闭和被迫销售的通常后果以及价格的下降,因而出口受到鼓励,对于信用工具的需求降低,黄金流回银行。

这种推理肯定是有些曲解,被迫出售和破产,充其量只是高贷款利率所引起的被迫供应当前商品中的一个因素。这样主张肯定会更好:即使价格水平没有变化,高贴现率也会导致外国资本的流入和未清偿商业债务的延期,以及哪怕只是偶然发生的贸易平衡的改善。但是尽管如此,差异依然存在,正如我们在谈起李嘉图的理论前后不一致的时候已经看到的那样。根据这一理论,银行方面的持续低贴现率会导致商界人士对贷款需求的减少,而不是增加,资金会流入银行,并会导致利率的进一步降低,诸如此类,直到利率降至零。另一方面,如果过高的利率长时间持续,他们会通过提高生产成本和商品价格,产生对货币不断增长的需求,而银行妄图维持其储备和其黄金持有量,这些将迫使利率越来越高。换言之,货币利率将处于不稳定的均衡状态,在一个持续的恶性循环中每一个与适宜利率的偏离都会被加速。

据我所知,图克的追随者中没有一个人投身于其推理的这个方向。他们满足于坚持银行在商品价格和信贷工具的需求方面的所谓的无能为力。Nasse 在其早期的货币著作中(不过在他后来的作品中有点不一致,后来他倾向于相反的观点)以及阿道夫·瓦格纳在其著名的著作 *Geld-und Credittheorie der Peel'schen Bankacte* 中也是如此。纳西主要依靠经验,根据经验,低利率往往被证明无法提高流通量以及使银行的可用资源进入流通。而瓦格纳则依靠以下几行的理由来强化其观点。他说企业对信用工具的需求是一个有些模糊的概念,他承认,银行增加对信用的提供,例如通过低于平时相对于公开市场利率的贴现率,可以自行产生对银行信贷尤其是对票据的需求增加。但是,他说,"纠正措施就在手中;以低于市场的利率不断大规模提供票据银行很快就会发现它的票据返回银行 *要求兑现*[①],部分原因是发行票据的数量很快引起反感,部分是因为在所有可能情况下发生的交易量不需要那么多的票据增量。"这种说法显然是错误的:由于对银行兑换其钞票的能力不信任而到银行挤兑的行为在时下是一个特殊的事件,可以被认为是过去的事情了。此外,有观点认为,如果商界人士不需要如此多的信用工具,他们会将其兑换成金币,除非收支平衡也同时变得更糟,这种观点是自相矛盾的,因为那样的话金币将取代过剩的钞票。更可能的是过量的钞票以存款的形式流回银行;但如果这发生在发行钞票的银行,银行不会受到任何伤害;他们可以再次发行它们,并同时从储蓄利率和贷款利率的差值中获利。

但是,更为重要的是,正如瓦格纳继续补充的,如果在一个国家的一些发钞银行中,其中一个或多个银行努力降低自己的贷款

---

① 斜体字是我自己设置的。

利率,以增加他们的贷款额度,那么它们的钞票将很快到达其他银行,被他们拿来用于支付或者产生往来账户上的利息权益。情况无疑确实如此,不仅是对发钞银行,总的来说对其他银行也是。单独的一个银行不能将贴现率显著低于其他银行;它将因此而获得许多借款客户,但不能得到相应数额的(真正的)存款。它无法与其他银行兑现它的支票,因而很快就会破产,或者至少缺乏流动性。但是,如果所有银行都同时奉行同样的贴现政策,那么这仅适用于每一个与其他银行相对应的银行,而不是一个国家的整个银行系统。

那么,最终调节资金利率,并防止一个国家银行通过共同协议来随意降低它们利率的是什么呢?如果我们接受这将导致这个国家中的商品价格连续上涨的观点,那么答案是明确的:在凡是没有小面额钞票以及在商业中使用金属货币的地方,则基于这种假设,国内贸易对黄金需求的增长将很快地使银行的金库变空。此外,这也适用于那些只使用纸币的国家,它们相对于外国的状况很快会由于贸易收支不平衡而变得不稳定。另一方面,如果我们否认低位的货币利率对商品价格的作用,那么就可能会设想到低位的利率会把国内资本逐出这个国家;银行存款被以黄金的形式取出,纸币会被兑换为黄金,而这些黄金将被送往国外用于资本投资。当然,这只是在回避整个问题。如果我们更进一步,假设整个商业世界的所有银行都同时降低货币利率,按照这种观点,也很难看出从哪里以及如何有所反应。相反,无论愿意与否,我们必须假定,这种减少可能会达任何程度而不带来任何难以承受的后果。储户对这种情况的不满实际上会是很大的,但是同时他们又无能为力,因为他们找不到别的地方能够从他们的金钱上获得比银行愿意提供的更高的利率,他们将没有理由提取存款。而且即使他们为了自己以某种方式使用他们的金钱而提取存款,假设成交量不能吸收更多的交换媒介,这些钱也会很快地流回银行。在另一方面,对所有非资本家的有利结果是非常明显的,企业将得到以非常便宜的资本进行运营的优势;企业的回报和工资将上升,而产量将增至最大限度,最高程度的繁荣将会实现,这都是由于银行账簿上的几个数字改变了的缘故。蒲鲁东(Proudhon)的理想,无息信贷,就可以实现了!

9. 积极的解决方案

从这些混乱模糊的想法中找到正确的解决方法是非常不容易的,这些截然相反有时甚至自相矛盾的观点是由最著名的学者为之辩护的。也许在某些方面目前不可能有解决方法,至少期望它可以直接被经验验证是不可能的。具体的实际情况太富于变化和纷繁复杂,以至于我们不能找到直接验证的途径:把这种现象隔离出来既棘手又令人生疑。唯一能非常令人满意的实验证明是世界上所有的银行达成一致,为了纯粹理论的兴趣,开始大幅度地提高或者降低它们的利率,并至少维持这种利率运行好几年,这样对商品价格的影响可能会局需冰束。但是,我们为了这样的实验将不得不等待很长的时间。因此,当前唯一的办法,是诉诸于被普遍接受的经济学原理:为了令人信服,一种与它们显然矛盾的观点将比与它们完全一致的观点需要更多的证据。如果后一种观点本身没有矛盾,并且没有明显地被经验所驳倒,那么它可以作为一个能够指导我们对事实进行更详细研究的工作假设和临时理论。

以上分析的货币利率取决于*实际资本*的供给和需求,或者像亚当·斯密和后来李嘉图所表述的那样,利率由所使用资本本身的利润而不是由为产品流通提供便利的黄金数量和质量调节,这就是一个被公认了的上面所说的这种原理。就整体而言,这是不容置疑的,而且其原因无人不晓。金钱本身并不进入生产流程:它本身,正如亚里士多德所说的那样,完全没有生产能力。那些付息借钱的人通常不打算保留它,而是一遇到合适的机会就会用它来交换商品和服务,通过货币的生产性使用,他希望能够获得的不仅是货币价值的等价物,而且还有剩余价值,这些剩余价值构成了真正的利息,并且或多或少地与他本人所必须支付的贷款利息相对应。

在人与人之间的简单信贷中,资本利息和货币利息之间的关系很容易理解。出借人也有把他的钱投入生产的选择,如果借款人不能使他完全满意,他可能更喜欢这样做。一般说来,借款人在这方面的能力或者机会确实会比出借人的好,因为后者常常不能或者不愿意承受生产经营附带的风险。事实上,这就是为什么在不同的方面合理的贷款交易必须是互惠的原因。但是,这方面的差异也不一定要非常大:一个自己无法管理公司的人时下也有机会作为股东、债券持有人等参与其中。此外,还有另一种情况使得实际利率和贷款利率多少有些相符,那就是企业家之间对贷款资本的竞争。

当然也不能要求它们完全相符,因为资本的利润远不是一个统一的概念,而是根据企业成功的程度不同而有很大的不同。此外,短期利息和长期利息之间有差异,其中只有后者对应于实际利息。在许多私人融通贷款的情况中常常不支付利息,部分是因为借款人只能从中获得较小的利益,部分是因为贷款人常常在此期间无法为他的钱找到任何生产性用途。这种差异在很大程度上被信用市场消除了,不过不是完全地消除了,这一点可以从普通贴现率与抵押贷款和债券的利息对比中看出来。然而,应该注意的是,所谓的私人贴现率(公开市场利率)绝不相当于平均利率,即使短期贷款也一样。这其中存在一级证券、有银行承兑或者背书的票据等的问题,相比作为真正意义上的资本投资工具它们更可能被用作现金储备,因为它们可以在任何时间被兑换成现金。

贷款利率,也就是实际利率的直接表现,我们称之为正常利率。为了更准确地把握和界定这个概念,我们必须首先了解清楚实际资本这个术语。当然,我们在这里主要关注的不是那些不同程度地固定于或占用在生产上的资本,如建筑、船舶、机械等,因为它们的收益只是通过吸引或排斥在生产中使用新资本而对利率有间接影响。我们关注的是后一种以自由和未投资形式存在的流动资本。

但是,这部分资本由哪些构成?在这一点上通常的认为是商家仓库中的存货、制造商仓库中可以用于消费的物品、原料或者半成品。但这是不正确的。产品库存的大小对于真正的资本现象是无关紧要的,尽管某些情况下可能变得重要。与此相反,在近似的情况下,我们可以完全忽略的库存的存在,并且假设所有的产品、消费品、原材料和机械一旦准备好用于消费或者进一步的生产过程,就能找到销路。在这种情况下自由资本根本不会有任何物质形式——这很自然,因为它只是暂时性存在的。资本的积累源于那些在不久的将来放弃消费他们一部分收入的人的决心。由于他们减少或者停止对消费产品的需求,那些本来需要被用于生产它们的劳动和土地被释放出来去产生用于未来生产和消费的固定资本,并且在任由他们支配的货币节余的帮助下被企业家用于这一目的。当然,这个过程是以在生产的重新组织中有适应性和一定程度的前瞻性为前提的,而这实际上并不存在,不过与主要现象相比这通常是次要的。

对贷款资金的需求与储蓄的供给完全相符时的利率,以及差不多符合近期所产生的资本的预期收益率的利率,将是那时的正常利率或者自然实际利率。它本质上是可变的。如果资本使用的前景变得更好,需求将增加并开始超过供给;利率将接着上升、进一步刺激储蓄,同时企业家的需求收缩,直到在一个稍高的利率达到新的均衡。并且对于市场上的商品和服务也一定因此而达到均衡(广义上说,如果它没有被其他原因干扰),所以工资和价格会保持不变。于是货币收入的总和因此常常超过每年生产的消费商品的货币价值,但是过剩的收入(即每年节余和投资于生产的那些)不会产生对当前商品的需求,而只能产生对用于未来生产的劳动和土地的需求。

然而,以上所述只适用于人和人之间的信贷,即便如此在现实中仍有许多例外。在某些情况下,大幅度的价格上涨实际上可以仅用私人信用维持,例如用赊购商品代替货币交易。本质上,这种现象也适用于我们现在将要开始阐述的一般规律。如果获利的机会增加了,一个通过信用来获取商品或者服务的人,可能由于某种原因自愿提出较高的利率而不受损失。然而,如果卖方只要求普通的利率,或者在短期贷款的情况下,根本没有利率,那么买家可能反而自愿给出更高的价格购买商品;的确,由于与其他买主的竞争,他在某种程度上将不得不这样做。如果我们在此加入有组织的信贷,特别是银行的活动,那么贷款利息和资本获利之间的关系将变得更不那么简单;事实上,那样的话这种关系只有凭借与价格波动的连接才会存在,正如我们现在所看到的。银行与个人不一样,他们在贷款时不会受限于只使用自己的资金,甚至不会受限于因储蓄而任由他们处置的金钱。通过把私人持有的现金集中到他们手里,他们拥有了一笔灵活的,在一定的假设条件下取之不尽、用之不竭的贷款资金,这些私人现金会不断地通过存款而得到补充,就像它们由于支付而减少时一样迅速。在纯粹的信用体系下,银行总是能够满足任何贷款需求,不论以多么低的利率,至少就国内市场而言是这样。但是即使在现有的货币体系中,这些也同样适用,只要降低银行利率不会对商品价格产生任何影响的假设是正确的(如果按图克所料想那样会产生影响,自然更是如此)。因此这种假设一定是错误的,直接证明它确实是错误的并不困难。如果银行以明显低于如上定义的正常利率借出它们的钱,那么首先会抑制储蓄,并且由于这个原因增加对当期商品和服务的需求。另外,企业的获利机会将因此增加,对商品和服务以及市场上用于今后生产的原材料的需求,将明显增加到与受到较高的利率抑制以前相同的程度。由于工人、地主和原材料的所有者等[1]所增加

---

[1] 这里不需要考虑企业家的额外利润,因为它们出现在未来某一时间并与较低的银行存款相对应。参见《利息与价格》(*Geldzins und Güterpreise*),124 页起。

的收入,消费品的价格开始上涨,况且以前可用的生产要素现在都为了未来的生产目的而撤出了,所以就更是如此。市场上对商品及服务的均衡将因此而受到干扰。与在两个方向上所增加的需求相比,供应将会不变甚至减少,这必然导致工资(地租)的增加,并直接或间接地导致价格上涨。

当然,增加的产量在一定程度上抵消价格上涨并不是不可能的,举例来说,如果以前曾存在失业或者较高的工资曾导致更长的工作时间、甚至由于利率下跌而无疑会带来的迂回性生产增加都会使之成为可能。但是,所有这些都是次要的考虑因素。在近似的前提下,我们可以假设所有的生产力都已被充分地利用了,所以增加的货币需求主要表现为雇主之间对劳动力、原材料和自然场所设施等的争夺,结果导致它们的价格上涨,而由于劳动力和地主增加的货币收入和对商品需求的增加,在储蓄减少而造成的商品价格上涨之外,又间接地造成所有消费商品价格的增长。

这种增长在某一时期(比如说在利率下调后的第一年)究竟有多大,是很难甚至不可能由*因*及*果*地确定的。况且增长也不是均匀地分布在商品的整个范围内,至少最初不是这样。就计划用于铁路、房屋、商店等建筑物的长期资本投资的商品和服务而言,这显然是最重要的,不过银行降低的利率应保持足够长的时间以对长期贷款利率形成影响也是必要的,迟早将是这种情况。当三个月的票据贴现率从年息4%降至3%,最多直接造成商品的购买价格上涨四分之一个百分点,这可以很容易地看出来,但是如果这种低贴现率仍然存在并逐渐造成抵押贷款和公司债券的利率下降,比如说,从5%降至4%,那么建设者、铁路公司等将能够承受

25%范围以内的工资和原材料增加,因为125克朗的4%和100克朗的5%是一样的。更重要的是,价格的增长,无论最初是大还是小,只要引起它增长的原因继续起作用,换言之,只要贷款利率仍然低于正常利率,就永远不能停止。如果价格的增长已经覆盖了商品和服务的整个范围,那么就会产生一个新的价格水平,这反过来将构成一切经济计算和协议的基础及出发点。那些看到自己的预期额外利润由于原材料和劳动力的价格增长而消失的企业家,由于他们生产的产品价格(已经发生)上涨而能够全部或者部分地获得这些利润,但是那些收入看上去只是增加了很小一部分的工人和地主则不会因为所需商品的存量有限而获益。他们在这种情况下实际获得的收益主要相当于那些在此过程中货币收入根本没有增加的消费者、借款人、退休人员以及其他人所遭受的绝对损失。人们以这些新价格来判断未来。那些只是因为他们自己能够以低廉的利率借到钱而没有期望他们的产品价格比正常价格高,从而直到现在还一直能够向工人、原材料的所有者提供较高价格的企业家,通常来说现在*即使银行利率恢复到正常的自然利率*,也能够提供同样高的价格,因为他们有理由预期自己的产品(或租金或运费等)在未来的价格仍会上涨。因此,如果银行维持较低的利率,这对于企业家是诱人的额外利润,而企业家之间的竞争,将迫使人工和材料的价格进一步上涨,并间接带来消费品价格上涨。因此,相对商品价格和一般价格水平两者之间重大的、决定性的区别,正如我已经在我的《利息与价格》一书中所指出了的,在于前者的平衡通常是稳定的,可以被比作一个自由悬挂的摆锤或者在碗底的小球。如果出于偶然它们被迫离开了平衡位置,由于重力的作用它们本身倾向于恢复到其原来的位置。而一般价格水平,在货币体系具有无限弹性的假设下,可以说,处于一个类似于小球或圆柱体在一个颇为有限的平面上的那种平衡:球没有移动,只是由于惯性和摩擦力使它呆在了它被放置之处;如果施加以一个足够大、可以让它脱离平衡位置的力量,它不会趋于回到原来的位置,如果让它运动起来的力量(在这种情况下,即正常利率或者真实利率与实际贷款率之间的差异)停止发挥作用,它们将保持在一个新的平衡位置上。

由此而得出的一个推论是以这种方式所带来的价格上涨必然在长期内压过低汇率时可能存在的某些商品和在某些情况下的价格降低倾向,因为这些至少只是一次性的而不是累积地产生作用。除了其他的以外,正如 Mangoldt 所指出的,这种情况的普遍趋势是在低利率时,特别是在原始条件下,一些人为了方便或者因为害怕承担风险的原因,宁愿将大笔的资金闲置而不是把它们借出去,所以流通的速度就减缓了。这种论述的真实性几乎无可争议,但即使在这种情况下,也只能施加压力令价格上升到一定的程度,而我们现在所讨论的压力则只要有银行利率与正常利率之间的差异存在,就趋向于无限制地提高产品价格。

这个结论可能看上去令人惊讶,甚至是不真实、不可能的,但我们不应该忘记,它与价格因为黄金的实际过剩而上涨,新的黄金以银行贷款的形式到达公众的手中时会发生的情况完全一致。这当然不是普遍的情况,因为从国外流入国内的黄金部分地直接用于支付商品。在这种情况下,它应该立即引起商品价格的上涨,并且这种上涨甚至可以先于黄金的到来,因此对于相对价格水平连续上涨,可能没有过剩的黄金,所以也就没有理由降低利率。但是新的黄金也部分地进入国内并最后到了银行作为"资本",即黄金的拥有者没有购买这个金额的商品,并且也没有立即这样做的意图,而是希望把这笔钱借出去生息。如果我们现在假设,就像我们可以去做的那样,大量的这种黄金被国内和国外的资本家存放在银行,那么银行为了把它们(或者等量的钞票)投入流通必然不可避免地降低它们的贷款利率,并且根据我们的论述,我们可以进一步假设他们将实现自己的目标,即所有商品价格将上涨,因此企业将需要更多的交换媒介。一旦出现这种情况,资金的相对过剩将会结束,银行将其利率提高至正常,即与实际利率一致,并且在这样的利率下,已经提高了的价格将保持不变。已经离开银行的黄金在现实中不会再回到那里,而是会留在公众手中。因此,银行可以长久保持利率低于实际利率的条件将是新的黄金连续不断地流回银行,在这种情况下,商品价格也将持续上涨;如果得到允许的话,我们用银行券、虚拟存款或者其他银行信用代替黄金几乎没有什么差别。 主要动因,即直接的、主动的原因,在这两种情况下是相同的,均为贷款利率低于正常利率,并且在这两种情况下的结果也一定是相同的。

针对上述分析已经有人提出了反对意见,即降低贷款利率也必然压低实际利率,因此它们之间的差别越来越小,于是对价格持续上涨的刺激消失了。这种可能性当然不能不予以考虑。其他条件不变时,降低实际利率绝对需要新的实际资本,也就是增加储蓄。但是这无疑也可能是由于虽然并非出于自愿,但是较高的价格会迫使货币收入固定的那部分人(如公务员)限制其消费,除非他们能够确信薪金的增加与价格的上涨相当。但是如果他们不能确信这一点,就不得不考虑通常由利率下降而产生的自愿储蓄减少。但是,如果前者的影响力占优势,并且生产不能在不降低净收益的情况下吸收无限量的新资本,那么早期的价格上涨,尽管它肯定不会消退,却可能被中止,除非银行进一步降低利率。戴维森(Davidson)教授提出了进一步的反对意见。他认为,如果利率的降低是由于在本质上相同的金属货币过量引起的[①],可能会发生同样的事情。他说如果产量的增加是由于能够提高实物资本产量的新发现和新发明的原因,所有的商品或者几乎所有的商品在价格上都会感觉到压力,除非人们假设货币体系具有无限弹性。因此,不论实际利率事实上发生了什么,企业家的利润将保持在过去的水平上而没有增加。关于这一点,也许可以回答说,增加的产量本质上属于未来,而对于原材料和劳动的需求增加则属于现在。出于这个原因,商品的供应量增加将至少在未来抵消已经开始的累计价格上涨。但是即使这样增加的商品供应量的影响立即可见,而虽然生产率提高了,企业家额外利润的消失,从广义上讲,将必然预示着实际工资相应地增加,及因此用于支付这些所增加的工资的实际资本增加。但是,如果实际资本增加了(无论是如何增加的),而且实际利率随之下降,那么从一开始在较低的实际利率与银行贷款利率之间就不会存在差别,这一点与我们的假设背道而驰。

尽管把在现实和公众心目中如此明显地联系在一起的实际资

---

① *Ekonomisk Tidskrift*,11页,(1909)。参见我在同一年的答复,61页。

本及其货币价值与资本利息和贷款利息这两方面的现象令人满意地分离很困难,但是我们可以认为上面所提到的抵消力量可能和被我们描述为问题的次要因素的东西有关。此外,在实践中,如果人们设想价格连续地、无限地在一个方向或另一方向运动,如果这种运动是由两种利率之间的差异引起的,则这并不重要。唯一重要的是,这足以充分地解释显然不能归因于黄金数量变化的实际价格波动,并且如果金属黄金像现在这样停止作为价格的衡量手段,这足以确保通过银行的利率政策调节价格水平的可能性。

戴维森教授在他的文章中还援引了李嘉图(《政治经济学及赋税原理》,1888年版,27章,第220页)的一个很有趣的例子(被我忽略了),它与我已经阐述的理论很相近。

同样地,银行在理论上可以通过维持利率高于正常利率而引起价格无限制地下跌。事实上,它们必须同时以相应的程度提高它们的存款利率,因为否则即使在纯粹的信用体系下,它们也将失去所有利润丰厚的业务,因为私人贷款将取代它们的位置。(用金属货币支付并不是绝对必要的,所有的金钱交易仍然可以通过账面记录来实现;但是,存款中的大部分将被提取并以贷款的形式付出,因此银行存款余额只相当于必要的现款的数量。以前通过银行实现的信用债务仍是私人之间的,因此不会给银行带来利润。)正如上一节中所表明的那样,在有必要控制贷款市场并改善贸易平衡时,中央银行有时甚至有必要对存款给了某种形式的利息。

如果我们将以下观点作为我们的出发点:即降至低于正常利率(由对资金的现有需求和储蓄量决定)的贷款利率本身往往造成所有商品价格的逐渐上涨,而贷款利率的自然上升引起连续的价

第四章 货币的交换价值

格下跌，两者在实际中都没有限度，那么所有的货币现象就会非常简单明了；同时，银行有义务保持利率与正常或者实际利率一致将是显而易见的。任意提高或者降低贴现率不仅会因为价格变化而导致收支平衡上不能维持的改变（除非外国银行也效仿），而且也会证明对于国内贸易是不可能这样做的，特别是在大多数贸易大国中黄金仍然被大规模使用的情况下。利率提高，以及随之而来的价格降低，会导致一些黄金退出流通并进入银行，对于这部分钱，如果银行希望避免票据贴现的损失，它们不能拒绝支付利息。总之，它们将被迫给其无法借出的存款支付利息，而唯一的解决方法显然是降低贷款利率。此外，过低的利率会导致价格连续上涨，企业用于小额支付的现金需求会迅速地使所有的黄金被从银行中提取出来，或者引起钞票发行的法定上限被突破，这种情况只能通过提高利率来应急。

我们不时会听到有人声称说贸易大国的银行对于黄金提取漠不关心，只要这部分黄金看来只是为了满足国内的需求，但是对黄金流向国外却非常敏感。然而在这里所指的，只是那些由在某些时间（如季度结算日）周期性反复出现的、短暂的业务需求增加所造成的黄金在国内市场上的变动。不管怎样，没有哪个银行可以对国内黄金需求的逐步和持续的增长漠不关心。（见前文 Helfferich 的评论，关于德国国家银行提高贴现率。）

另一方面，从上文中似乎可以看出，对于银行在利率方面的规定主要取决于纯粹的传统环境，例如某些国家禁止小面额的钞票，因此市民被迫使用硬币，以及从总体上看到的关于钞票发行的法规。只要它可以防止银行用随意的利率政策造成不受欢迎的价格水平波动，这可以被认为是一个好事情，但如果它也阻碍了他们去防止由于黄金需求或者黄金生产条件变化所造成的波动，那就适得其反了。我们将很快回到这个问题。

但是，对这一理论仍然存在最重要的异议——作为对其理论的支持，图克学派的成员一有机会就耀武扬威地亮出这一异议，而李嘉图学派则迄今为止一直默默地回避这种异议。它就是我们在分析黄金数量对价格的影响时已经遇到的那个事实，即价格上涨很少与低利率或利率下降同时发生，而是更频繁地与利率上升或高利率同时发生。

的确，有人反驳说价格上涨通常会在利率已经达到最大值时开始，反之亦然。但是这反而在一定程度上表明，也许图克的理论，即利率的上升或者下降，是商品价格上升或者下降的原因，是正确的；或者利率的改变是由于那些商品价格所引起的，而不是相反。因为在这两种情况下，这两种运动的最低点都应该在时间上重合，然而根据我们的理论似乎是最大的一个将与最小另一个同时发生，反之亦然。

对图5进行的研究表明所讨论的相似性不是完全一致。但总的规律应该是我们所给出的那一个。

但是这显然使反对意见失去了其所有的意义，事实上，如果我们自问银行贷款利率的变化实际上取决于什么，那么它变成了对其妄图驳斥的观点的支持。如果事实是这种变化通常源于银行本身；换言之，即后者相当随意地提高或降低利率，而不是根据市场状况被迫如此行事，那么肯定有理由预期降低利率之后商品价格上涨，反之亦然。但是，情况显然并非如此。银行总是或多或少地

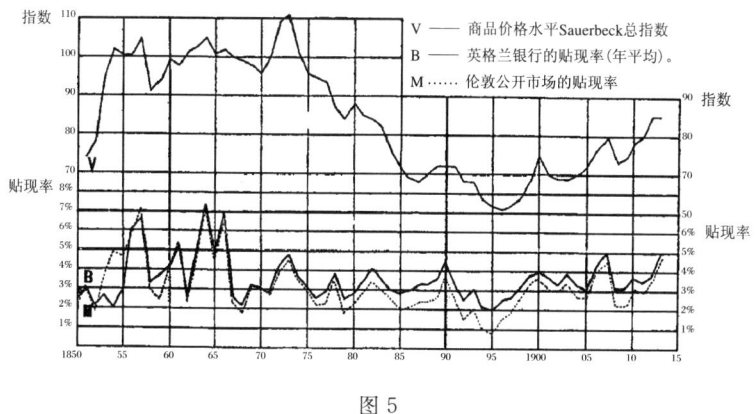

图 5

在其利率政策上受到约束,即使这个政策很可能通过时下越来越普遍的银行共同行动在某种弹性范围内变化也是如此,然而在银行领域,恰恰是因为巨额款项利害攸关,占主导地位的是建立在习俗和传统之上的步骤,简言之——程序,这一点也许在银行领域比在其他地方更甚之。事实上,可以说银行从不改变它们的利息,除非它们被外界环境的力量驱使着这样做。当他们的黄金储备面临枯竭的威胁,或者它们当前的债务如此之大以至于它与黄金持有量之间的悬殊关系被认为是危险的,或者更严重,当这两种事情同时发生时(这是常有的情况),它们就会提高利率。在相反的情况下它们降低利率:增加黄金持有量或者减少债务,或两者兼而用之。当然,这样增加的银行黄金持有量可能是由于从生产国或者外国收到了黄金,如果这种黄金是从一开始就作为资本存在了银行,在这种情况下的结果无疑将是利息下降以及随之而来的价格上涨,尽管银行自然地会随着价格上涨的比例连续地将利率提高到正常的利率水平。但是，这不是黄金产量增加的必然结果。与之相反，较高的市场价格可能是主要因素，黄金的流动是次要因素；对于实际价格结构同样重要的一个情况是，如果对货币的需求由于人口的增长、更普遍的社会分工以及更广泛地使用资金而同步增长，黄金数量的增加通常对价格没有影响。

因此，那些不是由黄金产量变化所直接造成的商品价格波动，在许多情况下，必然有其他的原因，那就是不时发生的*实际利率的变化*。这不应该被理解成是这种利率水平使平均商品价格更便宜或者更贵，因为正如我们所看到的，通常不是这种情况，*但由于贷款利率不能足够快地适应这些变化*，所以银行对商品价格的影响，其实是它们在贷款市场中的被动结果，而不是它们主动的结果。换言之，实际贷款利率和正常利率之间的差异，即我们所说的商品价格波动的主要原因，很少因为贷款利率自发改变同时正常或实际利率保持不变而增大，与此相反，却因为正常利率上升或下降同时贷款利率保持不变或者缓慢地随之变化而经常增大。在对这些问题的讨论中，这方面的考虑几乎被完全忽略了，这可能是由于这样的事实，即利息理论至今仍处于初级阶段，只是在我们这个时代才被庞巴维克划时代的作品置于牢固的基石之上。自然利率，资本在生产中的实际收益率，像其他事物一样，面临着变化——有时非常强烈。其他条件不变而不断的储蓄带来资金增加时它会下降，因为随着为新的资本找到有利可图的投资机会越来越难，现有资本的竞争降低了利率，而工资和租金随后上涨。但是，我们不应当忘记，即使其他条件不变、利率对储蓄的数量有决定性的影响，它也还受到一些其他原因的影响，比如日益增加的繁荣、强化了的法律保障、更多的深谋远虑以及更高的文明程度。在某些情况下，低利率甚至也可能会刺激储蓄，不过这必须被视为一种例外情况。

反之，当资本金额减少时，利率上升——无论是相对的，例如由于人口增长带来的对资本的需求超过现有储蓄[①]，还是绝对的——例如破坏性战争的结果或者一些突如其来的自然灾害。但是利率也可能由于一些开创了前所未有的资本盈利途径并且通常需要更多的资金来实现的技术发现的缘故而上涨一段时间。如果由于这些原因中的任何一个或者全部原因而导致利率发生变化，那么结果将如何呢？按照一般经济理论，资金利率将发生相应的变化，但是在这两者之间除了由两者的差异所引起的商品价格变化之外，不存在其他的联系，至少在我们复杂的现代金融体系中是这样。而这种联系是有弹性的，就像通常安装于车厢主体和车轴之间的螺旋弹簧。实际利率的增加因而不会立即引起银行的利率上升，而是后者和个人之间的贷款利率均在一段时间内保持不变。因此，相对于实际资本率，货币利率变得异常低，而这自然与货币利率似乎已经自发地随着没有变化的资本利率下降有一样的效

[①] 一个国家的人口的增长因而相对于价格的变动具有双重趋势。一种趋势是降低价格，因为它增加了商品的产量和周转量，因此增加了对货币的需求，另一种趋势是通过其对实际利率的影响而提高价格。只有一定比例的第一种趋势被持续的黄金生产、持续的黄金进口所抵消，而通过银行技术的发展（支票和结算业务）后一种趋势才能不受阻碍地产生效果。在纯粹的信用体系中银行能够很容易地满足国内贸易对货币的最大需求，情况就更会是这样。

现代社会中人口在城镇的集中对保持利率的贡献比人口实际增长的贡献还要大，因为城镇的发展以及一切与之相关的事物，比如新的建筑和交通方式，吸收了新积累资金的较大部分。

果——这种情况很少发生。常常是商品价格因此而不断攀升,企业需要更多的现金储备,银行贷款增加却没有相应的存款,银行储备、通常是黄金储备开始下降,银行不得不稍微提高利率,不过这并不妨碍价格不断上涨,直到利率已经达到了正常利率的水平。事实上,如果价格上涨本身孕育了对未来收益夸大的期望(这经常发生),对银行信贷的需求可能远远超过正常需求,为了保护自己,银行可能会被迫将利率提高,甚至超过自然利率或者贷款利率水平。此外,如果危机的迹象已经显现则更是如此;信心开始动摇,大金融机构的信用是唯一被接受的信用。相反的情况自然会出现在自然(或实际)利率下降和其后逐渐发生的银行利率相应下降的时候。我们的结论是,价格上涨伴随着高利率和上涨的利率,而商品价格下降伴随着低利率——这与我们的理论完全一致,但它却被当成了反驳我们所假设的货币利率和商品价格之间关系的证据。

"繁荣时期"是价格上涨的时代,这时企业处于忙碌状态,每个人都在挣钱、相信或者希望自己可以赚得不错的利润,这是一种常见的经历。"繁荣时期"以及商业世界中普遍乐观的情绪是对收益的预期造成的,而真正的基础无疑是某些企业已经由于技术或商业等的进展获得了收益。因此,实际利率较高,并且预计在未来的一段时间仍保持如此,而此时贷款利率保持不变。因此,根据我们的理论,价格上涨的环境产生了,但同样清楚的是银行迟早会因此提高利率,因为技术发现并没有给它们带来任何额外的货币供给,而且货币的流通速度和银行技术的完善程度都不能被提升到无限的程度。相反,较高的价格和业务量的增加,需要在流通中有更大量的硬通货或钞票。在"困难时期"的情况则与此相反。

也许有人因此认为,银行或货币利率的波动有时是商品价格波动的原因,而更多时候是它们所造成的。根据这种很多作者事实上所持有的观点,没有什么是本质上不合理的,因为在后一种情况下价格与利率的运动是在相同的方向而在前一种情况下它们是在相反的方向运动,而这并不奇怪;在许多其他经济现象中可以发现相似之处,这只是说明了作用和反作用的一般规律。因此,譬如对商品需求的增加有时与上涨的价格关联有时与下降的价格关联,要视价格的改变是因为需求增加引起还是因价格的改变引起了需求增加而定。然而,不能令人满意的是,对于在实践中非常重要的即那些不是由于黄金供给的改变或者对黄金生产国的黄金需求增加而引起的情况中,一般价格水平上升或者下降的根本原因仍然不明。但是,根据以上所述,价格对货币利率的影响和货币利率对价格的影响这两个现象,遵循同样的规律。在这两种情况下价格波动的主要原因是相同的,即正常利率与实际利率或贷款利率之间的差异,无论差异是如何产生的。银行降低利率会导致价格上涨,提高利率会导致价格下跌,只有当贷款利率因此而低于或高于正常利率时,才轮到正常利率与自然利率关联。同样,后者的波动,即我们所认为的所谓繁荣时期和困难时期的实质,只有在它们没有伴随着利率的相应调整时才会影响价格。如果另一方面,贷款利率的变化与实际利率的相应变化同时且一致地发生,那么(除了黄金产量的直接影响外)商品价格水平不会发生变化,尤其是不会发生渐进、累积的变化。

对贸易周期和危机的介绍

以上观点,只要它们涉及的"繁荣"与"困难"时期的价格波动,就与贸易周期的本质和原因相关,这部分我尚未有机会做进一步的阐述,因为这些内容我已于发表于 Statsökonomisk Tidskrift (1907 年)在 Norwegian Statsöknonmiska Förening(Economic Clu)演讲的讲稿中提出了。这份讲稿并没有要对贸易周期令人费解的现象提出明确的解释,但确实指出了一个必要的、对于完整的解释而言迄今被经常忽视了的线索。而且我的看法与 Spiethoft 教授的看法非常一致。它的主要特点是,认为贸易周期的真正原因与商品价格的波动无关,因此商品价格的波动只是次要的,尽管在现实生活中,它们在危机的发展中仍然发挥着重要甚至主导的作用。

由于价格上涨几乎总是与盛世相伴而价格下跌总是与萧条为伍,所以认为这样的价格上涨是繁荣时期的原因而价格下降是经济衰退的原因是很自然的(但在我看来错了),正如根据 Clément Juglar 的观点(他这部分可能是正确的),危机的原因,或者更确切地说危机本身,包括商品价格上涨的突然停止。

与这种观点相一致的立场还包括诸如 Sombart 的从历史上看经济繁荣时期总是与黄金产量的增加相关的著名论断等。

这种价格的普遍上涨,或者说这种方式所造成的上涨,会成为对增加商务活动以及将大规模流动资本转化为固定资本的一种刺激,而这些是繁荣时期的突出特点,这一点所有人都同意,无须质疑。但是,如果那时必不可少的实际资本的形成只是基于价格上涨本身，即由于收入固定的人或社会阶层所削减的那部分消费，那么这种繁荣几乎不会很大或者持久。此外，这一观点的支持者所注意到的黄金产量的大量增加与繁荣时期两者之间一贯的平行性，在我看来是正确的，但却被其他人，如 Spiethoff，所质疑。

我们更不能接受那个首先由 Tugan Baronowski 提出、后来又被 Lescure（在他关于危机的作品中）采纳的观点，按照这个观点，无论繁荣时期的价格上涨，还是危机期间和危机之后的价格下跌，都与货币体系没有关系，而完全是由生产和市场的现象所引起的。那么，如果按照这种观点，增加产量和由此带来的某些商品的供应增加，特别是对那些需求弹性较小的商品，如食品，将会导致这些商品的价格严重下降，由于卖家因此而得到的并且用于其他商品需求的货币数量更少，于是价格的下跌也将蔓延到这些其他商品，并会导致萧条和危机（surproduction généraliséesh in contrast to surproduction générale，从前最常见的危机理论解释，但现在大多被抛弃了）。

很明显这里忽略了的一个事实，那就是就前一种商品的卖方来说根据这个假设会下降的购买力，就买方来说会增加到相应的程度。如果后者只需要提供他们收入的一小部分来满足他们对这种或者这类商品的需求，那么他们会有相对较大的一部分剩下来满足对其他商品的需求，因此这些其他商品的价格上涨并非是不可能的（与理论完全相反），从而可能弥补已降价商品的价格下跌。

因为按照价格的一般理论，解释任何特定的变化而不考虑那个构成了在所有价格形成中进行比较的基础的东西，即货币及其替代品——或者加快其流通速度的手段—信用，总的来说是徒劳的。从纯理论来说，我们可以自由地创造任何我们喜欢的价格度量。例如，让我们假设，我们不像在瑞典那样用0.4克黄金而是选定1公斤生铁作为我们的货币价值单位。那么，既然在所有的商品中生铁通常在危机前后显示出最剧烈的价格波动，这种价值尺度的选择将意味着所有商品的价格（除了生铁，它将保持不变）将在繁荣时期下降并在随后的萧条期上涨。实际上价格变化发生在相反的方向只能解释为价格度量选择了黄金而不是生铁。然而，区别不在于黄金作为一种商品，其工业用途在繁荣时期的需求比在萧条期少的事实（相反的情况当然也是确实的），而在于它作为商品的性质与影响其价值的其他因素无关。黄金在其技术应用中的效用与生铁不同，至少在这里所考虑的短时期内，对于铸币的流通速度加快或者减缓以及信贷的扩张或收缩而引起的交换价值的变化，无法提供值得一提的对抗力。

当然，除了由银行所采取的任何措施外，最后提到的因素确实对个体之间有一定的影响。繁荣所带来的总体信心无疑具有显著扩大商人一般往来账户之间债权债务的影响（在萧条时期情况正相反），但是一般而论，尤其在时下，很可能是银行通过票据贴现和其他信贷手段调节流通工具的数量。在我们的以上所述之后，我们可以理所当然地认为确定这种银行信贷被接受程度的主要因素必然是它的价格、相对价格与生产和流通中所运用资本的收益率或预期收益率相关的银行利率。

因此我们的结论是，在现有的条件下，信贷造成的货币购买力变化从根本上与工业波动密不可分而且毫无疑问地会影响它们，特别是在造成危机这方面，不过我们不必认为现象之间有必然的联系。

更确切地说,应该在以下的事实中寻找周期性波动的主要和充分的原因,即本质上技术和商业的进步不能和我们这个时代增加的需求(特别是由于人口增加的相关现象)保持同步,而是有时加快,有时延后。在前一种情况下人们尽可能快地争取利用有利条件是很自然而且在经济上是合理的,而且由于新的发现、发明和其他方面的改进几乎总是需要各种准备工作,因此发生了大量的流动资本转化为固定资本,这是每一次经济繁荣的必然先兆,实际上可能是唯一完全典型的标志,或者至少是不可或缺的一个。

而且,如果这些技术改进已经被运用且没有其他的可用了,或者至少没有已经充分验证或者有望超出归属于所有新企业的风险边际的利润,将会有一个衰退期;人们不会用现在以这种固定形式积累下来的资本冒险,而是会尽可能地将其保持在一个易变现的、可利用的形式。

不难理解在前一种情况下那些用于固定资本建设的砖、木材、钢铁等商品(原材料)会被大量需求而且价格上涨,而在萧条期对它们的需求减少、价格下跌。但是这种价格的上涨或者下跌,在通常条件下应该伴随着其他商品的价格朝相反方向的变动,因此平均价格水平将保持不变。如果银行在繁荣之始充分地提高利率而在萧条期之初降低它们,很可能就是这种情况。在这种情况下,很可能产生危机的真正原因会被消除,并且剩下的只是周期之间的平稳波动,在这些周期中,新形成的资本会以而且从经济上讲应当以我们现在所谈起的,但是在以前所有的贸易周期理论中几乎完全被忽视了的其他形式呈现。

由于在贸易周期的上行期对新资本的需求通常太大,以至于无法由当时的储蓄来满足,即使它被一个更高的利率所刺激,但是又由于在经济不景气时尽管储蓄并未完全停止,可是这种需求几乎为零,所以在繁荣时期利率和商品价格的上涨以及它们在经济不景气时的下降,如果没有所有生产耐用品行业库存的补充和消耗充当调节器或"降落伞",大概会比现在更严重。当需求下降时,制造商如果不想解雇工人或者让他们只工作一半的时间,那么除了为库存工作以外别无他法,而且他们通常会这样做,因为工资已经普遍下降,而且他们预期以后发生的价格上涨所带来的收益将超过将存货保持长达数年的损失。〔在某些年份每 1,000 块砖的价格曾经从 25 克朗变化到 40 克朗。如果每年的租金和仓储费用估计占全部产值的 10%(这个比例有点夸大了),那么把存货持有 5 年在经济上是可行的,如果可以确信在期末的价格较高的话。〕库存的积累可能是在经济不景气时新资本积累最重要的形式。在随后的繁荣时期对用于生产和消费的原材料和产成品大幅增加的需求在很大程度是由这些库存满足的,无论是直接满足还是通过用于交换其他国家的产品。

显然,如果银行提供充足的廉价信贷,为了库存的工作将被大大促进。那么制造商就不需要等待工资和原材料价格的下跌,即使它们自己产品的价格温和地下降,与低廉的贷款利率相结合,提高库存、以正常价格销售几年后降低库存也会使它们获利。

在我看来,此前的理论在关于其认为繁荣时期库存提高而在困难时期库存下降(所谓的过度生产理论)的方面是把整个事情弄颠倒了。要理解在前一种情况下的过量和后一种情况下的短缺出自何种原因是不太容易的。事实上，在繁荣时期消费需求增加，大量的劳动和土地从当前商品的生产中撤出。我们也无法理解为什么务实的商人应该习惯性地选择这样一个颠倒的程序，即为了在价格低时出售而在生产成本高时进行存货。甚至萧条期间大规模失业（或工作时间短）的假设也不足以作为一个解释，都不用说这种说法言过其实了，因为失业本身就意味着消费大大降低了。

不幸的是在这方面我们也缺乏详细的、能够最终解决这个问题的商业统计数据。然而，从对商人的调查中我了解到，正是在萧条时期他们被强迫为存货工作，而且他们绝不会在繁荣时期这样做，因为他们这时往往不能够充分满足对他们商品的需求。而这似乎是不言而喻的。如果我们问在什么时候制造商会理智地把贷款称为好事，并采取行动扩大自己的产量，答案一定是在对其商品的需求开始超过了生产能力之时。但是，这是他以前扩大了的库存开始下降的时刻，也就是说，在数学上，当它们已经达到了最大值时，而不是其最小规模。一个显而易见的反对这种观点的理由是通常伴随着危机价格猛烈下跌，但是此事的原因不需要在库存的积累中寻找。没有一个制造商会仅仅因为仓库满了，而以一个低迷的价格出售货物。但如果他被拒绝提供信贷，并且不得不获得现款，那么他将被迫不惜任何代价出售他的产品，无论库存是大还是小。

然而在没有全面统计数据的情况下，我们必须满足于对各论据的权衡。Spiethoff〔在其 *Verein füe Sozialpolitik*（1903）中对交易的论述中〕提到的一个众所周知的事实是在萧条时期制造商的库房里被从地面堆到了天花板。Herkner（在 *Handwörterbuch der Staatswissenschaften* 第 3 版的文章"krisen"中)通过引用 Esslen 和 Merovich 的作品质疑了这一事实。但是，Esslen 的作品没有关于这方面的信息，而 Merovich 的作品，据我所知，还未发表。*Verein füe Sozialpolitik* 曾经发出的综合问卷，是调查 1900 年经济危机的基础，而其中居然没有包括任何关于库存规模的问题，从这一事实就可以看出迄今对于这个重要的问题的考虑是多么得少。

10. 结论：货币的实际组织

如果我们总结一下已经论述过的内容，就会发现商品价格水平变动有两种本质的原因。

首先，生产贵金属的国家、特别是生产黄金的国家对于商品以及由对其进行支付所带来的黄金运输的需求，如果这一需求大于非黄金生产国在现行的商品价格下对于新生产黄金的相应需求（无论是由于工业用途，还是由于人口增长或者对货币使用的增加），必然导致在非黄金生产国家中价格上涨，而如果小于那种需求，则价格下跌。两者通常都伴随着货币数量以及流通货币量绝对值的增加，但是相对于交易量，在前一种情况下增加，而在后一种情况下降低。

其次，由于某种原因借款利息低于或高于通常情况下由当时的实际利率所控制的水平，只要这种情况一直持续下去，必然导致价格的逐步上涨或者下跌，而且在此期间流通媒介适应需求变化的方式，不是通过货币（黄金）数量的增加或者减少，而是通过信贷机构加快或者降低(实际或虚拟)货币流通速度。

将这两种原因归入一种共同的原因(正如我曾经按照李嘉图的例子,在我早期的作品《资本与利息》中所做的那样)是不可能的,因为货币数量和流通速度是两种不同的事情,即使它们都对价格水平有影响。只有新生产的黄金以"资本"的形式存放在银行,也就是没有在不久之后就以支票或者票据的形式被取出,它才会造成利率下降,并以该种方式影响价格。但是,这并不一定会发生,而且,与李嘉图的观点相反,这通常不会发生。更确切地说是大部分黄金以支付货款的形式流入,然后依照其超出对新生产黄金需求的程度,直接影响价格上涨,而不降低利率。实际上,根据我们前面已经阐述过的假设,这种效应甚至可能早于黄金的流入,在这种情况下,它对利率的影响更可能是在相反的方向上。

只要黄金生产仍然由私营企业所控制,并且对个人的黄金自由铸币仍被保留,我们就显然地对*此种*价格变动的原因没有控制力。合理控制价格水平的唯一可能性一定在另一个方向上,即适当调节银行的利率政策。理论上这些措施在所有的情况下都应该是足够的,因为从长远来看贴现率的自发升高或降低对价格的影响力比任何其他的因素都大很多。然而,在实践中,它遇到了在现有条件下几乎无法克服的困难。

在那些长久以来给经济学家带来最大困难的情况中,也就是在来自生产国的黄金流入减少且黄金面临短缺的情况中,这种方法比较简单。充分降低利率应该能够成功地抵消可能无法避免的价格压力;而实现它的唯一障碍事实上是银行的黄金供应将不足以填补由黄金生产的减少所带来的黄金在公众流通之中的缺失。

但是，对此合适的补救方法，一部分是在甚至是较大的贸易国家中发行低面额钞票，就像在80年代时在好几个地方曾被提出的那样，当时黄金面临短缺，并且如果这种短缺当时继续持续下去[①]，这种做法很有可能就被实施了；另一部分是根据开设银行账户的习惯在公众中愈加广泛普及的情况，增加银行信贷的使用。对于国内业务的需求更是如此。至于国际收支，如果银行持有在外国银行的存款，则保持大量黄金储备用于最终国外支付的必要性可能会降至任何程度，这种情况已经出现了，而且只要对外付款都集中在银行手中，这是很自然的事情。特别是在像瑞典这种黄金储备通常不用于国内贸易的国家，外国汇票可以代替黄金而又不会给法律所规定的纸币准备金带来任何风险，这一点是毫无疑问的。在贸易逆差的情况下，这些票据在市场上所拥有的更高价格，以及银行本身为了增加外币储备以备不时之需而被迫支付的借款利息，或者它们为了获得这样的增持而必须输出的票据的价值降低，将像黄金外流的威胁一样，使得银行有必要提高其利率以恢复平衡，除非外国通过降低其自己的利率取得了同样的效果。

对信贷替代黄金唯一的真正限制似乎是当黄金产量已经下降到低至不能满足对黄金的工业需求时，其工业需求会转向银行剩余的存量，并很快地使其数量骤减。在这种情况下，对于依然想要防止商品价格下跌来说，除了解除银行用黄金承兑其纸币的义务外别无他法，换言之，就是采用不可兑换纸币；我们将很快回到对

[①] 不能说德国在战前所发生的降低银行纸币面额是由于黄金的短缺。采取这项措施不如说是由于私营经济的原因，或者是狭义上的公共经济原因。就整体价格动态而论它反而有不利的影响，即它加重了由黄金产量的大量增加而带来的价格上涨。

这项措施的讨论，但是在此刻和不久的将来不一定会采取这项措施①。

另一方面，黄金供应过大以及所有商品和服务的价格随之上涨时的情况困难得多。在这方面还没有多少深入的讨论，不过从各种迹象看来这一定是始于1906年。银行收缩信贷可能会起到矫正作用，但是这要比实现扩张困难得多，因为它与经济力量所试图造成的发展趋势相反。在那些有小面额纸币的国家，取消这些纸币当然会给黄金在一般流通中留出空间，但是这自然会牺牲在这些国家中目前通常是由政府所得到的利益，结果给纳税人带来额外的负担。同样，在主要欧洲国家中，这项措施是不可行的，因为黄金已经在那些地方大规模地流通了。如果取消英国的5英镑钞票和德国的100马克钞票，那么最小面额的钞票将是10英镑或者200马克，这只会给交易带来不便，而且可能不会起到任何作用，因为纸币，特别是在英国，正在或多或少地被支票所取代。至于有时候被提出的要求非发行银行为他们的存款和往来账户保持大量黄金储备作为担保的建议，这样的措施，如果不是出于增加银行安全性和稳健性的实际需求（这是难以证明的），必然会被视为一个不必要并且高代价的限制措施。

因此，针对大量、持续的黄金产量增加，除非我们准备承担在商品价格方面的后果，因为它们最终一定会根据对黄金的需求自我调整到均衡状态，然而是在一个相当高的价格水平，否则除了过

---

① 写于世界大战前。——编者注。

去几乎到处都采用了的对于银的措施——即取消对个人的自由铸币[①]以外,几乎没有任何其他能令人完全满意的补救措施。如果我们看一下在荷兰和英属印度(在这些国家中大部分硬通货由银构成)自由铸币的取消对其货币价值的作用,就不会对这样一项措施会对维持当前的价格水平以及商品和服务的购买力完全有效再有什么合理的怀疑了。无论银与黄金的比价是多少都没有任何困难,在荷兰以旧的比价 $1:15\frac{1}{2}$,在印度以新的比价 $1:22$,都一样没有困难,因而就商品而言,除了黄金所经受的那些之外,任何其他的变动以及因此可能由诸如随后的银价大跌所引起的变动都被消除了。从经济学的角度上来看,这一措施非常节约,并且与通过收缩信贷将货币的价值努力维持在目前的水平并同时保留自由铸币相比,这将是更可取的,因为以那种方式,正如戴维森所恰当地指出的,黄金生产仍然会被保持在目前的过度规模上,甚至有可能还会增加。那将是对资本和劳动的浪费,而从经济的角度上来说它们本应该可以被更有效地利用。

唯一会抱怨的人是金矿的股东,他们投入其中的巨额资金将

[①] 也可以设想另一种替代方案,即在减轻银行用黄金承兑其纸币的义务或者以一个固定的价格接受黄金的同时保留自由铸币。换言之,黄金铸币将变成一种单纯的、以不同的兑换率易手的交换货币,就像从前以银为货币的国家那样。于是纸币会成为价值的尺度,而以一种我们很快将尽力解释的方式参考商品和其他国家的货币来保持其价值,将成为中央银行的责任。从某种意义上说,也许后一种方法是最合理的,因为国家应确保黄金铸币的成色和重量在本质上是一种合理的要求,而要求黄金铸币也应该调节所有的经济预测和协定则没有明显理由。另外,在日常事务中使用购买力不确定并且变动的货币所带来的不便是如此之大,以至于上面所提到的替代方案——限制铸币,将被优先考虑。

不再提供预期收益：事实上在某些情况下，可能根本没有任何收益。然而，这是一个次要的考虑因素。黄金生产商的利益不能或者至少不应该被作为在这个问题上的决定性因素，也不应该再把任何相比于在允许保持银价来阻止取消白银自由铸币或者在美国废除布兰德和谢尔曼法案（Bland and Sherman Bills）情况中的银矿主的利益更为重要且更为综合的利益置之不理。

我们现在来讨论主要问题，那就是在不牺牲金本位制自由铸币的优势，特别是它现在所具有的公正的、估价很高的国际交易媒介优势的情况下，这样一项措施是否可行？单一国家，无论它多么重要，独自推出这样的措施当然会把自己从目前固定的货币平价和相对稳定的外汇兑换率中隔离出来。该国的货币，在不允许个人自由铸币的情况下，通常具有较高的、可能比其他国家的黄金货币高出很多的价值，但同时这个价值也是不稳定的。当偶尔出现对外贸易支付逆差时，该国的金币不能作为向国外支付的媒介，或者至少只有在极其必要并且其价值在国内严重下跌后的情况下才可以用作支付媒介；为了实现付款就必须首先使用未铸币的黄金存量以及银行或者个人出于对这种目的的投机而持有的外币，其次，也是最重要的，使用的是现有的海外财产，如证券等。实际上，即使在目前的条件下，这种支付方式也正在取得更广泛的应用，经验表明，无论是从前以银为货币的国家在取消银的自由铸币后，还是以纸币为货币的国家，如近代的奥地利，通过合理的铸币使用、纸币发行和贴息政策，都已经能够成功地保持自己传统的货币与其他国家的黄金货币平价。因此，在一个通过取消了黄金自由铸币而已经使其黄金货币的价值高于其金属价值的国家，保持它，亦即防止偶然的、不必要的干扰,没有什么特别的困难。当然,相对于其他国家的货币它绝不会保持完全稳定,因为废除自由铸币的目的就是为了防止货币的价值跟随外币在可预期的金属和自由铸币价值下跌时下跌。这将是该国为了在其国内保持价值尺度以及商品和服务的平均价格水平尽可能稳定的好处而不得不接受的不便。

如果其他国家效仿这一做法(虽然起初是逐渐地),而与此同时黄金的价值继续下跌,那么就可能会有这样的不便:我们可能在不同国家中有一系列的黄金货币,它们相对于商品的价值,也就是它们的内在价值,将取决于其本身的重量和成色以外的情况。这就是曾经或多或少地发生在不同国家的银货币上的情况,例如法国的法郎、德国的泰勒、奥地利的老银盾、印度的卢比和墨西哥银圆;它们相对其银含量皆有不同的价值。毫无疑问,最简单、最有效的办法是根据主要大国之间的协议同时取消黄金自由铸币(假设有足够的理由采取这项措施),在这种情况下,其他的国家肯定会效仿。这时,从某种程度上说,通过将货币在空间与时间上的稳定性结合起来,在保持现有体系所有优点的同时并避免其不便性似乎不存在不可逾越的障碍。

至于我们问题的前半部分——即保持不同国家黄金货币之间的稳定内在价值,它们之间的关系与其黄金含量之间的关系应该是相同的,即使它们的价值都已超出了金属黄金的价值也是如此,人们最初可能会设想,它可以通过类似于对于白银的拉丁联盟那样的一个国际协议来完成,从而使各国的黄金货币成为法定货币,或者至少被各个国家的公共财政所接受。但这几乎是不可行的,因为这需要关于黄金铸币的共同规定,该规定可能只允许黄金铸币达到与某种限度,例如以某种方式与人口相关联的最大限度。否则,某些国家可能会利用自身低廉的黄金价格铸造大量的黄金货币,并且以支付货款的形式把它们倾泻到其他国家,这是一个非常有利可图的生意。但是,对此进行限制是困难的,甚至是不可能的,因为在不同的国家和不同的时期每个人对货币的需要有很大不同。因此,最好的办法似乎是把国际货币价值的调控权交给那些目前控制它们的机构,即大银行的贴息政策,但是只要金属货币仍然是价值的尺度,它就必须被政府的货币政策所支持。没有什么是比各个国家中央银行之间的协议更加绝对必要了,就是我们所描述的那种(并且实际上已经在斯堪的纳维亚国家的中央银行之间存在的)按照面值以其本国的货币和纸币兑换各个国家的票据和纸币的协议(当然对各方的黄金货币也是这样,不过这在当时并不是非常重要)。那么,决定它们如何交换或者这些纸币和票据的去向,以及它们将在何种程度、以何种利率给予对方长期信用,将是银行自己的事。这样,各个国家的货币和纸币将继续只在该国内部是法定货币,但它们仍然可以和银行的汇票一起用于对外支付,而且和它们一样没有任何兑换损失,因为它们总是会按照面值被中央银行及其分支机构兑现,并且极有可能也会很快被其他银行兑现。

保持货币*在时间*上具有稳定价值,即货币对商品购买力的稳定性,这个困难得多的问题仍然存在。很明显,如果各个国家之间一直保持铸币平价,则任何一个国家都无法独自地实现这一点。它必须通过所有国家尤其是这些国家的中央银行所共同采取的措施来实现——不过从以上所述来看很难说它是哪种措施。我们已经看到,这里所建议的体系,绝不会降低各国中央银行不时地改变其利率以抵消在对外支付中偶尔出现的或持久的变化的必要性。尽管事实上往往被忽视,但这种必要性在任何体系中都将一直存在,无论不同的国家可能会结成的货币联盟是多么亲密,甚至就算采用了由一个中央银行发行通用的世界性纸币的提议也是如此。但是,这种利率的上涨和下跌本质上是相对的;它们总是以外币利率为基础。因此可以通过两种不同的方式获得同样的结果:通过提高贸易逆差国家的贴现率和降低同一时间出现贸易顺差国家的贴现率。因此,借用一个机械学的术语来说,该体系具有*双自由度*:即银行关于彼此的、发挥平衡各个国家之间借贷职能的利率政策,且与之并存,还应该有一个统一的政策,也就是在世界各地不时地提高或降低银行利率,以便在商品价格水平表现出上升趋势时压低它而在它表现出下降趋势时提高它。这种安排在现实中并不会如人们所认为的那样不真实,因为各国利率振荡所围绕的点以及它们或多或少所锚定的点,如已经说明的那样,仅仅由任何特定国家在任何特殊情况时的正常利率或者实际利率所控制。此外,把这个职能留给中央银行的利率政策,而不是如人们所想象的那样将其留给各国政府的统一货币政策,还有另外一个原因。只要黄金生产仍然是充裕的,事实上,各国政府能够通过限制铸币而把其铸币的价值提升到任何高于其金属价值的高度。但是,如果金矿和黄金产地在未来的某个时间再次枯竭,金属黄金的价值上涨至与铸造金币相同的价值,甚至高于它的价值,那么任何这样的措施都无法阻止货币价值上涨和商品价格下跌。历史已经表明,

第四章 货币的交换价值

禁止熔化黄金实际上是没有用处的,而且理由很充分。在这种情况下,为了抬高价格而提高纸币发行量或者扩大一些其他的信贷来抵消流通媒介的不足,最终将成为银行的责任,而且只有通过它们相互协商并习惯于为所有不测事件准备采取共同的行动才会有帮助。而且,从更高的经济角度上来看,使用黄金这样昂贵的材料纯粹是浪费。世界的黄金铸币,估计为400亿克朗,如果将其用于工业用途自然会有更大的益处,而且即使从纯商业的观点来看,在有损失的情况下被迫出售黄金,也比把它们丢弃在经济上更有优势。钞票,或者用更通用的术语说银行券,作为一种独立的价值尺度,不依赖于物质实体,不论是金或银,并以如上所述的方式在空间和时间上保持价值稳定,无疑是货币体系应努力实现的最理想方式。

最后,关于引入这种改革的技术难度,没有理由低估或者夸大它们。现有的价格统计还没有充分发展到可以准确或者可靠地计算价格波动,这一点无可辩驳,而且即使统计数据可以像设想的那样完整,对于价格和兑换的调节,尤其是要使它在整个世界内有效,也只能是近似的,而且在一定程度上是纯粹协议性质的。但是,这些困难必须一如既往地根据被要求去满足的需求的紧迫性以及需要被补救的弊端进行评估和权衡。如果黄金产量再次减少,或者过量的黄金被那些(正如90年代所发生的那样)还没有发现其有必要获取大量黄金存量的国家所吸收了,并且如果其结果是商品价格在不久的将来只显现出小幅度或者不明确的变化,那么尝试对现有的金本位制度进行改革也许将是愚蠢的,它毫无疑问在理论上最简单并在实践中具有很大而且名副其实的优势。但是，如果我们面临着黄金的真正过剩，未来的价格水平显示出了明确无误和持续的上升趋势以及所有必然发生的社会不便，即使相反的情况（黄金严重短缺）会发生，那么想必也可以非常清晰地感觉到对现行货币体系进行改革的需要，以至于无法不这样做，并且将会发现实现它的切实可行的手段，即使它们在一开始没有达到完美的程度。

关于欧文·费雪的调节货币购买力提案的介绍[①]

一个近来被广泛讨论的关于调节货币价值的提案，是美国教授欧文·费雪（Irving Fisher）的提案，他首先在其《货币的购买力》（*The Purchasing Power of Money*）中提到了它，后来在发表于各种期刊的文章中、特别是《经济学季刊》（*The Quarterly Journal of Economics*）1913年3月刊的文章中提了出来，在这里他提出了"补偿美元"计划。根据这一方案，黄金的自由铸币被保留，但不是像现在这样只是扣除铸币的费用（铸造货币费），而是引入了或多或少非常重要的货币铸造税，它的确定在原则上要使在任一特定时刻实际交换一枚铸币美元（或者其他金币或其他黄金面额的纸币）所用的金属黄金与目前黄金相对于其他商品的购买力成反比。这样一来，根据欧文·费雪的观点，我们能够保持对货物的*购买力稳定*，因此用铸币黄金计算的平均物价水平将保持稳定。另一

---

① 正如笔者在第二版瑞典版的序言中说明的，可以把这个介绍视为是对他的论文《对货币价值的调节》（The Regulation of the Value of Money）（发表于 *Ekon Tidskrift*, xv, 134-142 (1913)）的简单介绍。另外参见224—227页，在该论文中他说是戴维森教授的一篇文章曾使他认识到了费雪计划的"根本缺陷"。

方面国家财政将有义务随时根据要求按照任一时间的购买力所对应的金属黄金来兑换金币或纸币。财政在物价上涨期间得到的以金属黄金计算的收益，即从黄金贬值中所获得的收益，会形成一笔基金，而这会帮助他们在没有牺牲收益的情况下，在对金属黄金的需求超出同期提供给政府用于铸币的金属黄金数量的情况中履行兑换义务。为了防止在黄金价值上升和下降期间的投机，根据欧文·费雪的观点，铸币税应该按照一种较小的程度连续改变，以使得这些变化可以被那些可能因为预期将其兑换为金属黄金、黄金金币或纸币时能够获利而倾向于持有黄金金币（或纸币）的人的利息损失所抵消。

很明显，这种办法只能在基于金属黄金价格保持低于其在采取改革措施时的价格的前提下采用，这样货币铸造税才总会是正值，这是很明显的，费雪也承认这一点。在相反的情况下，国家将被迫去铸造比与提供给政府用于铸币的相应金属黄金更重的铸币，这是不可想象的，因为很快会出现把铸币融掉，再拿着黄金到铸币厂铸币的情况。

但是除了这个缺点外，该方法还有另一个问题，而这一点无论费雪还是他的大多数批评者似乎都没有注意到。它清晰地假定金属黄金相对于商品的交换价值不会显著地受到货币铸造税的影响。就美国这样规模的一个特定国家而言，可以在某种程度上做出这种假定，但是如果那样的话，整个措施将仅仅等同于在该国内部的一种有限铸币，而金属黄金作为一个整体（或者其没有被工业用途所吸收的部分）将流向那些还能够按原来比率自由铸造，即没有货币铸造税的国家。换句话说，该国此时应该已经在自己国内解决了保持货币对商品购买力的问题（或者我们所谓的时间上的恒定），但这是以牺牲空间上的恒定，即相对于其他国家货币的恒定为代价的。

如果所有国家都采取同样的计划，则情况将完全不同，当然，这正是费雪的目的，或者也可以说，如果它被看成是在一个封闭的、生产自己所用黄金的国家采用了这一计划，这与前面所说的是一回事。当然，在这种情况下，金属黄金的交换价值也将受到货币铸造税的影响，而它在这里将成为所计划的提高黄金铸币购买力的障碍。

费雪没有完全否认这一点，但是他认为在没有其他原因时，金属黄金的价值下跌大约只会构成货币铸造税的一半，因此剩下的一半不管怎么样都将带来铸币黄金购买力的相应增长。然而，这仅仅是猜测，而且是一个不大可能的猜测。如果我们像费雪总是在其他地方所做的那样，从货币数量论的角度来看，那么很显然，这种措施只能按照它所成功地引起的缩减或者防止国内现存货币总量即将增加的程度影响商品价格水平。现在每年所产黄金量和更多一些的可用于铸币目的的黄金数量，只是现有铸币数量的一小部分。因此，当货币铸造税刚开始被征收或者改变时，事实上只会对货币总量有非常轻微的影响。它对铸币或者纸币总量的影响，以及从而对价格水平的影响，将只限于一小部分中的一小部分，或者说在实际中会是零，由于这个原因，当货币铸造税征收或者改变时，金属黄金的价值大概会以几乎全部货币铸造税的数额下降。

另一方面，对金属交换价值的这种压力当然会使得黄金生产从长远来看不赚钱,同时也会增加黄金在工业上的消耗量。因此从长远来看,费雪的方法无疑将行之有效,也就是说,它会在某种程度上提前实现生产与消费之间否则也迟早会实现的、不过比较缓慢的、未加抑制的物价上涨本身所带来的平衡。但是,那种用这种方式可以实现任何类似稳定的价格水平的想法必须被驳斥是不切实际的。

在经济危机时,正如比利时的 Ansiaux 所指出的,费雪的方法可能产生致命的后果。在经济周期的上行期,当商品的价格借助于信贷的提供而上涨时,按照费雪的计划,国家和中央银行会通过连续提高铸币税来努力消除这种物价的上涨,可是这必定只能取得部分的成功。当经济危机发生而且信用被紧缩后,应运而生的是对黄金铸币和纸币的需求增加,这时银行自己应该已经没有了发行足够数量货币的可能性,因为已经开始征收的铸币税的税率只能慢慢地改变。危机可能会因此变得更加严重。

针对费雪的计划,人们可以提出而且已经提出了各种其他的实践或理论方面的意见,但是如果上述的批评被认可,那么其理论基础就太薄弱了,以至于我们难以认为它有任何真正的重要性。

至多可以承认该计划是朝着正确的方向所迈出的一步,但是就像在这里所看起来的情况那样,如果这一步或几步太小了,以致它们所发挥的影响很少或者根本没有影响,另一方面它们的作用被延缓了一段时间,而那时已经有迹象表明需要采取相反的措施,那么恐怕连这点优势都要被怀疑了。

费雪方法的真正优势在于,表面上,所有事情都会如同现在一样继续,因此大众甚至不会注意到变化①。然而,这样一个*迎合无知听众的论断*,其价值似乎令人怀疑。其所提议的改革的实质是把别的东西摆在价值尺度的位置,而不是现在所用的黄金上。那么,为什么不彻底一些,选择某个不同的工具,以此来合理地确保所讨论的目标,即稳定的价格水平呢?

---

① 这行和以下几行在德语版中被省略掉了。

图书在版编目(CIP)数据

国民经济学讲义:上下卷/(瑞)克努特·维克塞尔著;解革,刘海琳译.—北京:商务印书馆,2020
(汉译世界学术名著丛书)
ISBN 978-7-100-19001-5

Ⅰ.①国… Ⅱ.①克…②解…③刘… Ⅲ.①国民经济—经济学—研究 Ⅳ.①F014.1

中国版本图书馆 CIP 数据核字(2020)第 165921 号

权利保留,侵权必究。

汉译世界学术名著丛书
国民经济学讲义
(上下卷)
〔瑞典〕克努特·维克塞尔 著
解 革 刘海琳 译

商 务 印 书 馆 出 版
(北京王府井大街36号 邮政编码100710)
商 务 印 书 馆 发 行
北京冠中印刷厂印刷
ISBN 978-7-100-19001-5

2020年12月第1版 开本 850×1168 1/32
2020年12月北京第1次印刷 印张 17⅞
定价:88.00元